The
Science
of
Hate

How prejudice
becomes hate
and what we can
do to stop it
by
Matthew
Williams

憎悪の科学

偏見が暴力に変わるとき

マシュー・ウィリアムズ
中里京子 訳

河出書房新社

地図1　警察が記録したヘイトクライムの階級区分図（2019年）　Courtesy of HateLab

地図2　警察が記録したヘイトクライムの統計地図（2019年）　Courtesy of HateLab

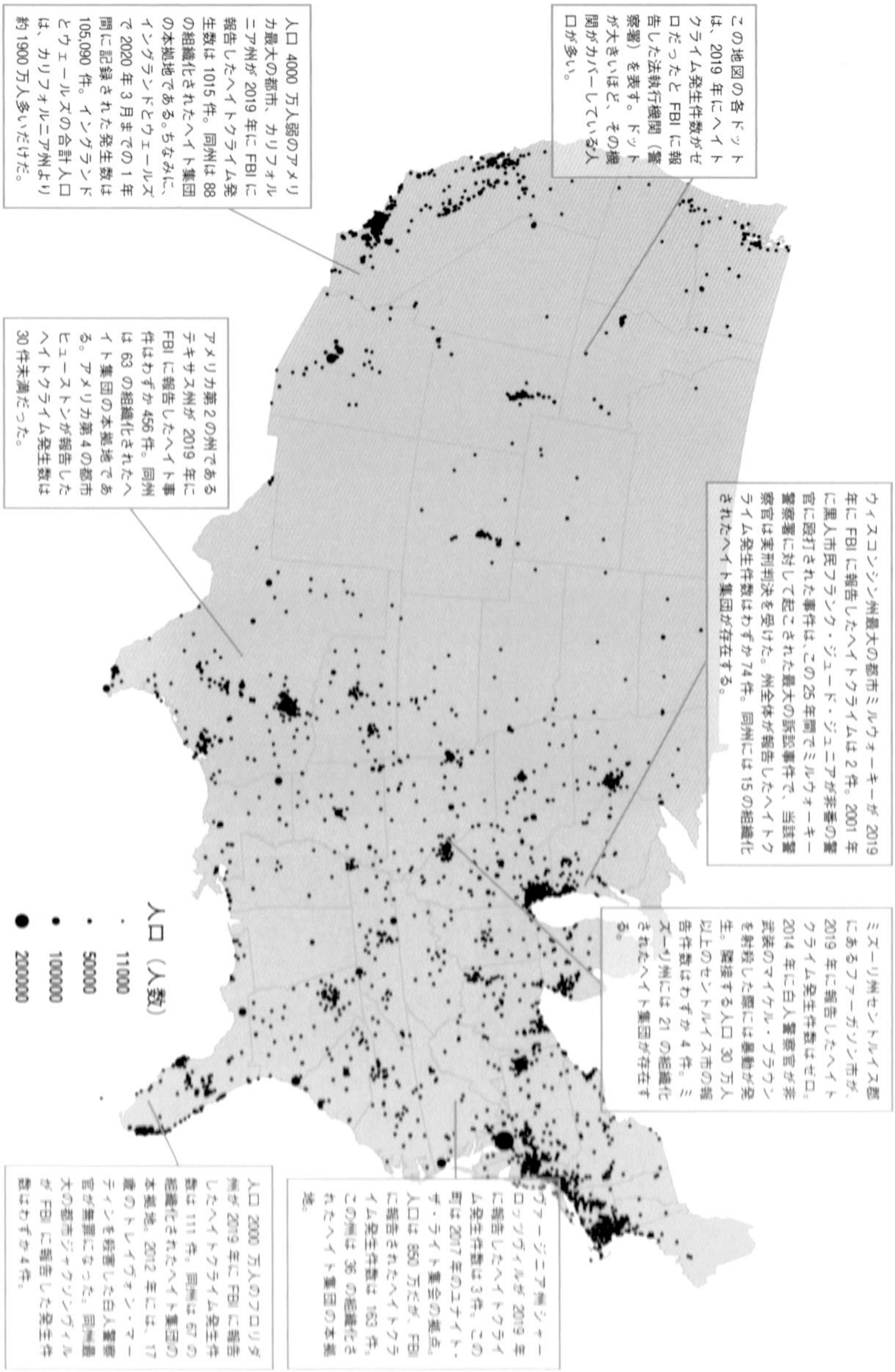
この地図の各ドットは、2019 年にヘイトクライム発生件数がゼロだったと FBI に報告した法執行機関（警察署）を表す。ドットが大きいほど、その機関がカバーしている人口が多い。
人口 4000 万人弱のアメリカ最大の都市、カリフォルニア州が 2019 年に FBI に報告したヘイトクライム発生数は 1015 件。同州は 88 の組織化されたヘイト集団の本拠地である。ちなみに、イングランドとウェールズで 2020 年 3 月までの 1 年間に記録された発生数は 105,090 件。イングランドとウェールズの合計人口は、カリフォルニア州より約 1900 万人多いだけだ。
アメリカ第 2 の州であるテキサス州が 2019 年に FBI に報告したヘイト事件はわずか 456 件。同州は 63 の組織化されたヘイト集団の本拠地である。アメリカ第 4 の都市ヒューストンが報告したヘイトクライム発生数は 30 件未満だった。
ウィスコンシン州最大の都市ミルウォーキーが 2019 年に FBI に報告したヘイトクライムは 2 件。2001 年に黒人市民フランク・ジュード・ジュニアが非番の警官に殴打された事件は、この 25 年間でミルウォーキー警察署に対して起こされた最大の訴訟事件で、当該警察官は実刑判決を受けた。州全体が報告したヘイトクライム発生件数はわずか 74 件。同州には 15 の組織化されたヘイト集団が存在する。
ミズーリ州セントルイス郡にあるファーガソン市が、2019 年に報告したヘイトクライム発生件数はゼロ。2014 年に白人警察官が非武装のマイケル・ブラウンを射殺した際には暴動が発生。隣接する人口 30 万人以上のセントルイス市の報告件数はわずか 4 件。ミズーリ州には 21 の組織化されたヘイト集団が存在する。
人口（人数）
11000
50000
100000
200000
ヴァージニア州シャーロッツヴィルが 2019 年に報告したヘイトクライム発生件数は 3 件。この町は 2017 年のユナイト・ザ・ライト集会の拠点。人口は 850 万だが、FBI に報告されたヘイトクライム発生件数は 163 件。この州は 36 の組織化されたヘイト集団の本拠地。
人口 2000 万人のフロリダ州が 2019 年に FBI に報告したヘイトクライム発生件数は 111 件。同州は 67 の組織化されたヘイト集団の本拠地。2012 年には、17 歳のトレイヴォン・マーティンを射殺した白人警備員が無罪になった。同州最大の都市ジャクソンヴィルが FBI に報告した発生件数はわずか 4 件。

地図 3　米国内で、法執行機関によりヘイトクライムが発生しなかったと記録された場所（2019年）。注記：人口 1 万人以上の都市および市町村のみ表示。情報源：FBI 統一犯罪報告プログラム・ヘイトクライム統計　Courtesy of HateLab

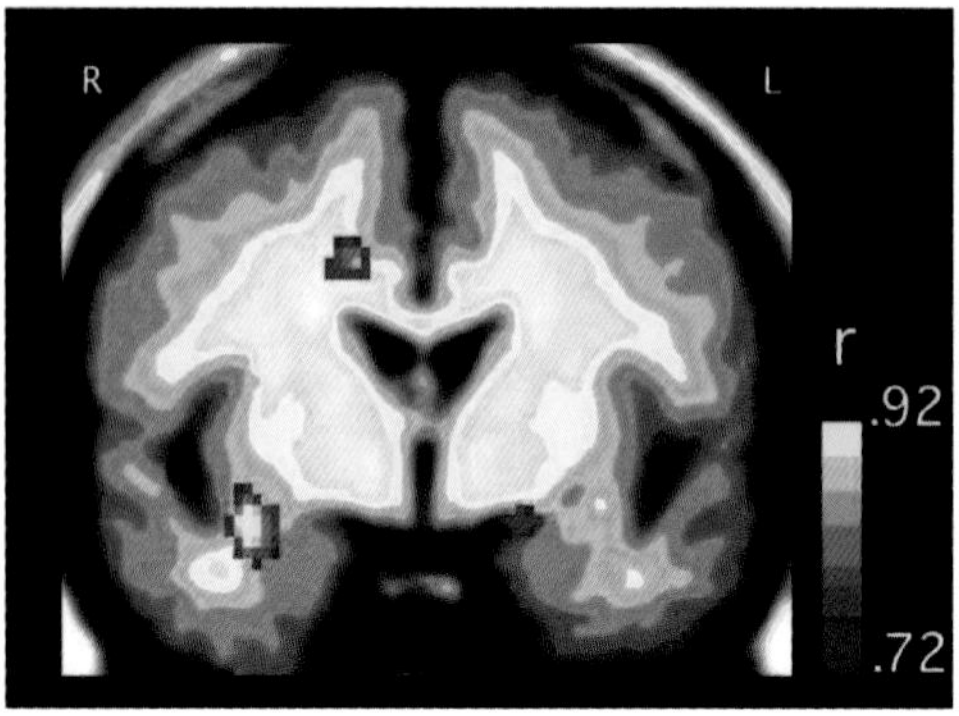

黒人の顔を見たときの白人の脳。下部の色付き部位は活性化した扁桃体で、アフリカ系アメリカ人より白人のアメリカ人を自動的に好むことを示すIATスコアと相関している。(E. Phelps et al. 'Performance on indirect measures of race evaluation predicts amygdala activation', *Journal of Cognitive Neuroscience* 2000, 12:5, 729-38.)

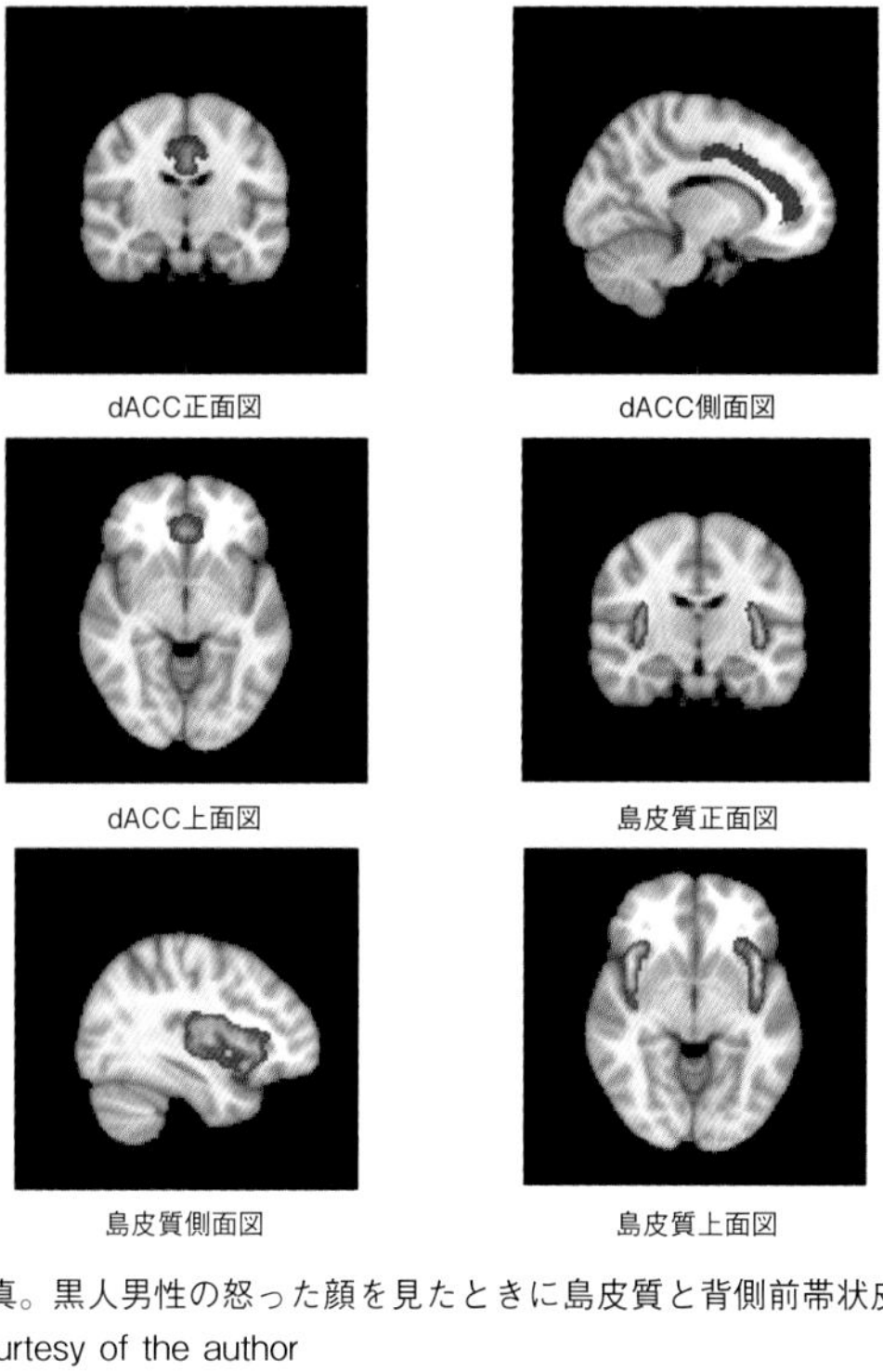

著者の脳断層写真。黒人男性の怒った顔を見たときに島皮質と背側前帯状皮質（dACC）が活性化した。Courtesy of the author

憎悪の科学　目次

第Ⅱ部　憎悪の促進剤

本文中には、ヘイトクライムやヘイトスピーチの実態を明らかにするため、一部に暴力的な場面描写や差別的な表現等が含まれています。また、本文で取り上げる事例に登場する人物の敬称は原則、省略します。

憎悪の科学——偏見が暴力に変わるとき

ディーンに捧ぐ

プロローグ　憎悪とともに生きる

私は今に至るまで、自分が襲われたときの話をしてこなかった。だが今ここでその一件について語るのは適切なことに思われる。それは一九九〇年代末の夏休みシーズンのことで、ずっと心待ちにしていたある週末の出来事だった。うだるように暑いその日、私はロンドンに出かけて友人たちに会った。大学院に進学してジャーナリズムを専攻することになっていた私にとって、皆に会うのはそれが最後のチャンスだったから、存分に楽しむ心づもりをしていた。まず午前中にリージェンツ・パークでたっぷり陽を浴びたあと、正午ごろランチをとることになった。友人たちも、ほとんどが大学卒業試験を終えたばかりだったので、冷たいビールが飲めるところで祝杯を挙げることになり、私たちは王侯貴族のようにたらふく食べ、大学でつちかったよき思い出を焚《た》きつけるようにたっぷり飲んだ。このランチですでに酔いがまわっていたのだが、勢いでさらに祝宴に繰り出すことになった。目的地はトテナム・コート・ロード。多様性に富む客層で有名なバーだった。

　にぎやかな祝宴を始めて数時間たったとき、私は頭を冷やすためにバーの外に出て、どんよりしたロンドンの大気に身をさらした。外はまだ明るい青空が広がっていて、目を慣らすのに時間がかかった。そのとき、遠くのチラチラ光るアスファルトの上に立っていた男が徐々に視野に入ってきた。男は、ふらりと私に近寄ると、タバコの火を貸してくれないかと尋ねた。ジッポーライターの火をつける間もなく、次の瞬間、別の二人の男が飛びかかってきた。この三人の男たちは、辛抱強く獲物を待ち構えていたのだ。それは計画的かつ考え抜かれた暴行で、たまたま起きた「出来心による犯罪」ではなかった。

私は自分の身に起きたことを直ちに悟った――ヘイトクライム（憎悪犯罪）の被害者になったのである。裂けた唇から流れる金属的な血の味と、正確なパンチをくらって頭がうずく感覚を今でも思い出す。視野の端に映った三人の男たちは、笑って勝利を楽しんでいた。状態を立て直したと思われたくなかったので、私はその場を離れた。相手を勝利に酔わせることによって、それ以上深追いされないよう望んだのだ。報復しなかった私を臆病者と言う人もいるだろう。実際、私自身も、そう感じた。だが、あの瞬間に頭を占めていたのは、できる限り暴力を避け、私のあとにやってくる人たちを守ることだった。

そのとき、男たちの一人が吐き捨てるように言った。

「ファッキング・バティボーイ〔同性愛の男性の蔑称〕」

その一言で私は確信した。自分は〝ゲーム〟の標的にされたのだと。それは〝ゲイ叩《たた》き〟と呼ばれる、英国全土で流行っていた〝スポーツ〟だった。チームのメンバーは有名なゲイバーの外で標的を待ち伏せする。そして〝相手チーム〟のメンバーが酔って身を守れない状態で出てきたところを襲うのだ。いわば、ヘイトクライムのゲーム化である。

その襲撃は、土曜日の夜によく起きる酒がらみの無差別な暴力行為とは違うものに感じられた。無分別な暴行ではなく、メッセージを伝えるものだったからだ。その内容が何なのかは、その時点ではわからず、その後、何日も何週間も、暴行の記憶に立ち戻ることになった。この一件は私の思考をすっかり支配し、しまいにはそれ以外のことが何も考えられなくなってしまった。自らのアイデンティティに加えられた攻撃とは、そういうものだ。被害者は、暴力犯罪の大半の被害者のように「なぜ自分が？」と自問することはない。なぜ自分が狙われたのかは〝わかっている〟からだ。それは他の暴力犯罪よりずっと陰湿で、頭から離れなくなる。

私の頭はおびただしい疑問でいっぱいになった。あの襲撃者は、私の人となりをほんとうに憎んでいたのだろうか？　「憎悪（ヘイト）」という言葉は、この場合強すぎるだろうか？　私を殴った男は私を襲うことにより、異性愛者という自らのアイデンティティを補強しようとしたのだろうか？　それとも単に自分たちの縄張りを守るがゆえの仕業だったのだろうか？　つまり〝おまえのような連中〟は〝おれたちの街〟では歓迎されないというシグナルを私や他の客たちに送ったのか？　動機（あるいは複数の絡み合った動機）が何であったにせよ、その暴力行為は私に自らのアイデンティティ、社会における自らの立ち位置、そして自分の恋愛について考えさせることになった。

　私はあの日以来、人前でパートナーの手を握らなくなった。今振り返ってみると、そのせいで親密さが奪われてしまったような気がする。自分のアイデンティティに対する攻撃に不安になった私は変わってしまった。常にそこにある無防備な感覚が、私の人となりと結びついてしまったのだ。あの日、私は何かを失った。今でもそれを取り戻すことは二度とできないように思う。

　あの三人の男の行為は私の私生活を変えただけでなく、進路も変えることになった。襲撃されてからしばらくして、私はジャーナリストになる望みを捨て、犯罪学の修士号を取る道に進んだ。襲撃にまつわる疑問にとりつかれた私に、その答えをもたらしてくれる分野は科学だったからだ。

　大学院時代の研究は、予想していた面でも、また思いがけない面でも収穫をもたらしてくれた。一年の大部分は、薄暗い図書館の書架の間をうろつき、カビの生えた本のほこりを吹き払って、中身を読みふけることに費やした。そこで得られたのは想定内のことだった。一方、研究活動の合間にネットカフェで行なったアルバイトは、より個人的かつ想定外の学習体験をもたらしてくれた。そのカフェにはほとんど客がいなかったので、自由にできる時間がたくさんあり、暇をつぶしたかった私は高速通信を利用することにした。ネットワーク上の憎悪行為に初めて出くわすのに時間はかからなかった。チャットルームで少数のユーザーからなる集団が暴れまくり、他のユーザーに人種差別的な罵詈雑言《ばりぞうごん》を浴びせかけていた。やがて彼らは私を攻撃し始め、同性愛者に対する中傷がスクリーン上にあふれるようになった。

私は同じ年に、現実の街角とオンラインの双方で憎悪行為を経験することになったわけだが、これらの経験は私を形作り、あくなき意欲を生み出す糧になった。その意欲をさらに燃え立たせるため、私は人生の四年間を博士号の取得に費やすことにした。それが、私を襲った男たちや彼らに似た者たちの動機を理解するための旅の始まりだった。今も歩み続けるこの旅に伴うのは、偏見に満ちた考えを、憎悪、そしてときには殺人さえもたらす行為に変貌させるものを知るため、人間の心の深い闇を探る試みである。

はじめに

憎悪の感情は、人間の脳にもともと備わっているものなのだろうか？　私は憎悪をめぐる旅を始めた頃、それに似た質問を自らにした。「私を襲った者たちには、憎しみの行為をもたらす生物学的な要因があったのだろうか？」と。その可能性は私にとって慰めになるものであると同時に、気がかりなものでもあった。もしそれがほんとうであれば、攻撃者と私の間には明確な境界線が引かれることになるものの、憎悪は解決困難な問題であることを示唆することになるからだ。この疑問は、本書の格好の入り口である。〝生まれか育ちか〟という議論は、その人の人となりを形成するあらゆる構成要素の理解に欠かせないのと同じくらい、憎しみの理解にも欠かせない。

ヘイトクライム犯の大部分はどちらかと言えば平凡な人間で、一般の人々と似たような特徴を持っている。つまり、あなたや私とたいして変わらない人物だ。彼らのすべてが病的なわけでも、マスコミに描かれるようなモンスターであるわけでもない。偏見と憎悪が形成される基盤は、あらゆる人に備わっている。

人は誰でも自分に似ていると感じる人を好む。これは深く根差した感情だ。この特質は人類だけに限ったものではなく、他の種にも見られる。はるか昔、人類の歴史のどこかで、私たちの祖先はこの特質を発達させることにより集団としての繁栄を確実にした。生き延びるためには、信頼感と協調を育む固い絆《きずな》を築くことが不可欠だったのだ。今日では生存面での重要度こそ低下したとはいえ、人がもともと自らの集団のメンバーを外集団のメンバーより好むという事実は、たとえどれほど認めたくなくても、無視することはできない。

今では科学の発展により、この人類の特質が潜在的にもたらしたものを脳内で観察できるようになった。覆いの下にあるものを見るために医師たちが頭蓋骨を割らなければならなかった時代は、もはや遠い過去のものだ。現在では、機能的磁気共鳴画像法（ｆＭＲＩ）と呼ばれる、患者の腫瘍の診断に使われるスキャンが脳の三次元画像を生成して、写真などの外部刺激に対する反応をリアルタイムで示してくれる。ある特定の状況下では、〝我らの一員〟を好む傾向が〝彼らの一員〟に対する学習された反感に変わることがあるが、スキャン技術はこのプロセスに関与する脳のシグナルを明らかにしてくれた。

この脳のシグナルは、黒人に対する偏見はないと言う人の実態を暴くことがある。ある神経科学の研究で、実験参加者が白人と黒人の顔を見たときに異なる脳の活動を示すことが示された。この発見の驚くべき点は、無意識の偏見と最も相関している脳の部位、すなわち扁桃体《へんとうたい》が、恐怖感と攻撃性に関連していることだ（カラー口絵に示した脳画像の一番上を参照されたい）。扁桃体は〝準備された恐怖〟（私たちがより迅速に学習する恐怖）と学習された恐怖が形成される部位だ。つまり、クモやヘビに感じるような恐怖と試験や歯科医に感じるような恐怖が形成される。科学研究では、肌の色の濃い人物の画像を見ると、それを処理する扁桃体が恐怖反応を生成することが示されている（これは、被験者が白人であるか黒人であるかにかかわらず当てはまる。より詳しくは第3章を参照されたい）。しかし、生まれたときからそう反応するように脳の一部が予《あらかじ》めコードされているとみなすのは誤りだ。

未学習の脳を研究するため、心理学者たちは幼い子供たちの反応を調べた。まだ社会化をほとんど経験していない幼い子供たちでは、同年代の子供たちとの関わりにおいて、大人が他の集団に関して持つような考えを抱くことはほぼない。子供たちの遊び方を観察していると、進化の働きが見てとれる。人は三歳ごろから集団の存在に気づくようになり、自分が加わりたい集団とそうでない集団を区別するようになる。

女子のグループか男子のグループか、赤組か青組か、『スポンジ・ボブ』のファンか『ペッパピッグ』のファンか（ともにテレビアニメ番組）というようなことは関係ない（実際、人類の遠い祖先については、移住範囲が限られていたため、肌の色が集団を区別する要因になったとは考えにくい）。しかし、やがて子供たちは、自分が属していると感じた集団から除外されることに不安を募らせるようになる。この時点では、内集団を外集団より好むことがもたらす影響はわずかだ。この発達段階にある子供たちでは、内集団に対する選好が、外集団に対する有害行動に変わることはない。自分が属する集団のために、おもちゃを盗んだり集団間の闘争を繰り広げたりするようなことはしないのだ。一方、皆で広く共有しあうように促されなければ、おもちゃはグループ内だけで分かち合うことになる。

それより年長の子供同士の交わりは、就学前の子供たちの遊び場より複雑な社会的文脈のもとで生じる。論理的な判断ができるようになった子供たちは、一〇歳ごろから、社会が階層的に組織されていることを理解しはじめる。そして、いたるところに競う機会が生まれ、遊びや、全般的な行動を支配するようになる。子供たちは依然として、グループに属しているのは誰か、といった内集団のアイデンティティを重視するが、それより重要なのは、グループに属さないメンバーを敏感に察知しはじめることだ。たとえ集団同士の構成員が非常に似通っていたとしても、内集団への選好が、外集団に対する偏見の種となる。

ある有名な心理学研究で、〝平均的な〟白人中産階級に属する思春期の少年たちを、それまで関わりのなかった二つの集団に分けると、それぞれが属することになった集団への所属意識により、他方の集団に対するバイアスを迅速に形成することが示された。この現象は、双方の集団に属するメンバーのアイデンティティがほとんど変わらない場合にもみられる（たとえば、両方とも、メンバー全員が白人の中産階級の少年であるような場合）[*1]。集団同士が初めて出会ったとき、とりわけ食料のような資源が欠乏していると競争が生じる。衝突は不可避ではないものの、資源の分配が不平等になると起こりうる。しかしこの集団間の対立は根深いものではなく、容易に乗り越えることが可能だ。両方の集団に克服すべき共通の課題を与えると、互いの差異を忘れて歩み寄り、全員の利益のために仕事を成し遂げようとする。

他の集団に対するネガティブな考えが根深い有害行動に変化するのは、通常の場合、思春期だ。その時期に至ると、外集団のメンバーに対する偏見と憎悪が根付くようになる。偏見に基づいて有害な行動に出ることが通常化するという、この偏見の活性化は、避けられないわけではない。人は誰しも偏見の種を宿しているが、それが育つには特定の外部条件の組み合わせが必要だからだ。そうした条件には、景気後退や政治的対立なども含まれる。一般的に子供たちはそうしたものから守られているが、成人期初期にいる大部分の人には、それらがのしかかってくる。これに仲間からのネガティブな社会規範や価値の伝播《でんぱ》、外集団との直接的な接触機会の欠如などが加わり、反社会的なサブカルチャーや非主流派のオンラインメディアなどに徐々にさらされるようになると、偏見の種は迅速に発芽して憎悪に育つ。だがそれでもまだ、この火口箱〔ほくちばこ〕の中にいるすべての人がヘイトクライムに走るわけではない。

グッドニュースは、私たちの大部分は偏見を抑制する方法を身につけているということだ。一部の研究者は、偏見に満ちた考えを抱いたときに私たちの大半が恥の感覚を抱くのは〝文明化プロセス〟にあると説く[1][2]。何百年もかけて生じた社会的変化や、公民権運動、女性解放運動、同性愛者の権利運動などのおかげで、社会に存在する特定の集団、とりわけすでに構造的に不利な立場に置かれている集団を偏見に満ちた目で見たり扱ったりすることは容認されなくなった。

しかし、偏見の抑制には精神的エネルギーを必要とする。自分には偏見がないから何も抑制する必要はないと主張する人も確かにいるが（それ自体が抑制している証拠なのでは？）、私たちの大部分は、ある集団に属する人にうっかりネガティブな特質を関連付けてしまったときに、自分の考えを慎重に修正しようとする。ゲイの男性は性犯罪者ではなく、身体障害者は生活保護のたかり屋ではなく、ユダヤ人は暴利をむさぼる連中ではないと、自分に言い聞かせる必要がある人もいるだろう。しかしこの抑制メカニズム（あった場合だが）は、ある特定の状況で崩壊し、一部の人を憎悪に駆り立てることがある。

本書のアプローチ

私の旅は、人を憎悪行為に転じさせるにはどのような要素が必要なのか、そしてその行為がいかに他者に蔓延《まんえん》するかを見極めるものだった。なぜ、ある時期とある場所では異なる人々が調和して暮らせるのか？　なぜ、ある人々の間では違いが深刻になって集団殺害（ジェノサイド）にまで発展するのか？　ある思いを抱くことと、それを行動に移すことのギャップの解明は、行動科学の至高の目標だ。偏見およびその形成については膨大な事実が判明している。また、偏見が極端なものになり暴力的な結果をもたらしたときに何が起きるかについても膨大な知識が集積されている。偏見に満ちた考えにさらされ

＊1　人間行動に関する科学研究対象者の大部分は〝平均的な〟白人中産階級の少年たち、すなわち〝欧米の（Western）、教育制度が整い（Educated）、工業化された（Industrialised）、裕福で（Rich）、民主主義の（Democratic）〟（略してＷＥＩＲＤ〔この英単語には〝奇妙な〟という意味がある〕）社会出身の少年たちだ。そのため、人間行動について判明していることの大半は、ＷＥＩＲＤ社会の人々にのみ当てはまるもので、世界中の人々に対して一般化することはできないとする主張がある（J. Henrich et al., The Weirdest People in the World?, *Behavioral and Brain Sciences* 33 (2010), 61-83）。とりわけＩＱ、道徳的推論、公平感と協調性などについて科学的に判明していることは、世界の人々の一部にしか当てはまらないものかもしれない。もしあなたがＷＥＩＲＤ社会の出身者なら、これらの研究の所見は当てはまるだろうが、もしそうでないとすれば、すでに事実とされていることが敷衍《ふえん》できるかどうかについて、あなたが属する社会で科学研究をさらに行なうことが必要だ。

た人がみなすべてヘイトクライム犯になるわけではない。しかし、すべてのヘイトクライム犯はみなある時点で偏見に満ちた考えにさらされていることについては合意をみている。とはいえ、ある部屋に専門家を詰め込んで、偏見が暴力的な憎悪に転じる時点を指し示すように尋ねたら、その指はバラバラな方向を指すだろう。

　幸運なことに、数多くの古典的な科学の専門分野が確立されたずっとあとになって成立した犯罪学の教授である私は、既存の専門分野の知見を思う存分活用することができる。孤立して研究を続ける分野とは異なり、犯罪学は、数多くのアングルや極端な例に基づいて問題と取り組む。このアプローチは「人はなぜヘイトクライムに走るのか」という疑問に取り組むには絶対に欠かせない。いかに生物学的構造や初期の社会化が内集団を選好させやすくするか、いかに金融危機、世界的規模のパンデミック、人工知能（ＡＩ）が憎悪の蔓延に格好の状況を提供するかといった全体像を見なければ、憎悪行動は理解不能だ。

　ワイドアングルで全体像を捉えることこそ、今日のヘイトクライムを理解する鍵だ。現在世界中で進行している社会関係の崩壊速度は注目に値する。極右勢力が台頭している諸国でヘイトクライムが急増しているのは偶然ではない。この傾向は、インターネット革命と匿名の個人によるその不正利用、および極右勢力と国家主体に焚きつけられている。社会的分断の溝は、ポピュリストのリーダーと、その主義への支持をとりつけるインターネットの利用により深まる一方だ。

　ドナルド・トランプが勝利した二〇一六年の米国大統領選ではケンブリッジ・アナリティカ社が、そして英国のＥＵ離脱を主張する「リーヴ・ドット・ＥＵキャンペーン」ではアグリゲートＩＱ社が雇われ、人工知能を使って〝他者〟に対する恐怖感を煽《あお》るように設計されたメッセージに最も影響されやすい個人を〝マイクロターゲット〟により狙った[3]。新型コロナウイルス感染症によるパンデミックの渦中には、ソーシャルメディアに極右勢力が流した陰謀論があふれ、ユダヤ人、イスラム教徒、中国人、Ｌ

GBTQ+（レズビアン、ゲイ、バイセクシュアル、トランスジェンダー、クィア／クエスチョニングその他）などの人々が「ウイルスを作製した、広めた、またはその両方を行った」と喧伝《けんでん》して憎しみを煽った（詳細は第10章で）[4]。組織的キャンペーンに加えて、一般のインターネットユーザーもソーシャルメディアに憎しみに満ちたメッセージを投稿した。彼らを煽ったのは偽情報や、ホワイトハウスから発信される〝中国ウイルス〟、〝カンフルー〟（中国を象徴するカンフーとフルー（インフルエンザ）をかけ合わせた造語）などといった軽率な言葉である[5]。こうした傾向の最も憂慮すべき点は、公人が発信する分断を煽るメッセージと、一般市民による市街地での憎悪に基づく暴力行為が直接結びつくことだ。二〇二一年一月、世界は、トランプの分断的なレトリックに煽られた彼の支持者がアメリカ合衆国連邦議会議事堂を占拠するという前代未聞の事件を目撃した。写真に撮られた襲撃者の多くは、極右、ネオファシスト、白人優越主義者のシンボルを飾ったTシャツを着こみ、それらの旗を振りかざしていた。この襲撃では、警察官一人を含む五名が死亡し、数多くの負傷者が出た。占拠から数分のうちに、ツイッター、フェイスブック、ユーチューブは、トランプの投稿が暴力を煽ったことを認め、支持者を称《たた》えたトランプの投稿内容を削除し、その後さらに規制を強めて、それ以上の騒乱を防ぐために大統領のアカウントを凍結した。

　新たなテクノロジーは、憎悪の威力を増幅させ、危害をもたらすものに変貌させてしまった。このまま何も手を打たなければ、緊密につながった現代社会における憎悪の表現は、人類史のどの時点よりも、より広範囲に広がる可能性がある。今や、あらゆる科学の力を総動員してこの新たな文脈の完全な理解に努めなければ、憎悪が個々の共同体を超えて、諸国の全国民に蔓延する危機が迫っている。

　本書は二部に分かれている。第I部では、「憎むとはどういうことか」を理解するために個別のヘイトクライムを検証することから始め、何が憎悪とみなされ、どれだけ世間にはびこっているかを知るために統計的な情報を見てゆく。次に、すべての人に宿る憎む能力が、人類共通の特質によっていかに形作られてゆくのかを探るため、人類が進化させた生物学的・心理学的なメカニズムと人間の幼児期における迅速な学習の影響について見てゆく。

第Ⅱ部では、いかに憎悪が、人類のこうした特質に重なりうる要因、つまり偏見抑制能力を弱めて人を憎悪に近づける「促進剤」によって形作られていくかを見てゆく。憎悪は、あらゆる人々に備わる核心的な特質と、それらを促進する要因の組み合わせから生まれる。憎む能力は誰にでも備わっているものの、憎悪の爆発に至るほど多くの促進剤にさらされるのは一部の人だけだ。この曝露《ばくろ》（および、そうならないための安全策）は、すべての社会や時期に平等に存在するわけではないため、憎悪はある特定の集団とある特定の時期に頻出するかのように見える。

本書の読者は、偏見がヘイトクライムに変わるティッピングポイント（転換点）を探ってゆく過程で、有史以前の祖先から二一世紀の人工知能までを含めた、全世界にまたがる旅をしてゆくことになる。また実際のヘイトクライム事件を通して犠牲者と加害者双方の話を知り、専門家の話に耳を傾け、最新の科学ツールを活用することにもなる。複数のレンズを通して見ることにより、人間行動について一般的に信じられている考えに逆らう、直感に反するショッキングな説明を読み、そのたびに「なぜ一部の人は偏見を行動に移し、なぜほかの人はそうしないのか」という疑問の答えに少しずつ近づいてゆくだろう。

第Ⅰ部　憎悪の基盤

第1章　憎むとはどういうことか

スリニヴァスとアロック

二〇一七年二月。カンザス州オレイサの常になく暖かいある夜、スリニヴァス・クチボトラと友人のアロック・マダサニはGPS企業ガーミンでの仕事を早めに切り上げ、冷たいビールを飲みに出かけることにした。二人は二〇〇〇年代の半ばに、その後の人生を新天地で送るため、それぞれの家族をインドから〝ヒマワリ州〟の愛称で知られるカンザス州に呼び寄せていた。人口一三万五〇〇〇人ほどの町オレイサは彼らを温かく迎え入れ、ショッピングセンターにある、旨《うま》いバーガーとビールを提供する典型的なアメリカンレストラン「オースティンズ・スポーツ・バー・アンド・グリル」は、二人のお気に入りの店になっていた。

オースティンズの店内では、大型テレビが大音量で映し出すカンザス大学対テキサス・クリスチャン大学のバスケットボール試合に大勢の客が興じていたが、スリニヴァスとアロックは戸外のパティオに座り、二六℃という季節外れの暖かさを楽しんでいた。よく冷えたビールを飲みながら、二人はその日の仕事のこと、ボリウッド映画のこと、そしてもうすぐ生まれるアロックの子供のことなどを語り合った。

そのうちアロックは、Tシャツに軍隊バッジをつけ、バンダナを巻いた白人の男がテーブルから立ち上がり、自分たちのほうに歩いてくるのに気づいた。男の表情を見たアロックは、何か悪いことが起こりそうな気がした。この男アダム・プリントンは人差し指を突き付けて、こう訊《き》いてきた。

「おまえら、どこの国からやって来たんだ？　不法滞在してるんじゃないのか？」

その脅すような口調から暴力を振るわれるのではないかと不安になったアロックは押し黙ったが、スリニヴァスは穏やかにこう答えた。「合法的に滞在している。H-1Bビザ〔就労ビザ〕で働いているんだ。インドから来た」

プリントンはスリニヴァスに向かって怒鳴った。「おまえらのビザの金を払っているのは俺たちなんだぞ。ここから出ていけ！　おまえらの居場所なんかない！……サンドニガーめ！〔中東系の人に対する蔑称〕」。そして、「テロリストめ！」と叫びながら、スリニヴァスの胸をついた。

アロックは店内に駆け込んでマネージャーを呼んだ。だが戻ると、二人の客がスリニヴァスとアロックのために立ち上がり、プリントンに出て行けと言っていた。そのうちの一人は、イアン・グリロットという地元の男性だった。

それからしばらくして、プリントンが戻ってきた。今度は違うTシャツを着こみ、鼻から下をスカーフで覆っていた。「俺の国から出ていけ！」と叫びながら、プリントンはセミオートマチック・ピストルを取り出し、二人に向けて発射した。もろに銃弾をくらったスリニヴァスは、四発が胸に命中した。アロックは脚を撃たれて地面に倒れた。アロックの頭の中を駆けめぐっていたのは、これから生まれる子供のこと、そして生き抜かなければならないということだけだった[1]。

先ほど二人を助けた客のイアンは、テーブルの下に隠れて銃声を数えていた。九発目の銃声を聞いた彼はテーブルの下から抜け出すと、現場を逃げ出したテロリストを追いかけた。だが彼は数え間違えていたのだった。弾倉にはまだ一発残っていたのである。プリントンは振り返りざま残りの一発を発射し、弾丸はイアンの手と胸を貫通した。

オースティンズの客たちが二人のインド人に必死で応急処置を施していたとき、スリニヴァスの妻、スナヤナは自宅から夫に電話をかけていた。庭で夕陽を眺めながら二人でお茶を飲もうと思い、帰宅時間を確認しようとしていたのだ。電話が通じなかったためフェイスブックをスクロールすると、「オースティンズ・スポーツ・バー・アンド・グリルで銃撃事件」と題された投稿が目に飛び込んできた。スナヤナは最悪の事態を想定した。

アロックとイアンは一命をとりとめたが、スリニヴァスは複数の銃創で落命した。

警察はスナヤナに、襲撃は計画的なものだったと告げた——彼女の夫は、その出自、つまり肌の色のために殺されたのだと。スナヤナは、それまでニュースで見てきた米国の多くの銃撃事件と同じように、それが無差別攻撃であったように願っていた。夫と友人がその国籍と人種によって狙われたという事実は、彼女の苦悩を一層深めることになり、スナヤナはプリントンが夫を殺した理由を理解しようとしてもがいた。彼に言語道断の行為をとらせた痛みとは何だったのか？　何を怖がっていたのか？　怒りはどこからやってきたのか？　スリニヴァスを殺すことによってその痛みは消えたのか？

アロックとイアンは、傷がまだ癒えないにもかかわらず、当事者の話を聞こうとして世界中から押し寄せたレポーターの取材を受けた。ある取材でアロックはこう口にした。「怖いです、もちろん。知ってもらいたいのは、これが憎しみから起きたということです」

イアンは目に涙を浮かべて、病院のベッドからこう語った。「他の人間にすべきことをやっただけです。その人がどこの出身か、どの人種かなんて関係ありません。僕らはみな同じ人間なんですから[2]」

数日経って、スナヤナは記者会見で次のように話した。「私はいつも心配していました。アメリカ合衆国で暮らしているのは正しいことなのかと……政府はヘイトクライムを止めるために何をするつもりでしょうか？　夫は正義が下されることを望むでしょう。答えが欲しいです」。スナヤナは二〇一六年にドナルド・トランプが勝利した大統領選のあとに全米で起きたヘイトクライムについて新聞などで読んでいた。襲撃のすぐあと、彼女はレポーターにこう語っている。「私たちはこの前の選挙を注意深く追っていました。すごく不安だったんです。眠れないくらい」(3)。彼女は夫にこう尋ねたことを振り返った。「スリニヴァス、私たちこの国にいて安全かしら？　すごく不安だわ」(4)

現場を立ち去ったプリントンは、一一二キロ離れたミズーリ州クリントンまで車で逃走し、ファミリーレストランの従業員に襲撃を告白した。警察に逮捕されたのち、プリントンは州から謀殺罪と故殺罪で起訴されたが、ヘイトクライムでは起訴されなかった。カンザス州にはヘイトクライムを罰する法律がないからだ。*1(5) 彼をヘイトクライムで起訴できるのは、連邦レベルだけである。プリントンは襲撃の動機が被害者の人種にあったことを認めた。襲撃の二週間前、いつものテーブルについていたスリニヴァスとアロックを見かけたプリントンは、バーテンダーに「パティオにいるテロリストたちを見たか？」と話しかけていたという。彼はすべての容疑を認め、仮釈放の可能性の

＊1　本書を執筆している時点でも、カンザス州には、ヘイトクライムを取り締まる特定の法律はない。とはいえ、犯罪の動機のすべてまたは一部が、被害者の人種、肌の色、宗教、民族、国籍、あるいは性的指向に基づくことが判明している場合は、判事がより重い刑罰を科すことができる条項はある。しかしプリントンは、連邦レベルでヘイトクライムに問われた。オバマ元大統領が二〇〇九年に署名して発効した「マシュー・シェパード、ジェームズ・バード・ジュニア・ヘイトクライム防止法」では、被害者の実際の（あるいはそう認知された）人種、肌の色、宗教、国籍、ジェンダー、性的指向、ジェンダー・アイデンティティ、精神的・身体的障害を理由に、意図的に肉体的危害を加えたり、危険な武器を使用して身体的危害を加えようとしたりする行為を連邦犯罪とみなしている。これは、人種、肌の色、国籍のみについて規定された一九六九年のヘイトクライム防止法を拡充したものだ。

ない三件の連続する終身刑を言い渡された[6]。

米国、インド双方のマスコミから声明を出すように迫られたトランプ大統領は、六日経ってからようやく連邦議会で「非常に醜い形の憎悪と不道徳だ」と言って事件を非難した[7]。ハイデラバードで執り行われたスリニヴァスの葬儀はインドのテレビニュースとオンラインで放映された。会葬者たちは「トランプ、辞めろ、辞めろ！……人種差別を止めろ！　憎しみを止めろ！」と叫んでいた[8]。

スリニヴァス殺害の一年後、スナヤナは、移民の支援と米国におけるヘイトクライムの撲滅を目指す非営利組織「フォーエバー・ウェルカム」を設立した。

あの日プリントンを殺人行為に駆り立てたのは何だったのだろうか？　こうした疑問に答えを出すのは犯罪学者の仕事だ。犯罪学者は、ヘイトクライムにおける被害者と加害者の背景を調べ、最も役立つ科学を駆使して答えを導き出す。犯罪学は、犯罪という問題に対処するための研究分野として生まれた。つまり、目的は行政機関に政策方針に関する助言を与えることにある。研究の推進力になっているのは、「なぜそんなことをするのか？」という大きな疑問だ。その下には、ヘイトクライムを研究する犯罪学者の研究対象となる一連の下位の疑問がある。すなわち、「憎悪とは何か、それは動機を確立するのに役立つか？」、「ヘイトクライムは実際、どれほどはびこっているのか？」、「他者のアイデンティティを標的にする犯罪は何をもたらすか？」、「どうすれば憎悪が止められるか？」という疑問だ。本章では、被害者と加害者の実名を挙げ、それぞれの物語を通して、これら下位の疑問の最初の問いに取り組んでゆく。

〝憎む〟とはどういうことか

アダム・プリントンは、若いころ海軍にパイロットとして勤務していた。また、しばらく航空管制官として働き、IT企業でも熟練技能を必要とする仕事についていた。だがその後の一連の喪失体験が、彼の人生を変えることになる。スリニヴァスを殺害する一八カ月前、父親ががんで死亡した。プリントンは過度の飲酒にふけるようになり、仕事も失ってしまう。その後、ファストフード店の皿洗いなど、いくつかの肉体労働の仕事をかろうじて手にした。この個人的な喪失、失敗、フラストレーションという有害な組み合わせが、あの日の殺人に何らかの役割を果たしたかもしれない。とはいえ、それですべて説明がつくわけではない。トランプの外国人を排斥するレトリックと、同じ月にイスラム教徒の米国入国を禁じる措置がとられたことも、彼を焚きつける一因になった可能性がある。では、プリントンは、吹き込まれた話をうのみにして、自分の失敗の責任が移民にあると信じ込んだのだろうか？　そうかもしれないが、それを知るすべはない。それにたとえそうだったとしても、まだパズルのすべてのピースがはまったわけではない。深い個人的喪失を被り、分断的な政治メッセージを信じ込む米国人のすべてが暴力行為に走るわけではないからだ。では、あの日プリントンを殺人に駆り立てたのは憎悪だったのだろうか？

憎悪に関する犯罪学的知見の多くは偏見の研究に基づいている。偏見はステレオタイプ、すなわち大雑把な一般化とカテゴリーに基づいて個人や集団に付与する特性を糧にして育つ。偏見が生じるのは、ある人物に対する態度や感情が、その人が属するとみなした集団に結びついて形作られるときだ。そのため偏見は、心理学者が〝外集団〟（彼ら）と〝内集団〟（我ら）と呼ぶものに焦点を合わせる。

内集団に焦点を合わせた場合、偏見は、しばしばポジティブなステレオタイプや、カテゴリー、感情と結びつく。〝我ら〟の一員である人物は、有能さや信頼性と関連づけられ、その人物に対する親しみや共感が生まれる。一方、どんな人にも生来備わっている〝我ら〟に似た人を好むというこの無意識の選好は、それを意識的に中和させなければ、〝彼ら〟に対する差別を招く。ポジティブな態度や感情は

〝彼ら〟の一員よりも〝我ら〟の一員に対してより好意的に接する確率を高めるだろう。そしてそれにより、時間、愛情、資金、資源といったものを〝我ら〟の一員に割くようになる。

一方、焦点が外集団に合わせられた場合、偏見はしばしばネガティブなステレオタイプや感情と結びつく。プリントンはスリニヴァスとアロックのことを、米国の資源をむさぼる者（「不法滞在してるんじゃないのか？」）、かつ生命にかかわる潜在的な脅威（「テロリストたちを見たか？」）とみなしていた。これは、根拠のないステレオタイプに基づく偏見で、ネガティブな感情を引き起こす。

だが、プリントンは単に被害者が属する外集団に偏見を抱いていただけだとするのはフェアではない。私たちはみな偏見を抱えているが、すべての人が街に繰り出してヘイトクライムに走るわけではないからだ。相手が特定の集団に属しているという理由でその人を傷つけたり殺害したりするには、偏見を超える何かが関与している。この状態を表す言葉として通常使われるようになったのが〝憎悪（ヘイト）〟だ。だが、この言葉は実際に何を意味するのだろうか。そして果たして、加害者の動機を完全に理解するのに有益な言葉なのだろうか？

憎悪が意味することは、文脈が違えば異なるし、人によっても異なる。この言葉は政治目的で過剰に使われすぎ、乱用されることさえある。日常会話での単純な使用のことを考えてみても、〝ヘイト〟〔hate〕という言葉は日々頻繁に使われている。私の幼い甥《おい》との夕食は、しょっちゅう「お野菜は大嫌い！（I hate vegetables!）」という抗議にまみれ、近所の人とのたわいない会話も「あの大統領はほんとに大嫌いだ！（I just hate that president!）」という言葉で締めくくられる。甥や近所の人にとって、野菜やあの大統領にはどこかあまりにも本質的に間違ったところがあるため、それを容認できる日が来るとは思えないのだ。そして、野菜も大統領も押しのけられる。

しかし〝憎悪〟はおそらく、実際に感じていることを表現するには強すぎる言葉だろう。甥は野菜の味が嫌いなだけで、それを食べるときには嫌悪感さえ抱くかもしれない。近所の人は大統領を軽蔑《けいべつ》し、おそらくその行動に腹を立てている。どちらも強いネガティブな感情だ。しかし実際に憎んでいるわけではない。そうした感情はおそらく時間が経てば弱まるだろう――甥が成長して味の好みが変われば、そして近所の人が大統領の退陣を目にすれば。

たとえその言葉がふだんの会話で頻繁に使われているとしても、憎むという経験は、人並みで平凡な人々がする範疇《はんちゅう》を超えたものだ。誰かがある個人を心底憎むという場合（対人的憎悪感情）、この心理状態に至る状況には、相手から直接受けた行動が関与していることが多い。虐待を行なう父親は子供たちから憎まれ、浮気をした妻は夫に憎まれ、看守は囚人から憎まれる。だが、たとえこのように極めて個人的な状況においてさえ、こうした心理状態は時の経過とともに変化し、強烈な反感、軽侮の念、嫌悪感と呼ぶほうが適切なものに変わる。

憎悪についての科学的な研究では、〝憎悪〟という言葉はしばしば、相手の世界観が自分のものと対立しているため、または対立していると感じとれたために、その集団全体を除外したいと望む感情（対集団的憎悪感情）を指すために留保されている。個人が憎しみの対象になることはあるとはいえ、それはその人の外集団との関わりのためだ。スリニヴァスとアロックが狙われたのは、二人がプリントンに何かをしたからではなく、プリントンが自分の国とおそらくは自分の人生も狂わせたと信じ込んだ外集団の一員だったからだ。

こうした特性を持つ憎悪は、怒り、軽蔑、嫌悪感などのネガティブな感情を超えている（とはいえ、これらの感情が併存することもある――それについては本章の後半で見てゆく(9)）。感情は、感覚、記憶、思考プロセス、脳を駆け巡る化学物質がもたらす情報に刺激されて生じる。大部分の人にとってそれは一時的なもので、ときにはあまりにも束の間の感情であるため、朝起きたときには機嫌が悪くても、昼時に数杯のコーヒーとシナモンロールでエネルギーを得て、その日一日やる気が出る、というようなこともある。一方、憎悪は（とりわけ対集団的憎悪感情の場合は）、より長く持続し、安定していて、激烈だ。本書で見てゆくのは、このタイプの憎悪である。

憎悪のピラミッド

ドイツ軍占領下のヨーロッパで近代最大の集団殺害が生じ、米国ジョージア州ムーアズフォード橋で集団リンチ事件が起きた一九四〇年代、ハーヴァード大学の心理学者ゴードン・オルポートの頭の中は、偏見と憎悪の問題でいっぱいになっていた。これらの事件や二〇世紀前半に起きた同じ種類の恐ろしい事件は、オルポートを人間の偏見とそれがもたらす憎しみに満ちた対立の原因を探る研究に向かわせた。[10]一九五四年に上梓《じょうし》した著書『偏見の心理』(*The Nature of Prejudice*)〔G・W・オルポート著、原谷達夫・野村昭訳、培風館、一九六八年〕は、その後五〇年以上にわたり、このテーマにおける研究を形作ることになる。

オルポートは、偏見を集団全体に対する反感とみなした。研究でよく引いた例は宗教的集団と民族的集団に関するもので、具体的にはユダヤ人と黒人に向けられたネガティブな態度である。彼の見解では、偏見とは集団に属する特定の個人に向けられるものではなく、集団全体をネガティブな目で見ることから生じるものだった。そのため、この見解に沿って他の形の偏見は除外した。たとえば、性差別は含まれていない(女性に対し概してポジティブな態度で接しているとしても、そうした態度こそが差別をもたらすという性差別は、現代の偏見研究では偏見の一部とみなされ〝好意的パターナリズム〟と呼ばれている)。

オルポートは、「集団全体に対するネガティブな態度」という彼の初期の偏見の定義に基づき、すべての偏見が同じレベルにはないことを示す階層図を提案した(図1)。「誹謗《ひぼう》」と名付けられた第一段階では、ジョークからあからさまな中傷に至るまでの外集団に対するヘイトスピーチが、内集団の一部により頻繁に発せられるようになる。この段階では、ヘイトスピーチは、社会的関係の状況と分断的出来事の発生に応じて強まったり弱まったりする。これは現代のソーシャルメディアにおける状況でも明ら

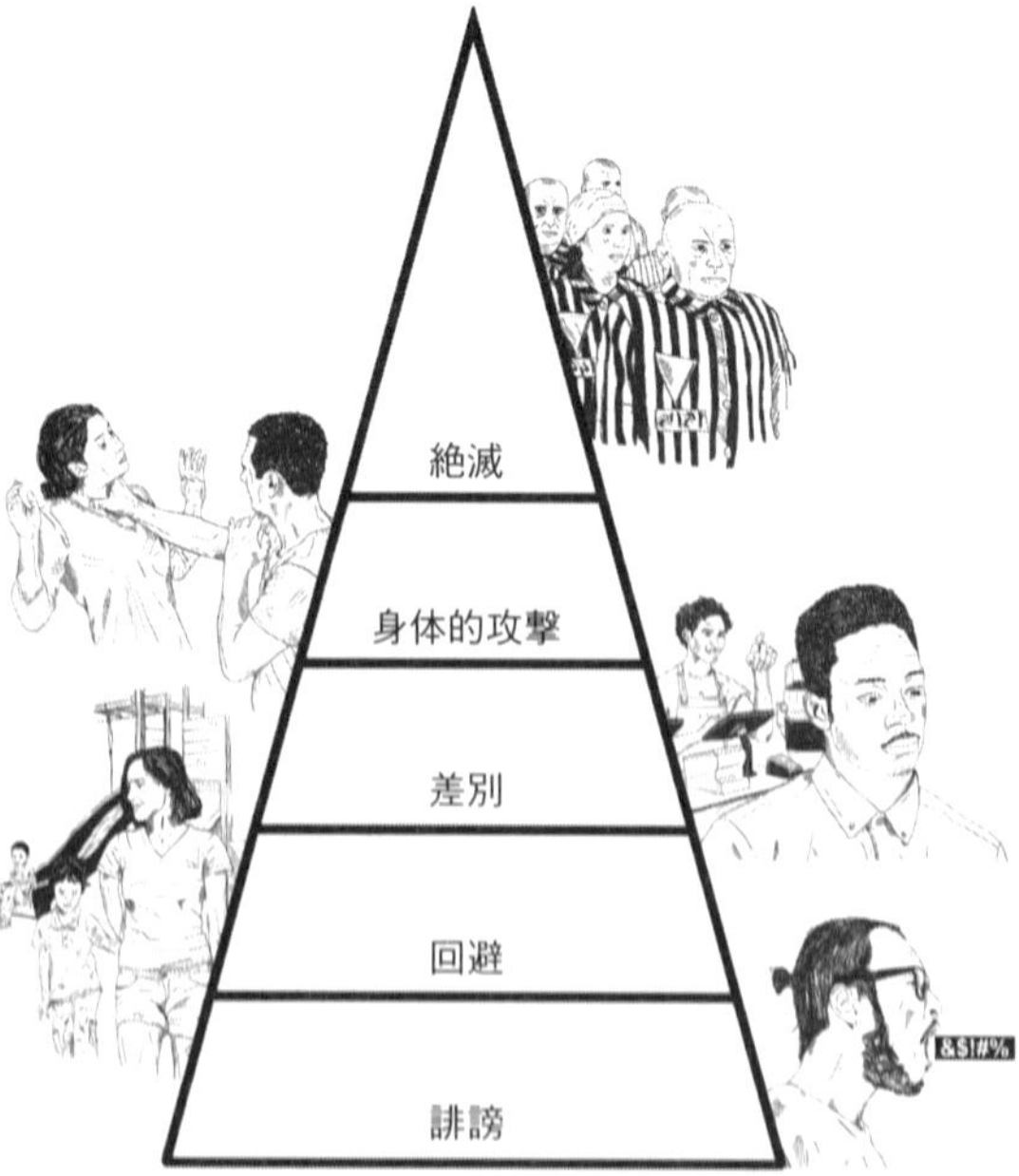

図1　偏見のピラミッド（G. W. Allport, *The Nature of Prejudice*, 1954 より編集）。

かだ。

第二段階の「回避」では、内集団と外集団の乖離《かいり》が見られる。これは、外集団が集まることで知られる特定の店や地区を内集団が〝組織的に〟避けることをはじめ、国家が特定の集団に対して学校、公共交通機関、住宅などの施設における隔離を強要することまでを含む。

第三段階の「差別」では、外集団が機会、物資、サービスへのアクセスを拒否され、社会で活躍する能力が制限される。外集団は、特定レベルの教育や、特定分野における就職、最高の医療、法の下での平等な保護などを得られなくなる。[11]

一九世紀後半から一九六〇年代にかけての米国南部におけるジム・クロウ時代〔黒人隔離の時代〕は第三段階の典型的な例だ。影響力のある宗教家、政治家、財界首脳などを含む権力者たちが、アフリカ系米国人はあらゆる面において白人より劣るという考えを社会構造に深く沁《し》み込ませ、人種的カーストシステムを築いて、黒人を支配・虐待した。[*2] 今日でも、多くの国では政府が一部の国民を差別しつづけている。たとえば同性愛を犯罪とみなす国は少なくとも六八カ国に及び（本書執筆時点）、現行犯で逮捕された同性愛者に死刑を宣告する国も未だに存在する。(12)

この差別段階には目立ちにくい形の暴力も伴う。支配集団は外集団に対する権力行使特権を利用して、言葉や態度で頻繁に「マイクロアグレッション」を行う。[*3] これには、外集団のアイデンティティを標的にする明示的な「マイクロアサルト」も含まれる。

第四段階の「身体的攻撃」は、前段階の行動を本格的な攻撃に意識的にエスカレートさせたものだ。国または州の法律で暴力が容認されていない場合でも、当局が目をつぶる可能性が高い。ある状況下では、警察など当局の人間自身が非合法的に暴力行為を働くこともある。

米国では、黒人とＬＧＢＴＱ＋の人々に対する一般市民と警察の暴力が前世紀の中頃にはびこったが、それは今でも終わっていない（プリントンの攻撃もこの段階に分類される。第2章で紹介するフランク・ジュード・ジュニアのケースも参照されたい）。同様の行為は、今日の世界でも繰り返されており、ロシアの同性愛者に対する一般市民と法執行機関によるおぞましい身体的攻撃もその一つだ。(13)

最後の第五段階の「絶滅」では、外集団に対する致死的な身体的攻撃が望まれ、場合によってはそれが合法になる。(14) ホロコーストはこの段階の最たる例だが、集団殺害は過去の出来事ではない。ミャンマーでは、二〇一六年以来、自らをロヒンギャと呼ぶイスラム教徒の推定二万四八〇〇人が、国民の大多数を占める仏教徒に抹殺され、七〇万人もの同胞が国を追われた。(15) これらに加え、ボスニア・ヘルツェゴヴィナ紛争（一九九二年～一九九五年）、ルワンダ（一九九四年）、ダルフール（二〇〇三年～）で起こった集団殺害は、社会が憎悪の蔓延を容認したときに何が起こるかを、私たちに喚起し続けている。

＊2　人種は生物学的かつ階層的な分類だという考えは、科学によって打破されている。人種と民族は、人間を集団に分類するために使われる社会構築的概念だ。人種は一般的に肌の色のような身体的特性を共有する人々のことを指し、民族は一般的に言語や宗教といった文化的特性を共有する人々のことを指す。人種と民族という用語は同じ意味で使われることがあり、その意味と使用法はよく混同されて議論の的となる。たとえば、大部分の学者は、地球上に暮らすすべての人は核となる共通の祖先を持つという事実に鑑みて、遺伝的な差異の面から人種を語るのは不適切だと主張する。このことは、社会的に構築された人種タイプ間の平均的な遺伝的差異は、典型的に非常に小さいことを裏付けている。人間に差異があることは事実だが、それは従来の一般的な人種の記述と完全には一致しない。大方の学術的研究と政策的文献では、〝人種〟という言葉を、母集団のなかの、肌の色という肉体的差異を持つ集団を指すことに使っている。これは広く受け入れられた慣行ではあるものの、非科学的なものであり、ヨーロッパによる植民地拡大と帝国建設の名残だ。とはいえ、社会的カテゴリーとしての人種が重要でないというわけではない。人種に分類された人々の相互作用を通して、意味を持つようになったからだ。本書では、引用した研究や政策で使われている人種についての用語使用法を踏襲したが、集団間に内在的な差異を当てはめようとする科学的な使用法については支持していない。

＊3　「マイクロアグレッション」という用語は、外集団に対して意図せずに差別をもたらす言葉または行為あるいはその両方を指す。「マイクロアグレッション」には、言葉による攻撃をしたり相手を避けたりする行為を意味する「マイクロアサルト」に加えて、言葉、会話、あるいは行動が無礼で無神経（無意識で行われることが多い）だが明示的ではない「マイクロインサルト」（たとえば障害者に、どうやって非障害者に勝って職を手にしたのかと尋ねることなど）、また、相手のアイデンティティに基づく言葉、会話、行動により相手を疎外する「マイクロインヴァリデーション」（たとえば白人が、イギリス生まれのインド系の人に〝ほんとうの〟出身国はどこかと尋ねたり、白人が黒人に対して〝自分は肌の色の違いは気にしない〟と言ったりすることにより、相手のアイデンティティや文化遺産を否定することなど）を含む場合がある。これらは第一段階の「誹謗」でより多く見られる。以下を参照のこと。D. W. Sue, 'Racial Microaggressions in Everyday Life: Implications for Clinical Practice', *American Psychologist* 62 (2007), 271-86.

プッシュ要因とプル要因

憎悪を階層化する試みは、どのようなものでも完全とは言えない。人間に備わるこの最も暗い闇の面を抽出してあらゆる状況を説明しようとするのは困難な仕事だ。それでもオルポートの試みが明らかに示しているのは、低度から中度の偏見（第二段階まで）では内集団が外集団を避けているが、憎悪をもたらすさらに極端な形の偏見（第四段階およびそれ以降）では、攻撃して殲滅《せんめつ》することを目的に、内集団が外集団を追い詰めるという事実だ。そのため、偏見と憎悪の決定的な違いは、このプッシュ要因〔現象の発生を助長する要因〕とプル要因〔現象を発生させる要因〕にある。プッシュ要因は外集団の存在により引き起こされるネガティブな思考で、その内容は、〝彼ら〟に関する知識不足から引き起こされる不安、不確実性、懸念、あるいは相手を怒らせることや偏見を抱いているように見られることへの恐れだ(16)。一方、プル要因は、フラストレーションを吐き出し、感じ取った脅威を除去し、外集団の行動を〝正す〟ために、彼らに対して行動を起こしたいという渇望または必要性から生まれる。

第四段階の「身体的攻撃」に当たるプリントンの行動は、プル要因のカテゴリーに分類される。彼は犯行日より前にオーースティンズでインド人男性たちを目撃しており、彼らを脅威とみなして「テロリスト」だと名指しした。その出会いはおそらく偶然の出来事であっただろうが、インド人の存在自体はプリントンにとって想定外のものではなかった。二人を無視したり、他のテーブルに移動してボリウッド映画の話が聞こえないところに座ったりするかわりに、プリントンは彼らを追い詰めた。二人の空間に侵入して、米国にいる権利について追及したのだ。バーから追い出されたあと、彼は家に戻り、殺人を犯す目的のもとに戻ってきた。

ピラミッドの頂点に位置づけられる「絶滅」では、外集団を追い詰めて殲滅するための多大な資源の割り当てを必要とする。人々は外集団を避けるのではなく、無理をしてでも彼らを追い詰める。第二次世界大戦中のナチスドイツでユダヤ人や他の人々を根絶するためにかけた費用は、敵との戦争に費やせたはずだ。この種の非論理的な行動は、ある集団に対する嫌悪やネガティブな感情よりも、極端な情熱あるいは執着と共通点がある。こうした情熱や執着に基づき、憎悪を抱く人はしばしば、自分は何らかの道徳的大義をなそうとしているのだと思い込み、彼らに対する憎悪とそれが導く行為は、高潔なものだと信じ込む。そして憎しみの対象である外集団を、自分がまさに守ろうとしている道徳をむしばんでいる者たちとして認知する。こうして目的が手段を正当化するようになる――たとえその手段が民族的集団あるいは宗教的集団全体を根絶やしにすることであっても[17]。

共に抱く憎しみ

アレクセイ

二〇一四年、二二歳のアレクセイはロシアのモスクワでドラァグ・クイーンとして働いていた。地元のゲイクラブでショーの出番が回ってくるたびに鏡の前で変身し、公衆の前では装わなければならない異性愛者というペルソナから自らを解き放っていた。ロシアでは、二〇一三年に、未成年者を〝非伝統的な性的関係〟の情報から守るという名目で「同性愛〝宣伝〟禁止法」が可決されて以降、ＬＧＢＴＱ＋の人々に対する攻撃はおどろくほど急増していた。

人権団体は、この法律がＬＧＢＴＱ＋の権利に対する攻撃であり、異性愛という生き方から逸脱するあらゆる形の表現を公共の場において禁止するための手段だと主張している。それでも、この法律が一般大衆の間で広く支持されていると報道される状況下でアレクセイのような人が現代のロシアで生き延びるには、ゲイクラブのような場所で周囲に溶け込むことしかなかった。混雑するモスクワの中心街で同性愛者が手をつないで歩いたりすれば、通行人から罵倒され、ときには暴力を振るわれることさえあった[18]。

アレクセイが働いていたクラブは彼にとって代理家族の役目を果たしてくれていた。ほんとうの家族からは、カミングアウトしたときに縁を切られていた。敵意に満ちた街路から隔てられたそのクラブはアレクセイに安らぎの場所を提供し、いずれ状況は好転するだろうという望みを抱かせてくれた。毎晩数時間、アレクセイの真のアイデンティティはスポットライトを浴び、彼のほんとうの姿を受け容れてくれる社会の他ののけ者たちを魅了した。だが同性愛宣伝禁止法が可決されたあと、この避難所は戦場と化すことになる。

法案可決から数カ月ほど経って、目立たなかったクラブは標的になった。「ここはゲイクラブだ↓↓」と書かれた大型のネオンサインが戸口の上にとりつけられ、道行く人に向かってけばけばしい光を放った。ネオンサインを取り付けたのは、建物のオーナーである鉄道会社で、この企業はクレムリンに牛耳られているという噂《うわさ》があった[19]。この物騒で突飛な手段は、危険を冒してクラブを訪れようとする客に的を背負わせることになり、クラブの外には〝道徳パトロール〟車が止まって、クラブに入るすべての客を監視した。

やがて暴力事件が起きた。まず二人の男が、クラブの外で列を作っていた客たちにいやがらせをし、入店を拒否されると、客の群れに向かって銃弾を撃ち込んだ。ドアには銃弾の穴があいた。次は毒ガス攻撃だった。脳を損傷して死をもたらしかねない硫化水素が換気システムから送り込まれ、五〇〇人ほどいた観客の一部が頭痛と嘔吐《おうと》をきたしたが、運よく後遺症を被った者はいなかった。最後には五〇人を超える暴徒が押し寄せて店内を荒らしまわり、天井に火を放った。

襲撃の背後にいたのは組織化された憎悪集団だった。過激派キリスト教集団「神の意志」の首領、ドミトリー・〝エンテオ〟・ツォリオノフは、ロシア国内における反同性愛運動の先頭に立つ人物だ。彼はある取材でこう語っている。「同性愛は小児性愛とまったく違わない……真の疫病、真のウイルスであり、撲滅しなければならない。このがんは転移しないように止めることが必要なのだ[20]」。

この集団は、ロシア国内で同性愛を非合法化し、最高刑を死罪にすることを目論んで、同性愛宣伝禁止法案を支持する運動を展開した。「神の意志」は、ゲイの男性をわなにかけて捉え、虐待、殴打する映像をユーチューブに投稿しているネオナチ集団「オキュパイ・ペドフィリア」との関連が報告されている。[21] どちらの集団も、ロシア版フェイスブックの「フコンタクテ」で大勢のフォロワーを集めている。

銃撃と毒ガス攻撃といやがらせは、二〇一四年、ついにアレクセイが我が家と呼んでいたクラブを廃業に追い込むことになった。代理家族をなくしたアレクセイは、ロシアにいる大部分のLGBTQ+の人たちと同じように、「神の意志」や「オキュパイ・ペドフィリア」のような集団による迫害を逃れるため、祖国をあとにすることにした。[22]

こうした集団は憎悪に活力を賦与する。自分たちに似た者たちを利用して外集団に対するネガティブな態度を正当化し、憎悪に拍車をかけるのだ。「神の意志」は、同性愛者に対する偏見が憎悪に満ちた暴力に変わる場を提供し、同じような態度、感情、道徳規範を共有する集団が、それをますます焚きつけていった。共有する憎悪を寄り集まって表現する行為には、集団内の個人を矮小化《わいしょうか》させる作用がある。心理学者はこれを「没個性化」と呼んでいる。憎悪集団は一つの実体として行動し、不品行にブレーキをかけるべき個人の責任感が群集心理にかき消されてしまう。[23] 言い換えれば、個人と集団が〝融合〟するのだ（詳しくは第8章で見てゆく）。外集団は、個人の道徳観に対する脅威または挑戦とみなされる以上に、内集団全体に対立する存在として受け取られるようになる。

科学者の大半は、この種の憎悪自体を感情とはみなしていない。だが、それには集団という状況で増幅される一連のネガティブな感情が伴う。オルポートが〝高揚した情動〟と呼んだ、集団に根差すこの感情は、意識的な偏見が本格的な憎悪に醸成されるプロセスにおいて根本的な役割を果たす。

怒りは憎悪によくみられる特徴で、集団全体に対しても個人に対しても抱く感情だ。怒りを憎悪とともに感じるときには、解決されていないフラストレーション、あるいは行き場のないフラストレーションがその原因になっていることが多い。フラストレーションは、失業、不安定な状況、貧困、病気、孤独、充足感の欠如などの状況から生まれる。これらの状況に怒りを抱いている個人は、怒りをしばしば、その状況を作り出していると認識した外集団に向ける。つまり、「自分が失業しているのは〝彼ら〟が仕事を奪っているからだ」、「自分はテロリストの〝彼ら〟のせいで危険にさらされている」、「自分が貧しいのは〝彼ら〟が福祉制度にストレスを加えているからだ」というように怒りを募らせるのだ。憎悪集団は、こうしたフラストレーションを共有し合う場になる。そうした場では、人生における自分の失敗は他人のせいで、その他人は自分の集団に真っ向から対立する集団に属していると告げられる。「〝我ら〟が病気なのは〝彼ら〟が公共医療サービスの重荷になっているからだ」、「〝我ら〟が孤立しているのは〝彼ら〟が近所を乗っ取ったからだ」、「〝我ら〟が機会を得られないのは〝彼ら〟が優先されるからだ」と。

憎しみのこもった怒りに随伴するのは怖れだ。憎しみの対象となる人は、しばしば憎む人に恐怖感を抱かせる。この恐怖感は脅威に根差していることがよくあり、結果として、恐怖を抱く人に無力感を抱かせることになる。(24) ネガティブなステレオタイプの典型は、おなじみのものだ。たとえば、移民は私たちの仕事や就学機会や病院のベッドを奪ってゆく。同性愛者は私たちの子供たちと性的関係を持とうとし、私たちの男らしさ、家族の価値、結婚制度をむしばもうとしている。ユダヤ人がメディアと産業をコントロールするのは、ユダヤ人を利し、それにより私たちを差別するようなやり方で社会を変えたがっているからだ。イスラム教徒は私たちの子供たちを集団レイプし、テロを計画し、私たちの価値観をイスラム法で塗り替えようとしている、などなど。これらはすべて誤って感じ取られた脅威だが、憎しみを抱く人は、こうした脅威に対して無力感を抱く。怖れと怒りと無力感は、私たちの大部分が憎しみを抱えた人について抱くイメージであり、それこそまさに、私がアダム・プリントンに対して抱いたイメージにほかならない。

屈辱と恥という強烈な感情も憎悪行為を呼び起こす。心がかき乱されるこうした感情は一対一のネガティブな交わりからも生じるが、集団的憎悪感情の場合には、個人的な屈辱感を外集団に投影することにより生じることが多い。孤立している状況で感じた屈辱感と恥の観念は、外集団を避けるという結果を招くことがよくある。プリントンが、生産的なライフスタイルを機能不全にした一連の喪失のあとに感じたのも、こうした感情だったのかもしれない。そして孤立した状況の中で、飲酒によってこの強烈な感情を和らげようとしたのだろう。

屈辱感と恥の観念は集団内で共有されると、復讐《ふくしゅう》のために外集団を追いこもうとするという反応を呼び起こすことがある。痛みは自分だけのものでなく、周りの者も感じていると知ることにより、みな不正と不公平にさらされているという感情が芽生え、それをやめさせる必要があると思い込むのだ。外集団に対する憎悪を伴う集団的な屈辱感と恥の観念は、このようにしてテロなどの過激な行動をもたらす(さらに詳しくは第8章で)[25]。では、プリントンの場合、失業した米国人の多くは自己責任でそうなったのではなく、不法滞在の移民が仕事を奪ったためだと聞かされて、個人的な屈辱感が集団的な屈辱感に変わったのだろうか？　もしそうだとしたら、この集団的な屈辱感が究極的に彼が手をかけた被害者たちに投影されることになったのだろうか？

他人の感情に対する理解不足も、集団内で憎悪が蔓延する材料だ。共感の欠如――相手の感情を共有するのを阻むこと――は認知的共感性の行使を嫌うことから生じる。つまり〝彼ら〟の視点に立って物事を見ることを拒絶するのだ。心理学には、他者の視点に立つことに関する専門用語がある。「メンタライゼーション」とは〝彼ら〟の心の状態を想像することだ。また、「心の理論」を持つとは、他者の信念、意図、信条などが理解できることを指す。

このようなタイプの共感は、内集団と外集団の接触がほとんどない場合には生まれにくい。反対に、ポジティブな接触は共感を生み出し、その結果、憎悪も減少する[26]。しかし、これらの形の共感の一方または両方が存在しない場合、同情心は生まれにくく、ネガティブなステレオタイプが増強されて、集団全体が没個性化する。外集団の一員である状況が想像できなければ、〝彼ら〟を集合体として概念化することしかできない。つまり、個人の存在は失われてしまう。集団の中に個人をみつけることができなければ、〝彼ら〟すべての人間性を抹殺するには、ほんの少しさらなるステップを踏むだけでこと足りる。

〝直感的な〟憎しみ

一矢

神奈川県相模原市の緑豊かな郊外にある知的障害者福祉施設「津久井やまゆり園」には一九歳から七五歳までの障害を持つ人々が暮らしており、自閉症があって重い知的障害を持つ四三歳の尾野《おの》一矢《かずや》もその一人だった。

二〇一六年七月二六日午前二時ごろ、元職員の植松聖《うえまつさとし》が窓を割って施設内に侵入した。その時刻には職員の大部分が非番になっており、施設内には居住棟をパトロールする少数の職員しか残っていないことがわかっていた。植松は施設のレイアウトを熟知し、夜勤の職員が集まっていそうな場所も知っていた。やがて職員の一人が現れて彼をとがめた。植松はスポーツバッグに入れてあった五本の刃物の一本で職員を脅した。そして職員たちの手を結束バンドで縛った。これで邪魔立てする者がいなくなった。

植松は、居住区画から居住区画へ、そして部屋から部屋へと移動して、眠りについている被害者たちを持っていた刃物で次々に襲っていった。ある居住区域で一矢を目にした植松は、刃物で彼のことも襲った。この襲撃は当時、戦後の日本における最大の大量殺人事件となり、一九名の命が奪われた。*4

一矢は、重軽症を負った他の二六名と共に一命をとりとめたが、心理的な傷は深かった。家族はのちの取材において、興奮すると顔面と腕をかきむしって叫ぶ一矢の姿を伝えている[27]。

有罪判決が下された後、植松は死刑を宣告された。しかし日本では、障害を持つ人々に対する犯罪の動機が、そうした人々のアイデンティティに対する敵意に基づくことを認めていないため、ヘイトクライムについては罪を問われなかった[28]。植松は精神鑑定を受けたが異常は見当たらず、責任能力が問えると判断された。彼は大学で教育学を専攻して教員免許を取得し、その後務めた同施設を退職するまで勤務歴は良好で、人柄もよく、子供の扱いがうまいとみなされていた。植松は思いつきで行動したのでも、怒りが爆発して行動したのでもなかった。綿密に襲撃を計画し、動機について明確に発言し、冷酷な緻密さで殺害を実行して、罪を受け入れたのである。

残虐行為に及ぶ数カ月前、植松は日本の衆議院議長に宛てて手紙をしたため、自分には「障害者総勢470名を抹殺することができます」、そしてこれが「常軌を逸する発言であることは重々理解しております」と記した。手紙は意図した相手には届かずに警察の手に渡り、警察は彼に措置入院をさせた。しかし問題は見出されず、脅威をもたらす危険性はないとみなされたのだった。襲撃後、彼はマスコミの記者に対して、重複障害者が安楽死できる世界を夢見たと語っている。その理

*4　他の被害者の実名は県警により公表しない扱いになっている。しかし私は、被害にあった人々を公にしないことは、殺害者の憎しみに満ちた目的を支持することになり、日本における障害者の人々の「異質性」をさらに強めることにしかならないと感じる〔二〇二三年現在、複数の被害者の実名が公表されている〕。

由は、彼らには生きている意味がないためで、自分は日本と世界のために行動したという。このヘイトクライムを引き起こす前、植松はツイッターに、生まれたときから死ぬときまで周囲の人々をみじめにさせるような人々は、ほんとうに人間といえるのか？といった旨の投稿をしている。彼はのちに、自分がとった行為は、ナチス政権下のドイツで障害者を根絶しようとしたヒトラーの指示にインスピレーションを受けたと認めた[29]。

私は、この事件について知ったとき、植松の行動の動機は、憎悪と、しばしばそれに伴う深い負の感情以外には説明がつかないと感じたのを覚えている。彼は本能的な憎しみ、すなわち〝直感的な〟憎しみに駆り立てられたのだ。そして、それが生み出した嫌悪感が、障害者は人間以下の存在であると植松に思わせ、冷酷で入念に計画された大量殺人を実行させたのである。

嫌悪感のような本能的な感情が加わったときに最も起こりがちなのは非人間化〔人間性の抹消〕だ。外集団のメンバーはもはや人ではなくなり、害獣、ゴキブリ、寄生虫のように受け取られる。彼らは道徳界におけるよそ者であるだけでなく、異なる種なのであり、このような人間以下の存在に対しては、何の責務もなく、何の規範も当てはまらないため、その犠牲は許容されるとみなされる[30]。非人間化は、こうして外集団に対する無関心と侮蔑感を招き、彼らの生死は、内集団が自由にできる物体として、とるに足らないものになる。

〝直感的な〟憎しみの対象は特定の外集団だけに留まらない。それは、身体的または道徳的に人間以下だとみなされたあらゆる標的に対する暴力をかき立てる。「神の意志」のリーダー、ドミトリー・ツォリオノフは、同性愛は汚らわしいものであり、それを実践する者は道徳界のよそ者であると確実に思わせるように彼の集団のメンバーを焚きつけている。ロシアの同性愛宣伝禁止法に関するコメントの中で、ツォリオノフは「疫病」と「ウイルス」という言葉を使い、それを「撲滅」する必要があると語った。

こうした個人や集団は、植松と同じように、標的の根絶を人生の使命に据えているのだ。

ヘイターのプロファイル

ありがたいことに、植松聖のような憎しみに満ちた殺人者は稀《まれ》だ。これら少数の犯罪者は、これから本書で見てゆく数多くの要素に促され、標的の外集団を支配して根絶するという使命の遂行によってのみ折り合いがつく、熱烈な憎しみを抱く時点にまで促進化される。このような者たちと、より一般的なヘイトクライム犯を区別するため、犯罪学者たちは類型論を生み出してきた。[11] ノースイースタン大学のジャック・マクデヴィット教授とジャック・レヴィン教授は、ボストン警察が記録した一七〇件ほどのヘイトクライム事件に基づき、ヘイトクライム犯を四つのタイプに分類している。これらのプロファイルは、心理的動機（ヘイター（憎悪者）を駆り立てるもの）と環境的要素（ヘイターの行動の引き金となるもの）について、最初のヒントを提供することになった。

「ミッション・ヘイター（使命的憎悪者）」は、その深刻さと危険度においてトップの座を占める。彼らは、外集団を狩ることを生業とする常習犯だ。憎悪に満ちた活動に専念する傾向があり、窃盗のような他の軽犯罪には手を染めない。彼らの原動力は道徳的なもので、自分には、広い地域社会に「メッセージを送り」、外集団に教訓を垂れて従わせ、もしそれがうまくいかない場合には根絶する「使命」があるとみなしている。このカテゴリーに属する者は、前述した「プル」カテゴリーに確実に属し、その手口は極端な身体的暴力と殺人だ。彼らはヘイトクライム界のシリアルキラーで、一九九九年にロンドン釘爆弾事件を引き起こしたデイヴィッド・コープランド、日本の植松聖、ノルウェーのアンネシュ・ブレイヴィク、ニュージーランドのブレントン・タラント、そして米国のディラン・ルーフ、ロバート・グレゴリー・バウワーズ、パトリック・クルシウス、および一九七〇年代米国の白人至上主義者ジヨゼフ・ポール・フランクリンなどが含まれる（コープランドとフランクリンの生い立ちについては、第6章で詳しく述べる）。

「リタリアトリー・ヘイター（報復的憎悪者）」は、深刻さと危険度において二番目の地位にあり、同じく「プル」カテゴリーの一部を占めるが、その行動は短期的だ。このカテゴリーは、復讐のために暴力に訴える者を指す。たいていの場合復讐は、反道徳的行為を働いた者と関連のある集団に属する無実のメンバーに対して行われる。このタイプのヘイトクライムは近年、イスラム過激派によるテロ攻撃への反応としてよく見られるようになった。米国では、二〇〇一年九月一一日に起きた同時多発テロ後の一年間に、連邦捜査局により記録されたイスラム教徒を対象とするヘイトクライムが四八一件にのぼり、しかもその五八％は同時多発テロ後二週間以内に発生していた。[32] 同様に、二〇〇五年七月七日に起きたロンドン同時爆破事件後の一カ月間には、イスラム教徒に対するヘイトクライムが二二％増加した。[33] 報復は様々な形をとるが、最も一般的なのは街頭における嫌がらせと暴力だ。加害者の大半は一時的なヘイターで、実際の反道徳的行為あるいはそう受け取った行為により勢いづいたり、脅威を抱いたり、あるいはその両方によって、反道徳的行為を働いた者たちと似た特性を持つ人々をフラストレーションのはけ口として短期間攻撃するが、その後は法律を遵守するいつもの行動あるいは軽犯罪に戻る。

「ディフェンシヴ・ヘイター（防御的憎悪者）」は、深刻さと危険さにおいて三番目の地位を占める。ミッション・ヘイターやリタリアトリー・ヘイターとは異なり、ここに属する者たちは「プッシュ」カテゴリーの一部を占める。外集団に対する彼らの態度は、強い偏見と憎悪の中間に位置し、テリトリーが侵害されたと感じたり、資源が奪われそうになっていると感じたりしたときに限って行動を起こす。防御的なヘイトクライムは、内集団が支配的な地域に外集団が移って来たときに起こりやすく、この「侵入」により、不動産価値が減じ、子供たちが堕落させられ、犯罪が惹《ひ》き寄せられると受け取られる。

これは、実際に犯行に及んだり、男性を焚きつけて行動させたりする形で、女性が主な役割を担う唯一のヘイトクライムのタイプだ。

「スリルシーキング・オフェンダー（スリルを求める犯罪者）」は最後の地位を占める。他のカテゴリーとは異なり、彼らはターゲットに対して憎しみを抱くわけではなく、仲間の集団に刺激されたときや、非行集団の一員になりたいという欲望などによって行動を起こす。ターゲットを選ぶときには、ある程度の偏見が関与するかもしれないが、それが行動に果たす役割は限られている。非行集団との交わりがあることと男らしさを誇示することも、このカテゴリーの主要な特徴だ。[34] 加害者は、日常的に軽犯罪行為に加担する若い男性のことが多く、そのため、ヘイトクライムだけを引き起こすわけではない。

どのようなプロファイルも一〇〇％正確であるわけではないため、この類型論に当てはまらないヘイターもいれば、カテゴリー間を移動するヘイターもいるだろう。ヘイターは状況に応じて、防御的なヘイトクライムのパターンから報復的なヘイトクライムのパターンへ移ることがある。ヘイターのプロファイルはまた、直感に反することもある。イスラム教徒とＬＧＢＴＱ＋の人々に対するヘイトクライムには顔見知りではない若者のグループが関与することが多いのにひきかえ、障害者に対するヘイトクライムは、被害者と顔見知りの、より年かさの個人が関与することが多い。さらには、異人種間に生まれた被害者に対するヘイトクライムは、ときおり同じ人種のグループによって引き起こされることがあり、バイセクシュアルとトランスジェンダーの人々もゲイの加害者に攻撃される場合がある。また、人種的マイノリティの背景を持つＬＧＢＴＱ＋の人々は、肉親や友人からのヘイトクライムにさらされかねない。

ヘイターのプロファイルは一つではない。つまり、街やオンライン上で、どれほど多くのヘイターのタイプが見られるのかを正確に導き出すのは困難だ。次章では、増加傾向にあるヘイトクライムを全世界的に定量化する試みについて、そしてなぜ偏見にまみれた暴行者の犠牲になった人のすべてが数に入れられるわけではないのかを明らかにしてゆく。

第2章　ヘイトクライムの発生件数

ユーディ

二〇〇八年四月二七日。三一歳になるユーディ・シメラニーは、南アフリカのクワテーマ・タウンシップ〔旧黒人居住区〕にある居酒屋で友人たちと祝杯を挙げていた。プレトリアの一流製薬企業にマーチャンダイザーとして採用されたことは、友人たちにとっても彼女自身にとってもビッグニュースだった。友人は誰一人として、カミングアウトしたレズビアンの彼女がそのような仕事を得られるとは思っていなかったし、ユーディはこの仕事で定期的に給料を得られるようになり、定年を迎えた両親を養えるようになったのだった。

南アフリカに住む黒人のレズビアンが置かれている不利な状況にもかかわらず、ユーディは次々と成功をものにしてきた。四歳で兄を相手にサッカーをはじめた彼女の才能は、一〇代になるころには誰の目にも明らかになっていた。その後、地元の「スプリング・ホーム・スウィーパーズ」でミッドフィールダーを務めたのを皮切りに、サッカー南アフリカ女子代表チーム「バニャナ・バニャナ」〔ズールー語で「少女」という意味〕のメンバーに抜擢《ばってき》され、ついには国際審判員の資格を取得して、二〇一〇年の男子ワールドカップで副審を務めることになっていた。この快挙と、若くしてカミングアウトしたことにより、彼女は地元のセレブになった。それでも、その名声を自分のために利用するようなことはせず、地元のエイズ患者とLGBTQ+の人々を支援する団体のサポートに役立てていた。

ユーディが祝杯を挙げていたその晩、タト・ムフィーティは居酒屋の外でビールを瓶から口飲みしていた。四本目あたりに差し掛かった午後一〇時前後、友人のテンバ・ムヴーブーと別の男たち二人も仲間に加わった。男たちは午前一時ごろにようやく居酒屋を後にしたが、そのとき、家路につくユーディが前を歩いていることに気づき、全員で強盗を働くことにした。

ムフィーティがユーディにナイフを突きつけ、三人の男たちが現金をさぐった。だが、金目のものがないことがわかって腹を立てたムフィーティは、トレーナーを脱いで渡すようユーディに命令した。この時点でムヴーブーは、ユーディが有名なレズビアンのミッドフィールダーであることに気づき、男たちはユーディを近くの野原に連れてゆくことにした。そこは、遺体がよく遺棄されることで地元民に知られる悪名高い場所だった。硬い草に両腕を押し付けられたユーディを、男の一人がレイプしはじめた。そのあと、ムフィーティがユーディをナイフで繰り返し刺した。最後に男たちは、だらりとした彼女の遺体を野原の端にある小川に捨てた。彼女の自宅まで、ほんの二〇〇メートル足らずの場所だった。

翌日、ユーディの遺体が地元民に発見され、兄が身元確認のために呼ばれた。刺し傷は、胸部、両脚、顔、両足の裏をはじめ、合計二五カ所にもおよんでいた。

ユーディに対する暴行は、南アフリカにおける「矯正レイプ」犯罪の最初期の例の一つとして、世間の耳目を集めた。「矯正レイプ」とは、近年増えているレイプ被害で、若い男たちが、レズビアンの女性を〝治す〟という名目でレイプする犯罪である。本書執筆の時点で、こうした憎悪に基づくレイプ犯罪の根幹に同性愛者嫌悪の要素があることを認めた法律はまだない。

第一審で男たちはユーディに対するレイプと殺害を認めたが、判事は彼女の性的指向と殺害に「重大な関連性はない」と結論づけた。だが同性愛者の権利を擁護するグループが数カ月間抗議運動を行なったあとに開かれた第二審では、「矯正レイプ」が殺害の一因となった可能性が認められ、第一審の判決が棄却された。ムフィーティとムヴーブーには長期にわたる実刑が下されたが、他の二人は証拠不十分で無罪になった。この事件は南アフリカの裁判所で、レイプ事件において憎悪の要素が考慮された最初の判決となった。(1)

ユーディの殺害とその後の裁判は、未だに一部の国では、ヘイトクライムの数が正確に把握できていない実態を示している。ユーディのレイプと殺害の状況から見ると、加害者の動機の中心に彼女の性的指向があったことは明らかだ。南アフリカでは、一年間に五〇〇件もの「矯正レイプ」が報告されており、その事実を認めたユーディ殺害事件の第二審のあとでも、矯正レイプを認めない判決が後を絶たない。ユーディが殺害されてからほぼ三年後、同じタウンシップ内において、有名なレズビアン活動家で二人の子供の母親だった二四歳のノクソロ・ノグワザがレイプされ、ガラスの破片で突き刺されたあとコンクリートの塊で撲殺されたが、この事件は、警察でも法廷でもヘイトクライムとしては記録されなかった。南アフリカ警察省の報道官は声明のなかで、「殺人は殺人である以上、みな同じだ」と述べ、捜査において性的指向については調べなかったことを明らかにした。(2)

本章では、憎悪を研究する科学者の関心を惹きつけている下位の疑問の一つ、すなわち、ヘイトクライムは実際にはどれぐらい生じているのか、という疑問について検討する。どの国においても、ヘイトクライムの公的な統計は、実際に生じたヘイトクライムの数というより、報告、記録、そして起訴のプロセスを反映したものとなっている。あらゆる国において、大半のヘイトクライムが公的なレーダーをすり抜けているのだ。本書には米国と英国がたびたび登場するが、それは、この二カ国で行なわれている科学的研究の量を反映した人為的な結果である。そうした科学的研究こそが、この二カ国における、ヘイトクライムに対する政府の対策を形作ってきたのだ。ヘイトクライム対策で良好な成果を挙げている国では、ヘイトクライム事件を集計するメカニズムが発達している。それには、法執行機関がとる措置の指針となる法律や、被害者に対して行なわれる全国規模の大規模な聞き取り調査を分析する統計局の存在などが含まれる。これらのメカニズムを実効力のあるものにするには、まず、国内に問題が実際に生じていることを国民全体が認めることが必要だ。

この認識が得られて初めて、政府や他の機関は、ヘイトクライムの統計を活用して、事件の増加傾向や減少傾向をモニターすることができる。ヘイトクライムの動向には三つの要因が関与している。

いつ、どのように数えているか

まず、最初の要因は法律だ。法律は本質的にその土地固有のものであるため、州や国によってバラツキがある。場合によっては、警察や弁護士が、どの管轄区域で犯罪が起きたのかを明らかにしなければならないことがある。加害者が州の境界をまたいだために適用される法律が変わる、というような事例があるからだ。明らかなのは、ヘイトクライムには普遍的な管轄権というものがないことである。そのため、ヘイトクライムの定義を、あらゆる市民が（ひいては、警察でさえ）知っているとは限らない。

一般の人々の間に法律の知識が広まれば、ある種のふるまいがヘイトクライムとみなされることについての認識は広まるだろう。反対に、マイノリティ（たとえば同性愛者の男性）のふるまいを犯罪と規定するような新法の導入は、加害者の憎悪活動を助長することになり、それがなければ法を守る市民だった人々をヘイトクライムの加害者にしてしまう可能性がある。実際、ロシアでは「同性愛宣伝禁止法」の導入により、そうした事態が生じている。法律は、国民が目指すべき規範を国が示す手段として機能する。私が襲われた一九九〇年代末、ＬＧＢＴＱ＋の人々をヘイトクライムから守る法律はなかった。もしそれがあったら、そしてもし私に暴行を働いた者たちが、そのような犯罪は通常の犯罪より刑が重いことを知っていたなら、彼らは私にとびかかるのを躊躇《ちゅうちょ》していたかもしれない。

第二に、被害者と目撃者が進んで警察に通報するかどうかということも、ヘイトクライムの動向に影響を与える。世界中のＬＧＢＴＱ＋の人々は、みなある時点で過度に規制され、警察の迫害を受けてきている。西側諸国の一部の大都市において警察との関係が改善されたのはごく最近のことだ。世界各地における黒人社会と警察との関係も、人種的マイノリティが住む地域における過度の取り締まり、不当な職務質問、武器を持たない黒人の男性、女性、子供たちの殺害などにより軋轢《あつれき》が生まれてきた。マイノリティと法執行機関との間の信頼関係が損なわれているところでは、マイノリティの人々は、通報したところで、ヘイトクライムを警察がまともにとりあうことはないだろうと考えがちだ。さらに、極端な場合には、報告すること自体が、警察によるさらなる被害を招くことになるのではないかと危惧することもある。一九九〇年代半ばに英国で起きたあるケースでは、男によるレイプ被害を警察に通報したゲイの男性が、当時違法だった「肛門性交」行為の嫌疑で逆に逮捕され、医療措置も心理的ケアも受けられずに一晩留置場に拘束された[3]。

第三に、ヘイトクライムの動向は、そうした犯罪が実際に起きたことを警察官が認めるかどうかに影響を受ける。この要因は、統計作成プロセスの最終段階に関与するものだが、ヘイトクライムの研究では顧みられないことが多い[*1]。私が警察官に取材した結果からも、警察官と警察にとっては、事件をヘイトクライムとして記録すると、他の犯罪より時間がかかる厄介なプロセスになることが明らかだ。英国では、ヘイトクライムの定義は〝認識〟に基づいている（パースペクティブ・ベース）。すなわち、被

＊1　さらには、それより後の段階でも、こうしたことは生じる。たとえば、統計資料を一般に公表する政府機関に対して、どの犯罪を報告するかの判断によってもヘイトクライムの動向に影響が出る。警察は、公共秩序違反のようなマイナーなヘイトクライムは、政府機関に報告しない可能性がある。

害者あるいは目撃者が、被害者のアイデンティティが憎悪の標的になったと感じ
とった
場合には、証拠の有無にかかわらず、それをヘイトクライムとして警察に記録させる法的権利が生じるのだ。それでも、加害者の疑いをかけられた者を起訴する段になると、動機における証拠が必要になり、被害者の供述だけでは加害者に有罪判決を下すことはできない。そうするには、加害者のそれまでのヘイトクライム起訴歴、加害者が極右集団の一員であること、攻撃中に第三者が耳にした憎悪に基づく中傷などの補強証拠などが必要になる。警察にはそのことがわかっている（一方、被害者はそれを知らないことが多い）。そのため警察は〝本当に起きたこと〟を洗い出すというプロセスにおいて、被害者と一種の交渉を行なうことがよくある。そしてときにはその結果、加害者の起訴に必要な証拠が存在しないという理由で、その犯罪における憎悪要素が却下されることがあるのだ。[*2]

憎悪の歪んだ世界

これら三つの要素――ヘイトクライム犯罪の周知度、被害者と目撃者がどれだけ前向きに警察に通報するか、そして警察官のトレーニング――は互いに結びついて、世界におけるヘイトクライムの統計パターンを導き出している。カラー口絵にある地図1（階級区分図）は、二〇一九年に欧州安全保障協力機構の民主制度・人権事務所（ＯＤＩＨＲ）に報告された世界各国におけるヘイトクライムの発生件数だ。[*3]この地図は、各国の警察が記録したヘイトクライムの発生件数を国別に色分けしたもので、寒色の緑と青は低発生率、暖色のオレンジ色と赤は高発生率を示す。

地図にある小さな国の一つである英国は真っ赤に塗られており、ヘイトクライムの発生件数が世界最高であることを示している（イングランドとウェールズの合計で約一〇万五〇〇〇件）。[*4]その数は、人口がずっと多い米国やロシアの報告件数よりはるかに多い。米国で二〇一九年に報告されたヘイトクライムの発生件数は七三一四件で（報告された犯罪発生件数は八五五九件だったが、暴行と器物損壊など

のように、一件に複数の犯罪が計上されている場合があった)、英国の集計より顕著に少ない。このような比較を見ると、英国は非常に不寛容で憎しみに満ちた国であるかのように映る。この印象は、地図2(統計地図)を見ると、さらに強くなるだろう。統計地図では各国の大きさが、測定値(この場合は警察に報告されたヘイトクライムの発生件数)に従って示される。ヘイトクライム統計というレンズを通すと、世界は見慣れない場所に見えてくる。そこでは英国が地球の大半を占め、ヨーロッパの大部分と、アジア、ロシアは、実際の面積のごく一部に縮まっている。だが、これは歪《ゆが》んだレンズであり、現実のヘイトクライムの犯罪件数を表しているというよりも、各国において、いかにヘイトクライムが報告・記録・起訴されているかを示すものだ。言い換えれば、英国はおそらく、ヘイトクライムの報告・記録・起訴を世界で最もうまくやっている国で、他の大部分の国々は、それらがほとんど機能していない国なのである。

＊2　このプロセスはまた、加害者がヘイトクライムにより起訴されるという過度の期待を被害者に抱かせないためのものでもある。ヘイトクライムを裁く際に、憎悪に基づく要因により加害者を有罪に持ち込めないことは、イングランドとウェールズにおけるヘイトクライム事例の裁判プロセスにおいて被害者が最も多く抱く不満となっている(M. L. Williams and J. Tregidga, 'All Wales Hate Crime Research Project: Final Report', Cardiff: Race Equality First, 2013 を参照)。

＊3　イギリスの統計には、人種、宗教、性的指向、障害、トランスジェンダー・アイデンティティを標的にしたヘイトクライムが含まれている。しかし、これらのカテゴリーをすべての国がヘイトクライムとして認めているわけではない(hatecrime.osce.org を参照)。また、この地図には、ヘイトクライムの統計を収集している一部の国は含まれていない。

＊4　イングランドとウェールズの合計には、警察のシステムにおける技術的問題のため、グレーター・マンチェスターで生じた件数が含まれていない。

最も意外なのは、法執行機関がＦＢＩに報告するヘイトクライム件数の少なさだろう。地図3は、米国において警察が記録したヘイトクライムにおける〝暗数《あんすう》〟〔実際の数と統計結果との差〕を示したものだ。各点は、二〇一九年に、ヘイトクライムの発生件数がゼロだったと報告した、一〇〇〇人以上の住民を管轄する警察署を表す。[*5] この地図では、ある程度のヘイトクライムが報告されてしかるべきだと考えられる地域に意外なダークスポットがある。たとえば、白人至上主義集団のＫＫＫ（クー・クラックス・クラン）をはじめとして、六〇以上の組織化された憎悪集団が存在するテキサス州とフロリダ州にもダークスポットが散見されるという事実は、さらなる分析が求められるべきであることを示唆している。

これらの公的な警察の統計に代わる有益な手段は、国による犯罪被害調査だ。もしあなたが運よく標本調査の対象者になったとしたら、ある日あなたの家のドアを調査員がノックしてくるだろう。一連の質問に答えてもらえないかと頼む調査員は、鼻先でピシャリとドアを閉められないことを必死に願っている。そして、もしあなたが私みたいに礼儀正しい人だったら、この見知らぬ人物が過去一年間のあなたの生活について、犯罪事件と遭遇したかどうかを含め、一時間近くも根掘り葉掘り訊いてくるのに辛抱強く付き合うことになる。調査員は警察官ではなく、物腰の柔らかい人物で、あなたの人生についてたっぷり時間をかけて熱心に聞き取ろうとするから、有益な情報が引き出せる確率が高い。こうした情報には、経験したけれども何らかの理由により警察には届けなかったヘイトクライムも含まれることがある。犯罪学を手がける私たちは、こうした被害調査を活用して、現実をより正確に反映した情報を提供している。

英国と米国の比較を例にとると、最新の「イングランドとウェールズにおける犯罪調査」で示されたヘイトクライムの発生件数は、年平均一九万件（二〇一七年～二〇二〇年の平均）であるのに比し、[*6]「アメリカ全国犯罪被害調査」が示すあらゆるタイプのヘイトクライムの年平均（二〇一三年～二〇一七年の平均）は、およそ二〇万四六〇〇件だ。[*7] ヘイトクライムの定義と測定方法は、いずれの調査においてもほぼ変わらない。ただし、英国の調査にはジェンダーに基づく動機が含まれているが、米国の調査には含まれていない。

この数字を見ると両国の差は大いに縮まるが、それでも米国の人口が英国のそれより五倍近くも多いことを考えると、米国のデータには納得できないものがある。米国はまた、英国より人種的に多様な国だ（白人人口は米国では七二％、英国では八七％）。つまり米国には、被害者になりがちな人種的マイノリティの人々が英国より数多く存在している。[*8] では、世界一の移民大国で、しかも組織化された憎悪集団の数が地上で最も多い米国で、被害者に警察や国の調査員への報告を躊躇させる理由はいったい何なのだろうか。[*9]

＊5　この地図は、独立系報道機関「プロパブリカ」の Documenting Hate Project が作成したゼロ〜低レベルのヘイトクライム件数を示した警察記録を表した図に基づいて作成されている。

＊6　被害者は、加害者の動機についてどう思うかと尋ねられる。これは、間接的にヘイトクライムの種類を集計する方法だ。この調査では、人種に対する動機が五五％、障害に対する動機が二六％、宗教に対する動機が一一％、同性愛嫌悪に基づく動機が一二％、トランスジェンダーのアイデンティティに基づく動機が四％だった。合計数が一〇〇％にならない理由は、四捨五入のためと、個々の事例に二種類以上のバイアスが記されている場合があるためである。重要なのは、これらの数値には、個人的な被害者が特定または聴取されなかったケース（たとえば、個人にではなく集団に向けられた人種的中傷など）、および殺人事件は含まれていないことだ。英国において、警察が記録したヘイトクライムの大部分を占めるのは前者である。

＊7　この調査では、人種に対する動機が五七％、トランスジェンダーのアイデンティティに対する動機が二七％、同性愛嫌悪に根差す動機が二六％、障害に対する動機が一六％、宗教に対する動機が八％だった。合計数が一〇〇％にならない理由は、四捨五入のためと、個々の事例に二種類以上のバイアスが記されている場合があるためである。イングランドとウェールズの犯罪調査（ＣＳＥＷ）と同様に、アメリカ全国犯罪被害調査（ＮＣＶＳ）も、あらゆるタイプのヘイトクライムを集計しているわけではない。

ヘイトクライムの犯罪認定

それを突き止めるには、ヘイトクライムの統計を形作る様々な要因に立ち戻ることが必要だ。米国では、連邦レベルにおいてはヘイトクライムが明確に定義されているものの、州レベルの状況には顕著な差異が存在する。一部の州には包括的なヘイトクライム法が規定されている一方で、そうした法律がまったくない州や、憎悪に基づく犯罪に通常より重い刑罰を科すことさえしていない州があるのだ（本書執筆の時点で、アーカンソー、サウスカロライナ、ワイオミングが後者の州で、三州の合計人口は約九〇〇万人である）。ジョージア州も、二〇二〇年七月にヘイトクライム法を導入するまで、このリストに名を連ねていた。

アーカンソー州は、KKKの本拠地として報告されており、リーダーのトマス・ロブの居住地でもある。サウスカロライナ州では、二〇一五年にディラン・ルーフという男が、チャールストンにあるエマニュエル・アフリカン・メソジスト・エピスコパル教会で九人の信者を無慈悲に殺害している。ルーフの犯罪は州レベルでは憎悪に基づく犯罪とはみなされなかったため、彼をヘイトクライムで起訴するには連邦レベルで裁くことが必要だった。ワイオミング州はマシュー・シェパードの故郷であり、今や彼が永遠の眠りについている場所だ。大学生だったシェパードは一九九八年に、同性愛者であることを理由に、アーロン・マッキニーとラッセル・ヘンダーソンという男に拷問・殺害された。この事件は米国全土で激しい抗議活動を引き起こし、結果的に二〇〇九年の連邦ヘイトクライム防止法を成立させて、LGBTQ+の人々も保護の対象に含まれるようになった。[*10] ジョージア州は、二〇二〇年二月二三日に、武器を所持していなかったアマード・アーベリーが、ジョギング中に追跡されて銃殺された場所である。二人の白人暴行者——トラヴィス・マクマイケルとその父親のグレゴリー——は、一〇週間後に殺人罪で起訴されたが、動機が人種差別にあったことは公的には認められていない（二〇二一年八月八日、連邦地裁は、連邦法のヘイトクライム罪でマクマイケル親子に終身刑を、殺害に関与した近隣住民のウィリアム・ブライアン・ジュニア被告に禁錮三五年を言い渡した)。

連邦レベルのヘイトクライム法により加害者を起訴できるという事実は、米国における州レベルのヘイトクライム法の欠如を正当化する理由にときおり使われることがある。だが、これは偽りの議論だ。問題となるヘイトクライム事件の深刻度が低いとみなされた場合には(たとえば、人種差別や同性愛嫌悪に基づくハラスメントなど)、連邦レベルの法律が適用される可能性が低いからだ。これらの州の住民は、白人で異性愛のキリスト教徒でなければ、危険に瀕することを余儀なくされている。

さらに、州レベルの包括的なヘイトクライム法がないと、「州政府と警察はマイノリティが犯罪被害者になる事件の重要度を、言論の自由などの主義が対立するような事件より低くみなしている」というメッセージを州の住民に与えてしまう。このような状況では、「ヘイトクライム」という概念が被害者の念頭に真っ先に浮かぶ可能性は高くないだろう。犯罪目撃者においては、その可能性はさらに低くなる。目撃者には、被害者のアイデンティティについてのバイアス要素が関わってくるからだ。こうした状況下で、ヘイトクライム法が限定的にしか存在しない州、あるいはまったくない州のマイノリティ住

＊8　ここで仮定されている考えは、人種的マイノリティと移民がより多いことは、アメリカをより多文化かつより寛容な国にしているはずだ、というものである。しかし私は、アメリカの多くの地域について、そのことは当てはまらないと反論したい。というのも、マイノリティの人々はアメリカ全土に広がって存在しているわけではないからだ(より寛容な地域として報告されることのある東部と西部の沿岸地域に固まって居住している傾向がある)。

＊9　南部貧困法律センター〔公民権を守る活動をしている非営利団体〕の二〇一九年の報告によると、アメリカ全土には九四〇の憎悪集団が存在している。https://www.splcenter.org/hatewatch

＊10　マシュー・シェパード、ジェイムズ・バード・ジュニア、ヘイトクライム防止法(二〇〇九年)。

民が、自らをヘイトクライムの犠牲者であると認識し、ひいては、それを警察に報告することなど、はたして期待できるだろうか？

ソフィー

二〇〇七年八月一一日土曜日の未明、二〇歳のソフィー・ランカスターと彼女の二一歳のボーイフレンド、ロバート・モルトビーは、英国ランカシャー州の小さな町ベイカップにある友人宅で夜を過ごしたあと、帰途についていた。途中二人はタバコを買うために、マーケット・ストリートにあるガソリンスタンドに立ち寄った。

二人が付き合い始めてからすでに二年近くが経ち、その年の一〇月には、それぞれ大学進学が決まっていた。二人はあまり友人たちと交わらず、たいていは自分たちだけで過ごしていたが、ときおり地元の〝ゴス・ファッション〟の集会に出かけていた。ブレイズした派手な色の髪、鼻と唇にピアスをした二人の外見は異彩を放ち、過去には誤った種類の注目を集めたこともあった。だが、反抗的で自由奔放な二人は決して外見を変えようとはせず、完璧にお似合いのカップルに見えた。一カ月前からは、結婚についても話し始めていた。

ガソリンスタンドで一〇代の少年グループに出会った二人は、愛想よく会話を交わし、買ってきたタバコをあげた。そして、少年たちと地元のスケートボード場に寄ってから家に帰ることにした。

スケートボード場に着いた二人は、少年グループの他のメンバーに紹介された。その中に、一六歳と一五歳の少年がいた。この少年二人は、ゴスたち（少年たちは軽蔑を込めて〝モッシャー〟〔踊り狂うやつら〕と呼んでいた）が現れたことに当惑し、不満を示すためにその場を去って、スケートボード場の他の場所に移った。

ソフィーとロバートは、この新たにできた友人たちと気さくな会話を続けた。とりわけ二人のピアスは注目を集めた。一方、二人の少年のもとには、他の少年たちが数人集まり、みなソフィーたちの会話に聞き耳を立てて、不信の目で彼らを眺めていた。そのうちの一人が、ロバートに話している少年に声をかけた。「なんで、こんなやつを連れてきたんだ？　イカレたやつらだぜ。ぶちのめしてやろう！」

ムードは一変した。一五歳の少年がロバートに飛びかかり、頭部に一撃を加えた。「彼から離れて！」とソフィーが叫んだが、少年たちの群れはロバートを襲い、彼を地面にけり倒したあと、あらゆる角度から足蹴にした。ロバートは意識を失った。

ソフィーは暴行をやめるよう懇願しながら、ロバートと暴行者の間に体をねじこんでロバートの頭を抱え、むせび泣いた。暴徒は、そこからどけと命令したが、ソフィーはロバートのそばを離れなかった。

一六歳の少年はソフィーを足蹴にした。その威力は強烈で、ソフィーはあおむけに飛ばされて地面に頭をぶつけた。次に一五歳の少年も攻撃に加わり、ソフィーは二人の少年から、頭の左右を同時に蹴られ続けた。最後に一六歳の少年が、ソフィーの頭蓋骨を足で叩き砕いた。その衝撃はものすごく、ソフィーの顔に、靴底の模様が残ったほどだった。

ソフィーとロバートの顔面の損傷は深刻で、救急隊員が到着したときには、二人の性別がわからなかった。二人が病院に緊急搬送されるなか、少年たちは地元の不良たちに暴行を自慢していた。「ベイカップパークに、おっ死《ち》にそうなモッシャーが二人いるぜ……見て来いよ。ひどいもんだぜ」と一六歳の少年は言った。

ロバートは最終的に病院で意識を取り戻したが、その晩の記憶は残っていない。ソフィーは一三日間にわたる昏睡《こんすい》状態のあと、ついに家族が生命維持装置を切ることに同意し、母親の腕の中で息を引き取った。

事件のあと、五人の少年が逮捕された。警察によると、一五歳の少年は尋問中、事件について、母親と「笑いあい、ジョークを飛ばしていた」という。主犯の少年二人は殺人罪で有罪になり、残りの少年は故意の重大な身体傷害罪で有罪になった。

判決を言い渡す際、判事はこう述べた。「私は、このまったく理不尽な暴行の唯一の理由は、ロバート・モルトビーとソフィー・ランカスターの見かけによるものだということ、つまりあなたとあなたの友人は、自分たちとは異なる見かけと服装をしていたということで被害者を狙ったのだと確信しています……これは恐ろしい事件で、事件を知った人々すべてに衝撃を与え、激しい憤りを抱かせました。野生動物が群れで獲物を襲うときには、少なくとも餌を手に入れるという正当な理由があります。でもあなたがたに、そうした理由はありませんでした。あの晩のあなたがたの行為は、人間性そのものを貶《おとし》める行為です」

主犯の少年二人には終身刑が下され、他の少年たちは四年から六年の懲役刑を言い渡された[4]。この残忍な暴行と殺人の詳細については、二〇一七年にＢＢＣが制作したドラマ『*Murdered for Being Different*（違っていたから殺された）』に見事に描かれている。

ソフィーとロバートに対する暴行は、英国警察が発表した二〇〇七年度の公的なヘイトクライム統計には含まれていない。英国には世界有数の包括的なヘイトクライム法があるとはいえ、対象となるのは特定の憎悪の要因、すなわち、人種、宗教、障害、性的指向、トランスジェンダーのアイデンティティに限られている。そしてこれらの要因のうち、特定の法律で罰することができるヘイトクライムは、人種と宗教に基づく犯罪だけだ。残りの要因に基づくヘイトクライムについては、有罪判決を下す際に、その犯罪が被害者のアイデンティティに対する敵意により悪化した証拠があると認めることができれば、判事は処罰を重くできるということで対処している。

法律における差異は影響をもたらす。ソフィーの事件を手がけた判事は、彼女とロバートは、彼らのアイデンティティのために加害者から暴行されたものと判断した。つまり、暴行者の犯罪は、〝ゴス〟という二人のアイデンティティに対する敵意によってさらに悪化したものとみなし、彼らに言い渡した判決は、この悪化要因を反映したものだった。だが、サブカルチャーを対象としたヘイトクライムには、それを罰する特定の法律がないため、二人の事件はヘイトクライム統計には含まれなかった。法律において特定集団の取り扱いが異なることは、ある集団は他の集団より、保護するに値しないというメッセージを与えてしまう。

私が暴行された当時、同性愛者を攻撃するヘイトクライムに特化した法律は存在しなかったため、たとえ警察に報告していたとしても、あの暴行は私のアイデンティティに対する犯罪としてではなく、傷害罪として記録されていただろう。このことは私に、自分は政府から他の人たちよりやや重要性に劣る人物とみなされていると感じさせた。

認識の欠落、さらには訴追の欠落という状況は、未だに世界中で続いている。そのため、国あるいは州が誰を〝正当な〟被害者と見るかは、ヘイトクライムの公的な集計に大きく影響する。最も進んだ包括的な法律でも、その一部には依然としてギャップがあるため、憎悪が動機となっているあらゆる犯罪の真実の姿が示されにくくなっているのだ。

ヘイトクライムを法律で認めている国はともかく、日本を含む一部の諸国がヘイトクライムの統計をまったく公表していない理由の一端は、憎悪の動機による犯罪を違法行為とみなすこと、あるいはそのような犯罪をより重い罪に問うことを政府が繰り返し拒絶していることにある。日本の警察や当局は、相模原の障害者施設における大量殺人事件において、加害者が書面や供述を通して、障害者は消えてなくなったほうがいい、と告白していたにもかかわらず、この事件を障害者に対するヘイトクライムとはみなしていない。日本には、職場や政府機関が特定のマイノリティ集団に対して不公平な取り扱いをすることを禁じる法律があるにはあるが、憎悪が動機となっている犯罪を違法行為とみなすための法律は存在しない。政府がそうした法律の制定に最も近づいたのは二〇一六年に、極右団体による在日韓国・朝鮮人に対するヘイトデモとオンライン攻撃の蔓延を日本政府が放置していることに国際的な批判が高まったのを受けて、「ヘイトスピーチ解消法」が公布・施行されたときだ。それでも、日本国憲法は言論の自由を保護しており、これにはヘイトスピーチも含まれると解釈されている。そのためこの新法では、示威活動を防ぐための規定はあっても、それが実際に行なわれた場合に、加害者に対してとるべき罰則の規定は盛り込まれていない。

これでは、日本に暮らす多数のマイノリティ民族集団が被っている差別と憎悪を多くの人に認識させるには不十分だ[*11]。問題の一つは、国勢調査に民族の記載がないことにある。日本政府によると、国勢調査は良好な政策を立案するために使われるという（もちろん、それには刑事司法に関する政策も含まれることだろう）。このことは「日本文化においては、人種的要素は重要ではない、というのが政府のスタンスだ」と一部の者に言わしめることになった。日本政府は、日本は単一文化、単一民族の均一社会であると主張している。しかしこれは奇妙なスタンスだ。なぜなら日本には中国、韓国、フィリピン、ブラジル国籍を持つ人が何十万人も暮らしており、数百年以上にわたって差別を被って来たアイヌの人々や琉球民族というマイノリティ民族が存在することも、よく知られているからだ[5]。

だが、これは日本に限ったことではない。欧州安全保障協力機構の民主制度・人権事務所に公的なヘイトクライム統計を報告している国々のうち、様々な動機や犯罪の種類を網羅した包括的なデータを公表しているのは、ごく一部の国だけだ（本書執筆の時点で、英国、フィンランド、スウェーデン、オランダだけである）。民族的・宗教的緊張を抱えているロシア、ボスニア、ヘルツェゴヴィナ、クロアチア、セルビアなどの国々が報告しているヘイトクライム件数は非常に少ない。これらの国々や、類似の特徴を持つ他の諸国では、「ヘイトクライム」の概念が、紛争後の国々に共通する、より大きなディベートの中に埋没してしまっている可能性が高い。こうした文脈のもと、適切な法律が存在せず、地元警察の訓練も足りず、マイノリティを迫害から守るべき政府のプログラムも発達していないという状況に陥っているのだ。

〝シグナル〟となる憎悪行為と犯罪化

悲しいかな、法的な変化をもたらすには、あまりにも残酷なため国際的な注目を集めるような〝シグナル〟となる憎悪行為が必要になることが多い。英国ではソフィーとロバートのケースにより、〝ゴス〟あるいはオルタナティブ・サブカルチャーを保護対象グループに含める法改正こそ行なわれなかったものの、現在では多くの警察がそうした人々を保護対象として認識している。ソフィーの死が、限定的ではあるが変化をもたらしたのだ。英国ではまた、一九九三年にロンドンで起きた人種差別に基づくスティーヴン・ローレンスの殺害と、その後の警察の誤った対応により、一九九八年にヘイトクライム法が制定されている（ただし、人種以外の対象要因が法律で保護されるようになるにはさらに五年を要したうえ、保護対象間の不均衡は今も無くなっていない）。米国では、一九九八年にテキサス州で起きた人種差別に基づくジェイムズ・バード・ジュニアの殺害と、同年に起きた同性愛嫌悪に基づくマシュー・シェパードの殺害を受けて、二〇〇九年に連邦ヘイトクライム防止法が導入された。

未だに法整備が不十分な国でも、その国独自の〝シグナル〟である憎悪行為を受けて、同様の変化が起きているところがある。ギリシャでは、二〇一三年にアテネで起きた人種差別に基づくシェーザッ

＊11　二〇一九年一二月、神奈川県川崎市は、外国出身者に対する公共の場における差別スピーチ禁止条例（川崎市差別のない人権尊重のまちづくり条例）を可決し、最高五〇万円の罰則規定を設けた〔条例の全面施行は二〇二〇年七月〕。川崎市には神奈川県最大のコリアンタウンがある。

ド・ルクマンの殺害をきっかけに、憎悪に関する法律の制定が検討された。ハンガリーでは、二〇〇七年のブダペスト・プライド・マーチに対する襲撃事件が契機となって、ＬＧＢＴＱ＋の人々を保護するための法改正が行なわれた。一九八九年から現在まで続くジョージア〔旧称グルジア〕の人々と南オセチアの人々の紛争地域をめぐる激しい緊張関係および二〇一二年のトビリシにおける、警察による差別を含むＬＧＢＴＱ＋のデモに対する攻撃は、ジョージア国内の変化を促すことになった。これらの国をはじめとする多くの国で、本当の被害規模のほんの一部でも反映したヘイトクライム発生件数が明らかになるには、まだこれから何十年もかかるだろう。だが、人権団体や精神的な指導者らの懸命な活動により、変革は進んでいる。

憎悪の「認識」対「証明」

法律によりヘイトクライムの存在が認められ、処罰されるべき犯罪だとみなされるかどうかに加えて、ヘイトクライムの統計に極めて重要となるのは、詳細だ[6]。こうした詳細は、ここで概説しきれないほどたくさんあるが、ヘイトクライム件数を大きく左右する要因の一つは、警察の記録段階におけるヘイトクライムの定義である。ヘイトクライムの最も広い定義は「認識」に基づくものだ。すなわち、被害者が自分のアイデンティティにより標的にされたと認識した場合、あるいは目撃者がそのように認識した場合、警察は犯罪をヘイトクライムとして記録することになる。それに代わる定義は厳密な「証拠」に基づくもので、被害者や目撃者の認識にかかわらず、ヘイトクライムが証拠によって裏付けられた場合にのみ、警察は犯罪をヘイトクライムとして記録する。証拠の例としては、犯罪の際に人種差別的または同性愛嫌悪的な中傷が行なわれたこと、過激派であることを示す視覚的なシンボルがあること、加害者と過激派グループとの間に既知のつながり（オンライン、オフライン、またはその両方）があること、加害者にヘイトクライムの犯罪歴があることなどだ。

証拠ベースの定義は、一見妥当なものに思える。だがこの定義は、憎悪に基づくすべての行為が、動機を宣言するような中傷や、皮膚や壁に刻まれた憎悪のシンボルを伴うわけではないという事実を考慮していない。また、ヘイトクライムの加害者は、偏見に基づいて繰り返し犯行を行なう常習犯だけだというわけでもない。さらには、被害者が攻撃の際に中傷されたと証言しても、目撃者が存在しない場合には、事態が一層複雑になる。厳密な証拠に基づく定義の狭さは、計上されるヘイトクライムの数が必然的に少なくなることを意味する。英国では認識ベースのアプローチを採用しているが、他の多くの国では証拠ベースアプローチを採用している。これこそ、英国の警察記録によるヘイトクライムの発生件数が、他国に比べて多いことの一因である。

認識ベースのアプローチは、より多くのヘイトクライムを計上できる可能性が高い一方で、裁判手続きの要件との不一致という短所がある。二〇一八年、英国の警察が計上したヘイトクライムは一一万一〇七六件あったが、裁判に持ち込まれたのは一万八〇五五件にとどまった。この食い違いの一部は、さほど深刻ではないヘイトクライムは、裁判所ではなく警察によって処理されることからきている。これは、加害者が罪を認め、被害者が社会内刑罰を決めることができるという制度だ（「裁判所外処置」と呼ばれる）。また、ヘイトクライムの加害者を特定することが困難な場合、特に見知らぬ者による無差別な暴力行為の場合は、記録が作成されても裁判に至らないことがある。しかし、このような〝司法のギャップ〟の原因として最も可能性が高いのは、被害者が訴訟を取り下げることと、犯罪の動機が憎悪にあるという確かな証拠が得られないことだ。

犯罪行為（弁護士は「犯罪行為《アクタス・レウス》」と呼ぶ）が、加害者の心の中にある憎しみに満ちた態度（「犯罪意思《メンズ・レア》」）の結果であることを、合理的な疑いを残さないレベルで証明するのは非常に困難だ。弁護士は、犯罪行為が行なわれたことについては簡単に証明できるが、その行為が被害者のアイデンティティに対する憎しみを動機としたものだと証明するのは、それよりはるかに難しい。被害者が、攻撃の際に憎悪に満ちた中傷が行なわれたと証言しても、それを裏付ける証人がいない場合もある。また、加害者の弁護側は、中傷の動機が憎しみではなく、恐怖や怒りにあったと主張することもできる。このように複雑な事情があるため、裁判にかけられるのは最も明確なヘイトクライムに限られる。すなわち、中傷が行なわれるところを聞いた証人や憎悪のシンボル（敵意を表す）を見た証人がいる、加害者にヘイトクライムの前科や過激派のイデオロギーとのつながり（動機を示す）がある、というような場合だけだ。[12]

法律が整備され、広い定義で運用されている国々の間で、ヘイトクライムの件数に大きな差が出る理由は、つまるところ、市民と警察との関係にある。

警察と憎悪行為

フランク

二〇〇四年一〇月二四日の深夜、ウィスコンシン州ミルウォーキーの白人中流階級が住むベイヴュー地区で開かれた新築祝いのパーティーに、フランク・ジュード・ジュニアとロヴェル・ハリスが参加した。二人は友人で、ともに黒人だった。パーティーの主催者はミルウォーキーの警察官アンドリュー・スペングラー。彼らが到着したときには、招待客の多くは強い酒を飲んで酔っ払っていた。

フランクとロヴェルは、ケイティ・ブラウンとカーステン・アントニッセンという二人の白人女性に誘われてパーティーに参加したのだが、四人が揃《そろ》って姿を現したとき、他の客は眉をひそめて不満を隠さなかった。ケイティとカーステンがトイレに行くと、スペングラーは四人の警官仲間を従えて、フランクとロヴェルに質問を浴びせかけた。「誰と来たんだ？」、「このパーティーに知り合いはいるのか？」、「何か飲み物を持ってきたか？」

午前二時四五分頃、歓迎されていないと察した四人はパーティーを後にした。だが、トラックで走り去ろうとしたとき、スペングラーと九人ほどの非番警官が彼らに立ち向かってきた。スペングラーの警察バッジがなくなり、フランクとロヴェルが真っ先に疑われたのだ。二人がバッジの窃盗を否定し、トラックから降りることを拒否すると、警官の一人が「ニガー、お前を殺すことだってできるんだぞ！」と叫んだ。

警官たちはトラックを揺らし、ヘッドライトを破壊した。ロヴェルは大声をあげて、寝ている近隣住民に助けを求めようとした。

「黙れ、ニガー！　ここは俺たちの世界だ！」警官の一人が叫んだ。

女性二人が、ハンドバッグを男たちに渡して中身を点検させようとトラックから降りたとき、四人の警官がフランクの足をつかんだ。命の危険を察したフランクはヘッドレストにしがみついたが、四人の男に引っぱられて手が離れてしまった。フランクを道路に引きずり出すと、男たちはロヴェルに向かい、トラックから強引に引きずり下ろした。二人の身体検査で何も出てこなかったことは、さらに暴力行為を激化させた。

＊12　二〇〇三年の刑事司法法（イングランド・ウェールズ）第一四五条は、以下の犯罪について、刑期を加算する義務を裁判所に課している。（1）加害者が被害者に対し、被害者が特定の人種または宗教集団に属している（または属していると推定する）ことに基づく敵意を示している。あるいは、（2）特定の人種または宗教集団に対する敵意が（全体的または部分的に）動機となって、その集団の一員である被害者に対する犯罪が行なわれている。これらは、どちらか一方を選択できる。つまり、敵意が証明できる場合は、動機を証明する必要はなく、その逆もまたしかりだ。（CPS 2020, Racist and Religious Hate Crime - Prosecution Guidance）。一九九八年の犯罪及び秩序違反法では、人種や宗教に対する敵意を示す犯罪、あるいは憎悪に満ちた動機を示す犯罪を特定の犯罪として新たに設けた。

警官の一人がロヴェルにナイフを突きつけて数メートル先まで歩かせたあと、刃を後頭部に突き刺した。そしてロヴェルに縁石に座るように指示して、「ニガー、自分を誰だと思っているんだ」と威嚇した。

ロヴェルは口をつぐんでいた。すると警官が彼の顔にゆっくりとナイフをすべらせて、頬を深くえぐった。ロヴェルは、警官がその瞬間を楽しんでいたことを覚えている。

「さて、今度はナイフをお前のケツにぶっ刺してやろう、ニガー」と警官は言った。

立つように指示されたロヴェルは、そのチャンスを逃がさず、血まみれの顔を抱えて、真っ暗な道をひた走った。

その間、二人の警官がフランクの腕を後ろに回してつかみ、他の警官たちが交代で彼を殴っていた。何度も体を殴られたフランクは地面に倒れたが、その後も頭を繰り返し蹴られた。彼の顔は血まみれになった。

フランクにはさらに質問が浴びせられ、固くヘッドロックされた状態でバッジを渡すように要求された。彼は、バッジのことなど知らないと繰り返し、やめてくれと懇願した。しかし、決定的な最後の一撃を頭に受け、一瞬意識を失って、仰向けにドスンと地面に倒れた。

暴力が繰り広げられる中、カーステンは何とか警察に通報し、「あの人たち、彼をボコボコにしてる！」と携帯電話に向かって叫んだ。

彼女が電話をしていることに気づいたスペングラーは、電話を切るように命じた。カーステンがそれに従わないと、腕を後ろにねじって、手から携帯電話をもぎとり、トラックに投げつけて粉砕してしまった。一方、ケイティも必死で警察に電話したが、彼女の携帯電話も奪われてしまった。そうした様子をポーチから見つめていた他の客の携帯電話は、ポケットやハンドバッグの中にしっかりとしまわれたままだった。

午前三時頃、現場に勤務中の警察官が二人やってきた。だが、ケイティとカーステンがおののいたことに、二人のうちの一人も暴行に加わって、殴打は続いた。地面に横たわるフランクが手錠をかけられた後、暴力は吐き気を催すような展開を見せた。一人の警官がポケットからペンを取り出し、フランクにこうささやいたのだ。「バッジのありかを言わないと、このペンを耳に突っ込むぞ」

警官はその脅しを実行に移した。ペンをフランクの耳に突き刺して、奥に押し込み、大量の血を流させたのだ。フランクの悲鳴にもかかわらず、警官はもう片方の耳にも同じことをした。拷問は続き、他の二人の警官がフランクの指を強く後ろに曲げて、へし折った。このとき自分は、「赤ん坊のように泣いていた」とフランクは記憶している。「お願いだ、やめてくれ、お願いだ」と懇願しながら。

警官たちは四方八方からフランクに殴りかかり、その拳は、どんどん速く重くなっていった。次に警官がフランクの両足を広げて股間を蹴り上げた。そのインパクトは強烈で、フランクの体が地面から浮き上がるほどだった。フランクが激痛を抱えて体を丸めた瞬間を捉え、勤務中の警官が、頭蓋骨が折れる音が聞こえるまで、彼の頭を踏みつけた。

そのあと、パーティーのホストは、フランクの頭に銃を突きつけてこう言い放った。「俺は警官なんだぞ。やりたいことは何だってできる。お前を殺すこともな」

行方不明のバッジを見つける最後の試みとして、激高した警官たちはトラック内を引き裂き、フランクの服をナイフで切り裂いた。だが何も出てこなかった。ようやく暴力が止んだのは、三人目の勤務中の警官が現場に到着してからだった。暴力が止んだのは、フランクが逮捕されたからである――残酷な拷問のどの段階においても反撃しなかったにもかかわらず。この三人目の勤務中の警官が目にしたのは、血を流し、裸で路上に倒れているフランクの姿だった。

この警官はすぐにフランクを病院に連れて行った。緊急治療室の医師は、彼の傷があまりにも異常で広範囲に及んでいたため、証拠として写真を撮るべきだと感じた。損傷は、頭皮、顔、耳、首、胸、腹、背中、腕、脚、臀部《でんぶ》、会陰《えいん》にまで及んでいた。二〇年間にわたって救急医療を行なってきた医師にとっても、このような損傷は初めてだった。診察のあと、フランクは医師の手をつかんで、一人にしないでくれと頼んだ。襲撃者に「とどめを刺されるかもしれないから」と。(7)

フランク・ジュード・ジュニアとロヴェル・ハリスに対する悪質な攻撃と拷問を行なった後の数日間、警察官はだれ一人として逮捕されず、警察署も非協力的だった。ようやく変化が起きたのは、医師が撮影したフランクの衝撃的な損傷の写真と、生涯にわたる障害の可能性に関する詳しい記事を地元紙が掲載したときである。この記事が公表された後の数日間に起こった市民デモの圧力により、ミルウォーキー警察署は関係者を免職にせざるをえなくなった。だが、州の裁判では、スペングラーと他の二人の警官は無罪になった。陪審員は全員白人で、警察官やパーティーの客の偽証を真に受けたからだ。証言した者のなかには、〝記憶喪失〟を被っていると主張した者までいた。

州の裁判の判決後に抗議活動が起こり、連邦政府による調査が行なわれることになって、最終的には七人の警官が有罪となった。だが、あの夜に暴徒化した非番の警官の一部は復職し、ミルウォーキーの街のパトロールを続けることが許された。

この事件について読んだとき、私は心底困惑して恐怖に震えた。私は警察官の仕事を尊敬している。この尊敬の念は、警察組織に関する研究活動を通して育まれたものだが、それに加えて、私が博士課程に進んだ直後に妹夫婦が地元警察に加わったことも、その理由の一つだ。私は、身近な家族が行なっている仕事がどれほど大変なものか、また、他の多くの警察官と同様に、私たちを守るためにどれほど命を張っているかを知っている。そしてその過程で、警察は一般市民であり、一般市民は警察であると考えるようになった。

警察は、その奉仕を受ける人々が、警察の役割、権限、行動、振る舞いを承認して初めて、効果的に仕事をすることができる。人々は警察が、ある人を保護して他の人を保護しないというような差別をせずに、私たち全員を保護してくれるものと信頼している。この信頼が悪用されると、一般の人々の警察に対する尊敬の念は薄れ、極端な場合には、警察の正当性が損なわれる。警察は人々に奉仕する組織であると認識しなくなり、その代わりに、腐敗した利己的な組織であると思うようになるのだ。最悪の場合、警察が執行すべき法律に市民が疑問を持つようになり、それに故意に違反することによって、社会秩序が崩壊してしまう。そこまで至らないとしても、市民は警察に距離を置き、捜査への協力、および目撃者として名乗り出て犯罪を報告することを拒否するようになる。この二つの反応は、二〇二〇年五月にミネアポリスの警察官デレク・ショーヴィンがジョージ・フロイドを殺害した事件後に米国各地で見られた。

警察への信頼と、それに伴う関与への意思は、ヘイトクライムの件数に影響を与える。自分がヘイトクライムの被害者であるとわかっていても、それを報告するには、警察に対する信頼が必要だ。ロシアでは、アレクセイはさらなる迫害を恐れて、自分が受けた攻撃を報告しなかったが、たとえ報告していたとしても、警察がその報告を真摯に受け止めたかどうかは疑問だ。

私は二〇年以上前に起きた自分に対するヘイト攻撃を報告しなかった。なぜか？　それは、警察官に自分がゲイであることを話したくなかったからだ。ウェールズの小さな村で育ち、一九八〇年代の後半にその地の学校に通っていたことが、当局に対するそうした私の考えを形づくったのである。マーガレット・サッチャー政権下の一九八八年に導入された地方自治法第二八条では、教師が「家族関係を装った同性愛の容認」について議論したり、それを促したりすることが禁じられており、当時の警察は、同性愛者を標的にして、偽りの「性犯罪」のもとに彼らを陥れることで知られていた。第二八条が撤廃されたのは、ようやく二〇〇三年になってからだ。

米国では、黒人社会と法執行機関との関係は、過去数十年間に起きた警察による相次ぐ残虐行為や殺人事件によって損なわれてきた。ニュースで広く報じられた事件も多々ある。たとえば、二〇〇四年にウィスコンシン州ミルウォーキーで起きたフランク・ジュード・ジュニアとロヴェル・ハリスの事件、二〇〇六年にニューヨーク州ニューヨーク市で起きたショーン・ベルの事件、二〇〇九年にカリフォルニア州オークランドで起きたオスカー・グラントの事件、二〇一二年にフロリダ州サンフォードで起きたトレイヴォン・マーティンの事件、二〇一四年にミズーリ州ファーガソンで起きたマイケル・ブラウンの事件、二〇二〇年三月にケンタッキー州ルイヴィルで起きたブレオナ・テイラーの事件、二〇二〇年五月にミネソタ州ミネアポリスで起きたジョージ・フロイドの事件、二〇二〇年五月にフロリダ州タラハシーで起きたトニー・マクデイドの事件、そして二〇二〇年六月にジョージア州アトランタで起きたレイシャード・ブルックスの事件など、枚挙にいとまがない。

マシュー・デズモンド教授とハーヴァード、イェール、オックスフォード大学の共同研究者らが行なった研究は、米国の警察の武力行使には明らかな人種的格差が存在することを指摘している。黒人のティーンエイジャーや成人は、他の要因（逮捕時の抵抗や警察官のトレーニングレベルなど）を考慮しても、警察に殴られたり殺されたりする可能性が高い(8)。デズモンドらは、警察による残虐行為が広く報道されることが、警察に犯罪を通報する黒人コミュニティの意思に影響を与えることを検証しようとした。その仮説は、丸腰の黒人男性に対する警察の残虐行為が広く知れ渡るようになると、黒人居住区における犯罪報告率が減少するというものだった。すなわち、このようなケースは警察に対する信頼を低下させ、その結果、住民と警察との関係性が希薄になると予測したのである。

研究者らは、フランク・ジュード・ジュニアとロヴェル・ハリスが暴行された事件の影響に的を絞り、この事件がニュースになる前と後に、九一一番〔米国の火事・救急・犯罪の緊急電話番号〕への通報がどう変化したかを測定した。その結果、ニュースが報道された後の一年間に、ミルウォーキー市内の九一一番通報は二万二二〇〇件減少し、前年比で二〇%減少したことがわかった。この減少は黒人居住区において顕著で、同区では一万三二〇〇件減少したのに比し、白人居住区での減少は八八〇〇件にとどまっていた。しかし、研究者らがより懸念を募らせたのは、黒人居住区での減少が長く続いたことだった。彼らの計算によると、黒人居住区における減少傾向は、記事が出てから一年以上にも及んだのである。一方、白人居住区における減少傾向は、七カ月間で反転した。

さらには、二〇〇六年にニューヨークのクイーンズ区でショーン・ベルが結婚式の前日に警察に殺害された事件が、ミルウォーキーの黒人居住区における九一一番通報の減少に影響を与えたことも判明した。この分析は、在住地域外で生じた警察による殺人事件も、在住地域内の犯罪通報に影響を与えることの証拠を示している。この研究は、警察による残虐行為の事例は、九一一番通報の減少に全国的な影響を与える可能性があり、その量と期間において、白人居住区よりも黒人居住区のほうが影響を受けやすいと結論づけた。

通報の減少は悪循環を引き起こす。警察の不在により犯罪者が逮捕されないために犯罪が多発するようになり、黒人居住区の安全性が低下するからだ。ミルウォーキーの研究では、フランク・ジュード・ジュニア事件後の半年間に、警察への通報が二万二〇〇〇件減少し、殺人事件の発生率が三二%増加したことが示されている。その夏、ミルウォーキーでは、犯罪被害による犠牲者数が過去七年間で最多になった。

二〇一二年にフロリダ州で、非武装の一七歳のトレイヴォン・マーティンが白人の自警団員に殺害された事件では、全米各地で集会やデモ行進が行なわれ、犯人が無罪判決を受けた後、オバマ大統領（当時）が演説の中で「三五年前の私はトレイヴォン・マーティンだったかもしれない」と述べた(9)。二〇一四年にミズーリ州ファーガソンで、一八歳のマイケル・ブラウンが白人警官に胸部に六発の銃弾を撃ち込まれて殺害された事件では、銃撃事件そのもの、異例でバイアスがかかっていたと一部に言わしめた裁判、そして最終的に問題の警官が無罪となったことについて、三度の抗議活動が展開された。その一年後、司法省の調査により、ファーガソン警察署はアフリカ系米国人の差別という不正行為を行なっていたことが判明し、オバマ大統領はこの事件を受けて、今後この種の裁判でより多くの証拠を提供できるようにするため、警察の身体装着用カメラに七五〇〇万ドルを投じると約束した。二〇二〇年にミネアポリスで起きたジョージ・フロイド殺害事件では、第二級過失致死罪による当該警察官の起訴、トランプの暴力を煽るツイート、世界各地で起きた抗議デモ、そして米国内における一九六八年のキング牧師暗殺事件以来最悪となる広範囲な暴動が湧き起こった。

このような事件が地方、全国、世界各地で報道されると、必然的に地域の政府関係者や法執行機関に対する信頼が大きく損なわれてしまう。その結果、黒人コミュニティにおける犯罪被害が報告されず、何千件ものヘイトクライム事件が公式統計に記録されないことになる。

ヘイトクライム件数は増えているか

警察が記録するヘイトクライム件数が明らかに増加していることには、疑問の余地がある。右派の政治傾向を持つ者の多くにとって、ブレグジット投票〔EU離脱の是非を問う国民投票〕やドナルド・トランプの当選のような出来事と近年最大のヘイトクライムの増加との関連性は言い逃れたい問題だろう。そのため彼らは、この上昇傾向の潜在的理由は、記録方法と通報方法の変化にあると主張する。

そうした議論は、まったく的外れなものではない。過去一〇年間、英国や米国をはじめとする多くの国の警察は、被害者や目撃者によるヘイトクライムの通報を増やすためのキャンペーンに追加の資金を投入してきた。これらのキャンペーンは、過去に五〇%ものヘイトクライムが報告されなかった理由、すなわち、警察への不信感やマイノリティコミュニティにおける二次被害の恐れ、状況を悪化させることへの懸念（例えば、加害者が隣人である場合など）に対処することに焦点を当てている。そして証拠は、これらの対策が奏功していることを示している。ありがたいことに、ここ数十年で多くの国の警察文化は劇的に変化し、警察官がヘイトクライムを認識し、発見と記録を増やすためトレーニングに参加することが記録的に増えた。過去一〇年間に警察が記録したヘイトクライム数が増えた一因が、こうした努力によるものであることは間違いない。

だが、ブレグジット投票やトランプの当選前後、そして注目を集めたテロ事件の後にヘイトクライムが驚くほど上昇したという事実は、これらの要因だけでは説明できない。ブレグジット投票の際、『スペクテイター』誌は、次のような社説を掲載した。「おそらく国民投票は、ヘイトクライムの増加を実際にもたらしただろう。だがその一方で、そうではないともいえる。それをブレグジットのせいにする怒りの報道にもかかわらず、唯一はっきりしているのは、どちらにしても証拠がほとんどないということだ」

明確な答えを手にするため、英国内閣府の「行動インサイト・チーム」〔規制や財政的手段といった従来の政策ツールを補完するための、行動科学に基づいた政策ツールを考案する組織。通称「ナッジ・ユニット」〕とカーディフ大学で私が運営するヘイトラボ（HateLab）は、警察の記録からフェイスブックの投稿データまで、あらゆる情報源を集めて英国のヘイトクライムの最も完全な姿を描く作業に着手した。そして、右寄りの『デイリー・メール』紙に「グレート・ブレグジットのヘイトクライム神話」といった見出しが載る状況下で「リーヴ・ドット・EU」〔「EUから離脱せよ」の意〕や「ヴォート・リーヴ」〔「離脱に投票を」の意〕などのキャンペーンが煽る分断的で人々を分極化させる語りが、長年続くヘイトクライムの真の増加を直接的にもたらしたのかどうかを探ることにした。

私たちの第一の仮説は、EU離脱派のキャンペーンが、経済的なもの（雇用、住宅、NHS〔国民健康保険サービス〕の待ち時間などへの脅威）であるか、象徴的なもの（「我らの生活様式」を損なう脅威）

であるかにかかわらず、内集団の資源を守るということにおいて、外集団のメンバーに対するヘイトクライムを一時的に正当化したというものだった。投票に至るまでの数週間、これらの資源はEUからの移民による脅威にさらされていると離脱派のキャンペーンで表現されることが多くなった。投票日までの数週間に報道で最も頻繁に取り上げられたのは移民と経済の問題で、特定のグループ（トルコ人、アルバニア人、ルーマニア人、ポーランド人）がネガティブに描かれた。

第二の仮説は、ブレグジット関連のヘイトクライムが急増した地域は、内集団の特定のメンバーが離脱キャンペーンから発せられる分断的なプロパガンダの影響を受けやすい人口統計学的特性を備えていたというものだ。私たちは、ブレグジット関連のヘイトクライムが急増した地域では、移民、失業率、離脱派の投票率が高かったと予想していた。結果的に、EU離脱に圧倒的な賛成票を投じた地域の多くでは、投票前の一〇年間に移民が増加していた。離脱派優勢の地域の中には、以前は地域住民の五〇人に一人だった移民が、EU離脱の賛否を問う国民投票時には四人に一人に増えていたところまであった。また、これらの地域では、雇用やサービスの大幅な削減が行なわれていた。

イングランド北部と南海岸に集中しているこれらの地域の移民は、英語を話さない非熟練者の若い労働者が大半を占める。不況と削減の時代に希少な資源を求めて競合する失業した地元民と雇用されている多数の移民という組み合わせは、「我ら」対「彼ら」の意識を強める。地元民と移民の間における異文化交流や理解の不足も緊張感を高める。国民投票の結果がもたらした刺激的な影響と相まって、これらの要因はヘイトクライムが蔓延する完璧な条件を作り出していた。

分析にあたっては、ヘイトクライムに影響を与えることが判明している数多くの要因を考慮した統計モデルを使用した。また、イングランドとウェールズにある四三の地方警察区域それぞれについて、失業率、平均所得、教育水準、健康悪化状態、一般犯罪率、住宅やサービスの入手を妨げる障害、生活の質、移民流入率、離脱票の割合を測定した。さらに、ヘイトクライムの増加は通報の増加によるものだという右派シンクタンクの主張を考慮し、各警察署がソーシャルメディアのチャンネルを通じて憎悪の問題について一般市民の意識を高め、被害者や目撃者としてヘイトクライムを通報するように奨励した頻度についても、調整を行なった。また、国民投票の数日前に発生したジョー・コックス殺害事件〔労働党所属の下院議員で、集会準備中に殺害された〕のような国内外のテロ攻撃など、ヘイトクライム発生率を上昇させた可能性のある他の多くの事象の影響を相殺した。

このように影響力のある要因を調整しても、国民投票は依然として、それ自体が強力な説明要因として浮上した。投票後の一カ月間に発生したヘイトクライムは、投票がなかった場合に予想される同時期の犯罪よりも一一〇〇件多かった（二九％増）。影響を与えたと考えられる他の要因（移民流入、失業、教育水準など）の中では、離脱票の割合だけがヘイトクライムの有意な予測因子として浮上した。地域の離脱票が多ければ多いほど、投票後のヘイトクライムの増加率が高かったのである。このことから、投票結果は、ヘイトクライム犯罪予備軍に街頭に繰り出すことを促すシグナルとして作用したと自信をもって言うことができる。ヘイトクライムの急増は、名乗り出る被害者の増加が原因だとする反論は事実と符合しなかった。私たちの調査により、ソーシャルメディアで通報を最も頻繁に奨励していた警察署のヘイトクライムの記録件数は、その頻度が最も少なかった警察署に比べて多いわけではなかったことが判明したのである。

同様の分析により、二〇一六年にドナルド・トランプが大統領選に勝利したことは、最近の米国史上最大級のヘイトクライム増加と関連しており、同時多発テロの後にイスラム教徒を標的としたヘイトクライムが激増したときに次ぐものであることも判明した[10]。代替的な説明を考慮しても、最も大きな差でトランプが勝利した複数の郡では、ヘイトクライムの増加率も最大になっていた。

ヘイトクライムの記録水準が中程度から良好とされる諸国、すなわち、長期にわたり比較的安定して被害の一部を把握している国では、データは上昇傾向を示している。この傾向が様々な要因の影響を受

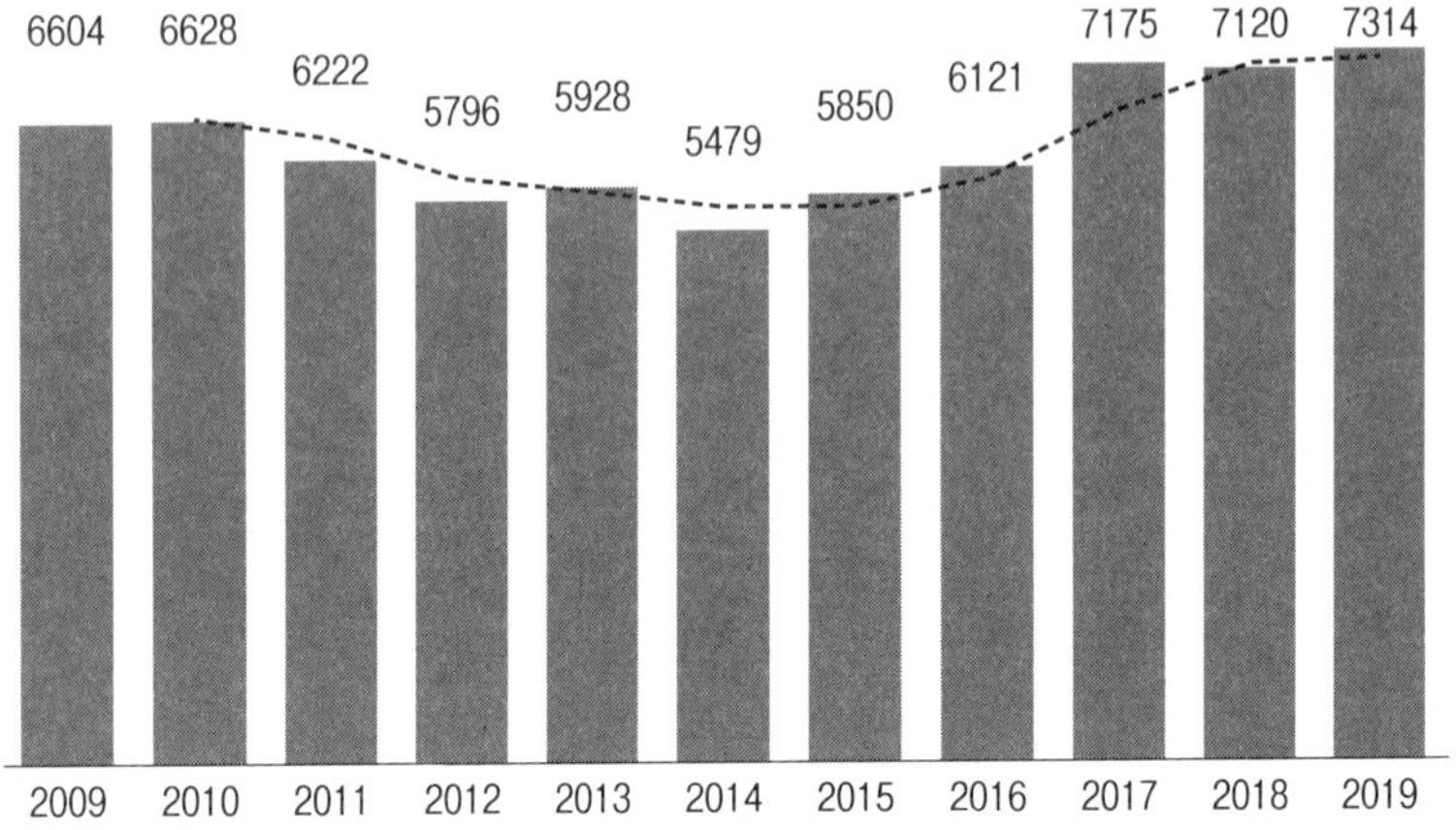

図２　FBI が記録したヘイトクライム発生数の総数（2009年〜19年）と移動平均のトレンドライン。

けていることは間違いないが、現代に特有で最も大きな影響を与えているものとして際立っているのは、政治的なレトリックに備わる分断的な特性だ(11)。世界のいくつかの地域では、憎しみが路上やインターネット上で蔓延する状況が放置されている。かなりの数の人々にとって、人生の中でこれほど憎しみに包まれ、これほど憎しみに影響され、これほど憎しみに対抗する能力を失ったことはなかったろう。

ただし、科学の世界では、その時点で入手可能となるデータに基づいて決定的な結論を下すことはほぼ不可能であるため、ある現象について絶対的な声明を出すようなことは避けるべきである。今日、世界中でヘイトクライムが発生していることは分かっているものの、政府、警察、目撃者、そして被害者でさえ、憎しみがどのようなものであるのかについては認識できないことがあり、現在では、歴史上のどの時点よりも憎しみが蔓延していると断言することはできない。

ヘイトクライムは正確に直接測定することができないため、憎悪の原因となることが判明している構成要素、すなわち、社会的、経済的、政治的な「促進剤」と、人間の根幹をなす生物学的、心理学的特性を測定することが代替手段となる。不平等の拡大、政治的分極化、分断的な出来事、インターネットの乱用などは、憎しみに満ちた感情を生み出す可能性がある。これらを測定し、よりよく理解することができれば、いつ、どこで、誰が憎しみを爆発させるのかを把握することができるだろう。だが、「促進剤」について理解する前に、人類が進化させてきた体内の配線は、私たちが意図的に立ち向かおうとしない限り、あらゆる人において憎しみの土台を築くという事実について詳しく見てゆかねばならない。

第3章　脳と憎悪

二〇一六年二月のある寒い日のこと、音楽ジャーナリストのジョン・ドーランは、オンラインマガジン『ザ・クワイエタス』の編集作業の合間を縫って、近所にあるロンドン、ハックニーの目抜き通りを散策していた。ジョンは一九七〇年代にリヴァプールで育ち、長年工場で働いた後、ライターになるために首都に移り住んだのだが、その後成功を収め、『ヴァイス』誌や『ガーディアン』紙などに記事が掲載されるようになっていた。

その日のスタンフォード・ヒル・ブロードウェイには、彼の気を惹くようなことは特に何もなかった。通りは混雑しているというほどでもなく、顔見知りの人もいた。だが、不思議なことが起きたのである。通りに数多くある個人経営のコーヒー店の前を通り過ぎたとき、ジョンは「切り裂いてやる、このデカ腹のマンコ！」と叫ぶ声を耳にしたのだ。

周りを見ると、太った男性が歩いていた。「この男が叫んだのだろうか？　でも、そうなら、なぜ道行く人が誰も反応していないのか？」彼は自問した。今度は、ジョギング中の男性が通りかかった。怒声はまたもや響いた。「なんで仕事をしないんだ、この怠け者のクソ野郎！」

どこから聞こえてきたのかわからないし、周囲の人の反応もない。そして気づいたのだった。暴言を吐いているのは他でもない、自分自身なのだと。その声は、彼の頭の中で、大きくはっきりと響いていた。

人が通り過ぎるたびに、さらなる罵詈雑言が噴き出した。人種差別や同性愛嫌悪、女性蔑視など、もろに卑俗で攻撃的な暴言だ。ジョンは、自分の頭の中で吐き出される憎しみに満ちた言葉がコントロールできなかった。嫌悪感を催し、混乱して怖くなった彼は、暴言の引き金となる人を見なければ内なる声が止むのではないかと願い、顔を伏せて家に逃げ帰った。

この奇妙な出来事が起きた四カ月ほど前、ジョンは子供を学校に送った後、自転車で職場に向かっていた。走り始めて二分後に交通渋滞に遭遇したが、親たちが子供を学校に送り届ける時間帯だったので、それはいつものことだった。ジョンの前方で、二台の車がクラクションを鳴らしながら互いの行く手を阻んでおり、どちらのドライバーも相手を通すためにバックしようとはしていなかった。「間に入らない方がいいいな」とジョンは思い、自分に近いほうの車の後に回り込んだ。だが、これが間違いだった。その運転手が怒りながらギアをバックに入れ、アクセルを思い切り踏み込んだのである。ジョンには安全な場所に移動する時間がなかった。

その瞬間から、サイケデリックなぼんやりとした時間が何日も続いたように思えたが、意識を失っていたのは、ほんの六〇秒だった。目撃者の証言によると、ジョンはバックした車によって、ものすごい勢いで自転車から振り落とされたという。彼は頭からアスファルトの地面に落ち、ヘルメットが真っ二つに割れた。意識が戻ったとき、彼の頭は車のバンパーの真下にあった。その後三〇分以内に救急車が到着し、ジョンの損傷を把握するために救急隊員が一連の検査を行なった。名前を聞かれたとき、彼は「ジョン」としか言えなかった。年齢を聞かれたときには、二一歳だと答えた。奇妙なことに、彼はレイブパーティーでケタミンを摂取したかのような高揚感を覚えており、サイケデリックな無意識の中で、二〇代前半の経験を一分間で追体験していたのだった。この二つの記憶障害と、スマホが使えなかったこと（パズルのようなものにしか思えなかった）を除けば問題はなく、むしろ久しぶりに幸せな気分になっていた。とは言っても、記憶が戻って、自分が四五歳であることに気づくまでのことだったが。

その後の数時間、悩まされたのは体の痛みだけだった。最悪の問題は、軽い脳震盪《のうしんとう》を起こしたために二週間の「精神的な休息」（仕事やテレビの視聴、読書をしないこと）をとらなければならないことだ――とジョンは思った。事態が少しおかしくなってきたのは、事故当日の夕方である。音楽ジャーナリストのジョンは音楽の好みがはっきりしていて、嫌いなバンドは歯に衣着《きぬ》せずに批判していた。にもかかわらず、その日の夕方、行きつけのフィッシュ・アンド・チップスの店で夕食が供されるのを待っていたとき、インディー・ロックのBGMを楽しみ、「ザ・リバティーンズ」、「ミューズ」、「リーフ」などの曲に合わせてエア・ドラミングをしながら微笑んでいることにガールフレンドが気づいたのだ。同じような曲が次々と流れてきて、ジョンは自分の耳を疑った――素晴らしい曲じゃないか！　困惑したガールフレンドは、「誰の曲かわかってるの？」と尋ねた。ジョンは彼らのことを以前酷評したことがあったからだ。彼は誰の曲かちゃんとわかっていた。朝の事故以来、音楽の趣味が変わってしまったのである。事態はその時点からさらに悪化していった。彼は記憶力と語彙力に問題をきたし、日課を書き留めておかないと混乱して、あたふたするようになった。

ジョンは二カ月間仕事を休むことにしたが、数週間後には、心をかき乱されるような憎しみに満ちた考えが浮かんでくるようになった。そうした考えは、街の中で見知らぬ人に出会うたびにあふれ出てきた。疲れているときは特にそうだった。黒人、インド系、女性、同性愛者、太った人、ややだらしない見かけの人などが、みな、心の中にある罵詈雑言を勝手に吐き出させるきっかけになった。若いときにアルコール依存症に悩まされ、自殺願望を抱いていたときでさえ、そのような考えに至ったことはなかった。

こうした経験を私に語りながら、ジョンはこう言った。「頭の中で考えていたことをここで言うことは控えますが、あなたが考えられる限りの最悪で邪悪で攻撃的なことを私が考えていたと思ってください。ほんとうに身の毛がよだつような感覚で、しかも止めることができなかったんです」

ジョンは、見知らぬ人に出くわす機会のほとんどで、この内なる声と戦わなければならなかった。思考を遮断しようとしても、うまくいかず、人と会わないようにすることだけが、この声を封じる唯一の手段だった。「何かがおかしくなっていることに気づくだけの冷静さはあったんです……一日で三〇歳も老けたような気がしましたよ」。彼はそう打ち明けた。

暗愚な人間に堕したように感じて、ジョンは恥じ入り、引きこもってしまった。彼の音楽雑誌に掲載された内容は、ジョンが反人種主義者、反女性差別主義者、反同性愛嫌悪主義者であることを公に示している。だとしたら、この内面の暴走はどこから来たのだろう？　彼の子供時代にその起源があるのだろうか？　一九七〇年代のリヴァプールは、英国の多くの地域に比べて進歩的だったが、極右政党のイギリス国民戦線（ブリティッシュ・ナショナル・フロント）が活発に活動を繰り広げ、人種関係は最悪の状態だった。それは、彼が働いていた工場で耳にした会話にも反映されていた。このようなことが脳の奥深くに蓄積され、それが今になって猛烈に立ち上ってきたのかもしれない――だが、なぜ？

その後、ジョンは脳（正確には前頭前野《ぜんとうぜんや》）に中度から重度の外傷があると診断された。脳の前部にあるニューロン間の接続部（軸索《じくさく》）が、あの一一月の日に頭を地面にぶつけたときの力によって、折れる寸前まで伸びてしまったのだ。彼の症状は事故によるものとされ、ジョンはこの知らせを聞いて胸をなでおろした。彼は偏見を抱かずに生きてきたのに、ある日、車にはねられたことで、偏狭な罵詈雑言を吐く内なる声を感じるようになってしまったのである。だが、その損傷が彼の内なる声をこのように変化させたのは短期間にとどまり、それを口に出すことも、行動で表すこともなかった。最終的に、声は二カ月後にやみ、ジョンは元の自分に戻ることができた。軸索が修復され、彼の脳は正常な機能を取り戻したのである。

神経科学の研究によると、ジョンのようなケースは、感情のコントロールや道徳的な意思決定を司《つかさど》る脳の一部が、頭部の外傷や腫瘍などの怪我や病気によって損傷を受けたために生じると示唆されている。脳の損傷が原因で生じた行動変化に関する最初期の研究の一つは、鉄道作業員だったフィニアス・ゲージに関する「アメリカの鉄梃事件《かなてこ》」だ。これは一八四八年に起きた労働災害で、鉄の棒がゲージの左頰を貫通し、目の後ろから脳を突き抜けて頭蓋骨の上部から抜け出したあと、二五メートル離れた場所まで飛んだ事故である。血まみれの棒には、左前頭葉の一部がこびりついていた。

驚いたことにゲージは生きながらえ、同僚の助けをほとんど借りずに事故現場から立ち去ったという。彼は脳のかなりの部分を失っていたにもかかわらず、半年も経たないうちに、両親の農場で働くようになった。運動能力、言語能力、知能などに障害はなかったが、性格が変わったと言われている。以前は人望があり、責任感が強く、社交的だった彼は、事故のあと、無礼で粗野で奇矯《ききょう》な人物になってしまった。ゲージの脳内にある合理的な意思決定の感情的要素を司る領域が損傷を受け、少なくともしばらくの間は、新たなゲージを生み出していたのである。(1) 彼の性格の変化は、時間とともに薄れていったそうだ。数年後に反社会的行動が最小限に抑えられたことは、事故による損傷を、彼の脳の他の部分が補った可能性を示唆している。

脳の損傷と行動の極端な変化との関連を示す事例は、現在までに何十例も報告されている。一九八〇年代初頭、二六歳のときに交通事故に遭った英国人の男性が、それまでになかった性的逸脱行動を起こし、三件の性的暴行事件を起こして刑務所に収監された。脳スキャンの結果、彼の前頭前野には事故による損傷が認められた。(2) 二〇〇七年には、チリに住む六〇代の女性が母親を風呂で溺死させ、二〇〇九年にも他の親族に同じことをしようとした。彼女の脳を調べたところ、鼻のポリープの除去手術の失敗による前頭前野の病変が見つかった。(3) また、一九九四年に、英国で三二歳の男性が殺人と強姦《ごうかん》の罪で逮捕され、裁判の前の精神鑑定で、統合失調症と妄想性障害を抱えていると診断された。母親によると、彼は内気な子供だったが、理由もなく攻撃的になる傾向があったらしい。収監後の脳スキャンで、恐怖や攻撃を司る脳の一部である左扁桃体に腫瘍があることが判明した(4)。扁桃体を圧迫する腫瘍は、一九六六年に妻と母親の心臓を刺し、その後テキサス大学で一四人を射殺したチャールズ・ホイットマンの悪名高いケースでも発見されている。犯行前、彼は頭痛と極度の暴力的衝動を訴えていた(5)。

このような証拠は一見すると、犯罪行動では脳が重要な鍵を握っていることを示唆しているように見える。だが私たちは自問しなければならない。英国と米国を合わせると、毎日何百人もの人に脳腫瘍の診断が下され、さらに多くの脳損傷の症例が生じているのに、なぜ殺人や虐殺が毎日大量に起きていないのか、と。また、ジョン・ドーランとフィニアス・ゲージの脳損傷(前者は軽度、後者は最重度の脳障害)は、いかなる形の犯罪行為にも至らなかった。さらには、二〇一七年のラスヴェガスの銃撃犯、スティーヴン・パドックなどの、おぞましい行為を行なった者の脳に腫瘍や病変がなかったことについては、どう説明すればいいのか(6)。

最も凶悪な犯罪を引き起こした人物は、脳に何か物理的な異状があったのだと、誰でもつい考えたくなる。そう考えれば、彼らと自分や他の社会との間に簡単に境界線を引くことができるからだ。彼らを箱に押し込み、その行動は何か恐ろしい生物学的な異常がもたらした結果なのだと容易に論理づけすることができる。だが、脳がそれだけで人間の邪悪さの原因となることはほとんどない。断言はできないものの、マイロ・ヤノプルス、リチャード・スペンサー、スティーヴン・ヤクスリー＝レノン(第10章参照)といったオルタナ右翼や極右の人物が口にする憎悪に満ちたレトリックが、脳腫瘍や脳の病変のせいであるとは、私には到底思えない[*1]。

異常な脳のことはさておき、ここ数十年の間に新たな医療スキャン技術が開発され、科学者たちは

＊1 「オルタナ右翼(オルト・ライト)」とは、二〇一〇年頃に登場した極右サブカルチャーを指す言葉で、主にアメリカの白人ナショナリスト、リチャード・B・スペンサーと関連づけられている。

「正常な」脳がどのように憎しみを処理するのかについて研究し始めた。科学的なコンセンサスは明確で、偏見や憎しみがあらかじめ脳にインプットされた状態でこの世に生まれてくる人はいない、というものだ。私たちは、「我ら」と「彼ら」を識別する傾向のある脳を備えて生まれてくるように見受けられるが、「我ら」と「彼ら」が誰であるかは、固定されたものではなく、学習された結果である。このような神経学的メカニズムが組み込まれているということは、私たちはみな、偏見や憎しみを形成する最も基本的な土台を備えていることを意味する。この人間の特性に、ある種の出来事や環境が重なると、誰でも憎しみを抱える可能性があるのだ。

柔らかい灰色の鎧の下で

脳は、長い年月の間に目がくらむほど多種多様に変化した状況のもとで、人間が生存できるように進化してきた。脳は私たちを現在の姿にするために素晴らしい仕事をしてくれ、私たちは様々な物事に対処できる驚くべき能力を備えるようになった。とはいえ、進化は人間に不利益をもたらしたと考える人もいるかもしれない。なぜなら自然は、他の生物に与えた保護手段を人間にはもたらしてくれなかったからだ。人間には、重要な臓器を守る天然の鎧《よろい》も、角《つの》や牙のような天然の武器も、脅威にさらされたときに身を隠す天然のカモフラージュもない。アルマジロ、ヘビ、タコなど、地球上で私たちと共に暮らす多くの生物は、脅威から身を守り、防御し、攻撃をかわすための特定の生物学的特徴を備えている。だが人間が身を守るには、頭蓋骨の中の柔らかい灰色の鎧に頼らなければならないのだ。[*2]

他の種には驚くべき防御メカニズムが備わっていることを考えると、これは一見不公平に思われるかもしれない（捕食者から飛んで逃げたいと思わない人間などいないだろう）。だが、人間の脳は驚くべきものだ。それは、飛べる能力などよりさらに優れている。なぜなら人間の脳は、自然界に存在するものより優れた防御メカニズムを人工的に作り出すことができるほど優秀だからだ。この脳のおかげで私たちは、自己修復可能な鎧、3Dプリンターで作られた臓器、延命治療薬、地震警報システムなど、数えられないほどの防御手段を生み出してきた。[*3] 脅威を軽減し、自らの種の生き残りに貢献するこれほどの高度な技術を開発できるのは、人間の脳をおいてほかにない。

だが私たちは、常に工学や医学の驚異的な技術に頼ることができてきたわけではない。ヒトという種が誕生してから現在までの期間すべてを考えれば、これらの強化された防御手段が存在したのは、ほんのわずかな期間にすぎない。それでも、人間の脳はその間、ただ怠けていたわけではなく、私たちを食べようとする動物、食料や水や住処《すみか》を狙っている近隣の部族、異常気象や自然災害といった脅威を認識するために、忙しく進化してきた。家族が肉食動物に襲われたり、住処が隣の部族に略奪されたり、村が鉄砲水で全滅したりするのを目の当たりにすることで、先史時代の脳は、個人や集団の安全を脅かすものを認識するすべを学んだ。何百万年にもわたるこの学習プロセスにより、現代人の脳は、環境に対処し、ついには環境を支配するまでに至った。

*2　実際には、脳は灰白質《かいはくしつ》と白質からなる。
*3　私が特に感銘を受けたのは、カーディフ大学のリース・ピュリン博士らが、カリフォルニア州の防衛関連企業マイクロセミ社と共同で開発した技術だ。彼らは、超音波をリアルタイムで使用することにより、兵士の防護服が、肉眼では見えないが保護能力を著しく低下させる微小な損傷を受けているかどうかを感知する独創的なシステムの開発に成功した。この技術革新は、現在、微小損傷の検出のために世界中に送られて定期的にX線検査を受けている約五〇〇万着の防護服にかかる経費の大幅削減につながるだけでなく、なにより戦地における人命救助に貢献できる可能性を宿している。

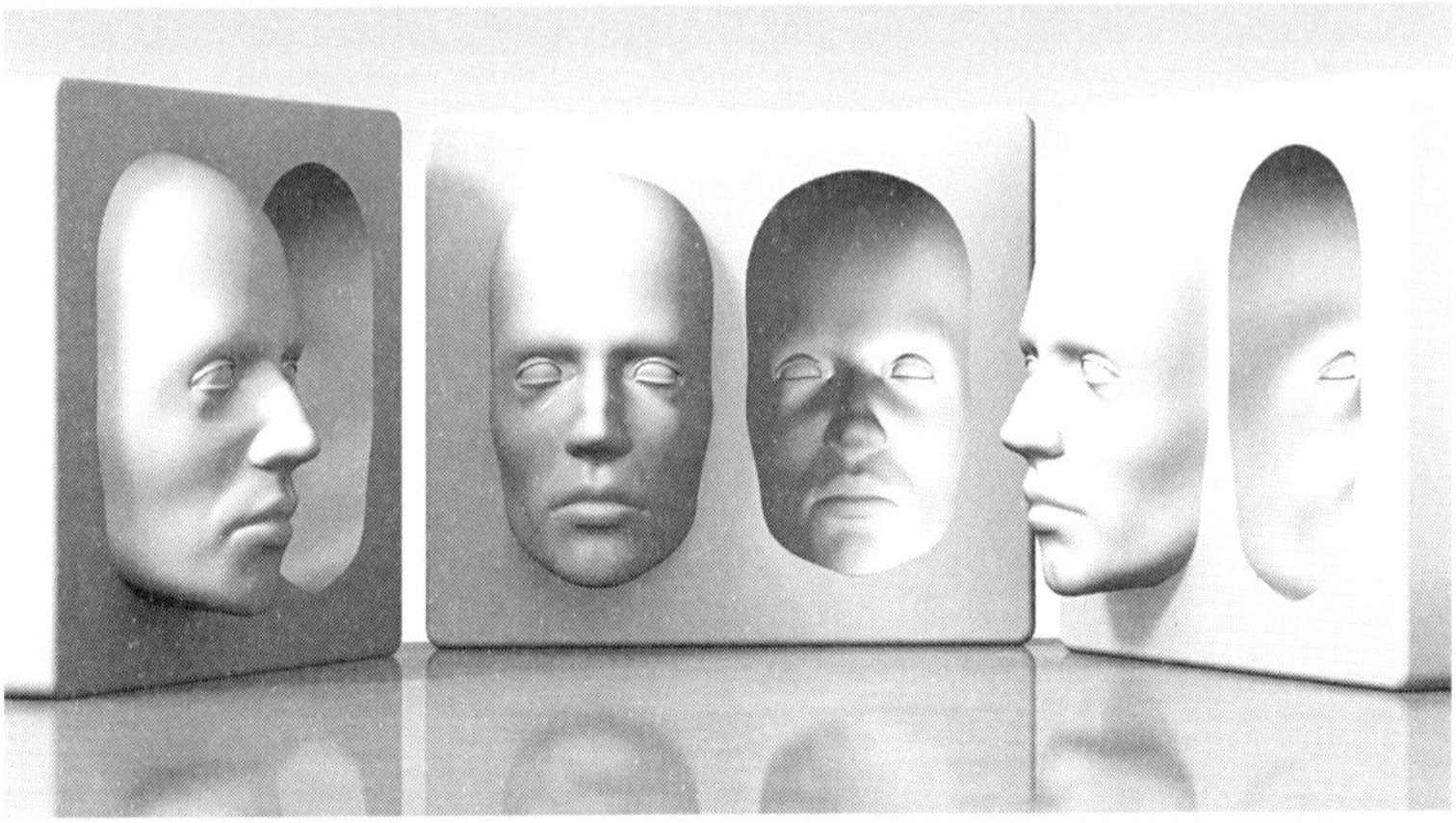

図3　ホロウマスク錯視。Animated Healthcare Ltd / Science Photo Library

現代の世界における古代の脳

人間の脳には順応性があるとはいえ、その対処メカニズムは完全に柔軟であるとは言えない。私たちの脳のメカニズムには、過去にとらわれている部分がまだある。その良い例が目の錯覚だ。中でも最もよく知られている例は、「ホロウマスク錯視」（図3参照）である。マスクの凹面を見るとき、それが中空であることはわかっていても、脳は、鼻、唇、眉、頬骨、顎などが凹《へこ》んでいるのではなく、突き出しているものとして顔のイメージを処理してしまう。知的レベルでは、見ているものが現実とは異なるとは分かっていても、脳がそれを正しく解釈しようとしないのだ。これは、何百万年もの進化により、鼻は凹んでいるものではなく、突き出ているものだと、脳が私たちに伝えるためである。

このホロウマスク錯視を支えている認知プロセスは生まれつき備わっているもので、無意識のレベルで作動する。私たちの自己認識や、自分が属している、または属していないとみなす集団に対する認識も、この時代遅れの脳内配線に左右される。脳は、世の中のあらゆる情報を処理することはできないため、近道を作る。私たちは、カテゴリーの助けを借りて思考するようなプロセスを進化させてきたが、このプロセスは、一連の近似値を用いることで機能する。これは、人間の心が誕生して以来、ずっと行なわれてきたことだ。このようなカテゴリーは、個人間の違いを識別したあと、集団に一般化することによって形成される。たとえば、「このタイプの人は怠け者だから、その集団は全員が怠け者なのだ」というように考えてしまうのだ。

「我ら」を好む傾向、だが「彼ら」を憎む傾向ではない

自分に似た人々を好むという傾向は、こうした粗雑なカテゴリー思考に加えて、人に備わる根本的な心理プロセスにも基づいている。一九七〇年代にヘンリ・タジフェルが考案した有名な実験では、集団間のわずかな違いが、外集団（「彼ら」）よりも内集団（「我ら」）に大きな報酬をもたらすことが示された(7)。

タジフェルは学生を二つの集団に分けたが、その分類は、性別、人種、年齢、髪の色、魅力度、靴のサイズといった個人的な特徴に基づくものではなかった。学生たちは、絵に含まれる点の数を推定し、その数によって「過小評価派」および「過大評価派」に分類されたのだ。そして本人たちには知らせずに、学生たちを、点の推定度にかかわりなく、まったくランダムに二つの集団に割り付けた。集団間の差をさらに小さくするため、集団のメンバー同士は出会わないように図られ、一人ひとり別個に扱われて、どちらの集団に所属するかという情報だけが与えられた。

こうしてタジフェルのもとには、自分たちは意味のないほんのわずかな違いで隔てられていると信じている集団（「最小条件集団」）が二つ用意された。そのあとタジフェルは、各被験者に集団間にお金を配分させたのだが、その際、分配によって個人的な利益が得られることはないと伝えた。結果的に、集団間の恣意的な差は、個人的な利益がないにもかかわらず、被験者に自らの集団により多くのお金を分配させることになった。この実験を同じ条件下で行なうと、ほぼ毎回同じ結果になる。この実験は、現

実の世界を映す鏡のようなもので、人々は一貫して、最小限の条件に基づき、外集団よりも内集団を優遇するのだ。たとえば、自分に似た人に、より多くのチップを渡す、少し金額のはる誕生日プレゼントを贈る、やや給料のよい仕事を与える、というように。

これらの自動的なカテゴリー化と内集団選好プロセスは、誰を避け、誰と関わるべきかという点において、世の中をナビゲートするのに役立つ。しかし、人間は複雑だ。人は多面的であり、自分のアイデンティティの一部は所属する集団に結びついていても、他の部分は内集団の特徴とは異なるという場合もあり、ときには矛盾することさえある。また、外集団のメンバーが内集団と特徴を共有している場合もある。脳の自動プロセスが正しい判断を下すための必要な情報を提供できなくなるのは、このようなときだ。私たちがみな備えている心理的・論理的メカニズム、すなわち、自分に似た人を自分に似ていない人よりも自動的に好むというメカニズムは、私たちがそれに意識的に立ち向かわなければ、偏見や憎しみをもたらす土台になる可能性がある。

「自分は違いに左右されることはない」

私たちの脳は、内集団と外集団の特性の違いを認識するように調整されている。「変化の見落とし（チェンジ・ブラインドネス）」実験では、この現象を実際に見てとることができる（図4参照）。

取引の途中で白人の担当者を巧妙に入れ替えると、被験者は担当者が入れ替わったことに気づかない。この実験は、最初の白人の担当者がフォルダーをとるために机の下に身をかがめた際に、別の白人の担当者がすぐに机の上に体を現して取引を終了することによって行なわれる。

実験後に、被験者に対して担当者が入れ替わったことを伝えると、被験者は通常、そのことにまったく気づかなかったと答え、現場を撮影した動画を見てショックを受けることが多い。二人目の担当者の服装や髪型が違っても、同じように変化の見落としが生じる。だが、担当者の人種や性別を変えると、大部分の被験者は、入れ替わりに気づく。私たちの脳はこのような違いに非常に敏感だ。そのため、相手の人種や性別、身体的障害に左右されないと主張する人がいたとしても、その人の脳はそうなってはいないのである。

私たちの脳がすることの多くは自動的に行なわれており、脳が特定の方法で情報を処理していることや、その情報が私たちの判断や行動に使われている事実を意識することはない。これは必要不可欠なことだ。というのも、すべてのプロセスを意識するようなことになったら、注意散漫になり、情報過多になって何もできなくなってしまうからだ。

最初のあいさつ
白人の担当者が机の下に身をかがめる
別の白人の担当者が机の上に顔を出す
被験者は担当者が入れ替わったことに気づかない

図4　変化の見落とし。

脳と「彼ら」に対する無意識の偏見

この自動処理が自らの集団を優遇し、そうするなかで他の集団の人々を不利に陥れる場合、これを「外集団に対する無意識のバイアス」と呼ぶ。別名は「潜在的偏見」だ。この潜在的偏見が人種、宗教、性的指向、障害、ジェンダー・アイデンティティなどの特性に関連する場合、脳は単独で行動しているわけではない。脳がこれらの特性に無意識下で対応するには、生まれた後にそれらの差異を学習することが必要になる。

人種を例にとってみよう。生まれたばかりの子供が生後一年間に出会う人々の肌の色、幼児が絵本で読む人間関係のタイプ、就学前の子供が子供向けテレビで見る登場人物とその関係、小学生が教師や両親や友人から伝えられる固定観念――これらすべては、脳の自動部分が「我ら」と「彼ら」を処理する方法に影響を与える。もし子供が人生の早い時期に、主に一つの肌の色と一つの文化だけに触れ、それが狭い範囲の人間関係と他の人種に対するネガティブなステレオタイプに基づくものであった場合、脳は自動的に、そのような経験に基づいて「我ら」と「彼ら」を区別するようになる。脳が、元からある配線の上にこのような情報を重ねるには、そうした情報が付与されることが必要だ。人生の早い時期におけるこのような文化的な〝餌付け〟の大部分は、抑止されることも、気づかれることもなく行なわれる。つまり、自らそれを認識しようと努めない限り、後の人生にその影響が現れることは気づかないままになるのだ。

無意識の偏見を測定する

脳が自動的に行なう偏った処理が明らかに示される状況に直面しなければ、人は自分には偏見がないと言ったり、心からそう信じていたりするだろう。白人、シスジェンダー男性〔生まれたときに割り当てられた性別とジェンダー・アイデンティティが一致している男性〕、異性愛者、キリスト教徒、身体的・精神的障害のない人たちなどに文化的に付与された特権は、そうした属性を持つ多くの人の目から、自らの考えや行動（あるいはそれらの欠如）が「彼ら」の窮状の原因になっているという現実を覆い隠してしまうことがある。一方の人が他方の人より有利になるような意思決定を下すことを求められるとき、私たちは常に公正な選択をしていると信じているかもしれない。だが、意思決定プロセスには、気づかないうちにバイアスが入り込んでしまうことがよくある。

人がどのような集団に対して、どの程度の潜在的偏見を抱いているのかを知るのは難題だ。一般的に偏見は顰蹙《ひんしゅく》を買うものであるため、科学者は被験者が自分の態度について行なった自己申告を信用することができない。そこで、偏見を測定しようとする取材やアンケートへの回答に見られる、この「社会的望ましさのバイアス」〔調査回答者が、他人から好意的に見られるような方法で質問に答える傾向〕を回避するため、間接的な測定法が開発された。最も広く使われている手法は、ハーヴァード大学が開発した「潜在連合テスト（IAT）」である。[8]

IATでは、何十年にもわたって蓄積されてきた文化的な〝餌付け〟と個人的な経験、つまり私たちがほとんど意識していない自動処理に影響を与えている物事を利用して仕分け作業のタスクを行なわせる。このテストは、ジェンダー、性的指向、体重など、多くの特徴に対する人の態度の評価に活用可能だ。人種に対する態度を調べるバージョンでは、被験者に、白人の顔と黒人の顔、および、心地よい言葉と不快な言葉（「平和」と「災害」、「甘い」と「苦悩」など）を提示する。被験者は最初のタスクで、白人の顔または心地よい言葉を見たときに左手でキーを押し、黒人の顔や不快な言葉を見たときには右手で別のキーを押すように指示される。二番目のタスクでは、この手順が一部逆転される。すなわち、白人の顔と不快な言葉を見たときには左手のキーを、黒人の顔と快い言葉を見たときには右手のキーを押すように指示される。[*4] 被験者が白人の顔を黒人の顔より自動的に好む場合、二番目のタスクを終了するには、一番目のタスクより時間がかかる。なぜなら、そうした人にとっては、白人の顔と心地よい言葉を結びつけるほうが、それを不快な言葉と結びつけるより容易だからだ。これらの被験者には、長年の経験と文化的な〝餌付け〟にさらされたことによる一種の認知的な結びつきがあり、白人の顔と心地よい言葉の間に心理的な〝粘着性〟が生じるが、黒人の顔と心地よい言葉の間にはそれが生じないのだ。[*5]

人種に関するＩＡＴを受けた何百万人もの白人被験者のうち、約七五％が、アフリカ系米国人よりも白人系米国人を自動的に選好することが示された。興味深いことに、黒人被験者の約五〇％も、アフリカ系米国人よりも白人系米国人をある程度好むことが示されている。[9] このことから、ＩＡＴで測定される無意識の選好は、社会化の過程でさらされる文化的〝餌付け〟によって形成されることが示唆される。

このような白人と黒人に関するテストの被験者の中で、実際に人種的偏見を抱いているかと尋ねられて、イエスと答える人はほとんどいない。このテストが開発されて以来、多くの調査研究が、アフリカ系米国人より白人系米国人を好む人は、偏見に関連する可能性のある行動をとる傾向があると示唆している。たとえば、それらの人は、人種差別的なジョークを楽しんで、それを「面白い」と評価したり、医師が黒人患者に満足のいかない対応をしたり、二〇〇八年の米国大統領選挙でオバマではなくマケインに投票したりしている。[10]

脳内の動きを利用したもう一つの間接的な偏見の測定法に、「言語的集団間バイアス（ＬＩＢ）テスト」がある。[11] 被験者は、自分の内集団の人がある行動をとり、次に外集団の人が同じ行動をとる画像や動画を見るように求められる。たとえば、白人と黒人それぞれについて、道路を渡る老人を助ける様子や、バーで喧嘩《けんか》を始める様子が映し出される。その後、被験者は、目にしたものを記述するように指示される。

分析では、同じ行動をとる内集団と外集団のメンバーの記述に使われた言葉を調べて、比較する。科学者たちが探すのは、人の欠点を、状況に特化した一時的なものとして描く言葉（たとえば、行動の明確な始まりと終わりがある文において、行動を表す動詞が使われる）、あるいは生来的なもので定着したものとして描く言葉（たとえば、特定の行動から切り離された、一般的な個人的性向を表す形容詞が使われる）だ。

調査によると、攻撃的な場面の場合、目にしている対象が内集団のメンバーであるときには、「誰かを傷つけている（hurting someone）」（一時的な行動を示す表現で、含意は「私たちの集団はめったにそんなことはしない」というもの）と表現されることが多く、対象が外集団のメンバーだったときには「攻撃的（agressive）」（より一般的な性質を示す表現で、含意は「彼らのグループはいつもそんなものだ」というもの）と表現されることが多いという。役に立つ行動を示している場面の場合は、その逆のことが観察される。内集団のメンバーは「親切（helpful）」（より一般的な気質を示す）と表現される可能性が高く、外集団のメンバーは「助けている（helping）」（一時的な行動を示す）と表現される可能性が高い。ＬＩＢテストは、実験が偏見やステレオタイプに関するものであることを被験者に明示的に伝えていないため、被験者は自分の言葉の選択を意識的に制限しているわけではない、という前提に立っている。詳細に言語を比較することにより、言葉の選択の違いがステレオタイプの思考を示せる可能性があるのだ。

ＩＡＴもＬＩＢテストも、脳のスキャン技術が広く普及する前に開発されたものだ。前者は何十年も前から研究に広く用いられてきたが、今では画像処理技術の高度化により、心理学者や神経科学者は、人間の意識的なインプットによらずに、偏見や憎しみの処理に関わる部位を直接脳内で見ることができ

＊4　テストのウェブサイト（implicit.harvard.edu）を訪れてみよう。このテストは、一度の試行で決定的な結果を得ることは意図されていない。考案者は、数週間の間に一〇回ほどテストを行ない、そのスコアを平均化するように提案している。

＊5　当初の実験では、被験者の半数に二つの課題を別の順序で行なわせることにより、一方のキーを押すパターンを他方より先に学習することによる影響を排除していた。

るようになっている。

脳内の憎悪領域を同定する

医学の進歩により、人体の仕組みの大部分は解明された。肝臓の専門家は肝臓を、腎臓の専門家は腎臓を、心臓の専門家は心臓を手の甲のように熟知している。私たちは、人間の仕組みに関するマニュアルの大部分を書き終えた。だが、未だに科学が挑戦を突き付けられている部位がある。それは脳だ。神経科学者は、てんかんや脳腫瘍など、脳の多くの障害や病気を把握しているが、脳内の感情、態度、社会的行動を司る領域やそれらの処理に関する数ページ分は、今でもマニュアルから抜け落ちている。

イケアの最も複雑な平箱包装の家具を、四分の三が欠けた取扱説明書を使って組み立てることを想像してみよう。組み立て後の姿はわかっているし、すべての部品もあり、それぞれが何かの機能を持っていることはわかるのだが、それらがどのような機能を持つのか、そして、すべての部品がどのように組み合わさっているのかはわからない。これは、憎悪を研究する神経科学者が直面している課題のごく一部だ。彼らは憎悪がもたらす結果を目にし（個人的にそれを被ったことさえあるかもしれない）、憎悪を感じて行動するためには脳の多くの領域が関与していることもわかっているが、当初はどの領域が憎悪とその行動結果を処理しているのか、またそれらがどのように関連しているのかがわからなかった。

不完全な取扱説明書をもとに、神経科学者は憎悪の要素を脳にマッピングした。厄介だったのは、偏見、脅威、嫌悪感、共感などの人間が作り上げた概念を脳内に配置し、それらがどのように組み合わさって人間の「憎しみ」という概念を作り上げているのかを理解することだった。一九九〇年代に登場した新しい脳撮像技術は、この作業を少し楽にした。この三〇年間、神経科学者たちは、脳撮像研究に参加してくれる被験者、つまり私たちのような人間を募集することに多くの時間を費やしてきた。現在では、非常に高価なスキャナーを使って、顔写真や感情記号などの刺激を受けたときの脳内の様子を撮影し、私たちの心の中の思考について脳が示すものを記録することができる。だが、「思考」という表現はおそらく適切ではないだろう。

これらのスキャナーは、少なくとも『スター・トレック』のディアナ・トロイのように心を読むことはできない。そうする代わりに、被験者がスクリーンに映し出された画像を見る間、脳の様々な領域を巡る血液の流れや、ニューロンから発せられる電気信号を記録するのだ。こうした検査は、偏見や憎悪などの現象の処理に脳のどの部分が関与しているかについて手がかりを与えてくれる。大部分の研究は、人種的な偏見について行なわれたものだが、発見された内容の多くは、あらゆる種類の偏見に適用可能だと思われる。

偏見を処理する領域

最新の神経科学研究によると、脳内には「偏見のネットワーク」が存在し、憎悪の認知処理はこの複雑なニューロンのネットワーク全体で行なわれると示唆されている。[*6] 今世紀初頭に行なわれた最初の脳撮像研究のいくつかでは、扁桃体が偏見に関与している可能性が指摘された。[12] 扁桃体は、脳内にある一対のアーモンド形をした領域で、この木の実のような構造は、両半球の底部に位置している（図5参照）[13]。

これら初期の研究では、白人の被験者に黒人と白人の顔の写真を見せながら、その脳を機能的磁気共鳴画像装置（ｆＭＲＩ）でスキャンした。実験の前には、比較資料にするため、被験者に潜在的偏見と

＊6　脳と憎しみの関係についてご教示を賜った、デイヴィッド・アモディオ教授とジェイ・ヴァン・バヴェル教授に謝意を表する。ここに転載した対談の内容に誤りがあったとしたら、その責任は私にある。

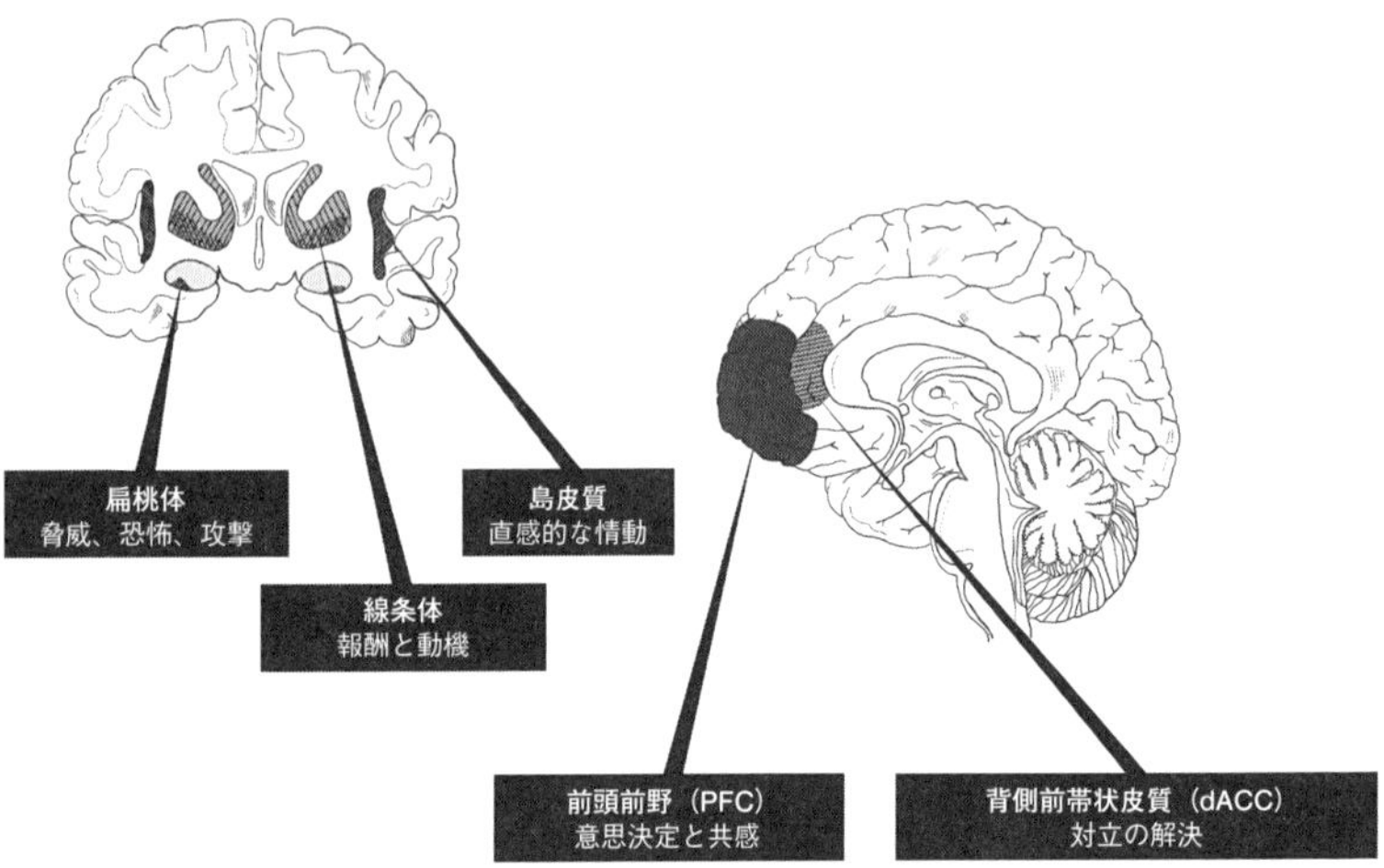

図５　偏見のネットワーク。

明示的な偏見を測るテストを行なった。実験の結果、一部の被験者で、白人ではなく黒人の顔が映し出されたときに、扁桃体が活性化したように見えた。脳のこの領域に血液が流れ、酸素供給がｆＭＲＩに捉えられて、活動が活発になったことが示されたのだ（一例として、カラー口絵の脳画像を参照されたい）。ランニングをすると足の筋肉に血液と酸素の補充が必要になるのと同じように、脳の一部は感覚器官から受け取る情報を処理するときに追加の血液と酸素供給を必要とする。

扁桃体は、クモから襲ってくる可能性のある人物まで、環境に存在するあらゆる脅威に反応して恐怖や攻撃性を引き起こす役割を担っている。[*7] 脅威が検出されると、扁桃体は脳の他の領域と連携して〝非常警報〟つまり「闘争・逃走」反応を発令する。すると、心拍数が上がり、血液が筋肉に送られて、行動が起こる。[14]

このような極端な反応は、扁桃体の活性度が高い場合にのみ起こる。米国で行なわれたこれらの先駆的な研究の最初のものでは、扁桃体の活性化は非常警報を発令するには弱すぎたが、一部の白人被験者で、「ノイズ」中にあるかすかなシグナルがｆＭＲＩで拾われた。このシグナルは、被験者のＩＡＴスコアとも関連していた。アフリカ系米国人より白人系米国人を好むという潜在的選好を抱いている人は、白人系の顔を見たときより、黒人系の顔を見たときに、より大きな扁桃体の活性化を示したのだ。興味深いことに、被験者は全員、実験前に、黒人に好意的な見解を抱いていると話していた[15]。

これらの初期の研究は決定的なものというにはほど遠く、偏見や憎悪における扁桃体の役割については大きな疑問が残った。扁桃体は脅威の検出を処理することがわかっているため、白人ではなく黒人の顔を見たときに扁桃体が活性化したということは、脳内で人種差別が起こったことを示す最初の証拠となるのか？　白人被験者の脳がすべて同じように反応したわけではなかったということは、黒人の顔を見たときにあまり脅威を感じなかった人がいたためなのか、それとも偏見を抱いているように思われたくなかったために、自らの内的反応を制御した人がいたためなのか？　脳には、脅威を感知する扁桃体が自動的に生成した信号を打ち消すための〝手動制御〟を行なう意識的な領域があるのか？

扁桃体の自動操縦を解除する

扁桃体は太古の脳の一部だ。先史時代の私たちの祖先のように、特に賢いというわけではないが、脅威を検知するスピードは超高速で、脳のどの領域より素早く環境からの情報を拾う早期警告システムとして進化してきた。私たちの遠い祖先が極度の脅威に直面したとき[*8]（サーベルタイガーに出くわしたときを想像されたい）、目から入った情報は、他のすべての脳の領域を飛び越えて、扁桃体に直行した[16]。祖先は、まるで自動操縦のように、脅威と感じとったものから一瞬のうちに逃げたり、槍《やり》を投げつけた

＊7　本セクションでは、扁桃体の反応を説明するために、「恐怖」と「攻撃性」という言葉を互換的に使用している。恐怖と攻撃性は、脅威を検出したときに起こりうる結果であり、「闘争・逃走」反応に関連している。

りしたことだろう。

扁桃体の次に進化したのが前頭前野だ。脳の最前部に位置する前頭前野は、詳細な処理を行なう実行制御領域として機能する（図5参照[*9]）。そこは、情報が評価され、情動が考慮され、決断が下される場所だ。マクドナルドに行きたいのか、ＫＦＣに行きたいのか？　見知らぬ人のところに歩いて行って笑顔を見せるのか、それとも距離を置いて目を合わせないようにするのか？　移民について本当に思っていることを伝えたら、友人はどう感じるか？

重要なのは、賢い前頭前野は、脅威と思われたものが実際にはそうではなかったことを見定めた場合、素早いが愚かな扁桃体にブレーキをかけることだ。これにより脳は、〝自動操縦〟から〝手動制御〟モードに切り替わる。私たちの祖先の前頭前野は小さくて高機能ではなかったため、扁桃体は、たとえ脅威がないところでも、信じられないほどの速さで、どこにでも脅威を検知していた。とはいえ、彼らの世界では用心するに越したことはなかったから、それは、たいした問題にはならなかっただろう。現代人においても、扁桃体は早期警戒システムとして機能している。だが、肉食の四本足の捕食者や略奪しようと襲ってくる部族[*10]がいなくなった今でも、扁桃体は超スピードで反応するのだろうか？

他の神経科学の研究で、扁桃体による〝自動操縦〟モード下における脳の働きを見て取ることができたものがある。残念なことに、白人の被験者に黒人の顔を数ミリ秒間見せただけで（初期の研究では数秒だった）、扁桃体から脅威検知信号が発せられたのである。画像を瞬間的に見せた場合、前頭前野は時間が足りないため、それを顔として認識することができない。黒人の顔か白人の顔かについては、言わずもがなだ。一方、扁桃体はクリスマスツリーさながら煌々《こうこう》と光を発した。つまり扁桃体は、ほぼ瞬時に黒人の顔を潜在的な脅威であると誤認したのである[17]。前頭前野は、十分に早く顔を認識できなかったために本来の仕事ができず、そのため扁桃体は心置きなく偏見に基づいた脅威の検出を行なうことができたのだ。

扁桃体が短絡的に働くのは、確実に生き残れるようにするためだ。扁桃体は、直面していることの詳細をあまり気にしない。何らかの行動を起こすには、それを「潜在的な」脅威として認識するだけで十分だ。だが、速さの代償として失われるのは正確さである。詳細が重要な意味を持つ場合もあるし、直面しているのがサーベルタイガーではないような場合は、脳にとって、潜在的な脅威が、敵なのか味方

＊8　今から一万二〇〇〇年ほど前に農耕革命が起こるまで、人類はほとんど狩猟採集に頼って暮らしていた。この時代の狩猟採集民の生存を脅かしていた主な要因は、捕食動物、環境災害、そして他の人間であると一般的に考えられている（脅威の大きさもおそらくこの順だったと思われる）。

＊9　前頭前野は、それぞれが固有の機能を持つ領域に分かれている。憎悪を理解する上で最も重要な二つの領域の一つは、背外側《はいがいそく》（外側上部）前頭前野（ｄｌＰＦＣ）だ。これは合理的な決定を行なう賢い領域で、「この決定を行なった場合、どのような結果になるか？」と考える。もう一つの重要な領域は、腹内側《ふくないそく》（前頭前野の下側）前頭前野（ｖｍＰＦＣ）だ。意思決定プロセスに自らの感情を投じる、情動に関わる領域で、「自分の決定は、他者と自分の情動にどのような影響を与えるか？」と考える。

＊10　農耕以前の時代に襲撃してくる部族の脅威がどの程度のものであったかは定かではない。考古学者たちは、この時代の遺跡から、骨が折れ、頭蓋骨が砕かれ、槍の穂先の断片が骨に埋め込まれた人骨を発見しており（一部は集団墓地で発見されている）、彼らは他の人間の手によって暴力的に殺されたことが示唆されている。だが、このような発見は稀だ。農耕以前、人類は、守るべき所持品はほとんど持たず、移動し続けていた。異なる部族が出会ったときには、争うことよりも、協力して狩りをしたり、食料を集めたり、分け合ったりしていたと思われる。部族同士で争うようになったのは、農耕によって定住化が進み、限られた食料源に依存するようになり、資源の不平等が生じるようになってからだ（D. P. Fry and P. Söderberg, 'Lethal Aggression in Mobile Forager Bands and Implications for the Origins of War', *Science* 341 (2013), 270; I. J. N. Thorpe, 'Anthropology, Archaeology and the Origin of Warfare', *World Archaeology* 35: 1 (2003), 145–65; Raymond C. Kelly, *Warless Societies and the Origin of War* (Ann Arbor: University of Michigan Press, 2000).）。

なのかを判断するのに少し時間をかけるのは価値のあることだ。

研究室以外では、黒人の顔が点滅する映像として示されるような場面はまずないので、私たちの前頭前野は、顔を本来のものとして処理し、扁桃体に警備体制を解かせることができる。私たちの大半がそうするのは、偏見に基づく脅威を自動的に検知して行動しないように動機づけられているからだ。すなわち、個人的に偏見を抱くことを拒否しているためや、偏見を抱くことを批判する社会的プレッシャーがあるため、また、偏見に満ちた考え方をすると罪悪感を抱くため、などである[18]。

黒人と出会ったときに偏見に基づく脅威反応を経験し、それを無効にする動機がない人について、神経科学はその理由を、その人の前頭前野が過小反応しているため、あるいは規制をかけないような方法で反応するため、扁桃体が行動を起こしてしまうからだと示唆している。社会的な出会いにおいて最も起こりやすい結果は、不安がもたらす社会的にぎこちない行動だ。偏見に基づく脅威反応が起きた人は、黒人に注目しないようにしたり、より顔をしかめるようになったり、笑うことが減ったり、失言したり、ためらったり、言葉によるマイクロアグレッションを行なったりする。社会的な出会い以外の場でも、この脳の反応は差別をもたらしかねない（雇用、住宅、金融、教育、医療、刑事司法などの多くの場面で）。残念ながら、この手に負えない扁桃体の行動は、偏見に基づく脅威の反応を起こしやすい人でなくても起こる。現実の様々な場面で、ふだんは善意に満ちた人でも、脳の〝自動操縦〟による脅威検知が〝手動制御〟に勝ってしまうことがあるのだ。

過度のストレスや疲労、薬物やアルコールの影響を受けただけで、前頭前野が扁桃体を牽制《けんせい》するスピードは阻害されてしまう[19]。忙しくて疲れている通勤者が、混雑した地下鉄で同じ人種の人にしか席を譲らなかったり、バーで酔っぱらった友人が、入ってきた異なる人種の人をじっと見つめたりするのは、前頭前野のパフォーマンスが最適でないために扁桃体が自由になって、不安を引き起こしている可能性が高い。

自動操縦の解除失敗がもたらす壊滅的な結果

二〇一一年八月、ロンドン警視庁は、二九歳の黒人男性マーク・ダガンを犯罪関係者から銃器を調達しているものと疑い、犯罪関係者宅からタクシーで出て行く彼を覆面パトカーで尾行した。イースト・ロンドンからの帰り道、三台のパトカーがこのタクシーを囲んで強制的に停車させ、マークに降りるように命じた。その数秒後、マークは武装警察官に射殺された。

警察は、マークは射殺された際に銃を保持していたと主張した。銃撃後の証拠捜索で、車から約四メートル離れたフェンス越しに銃が見つかった。法廷審問では、現場にいた一一人の警官のうち、マークが銃を投げたのを見たと証言した者はいなかった。どのようにして銃がそこに至ったのかは謎のままである。二人いた目撃者は、銃は殺害後に車から持ち出され、警官の一人がフェンスの上に置いたと主張した。

ロンドン警視庁は、マークを不当に殺害したことに対する責任は認めなかったが、民事裁判の結果、彼の家族に非公開の賠償金を支払った。マークの死についての審問では、一人の目撃者が、マークは撃たれたときに携帯電話を持っていたと証言した。このマークの殺害事件は、現代英国史上最悪の暴動を引き起こすことになった[20]。

この事件の科学的な見解は、マークが保持していたのが携帯電話だったか銃だったかにかかわらず、警察はマークの肌の色をもとに発砲した可能性が高い、というものだ。同じことは、世界中の法執行機関が、超高速の反応を必要とする状況下で何百人もの黒人男性を殺害してきたことにも当てはまる。

警察による黒人男性の射殺事件では、加害者が白人であっても同じ結果になっていた、つまり射殺の判断に肌の色は関係なかったと、当事者の警察官が主張することが多い。だが、科学はそうはみなさない。引き金を引くかどうかの判断に関する研究で、白人の射手の脳内では、白人に直面したときより、黒人に直面したときのほうが、前頭前野の信号が弱くなることが判明している。[*11(21)] 脳の処理を極端に単純化して説明すると、警察官が、携帯電話を持っている黒人の容疑者に直面すると、素早いが賢くない〝自動操縦〟が「撃つべきだ」と反応し、弱い前頭前野のシグナルがそれを牽制できないために、運動皮質が急速に作動して、警察官の指が引き金を引くことになる。一方、携帯電話を持った容疑者が白人だった場合、より強い前頭前野のシグナルが〝自動操縦〟を牽制し、その結果、運動皮質の命令が解除されて、警官の指が引き金から離れる。

射撃の判断に関して行なわれた四二の研究におけるメタ解析〔複数の研究の結果を統合し、より高い見地から解析すること〕（被験者の合計は三五〇〇人近くに及んだ）によると、すべての証拠が同じ方向を指していた。射手は黒人の標的に対しては、標的が武装しているか否かにかかわらず、白人の標的に比べて、引き金を引く可能性が高く、また引き金を引くのも早かった。やりきれないことに、標的が銃で攻撃しようとしているかどうかを確認する度合いは、白人の標的に対してより、黒人の標的に対してのほうが低かった。最大のバイアスを示したのは、黒人に対するネガティブな文化的ステレオタイプを支持している射手だった。[22] この分野の基礎をなす研究で、黒人と白人の射手のバイアスは同じレベルにあることが示されているため、これは学習された反応であると考えられる。[23]

命に関わる、いちかばちかの状況下で黒人容疑者と遭遇したときに、脳の実行制御領域が自動操縦を十分迅速に解除できないという事態は、悲惨な結果をもたらしかねない。だが、このプロセスは学習されたものである以上、学習やプログラムの解除により改善が期待できる。

扁桃体の用意された反応と学習された反応

ここまでで、実験室のセッティングでは、黒人の顔が映ると扁桃体が活性化して非常警報が発令されること、また、瞬時の判断が必要なときに、この反応が状況を支配して、しばしば壊滅的な結果を招くことを見てきた。では、なぜ私たちは、黒人に対する暴力をもっと多く目にしていないのだろうか？研究で、扁桃体にはこのような偏見に基づく脅威の検知があらかじめ用意されているわけではないことが示されている。扁桃体が、何を、そして誰を脅威とみなすかは、恐怖の条件付けによって学習された結果だ。扁桃体は予め用意された恐怖と学習された恐怖を糧とするが、予め用意された恐怖の学習は非常に迅速に行なわれる。たとえば、クモを恐れることは、試験を受けることよりずっと迅速に学習されるのだ。試験の恐怖は、経験や、その人の文化における情報に長い間さらされた結果として学習される。研究室における黒人の顔に対する扁桃体の反応は、予め用意されたものではなく、学習されたものだ。黒人の顔を恐れるために必要な学習は、その人の文化における経験に左右される。

この議論は、ある画期的な脳撮像研究により裏付けられている。この研究では、N.W.A〔米国の伝説的な黒人ヒップホップグループ〕の「ストレイト・アウタ・コンプトン」を流しながら黒人の顔の映像を見る白人被験者の脳をスキャンすると、強い扁桃体の活性化が観察された。これに比して、より白人ファンとの関連が強い白人のヘヴィメタルバンド、スリップノットの「オンリー・ワン」を流した際には、通常より強い活性化は見られなかった(24)。この現象の説明は一つしかない。これらの白人被験者にとって、ラップミュージックは人種的ステレオタイプを思い浮かべる合図となるため、偏見に基づく脅威の検出を刺激する要因となるのだ。これは文化的に生み出されたものであり、人間に内在する生物学的特質ではない。

扁桃体は、記憶を司る脳の領域である海馬《かいば》にも語りかける(25)。扁桃体は、極度の脅威にさらされると、通常は情動を伴わない事実（一夜漬けの試験勉強など）を記憶する海馬に、極度の恐怖（路上で黒人に

＊11　この研究の射手は、銃器の使用について正式な訓練を受けていない学生だった。次の段落で述べるメタ解析には、銃器使用の訓練を受けた人を含む、様々な背景をもった射手が含まれている。

ナイフを突きつけられたことなど）を長期記憶として保存するように指示することがある。同じようなナイフを黒人が持っている姿を異なる文脈（たとえばカーヴェリーレストラン〔客の好みに応じて肉を切り分けて出すレストラン〕）で目にすると、海馬に記憶された路上での事件が呼び起こされ、扁桃体にシグナルを送って非常警報を発令させるのだ。この現象は、脳が私たちを攻撃から守ろうとしているという点では機能的だが、脅威の頻度が、私たちの遠い祖先が直面していたときよりはるかに少ない現代社会では、誤検出（誤った文脈で恐怖が引き起こされる）の割合が高くなる。極度の恐怖が長期記憶に蓄積されるのは、心的外傷後ストレス障害（ＰＴＳＤ）の特徴でもある。過去のトラウマの恐怖を現在の出来事から切り離すよう脳を再プログラムするには、認知行動療法のような治療法が効果を発揮する。[26]

偏見に基づく脅威検知の学習を解除する

一見すると、そうは思えないかもしれないが、このような偏見に基づく脅威検知を学習するプロセスがあることは、実はグッドニュースだ。予め用意されていない恐怖に脳内でより容易に対処できるようになるからである。偏見テストを受ける前に、外集団をポジティブな観点で想像するように（たとえば黒人の医師やスポーツ選手を思い浮かべることなどを）被験者に求めた研究では、潜在的なバイアスの減少が観察されている。[27] 扁桃体の研究では、黒人の有名人の画像を見たときには扁桃体が活性化しないことが示されており、被験者が黒人全般をより肯定的に見られるようになれば、偏見に基づく脅威の検知が減少する可能性を示唆している。[28]

研究によると、扁桃体が黒人の顔に反応し始めるのは思春期が始まる一四歳前後だという。すなわち、幼少期の発達を通して、また文化に触れる機会が増えることを通して、偏見に基づく脅威検知を学習してゆくのだ。[29] 一方、同年代に多様な人種が存在する環境で育った子供たちの間では、黒人の顔を見たときの扁桃体の活性度が低くなることが示されており、一二歳以前に人種間の接触があると、偏見に基づく脅威検知の学習の影響が抑制できると示唆されている。*12 (30) 驚くべき結果として、一四歳以上の白人と黒人の子供の両方が、黒人の顔を見たときに扁桃体が同様の反応を示したことから、黒人の子供も白人の子供と同じように偏見に基づく脅威検知を学習していることがわかった。この所見は、成人の黒人を対象とした研究でも再現されている(31)。

このように、学習された人種偏見に対抗するにはポジティブな関連付けが有効であるという有望な所見があるものの、偏見に基づく脅威検知は、取り除くよりも身につける方が簡単だ。外集団に対する恐怖をうまく解消できたとしても、恒久的にはその状態を維持できないことがよくある。扁桃体は、曝露されるものに基づいて学習し続けるため、文化的な影響が一方的に押し寄せる以上、何が脳に入り、何が入らないかを選択するのは困難だ。もし、元々の偏見的な処理をもたらしたメディア、家族、友人からの情報が変わらなければ、彼らの扁桃体はそれを糧にして、学習解除された恐怖を徐々に思い出してゆく。将来、黒人に遭遇したときに、偏見を否定する動機がない、極度のストレスや酩酊《めいてい》により抑制されている、遭遇時の危険性が高い、その速度が急速だったりするといった理由で前頭前野が休眠状態になれば、自動操縦の反応は、不安から正当防衛による殺人に至るまでの様々な結果をもたらす。このことを考えると、解決策は脳を超えて、社会そのものにあると言える。扁桃体がさらされる環境を変え、その結果、扁桃体が潜在的な脅威として検知するものを変えるには、社会とその制度を改革することが必要だ。

*12　逆のことも言えるかもしれない。扁桃体の活性度が大きくなかったことを通して潜在的偏見が少ないことが示された人は、人種的に多様な同年代の仲間と交わるのが好きな人である可能性がある。

私たちを憎悪に押しやる領域

偏見ネットワークにおける扁桃体の役割に関する最近の研究は、その役割の広範性にやや疑問を投げかけている。二〇〇八年にニューヨーク大学のジェイ・ヴァン・バヴェル教授らが行なった脳スキャンの研究によると、白人と黒人の顔の画像にチームのバッジを加えると、扁桃体の反応が黒人の顔から被験者が所属するチームに移ることがわかった(32)。つまり、チームのバッジは、黒人の顔より強い刺激となることが判明したのである。これは、扁桃体が、その時点の状況において被験者に最も重要と思われるものに適応することを示唆している。

すべての偏見がみな同じであるわけではないため、扁桃体による脅威の偏見に基づく処理(バイアスのかかった数十年分の情報から学習するので、脅威がないところに脅威を見てしまう)を説明できるのは、ある状況においてのみだ。憎悪における脳の処理については、扁桃体が単独で機能しているわけではないことを示す証拠が膨大にある。扁桃体には、偏見を増幅させる悪友がいるのだ。

本章でこれまで述べてきたことのほとんどは、潜在的偏見の結果として起こる「プッシュ」行動、つまり回避、マイクロアグレッション、差別、自己防衛のための暴力に関するものだった。神経科学的には、脳の奥深くにある逆ピラミッド型の構造体「島皮質《とうひしつ》」(扁桃体と同じように二つある)が、より極端な偏見や憎悪を処理する候補として挙げられており、その結果、対象を積極的に追い求める「プル」行動が起こると示唆されている(図5参照)。

島皮質には様々な機能があるが、中でも、環境内にある重要な物事を処理する「顕著性ネットワーク」において重要な役割を果たしている(パートナーや友人の感情を表す表情は、見知らぬ人の顔からよりも素早く拾うことができることを思い出されたい)。また、島皮質は、痛みを伴う出来事からの学習を処理する役割も担っている（他の集団のメンバーに傷つけられたことにより、その集団に対してある感情を抱くようになる）。さらには、他人の痛みを認識する機能も備えている（誰かが体の急所を殴られているのを見て、思わず顔をしかめたことなどを学習する）。そしてさらに、極度の恐怖、将来の出来事に対する不安、反感、嫌悪感などの直感的な感情も処理する（グロテスクな物やひどい悪臭に遭遇したとき直感的に湧き上がってきた感情を思い起こされたい）[33]。これらはみな、憎悪を処理する脳の働きと関係がある。

異なる人種の表情を読みとる

顕著性ネットワークとは、様々な状況下で何が最も重要であるかを判断し、その後の反応に影響を与えるために共同して働く一連の脳領域のことを指す[＊13]。極端に単純化して言うと、このネットワークは、注意を向けるべきものにスポットライトを当て、その後どのように行動すべきかを私たちに指示する[34]。このプロセスにおける島皮質の役割は、置かれた環境の中で自分にとって重要なものに関連している感情を呼び出すことだ。何が重要とみなされるか、そしてその結果としての行動の形は、人によって非常に大きく異なる。

注射針を見たとき、ヘロイン依存者と医師の顕著性ネットワークは、それぞれ違った動きをする。ヘロイン依存者の場合、顕著性ネットワークは直ちに行動を起こし、注射針に明るいスポットライトを当てる。すると〝直感的な〟感情と最後にヘロインを打ったときの記憶が呼び覚まされ、渇望感が生じる（島皮質で処理される）。そして、報酬、動機、行動を司る脳の領域「線条体《せんじょうたい》」に信号が素早く送られる

＊13　顕著性ネットワークは、前島皮質《ぜんとうひしつ》（島皮質で最も大きな部分を占める）、扁桃体、線条体、背側前帯状皮質からなる。

（図5参照）。そして次のヘロイン注入への渇望が強まると、依存者は前頭前野を働かせ、ヘロインを買うための金をどうやって見つけようかと必死に考え始める。医師の場合は、顕著性ネットワークの〝スポットライト〟は注射針をスルーする。医師には注射針に対する感情的な執着がなく、注射針の見かけも医師にとって日常的なものなので、重要なものとして認識されることが、ほぼないのだ。

興味深いことに、ヘロイン依存から回復した人の顕著性ネットワークは、依存者の場合とは若干異なる働きをする。注射針にスポットライトが当たることに変わりはないが、報酬・動機づけの中枢（線条体）の代わりに、ネットワークの別の部分が機能するのだ。それは、対立の解消を司る背側前帯状皮質《はいそくぜんたいじょうひしつ》（dACC）である（図5参照）。背側前帯状皮質は、前頭前野を含む実行制御領域の一部を形成しているため、回復した依存者は、感情的な記憶やヘロインへの渇望を無視して前に進むという、正しい反応を選択することができる。

また、顔の表情を見たときにも顕著性ネットワークが活性化する。社会的な生き物である人間は、他人の感情の状態を敏感に感じ取る。同僚の困惑した表情、家族の悲しい表情、パートナーの失望した表情、見知らぬ人の怒った表情などはみな、顕著性ネットワークの反応を呼び起こす。私たちはその表情を認識し、それに反応して感情を察知し、最後にその人がそのような表情をしたときのことを思い出し、何をすべきかを決める。こうして、同僚に事業計画を説明し、家族を慰め、結婚記念日を忘れていたことの埋め合わせをし、見知らぬ人から急いで遠ざかるのだ。顔の表情から感情の状態を認識する顕著性ネットワークの能力は、思春期に最も高くなる。思春期は多くのティーンエイジャーにとって、感情が怒濤《どとう》のように押し寄せる困難な時期であるため、悩んでいる友人を見分ける能力が成人より高いというのは、ほっとする話だ[35]。

顕著性ネットワークは、偏見ネットワークと重なる。中国の研究者らは、被験者の脳が自分とは異なる人種の顔の画像を処理する際に、顔の表情が違いをもたらすかどうかを調べた[36]。その結果、ＩＡＴで潜在的偏見を示した被験者は、自分と同じ人種の顔より、自分とは異なる人種の顔のネガティブな感情をより容易に認識し、表情があいまいな場合には、自分とは異なる人種の顔の感情をネガティブなものとみなす傾向が強いことがわかった。これら中国人被験者の脳内では、嫌悪の表情をした黒人の顔が表示されると、島皮質と扁桃体がともに活性化した。これは、注意の対象にスポットライトを当てること、嫌悪の画像に反応すること、そして脅威の反応をとることの有害な組み合わせである。一方、IATで潜在的偏見をあまり示さなかった被験者では、顕著性ネットワークが異なる動きを見せた。島皮質は活性化したが、扁桃体は休眠状態のままで、その代わりに背側前帯状皮質が活性化して、対立解消のプロセスが発動されたことを示唆したのだ。嫌悪感を抱いた黒人の顔に対して感じたどのような情動も、脳の実行制御領域の調整作用によって、すぐに鎮められたのである。

憎悪と痛みの認知

人はごく幼い頃（三歳前後）[37]から、脅威となる外集団の人から与えられる危害は、より頻繁でより痛いと予測するようになる。だが、危害を被る頻度や痛みが実際に大きいわけではなく、すでに脅威を感じている集団から意図的に加えられる痛みに対して特別に敏感になるのだ。

被害者の生き方への非難を表すヘイトクライムのように、危害に道徳的な観点が伴う場合、島皮質は被害者の他の脳領域[*14]と協力して、素早く自動的にその非難を登録する。これは、前頭前野の賢い部分が、何が起こったかを合理的につなぎ合わせて判断を下すより、ずっと早く生じる。被害者の脳は、文字通り何も考えずに、攻撃をありのままに記録し、加害者とその関係者をネガティブに評価するのだ。一方、このような道徳的観点を持たない暴力的な攻撃（たとえば、自分の内集団のメンバーから加えられた攻

＊14　左眼窩《がんか》前頭皮質と扁桃体。

撃）[*15]は、同じような脳の活動を生み出す可能性は低いため、被害者が感情的な被害を感じる程度は低くなる傾向にある。(38)

攻撃が深刻な場合、たとえば身体的な傷害が加えられたような場合、島皮質は扁桃体や海馬と協力して、その出来事を、痛みを伴う出来事および道徳面について非難された出来事として、長期的な記憶に刻み込む。この人間の特質は、将来、同じような攻撃者による事件を避けることを確実にするためのものだ。極端な場合、外集団のメンバーからの攻撃行為が、痛みと道徳面での非難を伴うものであると、被害者に加害者集団に対するバイアスを生じさせることがある。(39)

島皮質は、直接的な痛みの処理にバイアスをかけるだけでなく、他者の痛みを見たときに人種に応じて活性化の度合いを変えることがわかっている。北京大学のシュ教授の研究によると、白人と中国人の大学生では、頬が針で刺される映像を見た際に、ともに島皮質が活性化したが、それは、その顔が自分と同じ人種の場合に限られたという。(40) この結果は、他の中国人と白人、および白人と黒人を対象とした、より最近の研究でも再現されている。(41)

しかし、他者の痛みを認識する脳内の人種的バイアスは、自分と異なる人種が上位内集団（認識された重要度において他の内集団に勝る内集団）に属している場合には解消される。自分と異なる人種の相手が自分と同じ大学に通っていれば（つまり、人種に勝る上位内集団に属していれば）、痛みを感じている相手を見たときに島皮質が活性化するが、相手がライバル校に通っている場合（上位外集団に属している場合）には活性化しない。(42) 扁桃体の場合と同様に、島皮質でもヒエラルキーが存在し、どちらの場合もその状況下において最も重要なものに切り替わるようだ。つまり、痛みの共感においては、同じ大学、同じ会社、はては同じ都市の出身であることが人種の違いに勝るのである。

上位内集団が存在しない場合に脳が自分と異なる人種の痛みを認識しないという事実は、深刻な結果を招きかねない。共感力が低い場合には、他者の苦しみを和らげようとする意欲も低い。そのため、資源を共有したり、物理的な援助や精神的なサポートを提供したりする可能性が低くなる。白人が大多数を占める国の慈善団体が、非白人が大多数を占める国における活動への寄付を求める際に、上位内集団にアピールするのはそのためだ。自分たちとは異なる人種の子供たちの苦しみを、苦悩する親と一緒に見せると、親である白人の寄付者の島皮質が活性化するのだ。親であること（上位内集団）は、人種の違いに勝るのである。この効果は、祖父母、おじ、おばなどにも及ぶ。

脳による〝直感的な〟憎悪の処理

島皮質に関する研究の大部分は、嫌悪の処理という役割の面に焦点が当てられている。だが、島皮質はそもそも、別の脅威、すなわち食べてはいけないものから私たちを守るために進化してきたものだ。私たちの祖先は、飲み食いする前に、水や食べ物の安全性を、味見したり臭いを嗅いだりすることで確かめていた。少しでも変な臭いや味がすると、すぐに島皮質が働き、胃にメッセージを送って吐き気を催させ、食べ物や水分を吐き出させて中毒を防いでいた。この機能は現在も存続しているが、島皮質の役割はそれを超えて拡大した[43]。

プリンストン大学「脳・心・行動研究センター」のラサーナ・ハリス教授とスーザン・フィスク教授は、社会の最下層にいるとみなされる人々に対して、一般の人々が島皮質を活性化させるかどうかを確認するために、脳スキャン調査を行なった[44]。社会の最下位にいる人を区別するために、研究者らは、人々を四つの集団に分類する「ステレオタイプ内容モデル」を用いた[45]。このモデルは、人は「温かさ」と「有能さ」という二つの軸に沿ってステレオタイプ化されると示唆している。超人的なオリンピック選手のように、高度の温かさと高い能力を持っていると思われる人について、私たちは誇りを抱く。高

＊15　例外は、内集団のメンバーによる暴力的な裏切りだ。この場合は、道徳的な観点が関わるからである。

齢者や障害者のように、温かさはあるが、能力が低いと思われる人については、哀れみを抱く。超大金持ちのように、冷たくて能力が高いと思われる人のことは、うらやましく思う。そして、ホームレスの薬物依存者のように、冷たくて能力が低いと思われる人には、嫌悪感を抱く。

このモデルは完璧なものではないし、人々がみなこれほど単純な一般化をするという考えに難色を示す人も多いだろうが、ハリスとフィスクは脳撮像研究のために、これらの例を用いたのだった。その結果はとても興味深いものだった。最初の三つのカテゴリー、すなわち、超人的なオリンピック選手、高齢者や障害者、超大金持ちを見たとき、被験者は前頭前野のみを活性化させた。前頭前野は、これまで述べてきたことに加えて、人のことを考えると活性化する。もし自分がその人だったら、感情的に、また信念、意図、説得力において、どのようにふるまうかと想像すること（心理学では、前者を「メンタライジング」、後者を「心の理論」と呼ぶ）は、その人についての自分の判断を教えてくれる。ふたたび極端に単純化して言うならば、前頭前野が活性化しているときには、被験者は相手に共感していることになり、したがって相手を人間化している（対象の個人や集団に人間特有の本質的素質が備わっているとみなす）ことになる。最後のカテゴリーであるホームレスの薬物依存者は、被験者の島皮質と扁桃体を活性化させたが、前頭前野は活性化させなかった。いわゆる最下層の人々については、共感や人間化は生じず、むしろ反対に、嫌悪感や非人間化、脅威の感覚が生じた。

他の神経画像研究では、白人が他人種の顔を見ると、脳の嫌悪反応が引き起こされることが判明している[46]。これは、白人被験者が自分とは異なる人種の顔と、彼らの文化およびそれにまつわると想像するもの（食習慣や衛生習慣、儀式など）とを結びつけることと関連があるのかもしれない。島皮質は、異文化の人々に反応して活性化するようにはできていないが、彼らに嫌悪感を抱くような性質を帰すと、島皮質が活性化する。脳の実行制御領域（前頭前野と背側前帯状皮質など）の活性化を伴わずに島皮質が活性化すると、嫌悪感が強まり、外集団に対する共感が得られなくなる。それにモラルや信念の根本的な違いが加わると、〝直感的な〟憎悪の土台となる非人間化のプロセスが生じる。外集団を人間以下と考えることは、言うに堪えない扱いを容易にする。そして、私たちを集団殺害に一歩近づけることになるのだ。

脳をハッキングして憎悪を抱かせる

概して、人間は他の人間を傷つけるのが苦手だ。兵士や警察官を対象に人を殺す意欲について行なわれた研究は、殺人という行為が人間にとって容易なものではないことを示している。第二次世界大戦時の兵士の研究では、多くの兵士が標的を狙わず、かなりの数（約七〇％と言われている）が一発も発射しなかったことが判明している。正確な数字には異論があるものの、この分析結果を受けて、軍は、兵士が敵に対して〝直感的に〟憎悪を抱く傾向を強めるような心理的トレーニングを確立し、戦場で敵を殺すことが容易になるように図った。

その結果、第二次世界大戦から二〇年経ったヴェトナム戦争では、九〇％以上の兵士が銃を発砲したという[47]。心理的トレーニングでは、「没個性化」、「転嫁」、「非人間化」という心理的プロセスが大いに活用された。没個性化とは、自分を大きな集団の一部としてみなすことにより個人としての責任を免れさせる心理的プロセスで、戦争においては、敵を殺さないことは、自分だけでなく部隊も危険にさらすこととみなされる。責任を権威的な存在に転嫁するのは、スタンレー・ミルグラムが見出した「同調」という心理的プロセスで、上官が殺害を指示した場合、兵士は罪悪感から免れることができる。

最後に、最も気がかりなのは、敵を人間以下の存在と見なす非人間化だ。敵は、ゴキブリ、害獣、寄生虫のような存在とみなされ、その行動や信念は兵士のそれとは正反対のものとして位置づけられる。兵士は、こう告げられる。「敵は、不潔な食べ物や人々がペットとして飼っている動物を食べ、何週間も体を洗わず、汗と糞便《ふんべん》の臭いを漂わせ、社会的弱者の基本的人権を否定している。敵は、世の中にはびこる伝染病であり、除去しなければならない。敵は、超人的なオリンピック選手とは正反対の存在で、ホームレスの薬物依存者と同レベルにいる人間以下の存在なのだ」と。

この心理的な洗脳がうまくいけば、敵を目の前にしても、兵士の前頭前野は休眠状態のままになり、島皮質と扁桃体が七月四日の米国独立記念日のように華々しくライトアップするようになる。これにより、敵の自由を奪い、社会から切り離し、引き金を引くことが少しだけ容易になるのだ。[16]

扁桃体と同様に、島皮質も私たちが生き延びるために進化してきたものだが、現代の環境下では、その機能の多くが生存に不可欠なものではなくなっている。もちろん、鼻をほじっているところに出くわしたパートナーが自分に抱く嫌悪感をすぐに察知したり、足のつま先を何かにぶつけた友人の痛みに共感したり、消費期限切れの牛乳パックの臭いをかいで嫌悪感をもよおしたりするといった点で、島皮質は今も役に立ってくれはするが、それらができなくなったとしても、死ぬことはない。

科学は、島皮質が複雑化する社会環境にスキルを適応させたことを示している。それにより、生き延びるためのコツを他の人間との関係に応用したのだ。扁桃体と同じように、島皮質は与えられた情報から学習するため、その処理に偏見が入り込む余地がある。島皮質は、自分とは異なる人種の顔のネガティブな表情をより容易にすくいあげ、痛みを与えたのが誰かによって痛みの登録の仕方を変え、自分とは異なる集団に属する人の痛みを共感する能力を制限し、外集団のメンバーに遭遇すると嫌悪反応を起こす。

つまり、脳の実行制御領域からの制御信号がないなかで、偏見を抱いた島皮質と扁桃体がともに働くと、外集団のメンバーは、恐しい、怒っている、長く続く苦痛を与えそうな、嫌悪感を抱かせる、共感するに値しない人間以下の存在であると見なされるわけだ。これは、折り紙付きの憎悪の反応である。

憎悪を抱いているとき、脳の他の部分は何をしているのか

憎悪の処理には、脳の他の部分も関与しているという研究結果がある。たとえば、自分と同じ人種の顔を見ると線条体の活動が活発になる。このことは、リスクと報酬に関する意思決定に影響を与えるので重要だ。すなわち、自分と同じ人種の顔を見ると、その人との交流からより良い結果が得られるかもしれないと感じて、他の人種の人よりも積極的にその人を好む可能性が高まるのである。[48] 視覚を処理する脳の領域、つまり顔を処理する脳の領域も、自分と同じ人種の顔と異なる人種の顔を見るときには反応に違いがあることがわかっている。[49] 脳の「紡錘状回顔領域《ぼうすいじょうかいかおりょういき》」と呼ばれる部位は、見ているものが顔であるかどうかを判断する。たとえば、あなたの祖母の顔とトースターについて考えてみよう。この脳の領域が損傷を受けると、他人の顔を見分けることが難しくなる（だが幸いなことに、祖母がトースターではないと見分けることはできるし、その逆もしかりだ）。いくつかの脳撮像研究により、この領域は、自分と同じ人種の顔に対しては、自分と異なる人種の顔を見たときより早く活性化することが示されている。これは「人種効果」と呼ばれる現象だ。[50] 紡錘状回顔領域の活性化が遅いということは、自分と異なる人種の顔を個人として認識するのが遅いということを示している可能性がある。すなわち、自分と異なる人種集団をより抽象的なカテゴリーレベルで処理し、個人としてではなく、自分と異なる全体の一部として見ているのだ。これは、自分とは異なる人種の顔を記憶したり区別したりすること、つまりステレオタイプ化することにおいて大きな意味を持つ。

＊16　このプロセスは、チャーリー・ブルッカーが脚本を担当したネットフリックスの「ブラック・ミラー」シリーズ、シーズン3のエピソード「虫けら掃討作戦（Men against Fire）」に見事に捉えられている。このエピソードでは、兵士たちを脳に埋め込んだチップで洗脳し、「虫けら」と呼ぶ「敵」を人間ではない何かに見せかけることにより、敵を「駆除」しやすくなるようにしている。

憎悪は人間の概念であるため、憎悪を独占的に司る脳内の単一または一連の領域を見つけようとするのは無駄足だ。脳の一部を指差して、それを取り除き、憎悪を取り除いたと主張することはできない。神経科学者たちが試みたのは、憎悪に関連する反応を引き起こす可能性のある刺激が提示されたときに活性化する脳の部位を特定することだ。その結果、憎悪という人間の概念は、脅威検知と恐怖処理（扁桃体による）、嫌悪感、痛み、感情の認識（島皮質による）、そして共感と内的葛藤による意思決定（前頭前野と背側前帯状皮質による）などにおける脳の〝学習された〟処理と関係があることが示された。後者の二つの部位は、偏見と憎悪を制御しており、圧倒的に高度な領域である。

脳の観点からすると、偏見を否定する動機があるなら、憎悪に基づいた行動をとる言い訳はできない。あらゆる生物の中で最も高度な実行制御システムのおかげでブレーキをかけることができるのだから、「脳がそうさせた」と言うのは説得力に欠ける。[51] 実行制御領域に脳の損傷があっても、憎悪に満ちた思考が憎悪に満ちた行動をとらせることは防げる。本章の冒頭で紹介したジョンも、一時的に勝手に浮かんでくる憎悪に満ちた内なる声を、決して声に出したり行動に表したりはしなかった。

脳の中を覗《のぞ》き込んで憎悪の領域を探す神経科学者の論文を読むにつけ、私は、頭の中がむずむずしてきた。研究を通して、脳のある領域から他の領域へと移動するにつれて、自分の灰白質の中にそれらが本当に存在しているという奇妙な感覚に襲われたのだ。心臓の鼓動や骨がポキポキ鳴るのと同じように、クモを見たときには扁桃体がうずき、すえた牛乳の臭いをかぐと島皮質が震えていると想像するようになった。もちろん、実際に脳の部位がうずいたり、震えたりしたわけではないが、脳の構成要素を意識することは、思考や行動を形成するにあたってそれぞれの部位が果たしている役割を、それまでになくはっきりと感じさせた。私は、自分の脳が白人の顔と黒人の顔を処理するときに何をしているのか知る必要があると感じた。それを知る方法は一つしかない――神経科学者に私の脳を覗き込ませることである。

第4章　私の脳と憎悪

私は一二歳のころから、自分は大多数の少年たちとは違うと気づいていた。友人たちの寝室の壁には、マンチェスター・ユナイテッドや映画『ランボー』、水着姿のシンディ・クロフォードのポスターなどが重なり合うように貼られていたが、私の部屋の壁には、周期表や映画『スター・トレック』、車の上に寝そべるデイヴィッド・ハッセルホフ[*1]のポスターが整然と貼られていた。

私は、おそらく自分は異性愛者ではないとわかっていたにもかかわらず、同性間の関係について偏った見方をしていたことを覚えている。ついに自分の真の姿を理解したときには、しばらくの間、恥の感覚を抱いた。それは、何十年にもわたり、同性愛は間違っているという文化的な〝餌〟を与えられ、そうした考えが多感な若い脳を支配していたことから来ていた。さらに一九八〇年代後半にはエイズが流行し、メディアがLGBTQ+コミュニティをネガティブに描いたことも、こうした考えを強めこそすれ、弱めることはなかった。

それに加えて、一九八八年にサッチャー政権は、すべての学校の教師が生徒に同性愛関係について話すことを禁じた。この地方自治法第二八条規定の発端となったのは、労働党支配下のインナー・ロンド

＊1　一九八〇年代以降に生まれた人のためにつけ加えると、この車は『ナイトライダー』のキット（ナイト2000）のことである〔ハッセルホフは同作の主人公マイケル・ナイトを演じた俳優として知られている〕。

ン教育庁の図書館で、ゲイの両親を描いた児童書『ジェニーはエリックとマーティンと暮らしている（*Jenny Lives with Eric and Martin*）』が見つかったことだ（実際には教師用としてのみ出版されていた）。私は、父が買ってきた『デイリー・メール』紙に「嘆かわしく下劣なセックス教育から子供たちを守れ」という見出しが載っていたことを覚えている。下院でこの法案を審議した際、サッチャーはこうぶちあげた。「伝統的な道徳的価値観の尊重を学んでしかるべき子供たちは今、同性愛者であることは不可譲の権利であると教えられています。そうした子供たちすべてが、人生の健全なスタートを切る機会を奪われているのです」

私の脳はスポンジのようにこの情報を吸収し、それを止めるすべはなかった。その結果は混乱だった。二人の男性がキスするシーンをテレビ番組で初めて見たとき、私の脳は自動的に彼らを「自分とは違う人」として処理したことを覚えている。その瞬間、自分と同じような人物を見ているという気がしなかったのだ。意識の上では自分が彼らと同じであることが分かっていたにもかかわらず、瞬間的な自動判断を止めることができなかった。

そのあとしばらくして、友人からゲイだと明かされた。私の反応はそっけなかった。彼を支え、君は一人じゃない、と安心させる代わりに、私は彼を遠ざけてしまった。一九八〇年代から九〇年代にかけて、ほとんどの人がそうであったように、私の脳は怒濤のように押し寄せる反同性愛者プロパガンダにさらされて、考えが歪められ、友人をサポートすることができず、より長く秘密の殻に閉じこもることになってしまったのだった。

それから数年後、私の脳は文化的にプログラムされた「彼ら」と「自分」の分断を最終的に止めた。自分の脳が何をしているかに気づき、自分がゲイであることを受け入れて新しい生活を始めると、子供時代の脳に文化的に餌付けされていたものが解かれたのだ。すると、がぜん、自分の脳のプログラム解除をする気力が湧いてきて、恥どころか、誇らしささえ感じた。そして、かつてのゲイの友人に連絡し、彼にカミングアウトして謝った。ありがたいことに、同じようにプログラム解除のプロセスを経験していた友人は、私に理解を示してくれた。

二〇代前半にカミングアウトしたことにより、私は同性愛者に対して抱いていた自分の偏見に向き合うことになった。そして自分の中にある同性愛嫌悪に正面から挑戦することにより、他の様々なカテゴリーに対する自分の脳の自動処理を認識するようになったのだった。外集団の人との会話や出会いに触発されたときには、自分が抱いている偏見やステレオタイプを疑問視し、それについて考える時間を割くようになった。

脳は文化や経験を吸収するため、外集団のメンバーとのネガティブな出会いは、のちの人生において人を判断する方法に影響を与えかねない。異性愛者の男性が社会的な環境で初めて同性愛者に出会ったとき、その出会いが性的搾取的なものであったとしたら、同性愛者に対するネガティブなステレオタイプがさらに強固なものになるだろう。キリスト教徒が支払いの場で初めてユダヤ人に出会ったときに、その人に釣銭をごまかされたと感じたら、ユダヤ人に対するネガティブな固定観念が根付いてしまうに違いない。そして、ロンドンのゲイバーの外で、白人男性が初対面の若い黒人男性三人と遭遇したとき、その出会いが暴力的なものだったとすれば、彼らに対するネガティブなステレオタイプが固定化してしまう可能性がある。

外集団のメンバーとの最初の出会いは決定的だ。私の場合、二〇代前半だったときには、おそらく若い黒人男性に対してステレオタイプ的な考えを抱いていたと思う。なぜなら成長期を通して黒人と接する機会がほとんどなかったからだ。私の故郷の町は、ウェールズの都市郊外のほかの多くの町と同様に圧倒的に白人が多く、私が通った学校に黒人生徒はいなかった。一九九〇年代半ばにカーディフ大学に通っていたときも、学部課程に黒人の学生はいなかった。私の情報源はほとんどがメディアで、そこでは、ほとんどの場合、若い黒人男性をネガティブに描いていた。もちろん、そうした情報に疑問を抱く知的余裕はあったが、当然と言えば当然のことに、若い黒人男性が自分と変わらないかどうかを探るようなことには、たいして時間を割いていなかった。それが変わったのは、ロンドンのバーの外で三人の男に遭遇したあとだったかもしれない。だが、襲撃を受けた後、実際に若い黒人男性に対する態度が変わったかどうかについては思い出せない。私が覚えているのは、あの攻撃がもたらした不安と、それがどれだけ続いたかということだけだ。今でも、ゲイバーを出るときには、肩越しに振り返って背後をチェックする癖が抜けない。あのヘイトクライムのあと、私を襲った犯人のアイデンティティが、若い黒人男性に対する私の脳の自動処理を形成したのではないかと考えるようになったのは、憎悪の神経科学を研究し始めてからである。

脳のスキャンを行なってくれる神経科学者を探す

「でも、もしスキャンをやって、偏見を抱いていることがわかってしまったとしたら?」

これは、私が偏見や憎悪を探すために自分の脳をスキャンしようとしていることに不安を抱いた夫、両親、きょうだいの言葉だ。それでも私は、神経科学研究の被験者になるのはどういうことなのかを知りたかった。白衣を着て憎悪を探す神経科学者たちに、自分の脳をスキャンされ、突き回され、計算され、描画され、熟考されるのはどんな気分がするのだろうか(幸い、実際に脳を突き回されることはなかったと報告しておく)。[*2] 私の脳が、黒人と白人の顔を見たときに、異なるシグナルが発せられる可能性については覚悟していた。人はみな潜在的偏見を宿している。それについては、憎悪の研究を生業としている私のような人間も例外ではない。だが、それらのシグナルが自分の人間性に、どのような意味を持つのかはわからなかった。

もしそうしたシグナルが発せられるとすれば、それは、私が一九八〇年代から九〇年代にかけて古風なメディアの報道に触れ、扁桃体と島皮質が人種差別的なステレオタイプのイメージに浸されていたことから来ているのだろうか？　あるいは、数十年前に襲撃された際の脅威の感覚が残っているからだろうか？　もし、あの事件が私の脳を刺激する情報源であったなら、それは私の無意識の反応を形成したはずだ。それとも、私は何でもないのに、無駄に心配しているだけなのだろうか？　私の脳は、偏見や憎悪の兆候のない、いわば中立な脳であることが判明するかもしれないのに？

私は、カーディフ大学ブレイン・リサーチ・イメージングセンター（ＣＵＢＲＩＣ）のスタッフにメールを送って、私の探索の旅を支援してくれる人を探した。ＣＵＢＲＩＣは、最先端の神経画像検査機器を備えた資金力のある施設で、二〇一六年のオープン時にはヨーロッパ最先端の脳撮像施設とみなされていた。私のメールに応えてくれたのは、オックスフォード大学で博士号を取得したポスドクのザーゴル・モラディ博士だった。彼女の説明によると、スキャン作業は二段階からなるという。

最初の段階では、拡散磁気共鳴画像スキャナー（拡散ＭＲＩ）を使って、私の脳の総合的な地図を作成することになる。このスキャナーは、強力な磁石と電波を使って、脳内の血液の流れを検出する。血液の動きを追跡すると、脳の白質の画像が作成できる。このスキャン画像では、脳活動の実際のプロセスであるニューロンの発火を見ることができないため、この段階は脳活動の間接的な測定手段とみなされる。

第二段階は、拡散ＭＲＩよりも素早く脳のシグナルを検出するＭＥＧ（脳磁図）スキャナーを使うもので、私はタスクを行なうことになる。ＭＥＧスキャナーは、脳内の各部位への血液の流れを追跡する

＊2　生体を傷つけることを伴う侵襲的な脳波記録法を用いた研究では、実際に脳に電極を突き刺して探ることも行なわれてきた！

代わりに、ニューロンが発する電気信号を調べるため、私の脳が何をしているのかが直接測定できる、ということだった。

拡散MRI――脳の地図を作る

最初のスキャンでは、装置の中で私がすることは何もなく、昼食後三〇分ほど横になることができていたので、最初は楽な検査だと思った。だが、CUBRIC研究施設内の雰囲気は、子供の頃に受けた手術のトラウマを思い起こさせた。その気分は、病院のガウンに着替え、身につけている金属類をすべて外すようにモラディ博士から告げられたとき、さらに重苦しいものになった。博士は、スキャナーの威力は地球の磁場の六万倍もあるので、ピアスや指輪を身に着けていたり、歯にインプラントなどがあったりすると、それらが基底からもぎ取られて飛び散り、空中を（場合によっては私も）切り裂くことになると警告した。私は、ピアスをしていないことを伝え、少し不安が和らいだ。

強磁場の話を聞いた私は、MRIが機能する仕組みについて考えをめぐらした。私たちの体の六〇％は水分に占められているが、その大部分は血液に含まれている。水は水素原子を含む。水素原子の陽子は極小バージョンの地球のようなもので、北極と南極があり、軸を中心に常に回転している。[*3]地球と同じように、回転する水素原子の陽子は磁場を発生させる。本来、これらの陽子は体内でランダムな方向に回転しているのだが、外部から強い磁力を受けると、すべての陽子が同じ方向に向いて回転するようになる。MRI装置の磁場のスイッチがオンになると、血液中の水分に含まれる水素陽子がギターの弦のように一直線に並ぶ。次に、電波がパルス状に発射されると、陽子の列が乱れる。一回のパルスが終わるたびに、陽子は磁力によって元の位置に戻されるが、陽子が列に戻される速度は、血液に含まれる酸素の量に左右される。その効果は、ちょうどギターの弦をピックでかき鳴らすようなものだ。その〝音〟は、頭の周りに設置された耳の役割を果たすラジオ波磁場コイル（RFコイル）で拾われる。最終的に、これらの測定値がコンピューターに送られて、解析されるのだ[1]。

最初のスキャンの前に、モラディ博士は「コネクトーム」(約八六〇億個のニューロンをつないでいる脳内の複雑な神経回路を表した地図のこと)とも呼ばれる拡散MRI技術について誇らしげに語った。脳内の水分子を追跡することで、一般の病院で使われているMRIスキャナーの一〇倍も精度の高い画像が得られるという。CUBRICには、世界に三台しかないこの装置の一台があるのだ。

モラディ博士はクリップボードに私に関する詳細事項を書き留めながら、「あなたの脳の白質の全体像を構築すると同時に、偏見に関係すると考えられている脳の部分も詳しく見ていきます」と言った。博士は、私が機械に対して重すぎないことを確認するため、体重を測定した(被験者の体重の上限は一〇〇キログラム)。博士が驚いたことに、私の体重は一〇一キロだった(私はうまく隠していたのだ)が、それでも許容範囲内だと言われた。その後、健康に関する一連の質問が続き、主治医の連絡先も訊かれた。「何らかの異常が見つかったときのために必要なのです。たとえば腫瘍とか」と博士は説明した。

頭の中に子供の頃の手術のことがよみがえり、心臓がドキドキした。「深呼吸するんだ」と私は自分に言い聞かせた。

制御室にある、スキャンデータを表示する一連のモニター画面を除けば、すべてが病院のような白い色に包まれていた。私はスキャナーの前に連れて行かれ、寝台に横になるように指示された。耳栓をした後、頭を電波コイルの中に入れられ、発泡スチロールでしっかりと固定された。

「動かないでくださいね。でないと、最初からやり直しになりますから」とモラディ博士が忠告した。

*3　学校で受けた科学の授業を覚えている人は、水は二個の水素原子と一個の酸素原子からなり、原子は陽子、中性子、電子から構成されていることをご存じだろう。

私の指には心臓モニターが取り付けられ、手には小さな風船を押し込まれた。「パニック発作が起きたら、これを強く握ってください」。彼女のくぐもった声が、やっとのことで聞こえた。

モラディ博士と彼女のアシスタントは、これから生じる巨大な磁場から離れて、制御室に移動した。「始めてもいいですか?」と彼女がインターコムを通して訊いた。

私は親指を立て、七トンの磁石の中にゆっくりと移動していった。その時点から、巨大な磁石が作動して電波が頭の中に発射されるなか、地獄にいるような回転音、ピーッという音、カチッという音、バタンという音からなる不協和音を浴びることになった。モラディ博士はときおり、安心させる口調で声をかけてくれた。「あと二〇分で終わりますよ、マシュー」

そして終わったのだった。少しめまいがしたが、うまくやったと思った。パニックにもならず、(額がかゆくなったにもかかわらず)じっと動かず、くしゃみもしなかった。私は、自分が完璧な被験者だったことを誇らしく思った。期待通り、モラディ博士も私の態度をほめてくれた。だが、彼女が最後に言った言葉で、すべての経験が台無しになってしまったのだった。

「あなたの体重を考えると、もっと大きな脳だと思っていたのですけどね」*4

MEG——ノイズの中のシグナルを見つける

二つ目の脳内スキャンを受けるには二週間待たなければならなかった。その日が訪れたとき、モラディ博士は、広大なCUBRIC研究施設の一番奥にあるMEGラボで私を迎えてくれた。MEGが奥まった場所に設置されている理由は、MRI装置からの磁気干渉を最小限に抑えるためである。脳の磁場は非常に弱く(冷蔵庫に貼り付けるマグネットの一〇億分の一以下)、何十億ものニューロンの活動を検出するために、MEGには入手可能な中で最も感度の高い検出器のいくつかが使われている。

超伝導量子干渉計(SQUID)と呼ばれるこの検出器を正常に作動させるには、マイナス二七〇℃

に保って、他の磁場から遮断することが必要だ。ＳＱＵＩＤの感度は驚異的に高く、ＡＣ／ＤＣ〔オーストラリア出身のロックバンド〕のコンサート中に床に落ちた針の音を拾うことに比較されたほどだ。[2] ＳＱＵＩＤは、超新星爆発や一八億光年離れた場所で起きた二つのブラックホールの衝突など、宇宙の大変動から発生する時空のゆらぎである重力波の検出にも使われている。[*5] また、宇宙の約四分の一を構成している暗黒物質の候補となっている、実質的に質量を持たない幽霊のような粒子「アクシオン」を検出する試みにも使われているし、もっと身近なところでは、てんかんやアルツハイマー病の患者における脳活動の研究にも使用されている。ＳＱＵＩＤに使われている「ジョセフソン接合」は、「ジョセフソン効果」という理論に基づいて構築されたものだが、その理論を提唱したブライアン・ジョセフソンが一九七三年にノーベル物理学賞を受賞したことは驚くに値しない。自分の脳の中にある偏見のシグナルを探すのは、これらの偉大な科学的取り組みやその成果に比べれば、ごく簡単なことに思われた。

　モラディ博士は、私の頭にワイヤーセンサーを三つ取り付けながら、「フェイスクリームやアイシャドーをつけていますか？」とさりげなく訊いた。

「いいえ」と私は答えたが、興味を抱いたので、なぜそれが問題になるのかと尋ねた。

「ＭＥＧセンサーは、そうした製品の一部に含まれる微量の金属を拾ってしまい、スキャンが妨げられるため、始める前に取り除くのがベストなんです」というのが答えだった。

　私は、頭からワイヤーをぶら下げた状態で、金属で内張りされた部屋に案内された。その中にＭＥＧが鎮座していた。直径一メートル、高さ二メートルほどの巨大な円筒の下に、白い革張りの大きな椅子

＊4　数カ月後、彼女は私にこれは冗談だったと明かした！　嬉しいことに、私の脳の大きさは平均を少し超えているそうだ。

＊5　この重力波の初の直接観測は、二〇一五年にカーディフ大学の私の同僚の協力を得て行なわれた。

が据え付けられている。円筒の下部には私の頭が入る穴が開いていて、一見すると、近所の美容院のフード式ヘアドライヤーをとてつもなく大きくしたように見える。この〝フード〟の中にSQUIDが入っているのだが、それを極度の冷凍状態に保つために、大量の液体ヘリウムも充塡《じゅうてん》されている。

シートに座らされた私は、頭をできるだけシリンダーの奥に押し込むようにと言われた。モラディ博士の説明によると、目の前にはスクリーンがあり、そこには判読できないコンピューターコードが表示されていた。モラディ博士の説明によると、実験開始後、画面の中央に黒い十字線が現れるという。私がしなければならないのは、黒い十字線が赤くなったときに、右手の人差し指でボタンを押すことだけだ。博士は、最初のスキャン時の注意を繰り返した。「頭を動かすことだけは絶対にやめてくださいね。測定値がずれてしまいますから」

実験は二〇分ほどで終わるということだったので、造作なく思えた。モラディ博士は、厚さ一〇センチ以上もある金属製のドアを閉め、私を磁気シールドされた部屋に残して、ドアをロックした。私の手元には、外の世界と交信するための小さなスピーカーとマイクだけが残された。

「マシュー、用意はいいですか?」博士の声がパチパチいう音とともにスピーカーから流れてきた。

「そちらの準備ができ次第、始めてください」。私はためらいがちに答えた。

目の前の画面が一瞬明滅したかと思うと、コンピューターのコードが「始まります」というメッセージに変わった。私は咳払《せきばら》いをして気を静めた。黒い十字線が浮かび上がり、その奥に中立的な表情をした白人の顔があった。十字線が赤くなり、私がボタンを押すと再び黒くなった。すると、白人の顔が素早く黒人女性の顔に変わり、怒りの表情を浮かべていた。十字線が再び赤くなったので、クリックした。

私は、この実験の設定について考え始めた。モラディ博士は、十字線が赤くなってからボタンを押すスピードを測っているのだろうか? 私の反応スピードは、浮かび上がる顔の人種や感情によって変わっているのだろうか? 赤い十字線の奥に黒人男性の怒った顔が表示されたときには、私の反応は速くなるのだろうか、そのことは、私が抱いているかもしれない潜在的偏見について何を示すのだろうか？

白人男性の怒った顔

黒い十字線

白人女性の中立的な顔

赤い十字線——クリック……

五分後には頭がクラクラしてきた。十字線に集中することしかできない。

黒い十字線

黒人女性のにこやかな顔

赤い十字線——クリック……

疲れた目に、様々な顔が一つに交じるように見えてきた。性別や人種、表情などはほとんど意識しなくなった。

黒人男性の中立的な顔

黒の十字線

黒人男性の怒った顔

赤い十字線——クリック……

二〇分経って画面が消え、重いドアの開く音がして、私の意識は冷たい金属の部屋に戻った。私は目をこすった。

「私はじっとしていましたか？」私はモラディ博士に尋ねた。

「十分にね。背中に痙攣《けいれん》が走ったようで、それがスキャンに現れました。でも、補正可能です」。彼女はそう言いながら、私の頭からプローブを外した。

実験後、私は博士に、検査の仕組みを尋ねた。モラディ博士は、赤い十字線が現れたときの反応の速さは、潜在的偏見を測ることとは関係がないと明かした。それは、私の注意を集中させるためのプロセスで、実行制御領域に圧力をかけるためのものだそうだ。そうすることにより、無意識の偏見処理に関連していると考えられる脳のシグナルをSQUIDが検出できるのだという。

スキャン後、モラディ博士はデータをCUBRICのスーパーコンピューターに入力し、四〇時間かけて検査で得られたすべての情報を処理した。その後、これらの情報を、私の詳細な拡散MRIスキャン結果と組み合わせて、私の脳活動の三次元画像を作成したのである。

私の脳は偏見の兆候を示したか

脳スキャンの結果を受け取る前に、私は潜在連合テスト（IAT）を行なった。CUBRICの検査とIATの結果が一致するかどうかを知りたかったからだ。IATについては、人種IATのオンライン版を二回行なった。IATの最初の結果では、白人よりも黒人の顔をわずかに自動的に好むことが示され、数日後に行なった二回目の結果では、黒人より白人の顔をわずかに自動的に好むことが示された。このテストの尺度が、わずかな自動嗜好から中程度、そして強い自動嗜好へと進むことを考えると、これは大きな差ではない。そこで私は、自分の立ち位置は「黒人の顔をわずかに好む」と「白人の顔をわずかに好む」の間のどこかにあると考えた。[*6] 意識的には、どちらについても特に好んでいるわけではないので、その結果は妥当なものに思えた。とはいえ、このテストは無意識のバイアス、あるいは潜在的なバイアスを調べるものなので、私はその結果をありのままに受け止めることにした。

脳スキャンの結果を聞くために、私はバスでカーディフ市の中心部に向かった。道すがら、私はこの結果が自分にとって、そして本書にとってどのような意味を持つことになるかと考えていた。黒人の顔には反応するが、白人の顔には反応しない脳の領域があるという結果が出たとしたら、それは潜在的な偏見を示しているのかもしれない。IATの結果は、その可能性を示唆していた。私は、偏見とは誰もが宿しているものであり、それに対して何をするかが重要なのだと自分に言い聞かせた。それにもし〝ポジティブ〟な結果が出たとすれば、本書の内容はもっと面白くなるだろう！

私はコーヒーショップでモラディ博士に会い、自分の脳の画像を見せてもらった。それは、正面、側面、上面の三方向について作成されたもので、脳の一部が、朱色の赤から太陽のように明るい黄色までのヒートマップで彩られていた（カラー口絵の二番目の脳撮像を参照されたい）。

「これらは活性化した領域です。黒人男性の怒った顔を見たときに、活性化が見られました」。博士が言った。

「では、私の脳は、黒人男性の中立的な表情やにこやかな表情、そして黒人女性の顔に対してとは、違う反応を見せたわけですか？」

「そうです」と博士は答えた。

「白人の怒った表情に対してはどうでしたか？」。私は探りを入れた。

「反応したのは、黒人の怒った表情に対してだけです」と博士は明言した。

これには少々驚いた。私はモラディ博士に、脳のどの領域が光ったのかと尋ねた。彼女は私の脳の側面図を指して「島皮質です」と言った。そして、私の脳の中心部に指を移動して「それと、背側前帯状皮質も」と答えた。

私は、扁桃体が光らなかった理由を尋ねた。

「MEGは神経細胞の発火の検出には優れていますが、扁桃体をスキャンできるほど脳の奥深くに入り込むことはできないのです」と彼女は説明した。

＊6　前章の注＊4で述べたように、このテストは一度の試行で決定的な結果を得ることは意図されていない。考案者たちは、数週間に一〇回ほどテストを受けて、そのスコアを平均するように提案している。

私は、脳スキャンの結果を待つ間に行なった研究のいくつかを思い出した。もし私の島皮質が、黒人男性の怒りの表情が示されたときに活性化したのであれば、それはスキャン検査中に〝注意の対象へのスポットライト〟が当たっていた領域において、顕著性ネットワークが深い感情を処理したためかもしれない。また、脳の実行制御領域の一部である背側前帯状皮質（ｄＡＣＣ）が活性化した理由は、心の中の葛藤を解決する必要性があったことと関係しているのかもしれない。島皮質と背側前帯状皮質の同時活性化は、他の研究でＩＡＴにおける潜在的偏見の少なさと関連していることが示されており、私のＩＡＴの結果を反映している。

黒人男性の怒った顔が私の心の深部にある感情を引き出し、脳の実行制御領域がその感情を制御したと考えるのは、理にかなっているように思えた。モラディ博士にはすでに自分が襲われたときのことを話していたので、この考えについて尋ねてみた。

「これは、あのヘイトクライムと関係があるのでしょうか？」

「この同時活性化が、ずっと昔にあなたが襲撃されたことに関係している可能性はあります」。彼女は答えた。

私はバッグの中を探って、『ネイチャー・ニューロサイエンス』誌の研究論文を取り出し、印を付けたセクションについて、かいつまんで話した。「島皮質が扁桃体と対話していること……そして両者が情動記憶に関与していることは判明しています。黒人男性の怒った顔を見たことが、襲われたときに感じた情動を脳に思い出させた可能性はありますか？」

彼女はこの考えを肯定し、さらに次のような洞察を加えた。「でも、襲われたのはずいぶん前のことなので、あなたの背側前帯状皮質が島皮質にブレーキをかけて……」

私は彼女の言葉を受けて、こう締めくくった。「それにより、過去から想起されたどんな感情も、今は感じる必要がないと合理的に考えられるようになった、と？」

「その可能性はあります。でも、神経画像の研究は複数の被験者を対象とすることが前提で、一回のスキャンでは結論が導けないことを忘れないでください」

このモラディ博士の注意にもかかわらず、私の脳の画像を見ながら二人で話し合っていたことを裏付ける研究結果が発表された。ハーヴァード大学、コロンビア大学、ミシガン州立大学の心理学者合同チームが、恐怖の源が黒人男性である場合には、学習した恐怖を取り除くのがより困難であるかどうかを検証する研究を考案したのだ。実験の最初の段階では、黒人と白人の男女の顔の画像を見ながら被験者に電気ショックを与え、恐怖の生理的指標である電気皮膚反応をモニターした。当然のことながら、被験者は電気ショックを受けるたびに恐怖感を示した。

実験の第二段階では、電気ショックを与えずに同じ顔を被験者に示した。この段階における電気皮膚反応では、電気ショックがなくても被験者が依然として恐怖を表したのは、黒人男性の顔を見たときだけであることが示された。この研究は、黒人男性との間に起きた不快な経験は、他のあらゆる人との同じ不快な経験より忘れにくいと結論づけている(3)。

この研究が示唆するように、私が襲われたときの記憶は、加害者の人種によって、より強力なものになった可能性がある。島皮質による処理は、痛みが内集団のメンバーによって与えられたものか、外集団のメンバーによって与えられたものかによって異なるが、痛みに道徳に関わるメッセージが伴う場合は、それがとりわけ顕著になる(4)。襲撃の瞬間、私は自分がヘイトクライムの被害者になったことを、考えるまでもなく即座に悟った。私は加害者のことを、私自身と私の世界観にとっての脅威であるとして即座にネガティブな評価を下したのだ。彼らが同性愛嫌悪の言葉を口にしたとき、私の前頭前野は彼らの動機を合理的につなぎ合わせた。身体に危害を加えられるという攻撃の性質が、島皮質、扁桃体、海

*7　左眼窩前頭皮質および扁桃体と連動する。

馬の協働作業を駆り立てて、道徳的に非難された痛みを伴う出来事を長期的な記憶に定着させ、黒人男性の怒った顔を見るたびに突如として思い起こさせ、そのたびに制御したのかもしれない。強いて当時のことを思い出すと、体に加えられた攻撃は、あの事件に関する数少ない鮮明な記憶の一つだ。暴力が私の心にこびりついたことは間違いないが、加害者の人種や性別が記憶の持続に関係している可能性があることは意外だった。

結局、このスキャンは、答えより多くの疑問を投げかけることになった。もし私が二〇年前にヘイトクライムの被害者になっていなかったら、私の結果は違ったものになっていたのだろうか？　彼らが私のような人間に向けた偏見が、私に彼らのような人間、つまり怒った顔の若い黒人男性に対する偏見を生むことになったのだろうか？　もし、私を襲ったのが白人だったらどうだったのだろう？　このような疑問から、はたしてスキャンは、自分が抱いている潜在的偏見のことを少しでも明らかにすることができるのかという疑問が生じた。モラディ博士は当然のことながら、これらの疑問に対する答えを持っていなかった。偏見と憎悪の神経科学が明確な結論を出せるようになるには、まだまだ長い道のりを辿《たど》らなければならないようだ。

憎悪を調べる神経科学のつまずき

疑惑のサケ

二〇〇九年にサンフランシスコで開催された「ヒト脳機能マッピング学会」で、前代未聞の脳撮像研究が発表された。とはいえ、この研究にはどこかうさんくさい《フィッシー》ところがあった。科学者たちは、死んだサケの脳のｆＭＲＩスキャン結果を発表したのである。これは誤植ではない。実際に、近所のスーパーで買った死んだサケを、数億円もする脳スキャナーに入れたのだ。そして、まともな神経科学者と同じように、サケの脳を人間の脳と同じようにスキャンして、通常の方法で結果をまとめたのである。

サケは体長約四六センチメートル、体重約一・七キログラムで、スキャン時には死亡していた……サケに与えた課題は、自由回答形式のメンタライジング問題であった。サケに、特定の感情価が付与された社会的状況にいる人物の写真を複数提示し、写真の人物が抱いている感情を判断するよう求めた。(5)

その結果、サケが死んでからしばらく経っていたにもかかわらず、fMRIスキャンはタスク中の脳活動を検出したのである。この結果は話題になり、著者らが意図した通り、良い意味で受け止められた。この論文は、脳撮像は統計的な補正が施されない場合、誤った結果をもたらす可能性があることを、(それほど新鮮な話題ではなかったが)脳画像研究者たちに改めて思い出させることになったのだった。

そのわずか一年前、マサチューセッツ工科大学(MIT)の科学者グループにより、憎悪などの心理的現象が脳内で生じている強力な証拠を示す研究が権威ある学術誌に多々掲載されていることに疑問が投げかけられた。(6)これほど短期間に驚異的なブレイクスルーがいくつも生じた社会学や行動学の研究分野は他になかった。そこでMITの研究者たちは、死んだサケをfMRIスキャナーに入れる代わりに、五五件の脳撮像研究を詳細な統計解析に付すことにしたのである。その結果、二八件の研究で統計学的エラー(非独立性エラー)[*8]が見つかり、誤った結果が導かれたと結論づけられた。これらの研究の多くは、本章や前章で取り上げた扁桃体や島皮質などの脳領域に着目したもので、それらが心理状態や行動に強く関連している証拠が得られたと主張していた。

批判された研究の著者らは、ただちに自分の研究を擁護した。そして二〇〇九年までには、これらの誤った結果を排除するのに必要な統計的補正(多重比較補正)[*9]が、神経科学者の間で広く使われるようになった。だが、この分野における論争は、科学者たちに、脳内のシグナルが何を実際に表しているのかということに関する研究を奨励することになった。脳のある領域に多くの血液が集まるのは、ランニングをするときに脚の筋肉に血液が送られるように、その領域が酸素を必要としているためだと広く考えられている。私たちの体の仕組みについて判明していることを考えれば、これは妥当な推定だ。だが、この推定を超えて、合理的な疑いの余地なく結論づけることができるものは他にあるだろうか？　たとえば、これまでに紹介した多くの研究では、一貫して扁桃体が、脅威や偏見に関連すると想定される恐怖を処理する領域として挙げられている。だが、あるもの（たとえば、潜在的偏見のＩＡＴスコア）が増えると、他のもの（たとえば扁桃体の活動）も増えるという知見に基づいて、それらを推定するというのは大きすぎる飛躍だ。統計的な問題を別にしても、扁桃体の活性化がテストのスコアや顔の提示に直接関係していると、科学者たちはどうして結論づけることができるのだろう。扁桃体は、強烈な臭い、性的に露骨な画像、ライバルのスポーツチームのバッジ、そしておそらくこれが最も重要なことだが、ｆＭＲＩスキャナーの中にがっちりはめ込まれて偏見のテストを受けること（いずれも不安を引き起こす経験）でも活性化することが知られている。身に着けている金属を引き剝がすことができる七トンの磁石のボア〔ＭＲＩ装置のスキャンが行なわれる検査空間〕にはめ込まれて恐怖を感じるのは、ｆＭＲＩスキャナーに対する偏見を意味しているのか？　そんなことはないだろう。

一連の脳撮像研究で、偏見を誘発する刺激に反応して脳の同じ領域が活性化することが明らかになると、他の場所で答えを探すのをやめたい誘惑にかられる。疑問を抱くのをやめるのは、すでに判明していること――偏見や憎悪というものは実際に存在し、それを脳内で同定することができること――をスキャンが裏付けているからだ。

自分の脳の活動パターンを見ながら、私は、自分がノイズの中に意味を見出そうとしてきたことについて考え始めた。人間は、何もパターンがないところにも、秩序を見出そうとする。これは避けて通れない人間の特質らしい。私たちは潜在的バイアスの脳撮像実験を初めて行なう神経科学者だと想像してみよう。その実験で、被験者が白人と黒人の顔を見たときに脳の特定の領域が活性化され、黒人の顔では、より活性度が強いという結果が得られる。その領域である扁桃体は、これまでの研究で恐怖や攻撃性と関連づけられてきた部位だ。そこで私たちは、扁桃体が活性化した論理的根拠を、次のように導こうとする。一部の被験者（全員ではない）では、黒人の顔を見たときに扁桃体の活動が活発になった。そのことは恐怖、あるいは脅威の認識を示している。だからそれは、偏見と関連しているのだ、と。私たちは疑問を抱くのをやめる。なぜ白人の顔に反応して扁桃体が活性化した被験者もいたのか、なぜ脳の他の領域が活性化しなかったのか、ということについては、あまり詳しく検討しないことにする。ともかく、この結果を論文にして発表し、次の研究に進む。だが、次の研究で、予想していなかった脳の別の領域が活性化する。それは島皮質だ。この領域は、これまでの研究で、痛みや深い情動に関係していることがわかっている。それでも、これは難なく対処できる。偏見がこれらのことに関係していると

＊8　非独立性エラーは、脳撮像研究の二つの手順から生じる。まず、たとえば偏見といった心理的指標と関連付けられる脳の領域は複数見つかる。次に、高い相関が見られた領域（扁桃体や島皮質など）のデータを平均化して、発表しようとしている結果に合わせようとする。このアプローチは全体像を歪めてしまう。なぜなら、「ノイズ」の中から相関性の高い結果だけを選択するため、あらかじめ探していたパターンが示されることになるからだ。これは、「選択バイアス」〔特定の傾向を持つ集団だけを選択したり、検査の対象範囲の選択時に偏りがあったりすることなど〕の問題に似ている（以下の論文を参照されたい。E. Vul et al., 'Puzzlingly High Correlations in fMRI Studies of Emotion, Personality, and Social Cognition', *Perspectives on Psychological Science* 4（2009）, 274–90）。

＊9　この補正は、脳撮像研究のように、統計的有意性について複数の検定が行なわれる場合に使われる。有意性検定が多ければ多いほど、統計的有意性があるとされる結果が誤って検出される可能性が高くなるためだ（つまり、実際には脳活動が生じていないのに、統計上は脳活動が観察されたように見える偽陽性の結果が検出される）。

みなせばいい。さらに次の研究では、対立の解消に関係する背側前帯状皮質という別の領域が活性化することがわかる。これは偏見の調整に関係しているにちがいない。こうして私たちは、脳には〝偏見ネットワーク〟があるという仮説を立てる。人は、提示されたパターンに意味を見いだし、それが持論に反する場合には、情報を最小限に抑える傾向があるのだ。

このようなプロセスで行なわれる神経科学的発見には、かなり突飛な主張もある。二〇〇五年、カリフォルニア大学ロサンゼルス校とカリフォルニア工科大学の研究チームが、「ハル・ベリー・ニューロン」を発見したと主張した[7]。発作の原因を突き止めるため脳に電極を埋め込んだてんかん患者に、名所や物、有名人の顔などの一連の写真を見せたところ、一人の患者で、ハル・ベリーの写真、キャットウーマンに扮《ふん》したハル・ベリーの写真、そしてH―A―L―L―E―B―E―R―R―Yという文字列に対してのみ発火する単一のニューロンが見つかったのである。このニューロンは、他の有名人やキャットウーマンに扮した別の女性などを含む写真については一切発火しなかった。

これは、具体的な刺激に関連づけられる単一のニューロンを同定した初めての研究で、該当する脳領域にはそのように機能するために必要な数のニューロンは存在しないという、従来の神経科学の常識を覆すものだった。にもかかわらず、ハル・ベリーが現れたときにだけ発火するニューロンが発見されたのである。本来なら、そこで疑問を投げかけるのをやめるべきではなかった。被験者には他の顔も示され、ランドマークやオブジェクトも示されたのだが、科学者たちは完全なリストを示すことはできなかった。もしかしたら、ハル・ベリーと共通する特徴を持つ別の画像で、そのニューロンが発火したかもしれない。だが、科学者たちは論文発表のためにストーリーを作る必要があった。こうして私たちは「ハル・ベリー・ニューロン」を手にすることになったのである。[*10]

ハル・ベリー・ニューロン研究や同類の研究は、脳活動の視覚的なエビデンスに依存している。誰かの頭の中を色とりどりのピクセルで覆った画像として見せることは、間違いなく、持論を理解させる強力な手段だ。自分の脳の中を覗き込んで、ある領域が活性化しているところを見るのは、めまいがするような経験だったので、私は無条件反射的反応として、モラディ博士が自分の探していたものを見つけたのだと思い込んだ。そのときの私は、カリフォルニア大学デイヴィス校のジョー・デュミット教授が言う「脳所見過剰重視」状態に陥っていたのである。[8]

デュミット教授は、著書『人間性を描く（*Picturing Personhood*）』の中で、脳撮像の主張に疑問を呈している。私は教授に電話して、憎悪を探すために脳をスキャンすることについて彼の見解を尋ねた。教授によると、神経科学者にとっての重要なテストは、「この結果から逆戻りできるか」という問いに答えが出せるかどうかだという。たとえば、ある脳領域における特定の活動パターンは、てんかんを示すことがある。神経外科医は、患者の発作の回数を減らすために、問題のある部分をピンポイントで摘出することさえできる。これは、脳スキャンから診断へ「逆戻り」する良い例だ。だが、同じことを、社会的・心理的現象の存在を脳内で探すスキャンで行なうことはできない。神経外科医が、扁桃体または島皮質あるいはその両方の活動をスキャンで見て、その人が偏見や憎悪を抱いていると結論づけることはない。脳のこれらの領域は、非常に多くの理由に基づいてシグナルを発しており、そのためにノイズが多すぎて、その人が憎悪を感じているからその領域が活動している、と**合理的疑いの余地なく**断言するのは不可能なのだ。

この問題の大部分は、突き詰めると、科学者たちが投げかけている根本的な問題に行き当たる。すな

＊10　このニューロンは一人の被験者でしか発見されておらず、著者らは、あらゆる人々がハル・ベリー・ニューロンを持っていると示唆しているわけではない。

わち、憎悪をはじめとする、人間が社会的に生み出した概念の源を、はたして脳内で突き止めることができるのか、という問題だ。憎悪が存在することは誰もが認めるところだが、その定義については同意できていない。現在までに、様々な時代や場所で、憎悪の定義が複数存在してきた。まずは、人種的偏見が認識され、それに立ち向かう法律が制定された。それに続いたのが、ジェンダー、性的指向、身体的・精神的障害、宗教などに対する偏見の認識だった。だが、これらの偏見がどこで、どのような機関によって認識されたかについては大きく異なる。それは今でも変わっていない。一部の国と比較すると、英国の市民は憎悪に対する様々な保護を享受しているが、それらは苦労して勝ち取られたものであり、一部の集団が、ようやく平等な保護を手にしたのは最近のことである。現在でも、偏見からの保護を求めて戦っている集団がある。憎悪の概念は、場所と時間によって変わる。これほどつかみどころのない社会的概念を脳の中で突き止めることなど、どうやったら望めるというのか。脳は、新たなタイプの憎悪の存在を認める法律の変更があるたびに、配線を更新するのか？　もし科学者が脳内に新しいタイプの憎悪を見つけることができたらどうなる？　それに応じて法律を変えるべきなのか？

先に私が「合理的疑いの余地なく」という言葉を使ったのは、法廷で求められる立証責任について注意を引きたかったからだ。今では神経科学者たちが、脳の特徴と責任能力の程度を関連付ける証拠を発見したと主張している。その例は、思春期、知的能力、精神病質、依存症にまつわるリスクへの軽視など、枚挙にいとまがない。(2)「私の脳がそうさせた」という主張は、もし陪審員が「正常な」脳と「責任能力の低い」脳の画像の違いを見ることができれば、より説得力のあるものになるだろう。だが、脳撮像は事件の証拠として認められないことがよくある。なぜなら、裁判官が先入観を与えるものと判断することがあるからだ。科学的な確実性を感じさせる印象的なスキャン画像は、陪審員を混乱させたり、誤解させたりする可能性が非常に高い。

「リスクのある」人々の脳をスキャンして偏見を調べ、憎悪を抱いていると判断された人々（おそらく黒人の顔を見たときに扁桃体と島皮質の活動が活性化し、実行制御領域の活動が低下したため）が、リハビリテーション・プログラムへの参加を義務づけられるという状況を想像するのに、たいした想像力は必要ない。それはオーウェルの『一九八四年』に出てくる「思考犯罪」という概念の現実化だ。そうした世界では、慎重に行動することが、法にとっても私たちにとっても賢明なことなのだ。

脳を超えて

優れた脳スキャン技術は、ある種の刺激が与えられたときに活性化する領域を特定することができる。だが、この活性化は実際には何を意味するのか、また、ある刺激を他の刺激からどのように切り離すことができるのか、といった問題は、憎悪について知る必要があることを神経科学者がすべて解明できるという可能性に疑問を投げかける。たとえ憎悪の源を脳内のある領域に確実に特定できたとしても、それは問題解決にどう役立つだろうか。脳の活動により、ある集団に憎悪を抱いていると示されても、自分は憎悪を抱いていないと主張する人にはどう対処すればよいのか。その場合、私たちは脳波を信じるべきなのか、本人を信じるべきなのか。また、その人がある集団に対して憎悪を感じていると認めたものの、それを表すことは制御できるため、行動として現れることはないと主張した場合はどうだろうか？　たとえどのような状況下でも、その人の憎悪の念が憎悪の行為に変わるのを阻止できると信じられるだろうか。それが信じられない場合は、てんかん患者が発作の源となっている脳の問題領域を切除するように、憎悪を処理する源と思われる脳の領域を切除すべきなのだろうか。もしそうしたとしたら、環境中の他の脅威を認識するその人の能力はどのように損なわれるだろうか？

人には自分と同じような人を好む傾向があるという強力な証拠がある。これこそ、憎悪の最も基本的な構成要素だ。だが、それが憎悪に移行するのは必然的なことではないし、他の人間との出会いの中で偏見に満ちた考え方をするようになるのも、脳の学習によるもので、生まれつきのものではない。大部分の神経科学者は、脳は方程式の一部にすぎないと考えている。憎悪には神経科学的な要素が実際にあるのかもしれないが、脳撮像は、スキャナーの外の状況、つまり、個人的、社会的、経済的、環境的な要因が、「我ら」への比較的無害な選好を偏見や憎悪に変えてしまうような状況については、ほぼ何も教えてくれない。この疑問に答えるには、脳を超えて、他の要素を調べることが必要だ。そこでまずは、〝集団〟ベースの脅威について考えてみることにしよう。

第5章　集団脅威と憎悪

一九六九年にイランで生まれたビジャン・エブラヒミは、二〇〇一年に、すでに英国に移住していた二人の女きょうだいと合流した。それまでイランに留まっていた理由は両親が亡くなるまで世話をしていたからだった。その年、英国政府から難民として無期限滞在許可を得た彼はブリストルに住み、社会に貢献したいという思いから、近くの公立学校で配管や大工の仕事を学んだが、体が不自由だったために仕事に就くことはできなかった。それに加えて、彼には精神的な問題や言語障害もあった。その後、きょうだいの近くで暮らすためにブリストル郊外のブリスリントンにあるキャップグレイヴ・クレセントという場所に移り住んだが、そこは白人が大多数を占める地区で、有色人種や少数民族はほんの一握りしかいなかった。やがてビジャンは一部の白人居住者たちから迫害を受けるようになる。

ビジャンはガーデニングが大好きだった。だが近所の子供たちは、彼が育てた花や植物をめちゃくちゃにした。ペットの猫は暴走する犬にいたぶられた。この犬のことを役所に通報すると、今度はビジャンが飼い主から犬をけしかけられた。命を狙われることもたびたびだった。警察への通報は五〇件近くにおよび、その内訳は器物損壊が五件、暴行が一七件、殺害脅迫が七件、嫌がらせが五件、公序良俗違反が一二件、動物虐待が一件だった。これらの迫害はすべて人種差別に根差していると感じた彼は、証拠として携帯電話で撮影した動画をよく警察に提出していた。いくつかの攻撃を目撃したビジャンのきょうだいの一人は、彼がクレセントに住む若者と年配者の双方から、「外人」、「ゴキブリ」、「パキ」（パキスタン人を指す蔑称〕などとなじられたり、「自分の国に帰れ」と言われたりしていたのを覚えている[1]。警察は報告された事件の一六件に人種的偏見に基づく加害行為を認めたものの、近隣住民の一人に器物損壊について注意勧告をしたことを除けば、何も措置をとらなかった。

さらに、これらの嫌がらせだけでは足りないとでもいうように、近隣住民の一部が、ビジャンは小児性愛者だという悪質な噂を流し始めた――ビジャンはそれまでの人生で、一度も性犯罪に問われたことがなかったにもかかわらず。これらの陰湿な言いがかりはキャップグレイヴ・クレセントに蔓延するようになり、二四歳のリー・ジェイムズがガールフレンドと幼い子供たちとこの通りに引っ越してきたとき、近隣住民はこの〝地元の児童虐待者〟について、ジェイムズにしつこく警告したのだった。ジェイムズはビジャンのことを知ってはいたが、実際に出会ったのはほんの数回だった。その一回が、二〇一三年七月一一日木曜日の暖かな夏の夜だった。そのときジェイムズは缶ビールを飲みながら、クレセントの緑地に差し掛かる家々の影の中で自分の子供たちが遊ぶ姿を眺めていた。酒を飲んでいるジェイムズを自分のフラットの窓から見たビジャンは、証拠の動画を撮ることにした。ビジャンは自分が育った文化の影響で飲酒を好ましく思っておらず、とりわけ子供たちの前で飲酒することは許されないと感じていたのだ。ビジャンの手に携帯電話が握られていることに気づいたジェイムズは、腹を立てて彼のフラットに押し掛け、ビジャンに向かって、こう叫んだ。「俺の写真を撮るな、わかったか……俺の子供たちの写真を撮るな！」

激しい口論の最中に警察が呼ばれた。だがフラットに到着した警察は、ジェイムズをおとがめなしにしたどころか、逆にビジャンを治安妨害罪で逮捕した。フラットの外には一五人ほどの白人の隣人が集まり、この騒動に聞き耳を立てていた。ビジャンがパトカーに向かって進むと野次馬たちは歓声を上げて、中傷を浴びせかけた。翌日、ビジャンは無罪放免になった。彼が撮っていたのは子供たちではなく、ジェイムズが酒を飲んでいる姿だったことがわかったからだ。クレセントに緊張が高まっていることを理解していた警察は、危険を感じたらいつでも警察に連絡するように、と言ってビジャンを家に帰した。自宅に着いたビジャンに、近隣住民はあざけりの声を浴びせかけた。「小児性愛者め！」、「手錠はどこだ?」、「なんで戻ってきた?」……。彼は何度も警察に電話したが、反応はなかった。土曜日、ビジャンは身の危険を感じ、ドアに鍵をかけて部屋に閉じこもった。

日が暮れて夜になり、ジェイムズと仲間たちは緑地で再び酒を飲み始めた。酔いつぶれた彼らは家の中で怯《おび》えるビジャンに中傷や脅迫の言葉を浴びせかけた。ビジャンは日曜日の午前一時まで待って、迫害者たちが眠ってしまったことを祈りながら、大切な植物に水をやるために外に出た。だが、ちょうど自分のフラットに戻ろうとしていたジェイムズに見つかってしまった。二人はいがみ合い、喧嘩が始まった。ある近隣住民は、ジェイムズがビジャンの頭を踏みつけながら「これでも食らえ」と叫んだのを耳にしている。ジェイムズは後に、ビジャンを殴り殺したときには、彼を「サッカーボールのように蹴った……怒りでいっぱいになっていたからだ」と白状している。その後ジェイムズは、近隣住民一人とともに、数日前に自分の子供たちが遊んでいた緑地にビジャンの無残な遺体を引きずって行った。そして自責の念もなく、怒りも収まっていなかったジェイムズは、ビジャンの遺体に揮発油をかけて火をつけ、クレセントの住民に見せびらかしたのだった。

ジェイムズは殺人罪により最低一八年の懲役刑を受けたが、ヘイトクライムについては裁かれなかった[*1]。ジェイムズはビジャンの殺害を認めたが、殺人の動機がビジャンの障害や人種に対する敵意であっ

*1　リー・ジェイムズは、一九五七年殺人罪法（二〇〇三年刑事司法法附則二一により改正）に基づく武器を用いない殺人という基本犯罪で起訴された。その刑罰は最低一五年の懲役である。殺害の動機がビジャンの障害や人種に対する敵意だった、あるいは犯罪時にそうした敵意が示されたとしてジェイムズを起訴するには、証拠が不十分だった。もし彼がそのような罪で起訴され、有罪となった場合、刑罰は最低でも三〇年の懲役となるはずだった。

たかどうか、あるいは犯罪時にそうした敵意が示されたかどうかを証明するクレセントからの参考人が裁判に呼ばれず、ジェイムズを憎悪に基づく殺人罪で起訴する確かな証拠が不足していたからだ。

だが、具体的な証拠がないからといって、憎悪が関与していなかったということにはならない（第2章「憎悪の「認識」対「証明」」のセクションを参照）。裁判官は判決申し渡しの際に、ビジャンが小児性愛者であるという非難には根拠がないと述べた。また、この事件の再審では、二〇〇五年から殺害時に至るまで、ビジャンは繰り返し、嫌がらせ、暴行、器物損壊を被ったこと、そしてその中には深刻な犯罪もあり、彼の人種が原因で悪化したものも多かったと結論づけられた。再審はまた、障害のある男性がビジャンと同じように小児性愛者というレッテルを誤って貼られ、そのレッテルのせいで標的にされて殺害されたケースが多数記録されていると言明した。(2)

裁判では、ビジャンの女きょうだい、マニザー・ムーアズが事件の衝撃を語った。

ビジャンは英国に来てからずっとブリストルに住み、多くの善良な人々に出会いました。でも残念なことに、悪い人たちからのひどいいじめにも日々さらされていました。人種差別だろうが、偏見だろうが、呼び方はどうでもいいのです。彼が被った仕打ちは残酷なものでした……私たちから見れば、このような地域社会の一部の人々の偏見こそ、事件がエスカレートして、ビジャンが蹴り殺され、焼かれた理由を説明するものだと思います。二〇一三年七月一四日にビジャンが無残にも殺害されたとき、私たちの生活は永久に変わってしまいました。私たちが感じている虚無感を表す言葉はこの世にありません。私たちの一部は彼と共に死んでしまいました……。日曜日には、ビジャンの椅子は空っぽのままです。ビジャンの遺体が燃やされて、埋葬前に姿を見ることができなかったため、私たちは彼に敬意を払う機会を奪われました。私たちにとっては、ビジャンが二度殺されたのも同じです。ビジャンを失ったことで、私たちの人生には埋めることのできない穴が開いてしまいました。私たちの人生が元に戻ることは二度とありません。[3]

その後、ビジャンの事件に対する警察の対応が再調査され、組織的な人種差別の証拠が見つかった。[4]警察はビジャンに常習的な苦情屋という烙印《らくいん》を押し、ビジャンの訴えに反訴したり、子供たちへの脅威だという悪質な噂を流したりしたキャップグレイヴ・クレセントの白人住民のほうを信じていたのだ。審査会では、隣人たちから、そして保護してくれるはずだった警察の扱いから非常に苦しめられたにもかかわらず、ビジャンは警察と接した際には常に敬意を払い、協力的で冷静であったことが指摘された。エイヴォン・サマセット地区の警察署長は、警察がビジャンの保護に失敗したことを認めた。警察が偏見を持たずに適切に任務を遂行していれば、彼の死は防げたはずだった。調査の結果、二人の警察官が収監され、四人が免職になった。合計すると、巡査部長や警部を含め、一八人の警察官が調査の対象になったのだった。

最初期に行なわれた科学研究のいくつかは、偏見と憎悪の第一の動機に、「集団脅威」を挙げている。[5]人類の歴史全体を通して、集団脅威は、民族、軍隊、国家がトップの地位を争うなかで、紛争の主な原因になってきた。今日では、ハイレベルの領土問題やイデオロギーの対立を除けば、下位レベルにおける実際の集団脅威は稀だ。ほとんどの人にとって、外集団が無差別に致命的な感染症を広めたり、犯罪の波を引き起こしたり、貴重な仕事を奪ったり、地域や国の生活様式を根絶させたりするといった集団脅威は、想像上の出来事である。だが、たとえ想像上の脅威であっても、それは集団間の関係に影響を与えることがある。

民衆を扇動するようなニュースの見出しを避けるのは難しい。「英国はゲイウイルスの脅威にさらされている」、「英国の町々はギャングを養成するインド・パキスタン系の集団に辱められている」、「英国には今や外国人労働者が三〇〇万人もいる」、「英国ではシャリーア法廷〔イスラム法典に基づく裁き〕が目立ってきている」……。内集団の防御反応を活性化させるには、集団脅威の認識だけで事足りることがよくある。ビジャンは「地元の思い込み」の対象であり、警察は一度もそれを疑わなかった。警察の沈黙は、彼が子供たちにとって脅威であることを裏付けるものとして住民たちに受け取られた可能性がある。では、この認識があったからこそ、リー・ジェイムズはビジャンの頭を死ぬまで踏みつけたのだろうか？　いや、それは、ビジャンが被った憎悪に満ちた一連の虐待を考えると、あまりにも単純な説明に思える。

ビジャンの加害者たちには共通点があった。すなわち、自分たちのコミュニティが、彼の存在や彼が象徴するものによって危険にさらされていると信じていたのだ。だからこそ加害者たちはビジャンに「自分の国に帰れ」という言葉を投げつけ、彼を「外人」や「ゴキブリ」と呼んだのだろう。だとすれば、ビジャンの殺害は、彼を追放するための防衛的攻撃であり、クレセントに住み着こうと考えている彼の「集団」の他のメンバーに警告を与えるための行為だったのだろうか？

ビジャンの一件に類似した事件は、時と場所を超えて何度も繰り返されており、それに関する科学は、ある一つの明確な判断を下している。一九六〇年代以降、二八カ国で一〇万人以上を対象に行なわれた一〇〇件以上の心理学的研究を通して、「支配集団のメンバーは、下位集団からの脅威を感じたときに、偏見や憎悪を表す傾向が強い」という知見が見出されているのだ[6]。ビジャンの死は、この現象が、最初に発見された大学の研究室を超えて存在し続けていることを示す悲劇的な例である。

集団脅威の検知における進化

第3章では、種の存続のために人間の脳がどのように進化したかを見てきた。人間の脳は、人々に自らの集団と強い絆を築かせ、信頼と協力を生み出させることによって、種の存続を確実にしてきた。現生人類はこの絆のおかげで、狩猟や採集を成功に導き、捕食動物や環境、そしておそらくは競合する他の人類種といった外部の脅威から身を守ることができた。攻撃的な競争から身を守れるかどうかは生存の鍵を握る。攻撃性は、内集団が自らの地位や資源を増やしたいときや、現実あるいは想像上の外集団の脅威から身を守らなければならないときに勃発することがある。

環境に存在する複数の脅威に適応するホモ・サピエンスの能力は他の追随を許さない。それは主に、高度な言語、協力、問題解決を可能にする優れた脳によるものだ。他の人類の種は、肉体的にこそより強力であったかもしれないが、ホモ・サピエンスのようには広範囲の脅威に適応できなかった可能性が高い。脅威への対応は、内集団と結びつく生来の傾向と同じように、長い時間をかけて進化してきたものと思われる。外集団からのものを含めた脅威を認識するホモ・サピエンスの能力は、進化の連鎖を通じて自らの遺伝子が受け継がれることを確実にした。さもなければ、私たちの祖先は、異常気象や捕食動物、そしておそらくは競合する他の人類の種に抹殺されていたことだろう。

人は、暗い路地で自分より強そうな攻撃者に直面すると、脅威にさらされた時点に至る道のりを思い出し、逃げ道を辿って脱出しようとする。店で不公平な取引に直面したときには、法律や裏技を使って不均衡を是正するために戦略を変え、家族を養い続けられるようにする。体調の悪い同僚が職場にいるときには、その人との接触を減らすことによって感染を避け、収入が途切れないようにする。脅威に対するこれらの適応は感情的な反応と関連している。加害者は恐怖を、詐欺師は怒りを、そして感染者は嫌悪感をもたらす。そして同じような性質の脅威に繰り返し直面すると、こうした感情が強まって感度が鋭くなり、反応の速さと大きさが増大する。(7)

自分の集団が常に攻撃されているという感覚は、たとえそれが現実であれ、想像されたものであれ、脅威を強く感じさせるだけでなく、脅威がないところにも脅威を感じさせてしまう。ちょうど車のシートベルトのアラームが敏感すぎて、買物袋を助手席に置くたびに鳴ってしまうように、脅威を検知する能力が敏感になりすぎると誤報を発してしまうのだ。路地にいた見知らぬ人は攻撃者ではなく、ただ道を尋ねようとしていただけかもしれない。市場のあの販売員は悪徳業者ではなく、単にお釣りを間違えただけだったのかもしれない。あの同僚は恐れていたウイルスに感染しておらず、ただひどい二日酔いだったのかもしれない。

だがなぜ一部の人はこうした潜在的な脅威に対して、ただちに極端な結論を導き出してしまうのだろうか？　もしかしたら、見知らぬ人は黒人でパーカーを着ていたのかもしれない。販売員はユダヤ人で高価な時計を身につけていたのかもしれない。職場の同僚は中国人で、中国に里帰りして戻ってきたところだったのかもしれない。それぞれが外集団のメンバーである可能性があり（あなた自身のアイデンティティによるが）、そうした外集団の識別可能な特徴により、人は相手を素早く（ときに誤って）分類してしまうのだ。

頭の中にあるネガティブなステレオタイプから導き出した視覚的な手がかりにより、私たちの脅威検知メカニズムは数ミリ秒で起動する。黒人とパーカーは暴力を思わせ、恐怖を呼び起こして脅威となり、ユダヤ人と強欲は不誠実さを思わせ、怒りを呼び起こして脅威となり、中国人と劣悪な食品衛生環境は健康リスクを思わせ、嫌悪感を呼び起こして脅威となる。ステレオタイプと読み誤った合図に基づく脅威の誤分類が生じるたびに、偏見が生まれる機会が生じる。旅人は道に迷って歓迎されず、販売員は不当に非難されて評判を落とし、中国人の同僚は避けられて仲間外れになる。

人類の生存に不可欠だった私たちの脅威メーターは今や時代遅れのものとなって、目的に合わなくなった。私たちは、「用心するに越したことはない」という論理で過剰反応する煙探知機のような生物学的システムを背負わされている。とはいえ、誤報が生じる可能性は、すべての人に均等に分布しているわけではない。行動に影響を与える生物学的な力を認めることができない人や、マスメディアの洗脳に抵抗して競争を協力に置き換えることができない人は、脅威がないところで脅威を検知する可能性がそれ以外の人よりずっと高く、ある程度の偏見を抱くこともよくある。

人間の生物学的特徴と脅威

二〇一〇年、アムステルダム大学の学生のもとに、奇妙な心理学実験への参加を呼びかけるメールが届いた。メールの文面には、被験者は男性でなければならないこと、およびその研究は薬物が意思決定に与える影響に関するものであると書かれていた。参加報酬は一〇ユーロ。メールには、カーステン・デ・ドゥルー教授の名が記されていた。約二八〇人のオランダ人男子学生が参加を表明し、被験者としての適性を判断するために一連の質問を受けた結果、喫煙者、アルコールやドラッグの常用者、精神疾患で薬を服用している人が除外されて、七〇人に絞られた。

最初の被験者たちは、昼過ぎにドゥルー教授の研究室に到着した。実験中はお互いの顔が見えないようにパーティションで仕切られたスペースでコンピューターに向かうことになると説明を受けたあと、一ページ分の情報が渡され、同意のサインが求められた。そして、条件を承諾した被験者には鼻腔《びくう》スプレーが手渡され、その内容物を自分で吸引するようにと指示された。勢いよく何度かスプレーの内容物をすると、コンピューターの画面が点滅し、一連の準備試験が始まった。

四〇分ほど経ってから本番の実験が始まり、コンピューターの画面に「道徳的選択のジレンマ」タスクが表示された。被験者たちに提示されたのは、次に示すような、正解はないが自分の判断が他人の運命を左右するという、ハイリスクの仮想的な選択肢だった。

（1）路面電車が六人の人々に向かって暴走してきている。何もしなければ全員死んでしまうが、スイッチを押せば路面電車の向きを変えて、一人だけが命を落とし、残りの五人は救われるようにすることができる。

（2）六人の探検家が洞窟に閉じ込められている。一人の探検家の体が出入口の穴にはまってしまい、抜くことができない。ボタンを押せば出入口を爆破して穴を広げ、探検家たちを脱出させることができるが、動けなくなっている一人は命を落とすことになる。

（3）船が沈没し、六人の船員が海上を漂っている。全員が救命ボートに向かって泳ぐが、安全が確保できる定員は五人だけだ。一人を救命ボートに乗せないようにすれば五人の命は助かるが、その一人の船員は溺れることになる。[*2]

科学者たちは、被験者が内集団と外集団のどちらのメンバーを犠牲にする可能性が高いかを調べるために、それぞれのシナリオについて死ぬ運命にある人に特徴を付与した。他の五人を救う選択をした場合に犠牲になる人が内集団のメンバーになる条件設定では「ディアク」や「ピーター」といったオランダ人の典型的な名前が付けられ、外集団の条件設定では「モハメド」や「ヘルムート」など、アラブ人やドイツ人の典型的な名前が付けられた。どちらの条件設定においても、被験者の選択によって救われることになる五人の人物には名前が付けられなかった。七〇人のオランダ人男性被験者は、集団のメンバーによる偏見の違いが全体の結果を左右することがないようにするため、内集団条件グループと外集団条件グループのいずれかに無作為に割り付けられた。

実験の結果は真っ二つに分かれた。被験者の半数は、「モハメド」や「ヘルムート」より「ディアク」や「ピーター」を犠牲にする可能性が低かったものの、残りの半数はどちらのタイプの名前にもバイアスを示さなかったのだ。だが、なぜ被験者の半数は外集団よりも内集団を守ろうとする傾向が強かったのだろうか？　被験者は無作為に割り付けられていたため、アラブ人やドイツ人に対する偏見がその理由ではなかったはずだ。

実験前に被験者は鼻腔スプレーで薬剤を自己吸引したことを覚えているだろうか。被験者の半数は、恋に落ちた人や妊娠中の女性が分泌する化学物質であるオキシトシンというホルモンを吸引し、もう半分はプラセボ（偽薬）を吸入したのだ。そして、この〝愛の薬〟を吸引した被験者は、自分の集団のメンバーを救い、外集団のメンバーを犠牲にする傾向が有意に高かったのである。デ・ドゥルー教授は、体内で自然に分泌されるホルモンが人間の自民族中心主義を育むという証拠を初めて発見したのだった。[8]

第3章で、脅威の検知が脳の特定の領域に大きく依存していることについて見てきたが、これらの領域の働きに影響を与える化学的プロセスが存在し、それが私たちを過敏な煙探知機に変えてしまうことがあるのだ。オキシトシンは、集団内での信頼と共感を高め、攻撃性を低減すると広く考えられている。[9]だが、デ・ドゥルー教授の実験により、オキシトシンが〝愛の薬〟でありえるのは、ある程度までだということが示されたのだ。

〝抱擁の化学物質〟の負の側面を明らかにしたデ・ドゥルー教授は、その〝ジキルとハイド〟的性質は進化の過程で生まれたものだと考えている。[10]人間が生きていくためには、資源を生み出し、その資源を私利私欲のために使わないと信頼できるメンバーで構成される集団がうまく機能することが必要だ。集団をこのように機能させるために人間は、誰を信用し、誰を信用しないかを判断する能力を進化させてきた。集団内の信頼関係が強ければ強いほど協調性が高まって集団のメンバーが生き延びられる可能性は高まるが、その一方で、協調性の低いメンバーは死に絶えることになる。

オキシトシンというホルモンは、「我ら」と「彼ら」の境界線がどのようなものであろうとも、「我

＊2　これらは「道徳的選択のジレンマ」のタスクでよく使われるシナリオであり、ここではオランダ人の男性被験者たちに与えられた課題の例として紹介する。

ら」を好むことに積極的な役割を果たす。オキシトシンを吸引すると、私たちは一時間以内に内集団をより信頼するようになって協力的になる。だが愛は無限ではない。デ・ドゥルー教授は、私たちが抱擁し合うのは、自分と同じような人たちとだけであり、識別可能な外集団とではないことを示した。この現象は「内集団バイアス（内集団ひいき）」として知られている。[11]

人間にとってオキシトシンは、「我ら」を守るために必要であれば「彼ら」を犠牲にする動機になるという証拠を示した後、デ・ドゥルー教授らはさらに一歩踏み込んだ実験を行なった。オキシトシンの内集団バイアス効果に加えて、被験者が能動的に「彼ら」を傷つける可能性が高くなるかどうかを調べようとしたのだ。この区別は重要である。というのは、この「外集団蔑視」は、道徳的選択のジレンマのように「我ら」と「彼ら」のどちらかを選ばなければならない場合だけでなく、そのような選択が必要のない場合にも起こり得るからだ。つまり、人を憎悪に近づけることになるのである。

この実験では、オランダ人男性の集団を二つに分け、一方にオキシトシン、もう一方にプラセボを与え、全員に「潜在連合テスト（ＩＡＴ）」を受けてもらった。ＩＡＴが「道徳的選択のジレンマ」のタスクより優れている点は、被験者が真実を語ることを前提とせずに、被験者の無意識のバイアスを測定できることにある。被験者の中には、「道徳的選択のジレンマ」のタスクでオランダ人やアラブ人の名前が出てきた時点で、実験の本質、すなわち偏見のレベルを調べる実験であることに気づいた人がいるかもしれない。そして、大部分の人は「社会的望ましさのバイアス」の影響を受けるため、偏見を持たれていると見られないように、選択結果を意識的に変える可能性がある。ＩＡＴはこの現象を回避するものだ（第３章の「無意識の偏見を測定する」のセクションを参照）。この実験の結果、科学者らは正しい方向に進んでいたことがわかった。オキシトシンを投与されたオランダ人男性は、プラセボを投与された男性に比べて、アラブ人からネガティブな言葉を連想する傾向が有意に強かったが、ドイツ人やオランダ人についてはそうではなかったのだ。これは外集団蔑視の兆候である。では、この発見だけで、オキシトシンが外集団に対する偏見や攻撃性を高めると言うことはできるだろうか？　いや、そうは言えないのだ。

もう一つの実験で、デ・ドゥルー教授らは、「囚人のジレンマ」（囚人同士が協力しあって黙秘すれば刑が軽くなるが、自分の刑を軽くしようとしてそれぞれが自白してしまうと、かえって刑が重くなるという矛盾にたとえたゲーム理論）をベースにした経済ゲームを活用した。このゲームでは、被験者は、もう一人の〝囚人〟に協力するかどうかを決めなければならないが、両者はコミュニケーションを取ることは許されない。互いに協力しあえば高い報酬が得られるが、片方が相手を裏切った場合、裏切った方は低い報酬を得られるものの、裏切られた方は何も得られなくなる。つまり、裏切りへの恐怖が高い報酬に対する欲求を上回る場合があるのだ。デ・ドゥルー教授のバージョンでは、被験者を集団に分け、報酬の量を変えることによって、自分の集団が損をするかもしれないという恐怖心を生み出させた。その結果、オキシトシンを投与された被験者は、プラセボを投与された被験者に比べて、外集団に協力する可能性がはるかに低かった。だがこの結果は、外集団への恐怖心が高くなるように操作された場合にのみ有意となり、報酬に対する欲求だけでは同じ効果は得られなかった。つまり、この実験で、オキシトシンは人間を外集団に対して防御的になるよう刺激するものの、それは外集団が脅威として認識されている場合に限られることが示されたのである。[12]デ・ドゥルー教授が言うように、オキシトシンは「防衛と攻撃（気を配って守る）」行動を促進するのだ。

彼らが行なった最新の実験では、さらに別の経済ゲームを使って集団同士を対戦させ、各集団内にオキシトシンを投与された者とされなかった者を混在させた。その結果、〝愛の薬〟を投与されたメンバーは、はるかによく協調して他のチームを攻撃した。内集団における彼らの協力度は高まり、外集団が最も弱く、その脅威のレベルが最も低いときに攻撃をしかけるなど、より正確な攻撃ができるようになったのだ。[13]これは、オキシトシンが、外集団からの脅威の程度が低いときに攻撃するという、「相手に危害を加えるための攻撃（オフェンシブ・アグレッション）」の効率を高める役割を果たしていることを示した初めての証拠である。

集団間の関係に果たすオキシトシンの役割に関する証拠は増え続けているが、初期の結果で、このホルモンは人間において、外集団に対する攻撃性を促進することがわかっている。とはいえ、近所のコンビニや生協で買えるようなオキシトシンの鼻腔スプレーなどない状況において、人間はいつこのホルモンを分泌するのだろうか？　愛する人に初めて出会ったときに分泌されることは判明している。また、母親になったばかりの女性や、そしてそれよりレベルが低いものの、父親になったばかりの男性が自分の赤ちゃんや他人の赤ちゃんにメロメロになるのもこのホルモンのせいだ。また、文化的な儀式の際にも分泌されることがわかっている。ニュージーランドのラグビーチーム「オールブラックス」が試合前にハカを披露するときなどがその例だ。[14] ダンスフロアにいる迷惑な求愛者、子供の遊び場をうろつくトレンチコートを着た男、赤い服を着てウェールズ国歌「ヘン・ウラッド・ヴー・ナーダイ」（「我が父祖の土地」の意）を歌っている大柄なウェールズ人など、私たちが大切にしているものを脅かしているように見える外集団のメンバーを前にすると、オキシトシンの放出は攻撃性を刺激する。

特に、加害者がオキシトシンを分泌している可能性が高い場合（幼い子供を養育している親の場合など）や、目に見える特徴を持つ外集団（他人種など）からの脅威を感じているような場合には、オキシトシンが憎悪に関与する可能性がある。

脅威をもたらす人種的他者としてのビジャン

ビジャン・エブラヒミが小児性愛者であるという主張は、彼を悪者にして、さらに「他者」として区別するために完全にでっち上げられたものであることがわかっているが、リー・ジェイムズがビジャン殺害の動機として主張したのは、被害者の人種や身体的障害ではなく、この噂だった。このジェイムズの供述と、それを鵜呑《うの》みにした裁判所の判断を受けて、ヘイトクライムの被害者を支援する複数の慈善団体は法務長官に書簡を送り、ビジャンがキャップグレイヴ・クレセントの一部の白人住民から被った偏見の嵐を判事が見て見ぬふりしたと公式に苦情を申し立てた。

慈善団体の言い分には、強力で重大なポイントがある。ビジャンは、近隣住民から長年にわたって日常的に人種差別的なひどい行為を被っていた。近隣住民は、彼が小児性愛者であるという根拠のない噂を流すことにより、自分たちの結びつきとビジャンを殺害することになる憎悪に満ちた動機を育んだ。裁判所は、ビジャン殺害の数週間前から数日前までの間に二人が遭遇したときの内容に関する証拠に基づいて、ジェイムズの動機を推測するしかなかった。キャップグレイヴ・クレセントの白人の目撃者は誰一人として、ジェイムズが犯行時、あるいはそれまでの数日間に被害者と交わった際に人種差別的な言葉を使っていたかどうかを、名乗り出て証言するように求められなかった。科学的な観点から言えば、こうした法廷で認められる証拠がないからといって、動機にビジャンの人種や身体的障害に対する憎悪が関与していたことを否定することはできない。

もしテルアヴィヴ大学のマイケル・ギリアド教授とニラ・リーバーマン教授にこの事件を見てもらったとしたら、きっと子供の養育者としてのジェイムズの役割がビジャンの人種と相互作用して致命的な結果をもたらしたかどうかを検討するだろう。彼らは、養育という動機づけシステムが外集団に対するバイアスに与える影響を調べている。他の生物種に比べ、人間は子供を育てて守るのに法外な時間を費やす。人間の子供は何年も無防備な状態が続くため、人間は外集団の脅威に直面したときに集団の存続を助けるような養育のシステムを進化させてきた。

ギリアド教授とリーバーマン教授は、親であることが自分たちと異なる人々に対する偏見を抱く可能性を高めるかどうかの検証に取り掛かり、イスラエルと米国から約一〇〇〇人の成人を研究参加者として集めた。参加者の半数には、出産後の数日間を詳しく思い出させるか、乳児の写真を見せることにより、養育に関する刺激を引き出して〝プライミング〟した〔あらかじめ刺激を与えて、後続する事象に影響を与えること〕。残りの参加者には、過去数日間にテレビで見たことを思い出させるか、田園風景の写真を見るというタスクを与えた。その結果、プライミングのタスクによって親としての養育の動機づけシステムが活性化した人は、アラブ系イスラエル人とアラブ系米国人に対して人種差別的な態度を示す傾向が有意に高かった[15]。

子供の養育をすると集団脅威に直面したときに偏見を持つようになるという結果を確証するため、ギリアド教授とリーバーマン教授は、被験者に実際に子供を連れて研究室に来てもらったうえで、もう一つの実験を行なった。五歳以下の子供を連れて実験に参加した六六人の女性（その多くが実験中に子供を膝の上に乗せていた）は、アフリカ系難民の大量流入と、それに伴って犯罪（レイプ、殺人、窃盗など、ぞっとする内容の犯罪）が増加したというニュースを読まされた。別の六四人の女性も同じ記事を読まされたが、彼女たちの子供は家に残されていた。これらの記事を数分間読まされた後で、両集団の女性は、政府の難民政策について意見を求められた。たとえば「政府はすべてのアフリカ系難民を追放すべきだろうか」、「政府は毎年多くのアフリカ系難民を受け入れるべきだろうか」といった質問である。その結果、子供を膝に乗せていた人が難民の国外追放に賛成する割合は、子供を家に残してきた人に比べて有意に高かった。

親、特に幼い子供がそばにいる親は、この進化してきた養育動機づけシステムのメカニズムによって、外集団のメンバーによる脅威に過敏になる場合がある。したがって、ジェイムズはあの日、子供たちが緑地で遊んでいるところをビジャンに撮られたときに、このメカニズムの影響を受けたのではないかという仮説を立てることは少なくとも道理にかなう。そのため、子供を食い物にする人物というビジャンの誤ったレッテルが、このメカニズムの最初の引き金になったのかもしれないが、前述した科学的根拠によれば、人種が二番目の引き金になった可能性もある。

私たちはまた、ジェイムズがクレセントに引っ越してくる前に、ビジャンが小児性愛者だという噂をでっち上げた近隣住民の動機についても自問しなければならない。もしビジャンが白人で、障害者ではなかったとしたら、噂を流した住民は同じように彼を悪者扱いしただろうか？ もしそうでないとしたら、その噂は、障害のあるイラン人難民というビジャンのアイデンティティと絡み合っていたことになる。彼の人種（そしておそらく彼の身体障害）が、一部の人々に脅威として認識され、すべての人にビジャンが脅威であると思わせるために小児性愛者の噂をでっち上げさせたのだ。それでもまだ、なぜビジャンのアイデンティティのこのような側面が、少数の隣人にとってそれほどにまで脅威となったのかについて解き明かす必要がある。

社会、競争、脅威

一九五四年、心理学者のムザファー・シェリフは身分を隠し、キャンプの監督として、白人米国人中産階級家庭出身の一一歳の少年たちをオクラホマ州、ロバーズケイヴ州立公園のサマーキャンプに連れて行った。少年たちはみな初対面だったので、科学者たちは、木材を集める、水を汲《く》む、筏《いかだ》を作る、といった絆を深めるための活動をさせた。作業中に数人の少年がガラガラヘビ（ラトルスネイク）を見かけたため、集団の少年たちは自らを「ラトラーズ」と呼ぶようになった。少年たちはこの新しくできた集団の旗を作ってキャンプ場に掲げた。短期間のうちに、少年たちはサンボワ山脈のふもとにあるこの公園を自分たちの縄張りであるかのように感じるようになっていた。

だが、その安心感は覆されることになる。少年たちには知らされていなかったのだが、シェリフは彼らの直接のライバルとなる第二の集団「イーグルス」を配置していたのだ。この実験は後に「ロバーズケイヴ実験」として有名になる[16]。実験は、集団間で偏見や対立が生じるのは、限られた資源をめぐる競争のためであり、人種や性的指向あるいは身体的・精神的障害などの個人的な原因によるものではないことを証明するために行なわれたものだった。シェリフがこの持論を証明しようとしたのは、一九一三年から二二年にかけて、オスマン帝国により七五万人近いギリシャ人民間人が殺害された「ギリシャ人大虐殺」で目にした暴力がきっかけだった。同時代の研究者たちとは異なり、彼は研究室で行なう心理学研究に背を向け、文字通り研究室を飛び出して野外実験を行なったのである。

実験の最初の段階では、同じサイズの集団であるラトラーズとイーグルスは接触しないように離されていた。それぞれの集団には数日以内にアイデンティティが生まれ、少年たちは内集団のメンバーとしての兆候を見せていた。第二段階では、集団間に敵意が芽生えるような状況が設定された。まず、少年たちはお互いの集団の存在を意識するように仕向けられた。森の中で聞き慣れない声を聞いたものの、相手の姿は見えなかった。少年たちは最初、相手は自分たちとは異なる人種であると思い込んだ——これは、当時特有の現象である。彼らの瞬間的な反応は、相手を挑発して追い払おうとするもので、人種差別にまみれた叫び声が森の中に響き渡った。だが、二つの集団がお互いに顔を合わせ、全員が白人の米国人少年であることがわかると、人種的な脅威のイメージは、区別することができる細かな違いに取って代わられた。たとえば、〝嘘つき〟イーグルス、〝めめしい〟ラトラーズ、といった具合である。

キャンプカウンセラーや管理人などを装った科学者たちは、ラトラーズとイーグルスを、片方のチームだけが賞品（キャンディーやペンナイフなど、一九五〇年代に一一歳だったアメリカの少年たちが大事にしていたもの）を獲得できるような課題で競わせた。二つの集団は、テント張り、お手玉、野球、綱引きなど、およそキャンプサイトで行なわれるありとあらゆるゲームで競い合った。科学者たちは、キャビンの整理整頓、歌唱力、即興性なども競わせ、一方の集団に不公平にポイントを与えることによって、緊張感が生まれるように操作した。ラトラーズの初期の連勝がイーグルスを揺さぶり、ある夜、お互いのチーフが宣戦布告する事態になった。

イーグルスはラトラーズの旗を降ろして燃やし、焼け焦げた布を再び掲げた。この時点で、科学者たちは少年たちの操作をやめ、二つの集団が徹底的に戦う姿を見守った。ラトラーズの復讐は相手のキャンプを襲撃することだったが、これをきっかけにイーグルスは身体的な暴力を振るおうと言い出した。事態は混沌《こんとん》とし、戦いが始まった。科学者たちは、この時点で介入して、傷つく者が出ないようにキャンプを一時閉鎖した。シェリフは、持論の証明に成功したのだった。すなわち、品行正しい米国人の白人少年の二つの集団でさえ、乏しいと認識された資源を奪い合うことになれば、お互いに憎しみ合い、暴力を振るうようになると。

シェリフの実験では、ラトラーズとイーグルス間の競争が第一の脅威として位置づけられていたが、両集団には自然に文化的特徴が生まれ、それが彼らを分断するようになっていた。イーグルスは裸で泳ぎ、口汚い言葉を使わないのが流儀で、ラトラーズは控えめだが口が悪かった。これらの特徴はそれぞれの集団にとって貴重なものであり、どちらかの集団がこれらの習慣を脅かすと、報復を受けた。また、ラトラーズのメンバーが裸で泳いだり、イーグルスのメンバーが口汚く罵ったりすることは、裏切りと、潜在的なスパイ行為の象徴と受け取られた。

内集団と外集団が持つ価値観や信念体系の違いは、歴史を通じて数多くの紛争原因となってきた。憎悪の道徳的側面については第1章で見てきたが、このような行動に出る人は、対象となる人の信念を正すため、あるいはそうした信念の源を根絶するための聖戦に身を投じているとみなすことがよくある。私たちの文化や生活様式に対する脅威は、資源に対する脅威とは別に存在することもあるが、それらが絡み合っていることもしばしばだ。

ニューメキシコ州立大学のウォルター・ステファンとクッキー・ステファンは、〝現実的な〟脅威と〝象徴的な〟脅威と名付けた二つのタイプの脅威を統合して、「統合脅威理論（ＩＴＴ）」と名付けた。[17]ＩＴＴは、両方のタイプの脅威は集団と個人のレベルで作用すると説く。すなわち、内集団のメンバーは、自分が個人として、または集団として、あるいはその両方として外集団に脅かされていると認識することがあるという。たとえば、内集団のメンバーは、移民が地元の仕事を奪ったり閉店したパブを買い取ってモスクにしたりするなど、外集団のメンバーの脅威が迫っていると認識すると、恐怖や怒りを感じることがある。だが、このような作用は、脅威が現実に存在していなくても引き起こされる。集団間の緊張は、悪辣《あくらつ》な政治家が脅威の感覚を操作することなどによってもたらされる、脅威の認識だけで生じることがあるのだ。ＩＴＴは全世界において、他の人種、性別、国籍、性的指向、さらにはがんやエイズの患者に対するネガティブな態度を予測できることが判明している。

文脈と脅威

シェリフの競争的脅威の概念、そしてステファンらの現実的脅威と象徴的脅威の概念は、すべて文脈のもとで働く。本章前半で紹介した、誤解されたアウトサイダーたち――見知らぬ人、市場の販売員、二日酔いの同僚――の運命は、より広い文脈の中で悪化しかねない。人々の脆弱《ぜいじゃく》感を強める政治、経済、社会、健康面での文脈は、常に脅威にさらされているという感覚を引き起こしたり、悪化させたりするからだ。政治家が〝危険〟な移民について分断的なレトリックを広めているときに、フードを目深に被った見知らぬ人に出会ったら、人々の脅威メーターは閾値《いきち》を超える。不況で資源が不足しているときに、恵まれた販売員に騙されたと感じると、人々の脅威メーターは誤作動を起こす。そして健康リスクに対する不寛容さや誤情報が蔓延しているときには、人々の脅威メーターが同僚の二日酔いを致死の病と誤認してしまう。

ビジャンのような人々は、世界的不況という文脈の中で、経済的脅威とみなされることがよくある。近所の白人たちから見れば、彼はイランからの難民であり、国の給付金に頼って生活している人が多く住む団地の貴重な住居を占有していた。さらに彼は障害者で、追加の給付金を受け取っていた可能性があり、地元の人々はそのことを恨めしく思っていたかもしれない。緊縮財政の時代に難民が優遇されていると感じとられると、ビジャンのような人々は「地元民」（つまり英国生まれの白人）の生活様式を脅かしているという意識が定着する。こうした意識は、ビジャンがきょうだいの近くに住むことを希望したため、民族的マイノリティの背景を持つ人々がほとんどいない団地の住居をあてがわれたことにより、さらに悪化したのだった。

調査によるとヘイトクライムは、人種が混在している地域より、白人が大多数を占める地域で起こりやすい。なぜなら、経済的脅威の感覚は〝他者〟であるよそ者が移り住んできたときに、より鮮明になるからだ（詳しくは本章で後述する）。こうして文脈は、ビジャンをまず、クレセントの一部の人々に対して「二重の脅威」（貴重な資源を奪う、身体障害のある移民）にし、次に子供を食い物にする者という悪質なレッテルを貼られたことが彼を「三重の脅威」にして、殺害という結果を招くことになったのである。

私を襲った加害者は、ＬＧＢＴＱ＋の人々に対する不寛容な時代背景の中で、私を脅威として認識していた。二〇〇〇年代に変わるころでも、第二八条は未だに効力を持っていた。つまり、彼らは私のような人間をポジティブに捉える公的な機会を教育の場で与えられてこなかったのである。一九九〇年代に世界中で何百万人もの命を奪ったエイズが流行していたことも、彼らの見方に影響を与えただろう。また、ＬＧＢＴＱ＋に対するヘイトクライムを取り締まる法律がなかったことも、国家は私のような人間を保護しようとはしていないというシグナルを人々に送ったものと思われる。

人々の脅威の認識は常に文脈の中で働くが、科学的研究により、その文脈が切迫したものであればあるほど人々は脅威を感じとるようになり、脅威の内容もより極端なものとして受け取られるようになることが判明している。ヨーロッパの一二カ国を対象とした調査では、経済不況や大規模のマイノリティ移民人口を抱える国は、経済が好調な国に比べて人種的偏見のレベルが高いことが示されている。[18] 経済不況、敵意に満ちた政治環境、テロ攻撃、パンデミックなどは、人間の脅威検知メカニズムを過敏にさせる文脈のほんの一部にすぎない（これについては第7章で詳しく見てゆく）。脅威として受け取られる外集団が存在するときにこのような過反応が生じると、偏見に満ちた敵意が生まれかねないのだ。

シェリフは、脅威の発生に適した文脈と一連の分断状況を作り出すため、実験を慎重に組み立てていた。つまり、強力なアイデンティティを持つ二つの集団を作り、事前に集団間の接触がないようにし、資源を制限して、競争して獲得できる賞品を一つだけにしたのだ。社会にはこのような条件を操作する科学者はいないが、その必要はない。そうした状況は自然に発生するからだ。

二〇〇七年から二〇〇九年にかけての大不況と、過去数十年にわたる英国の石炭、鉄鋼、自動車製造部門の衰退は、一部の町や都市に大きな影響を与えた。この経済不況に加えて英国への移民が増加し、地元住民は、移民を現実的かつ象徴的な脅威として受け取るようになった。このような脅威の認識は、地元民の雇用が少ない一方で、不安定で一時的ではあるが移民の雇用が多いという地域でより悪化する。

英国では、産業の衰退と移民の影響を受けている地域のほとんどはロンドン以北にある。そうした地域の多くは、保守党政権によって難民認定申請者の疎開地域として選定され、過度の負担を強いられている。難民認定申請者の約六〇％は最も貧しい町に送られ、不況の中、地域の資源にさらなる負担を加えているのだ[19]。二〇〇五年から二〇一五年の間に外国生まれの定住者の比例的増加が最も大きかった英国のすべての地域では、人種的・宗教的動機に基づくヘイトクライムが着実に増加した。最も驚異的な増加を見せたのはウェスト・ヨークシャーで、人口一〇〇〇人あたりのヘイトクライム発生率は全国平均を大幅に上回り、ロンドンと同レベルに達した。

ウェスト・ヨークシャーでは、二〇〇五年から二〇一五年の間に、外国生まれの定住者の数が約二倍になった。二〇一六年には、労働党が支配している、この地域を構成する五つの行政区に二三六九人の難民認定申請者が住んでいた（これに対し、ウェスト・ヨークシャーに隣接するノース・ヨークシャーにおける、保守党が支配する八つの行政区に暮らしている難民認定申請者の数はゼロだった）。ウェスト・ヨークシャーのこれらの地区には東欧系の人々も移住してきており、そのほとんどが若く、非熟練者で、英語を満足に話すことができない。ロンドンに住むポーランド人移民の五人に二人は高等教育の資格を持っていると推定されるが、英国の貧しい地域に移住してきた人々の中で、同じ教育水準に達しているのは四人に一人程度だ[20]。言葉の壁は、地元住民と移民の間の交流の欠如を招き、さらなる壁を築く。そして、共通の言語がなければ、共通の理解がほとんど得られないため、脅威の認識が助長される。一方、ロンドンのように、地元の人々と移民労働者が日常的に交流し、共通の言語を持っている場合には、脅威の認識が減少し、受け入れと寛容のレベルが高まることが示されている。

二〇一六年、「あなたの地域は異なる民族的背景を持つ人々がうまくやっていける場所であると、どの程度まで同意または反対しますか」という質問に対し、ウェスト・ヨークシャーで二番目に民族的多様性の高い行政区画（大都市バラ）であるカークリーズでは、同意すると答えた住民は五三%にとどまった（カークリーズでは、二一%が自らを非白人、一〇%が外国生まれと申告している）[*3]。また、この行政区画にあるデューズベリー・イーストという町では、同意すると答えた割合が四一%にまで落ち込んだ。全国平均の同意率は八五%で、非白人率が三四%、外国生まれ率が四〇%のロンドンのカムデンでは八九%だった。ウェスト・ヨークシャーのこのような結果は、マイノリティ側と白人側双方の努力不足により統合が失敗していることを示している。つまり、双方とも自分たちだけの世界に閉じこもり、

＊3　Kirklees CLiK 2016 調査より。「強く同意する」は一四%、「やや同意する」は三九%、「同意も反対もしない」は三四%、「やや反対する」は九%、「強く反対する」は三%だった。カッコ内の数値は二〇一一年英国国勢調査の結果で、非白人には、ミックス／複数の民族、インド・パキスタン・バングラデシュ人／インド・パキスタン・バングラデシュ系英国人、黒人、アフリカ／カリブ／黒人系英国人、およびその他の民族が含まれる。外国生まれは、アイルランド共和国生まれを除く。

地方自治体や国から押し付けられる統合の試みにあらがっているのだ。

カークリーズ行政区画の町、デューズベリーは、人種差別的な事件が相次ぎ、それが地元で報道されたこともあって、全国メディアから、英国における多文化主義が「失敗したスペース」の一つという烙印を押されている。この町では、極右組織が人種関係の悪さを利用してきた。一九八九年に、インド・パキスタン系住民が大多数を占める小学校に白人の子供たちが通わされることになったことに関して起きた人種間の暴動には、英国国民党（ＢＮＰ）が関与したと噂されており、二〇一三年のイングランド防衛同盟（ＥＤＬ）の集会は、イスラム過激派を刺激することになり、爆破未遂事件が起きた。二〇一六年には、下院議員のヘレン・ジョアンヌ・〝ジョー〟・コックスが、隣村のバーストールで右翼の過激派に殺害されている。その一方で、デューズベリーは、二〇〇五年七月七日に起きたロンドン同時多発テロ事件の犯人の一人や、二〇一五年にシリアに渡った英国最年少自爆テロ犯の出身地としても知られている。

これらは、統合の失敗を示すサインであるだけでなく、「我ら」対「彼ら」という有害な感情を生み出すほどの相互不信が存在し、集団が孤立していることを示すサインでもある。デューズベリーを例にとると、「彼ら」を脅威と感じれば感じるほど、一般の論調は過激なものになった。最も極端なケースでは、地元の白人は「テロや小児性愛者のギャングは地元のイスラム教徒のせいだ」と言い、地元のイスラム教徒は「ヘイトクライムの増加や伝統的価値観の崩壊は地元の白人のせいだ」と言う。論調がそこまで分極化し、それが広く受け入れられるようになると、ＥＤＬ、ＢＮＰ、イギリス独立党（ＵＫＩＰ）、ブレグジット党などの政治集団は、そうした悪感情を利用して、ブルカ〔イスラム教の女性が外出時に着用する全身を覆うベール〕の着用禁止や外国人居住者の国外追放などといった極端な政策を、地元住民の抵抗を受けずに提案できるようになる。そうした政策は、論調がそこまで対立していない地域では到底受け入れられないものだ。極右勢力の目的は、世論をさらに右傾化させるために、それができる状況を作り出すこと、あるいは既に存在する状況を利用することにある。その一方で、イスラム教徒の生活様式を脅かすような極端な政策が地元で広く受け入れられているという認識は、イスラム過激派の介入を許し、ふだんは平和なコミュニティのメンバーを潜在的なテロリストに変えてしまう機会が生まれる（これについては第8章で詳しく見てゆく）。

脅威を感じている当事者の声

本書の執筆中、私は増加するヘイトクライムに関するBBCのドキュメンタリー番組作成に携わることになった。制作チームから任されたのは統計の分析である。チームの他のメンバーは国中を回って、被害者や加害者、国粋主義運動にリクルートされた人などに聞き取り調査を行なった。デューズベリーからほど遠くないウェスト・ヨークシャーのある町で、一人の青年が、この国が直面している〝問題〟に関する自分の考えをチームに語った。彼の話の大部分は、シェリフや他の心理学者たちが概念化した脅威のタイプと一致している。なぜ、ウェスト・ヨークシャーで起きている人種差別被害者の多くが東欧人だと思うか、と聞かれたジェイムズ（仮名）は、次のように答えた。

なぜって、〔住民が〕みな仕事を失っているからです……仕事をめぐって激しい競争が繰り広げられています。貧困も増大しています。失業も増えています。団地全体が、産業を失ったところもあります。自分の地域を偉大にしてきたもの、自分たちの暮らし方を失ってしまったんです……そして、最後に残った数少ない仕事が消えてゆき、ほかの人に与えられてしまうから、残念ですが、人々の一部が怒りを誤った方向に向けてしまうんです。

移民は経済成長をもたらすという議論についてどう考えるかと聞かれたジェイムズは、こう答えている。

こうした人々［政治家］は、できる限り英国に移民をもたらし続けようとするでしょう。なぜなら、それは彼らの計画の一部だからです。彼らはそのことが経済を成長させ、英国に富をもたらすと主張しますが、そんなことはありません。経済規模は大きくなるかもしれないけれど、普通の市民にとって、事態は悪化します。病院やかかりつけ医にかかるウェイティングリストは長くなるし、子供たちの学級の人数も増えるし、スペースもなくなるし、渋滞が起きて、朝の出勤にも時間がかかるようになります。

ジェイムズにとって、東欧人に対するヘイトクライムは、雇用、医療サービス、教育に対する脅威という現実的脅威の認識によって説明がつく。だが、統合脅威理論が示唆するように、このような現実的脅威は象徴的脅威にも関連している。すなわちジェイムズは、産業により特徴づけられていた地域のアイデンティティが失われつつあると感じているのだ。そして、このような地域の「偉大さ」が移民によって脅かされ、弱められていると感じている。ジェイムズは、自分の考えを肉付けするために、長々と話し続けた。

ブラッドフォードの街を歩くと、ブルカを着た人々がいて、彼らが持ち込んだ変わった店があり、巨大なモスクもあって、金曜日にはそうした人々がそこに何千人も押し寄せています。それは英国ではありません。ヨーロッパでもありません。そうした人々が存在してはいけないと言っているわけではないんです。世界にはそのような人々の居場所があります。でも、その場所はここ英国ではありません……ここに来た人々、つまり移民たちは、自分たちの文化や生活様式を祝い、自分たちの伝統を享受することが許されています。なのに、イングランドの白人は、セント・ジョージズ・クロス〔白地に赤十字のイングランド国旗〕を掲げたり、聖ジョージの日〔四月二三日。イングランドの守護聖人である聖ゲオルギオス（聖ジョージ）の殉教日を記念する日〕を祝ったりするだけで、人種主義者だと非難されることがあるんです。

「ブルカ」、「変わった店」、褐色の人々が押し寄せる「巨大なモスク」などは、ジェイムズにとって英国やヨーロッパのあるべき姿を脅かすシンボルだ。取材における彼の言葉は繰り返しが多く、台本から外れないように気をつけているように読み取れる。ジェイムズは取材で話す内容をあらかじめ準備していたと認めたが、これは全国ネットのテレビ番組で放映されると思っていたことを考えれば意外なことではなく（彼へのインタビューは結局放送されなかった）、自分は人種主義者ではないと伝えることに腐心していたのも頷《うなず》ける。

「人種主義者」というような言葉が使われるとしても……その言葉は私にとって何の意味もないし、そもそも私はその言葉を認めていません……なぜなら、それは正当な見解を持つ人々を黙らせるために使われるイデオロギー的な言葉だからです。それにはなんの知的な重みもなく、ただ黙らせるための戦術なんです……はっきりさせておきたいのですが、私は、文化や肌の色、民族を理由に誰かを憎むようなことはしません。ただ、あらゆる文化や肌の色の人や民族に、英国やヨーロッパに住む権利があるとは思わないだけです。

彼のこの否定は、その場にいた人たちに、ジェイムズは実際には、自分で認めているナショナリストを超える〝白人〟ナショナリストだという印象を与えた。

ジェイムズの政治的立場はともあれ、経済の低迷、「英国らしさ」の喪失、外国生まれの移民の増加について懸念を表明しているのは彼だけではない。ただ違うのは、大多数の人はジェイムズと異なり、それらを関連づけていないことだ。景気の悪化や文化の変化の認識を移民と結びつけるのは、この種の脅威に過敏に反応する人たちだけである。

外国生まれの移住者が大幅に増加し、ヘイトクライムが多発している英国のすべての地域が、ウェスト・ヨークシャーのような産業の衰退を経験しているわけではない。そのため、そうした地域で起きているマイノリティ集団を標的とした犯罪を説明するには、産業の空洞化による経済的苦痛や英国人労働者階級におけるアイデンティティの危機といった要因はあまり意味をなさない。エセックス州は、人口統計学的に、ウェスト・ヨークシャーとほぼ正反対の特徴を有している。そこは保守党の中心地であり、ロンドンに次いで英国で二番目に経済が繁栄している土地だ。農業、電子機器、製薬、金融などの分野が盛んで、雇用も多く、賃金も地域や国の平均を上回っている。白人率は九一％（英国平均は八七％）で、本稿執筆の時点で受け入れた難民認定申請者は、州全体でわずか六〇人にとどまる。エセックス州の州都チェルムスフォード市の人口は、黒人・少数民族が六％、外国生まれが七％しかいない。二〇一六年までに受け入れた難民認定申請者はたった一人だけだ。モルドンという町はさらに白人が多く、黒人・マイノリティ民族は二％、外国生まれは三％で、難民認定申請者の受け入れ数はゼロである。しかし、全体数は依然として少ないものの、二〇〇五年から二〇一五年までの間に、移民の数は二倍以上に増えた。モルドンにおけるEU離脱を問う国民投票の結果は、離脱票六三％、残留票三七％で、エセックス州全体と同様の結果になった（エセックス州を構成する一四の行政区のうち、残留票が離脱票を上回った行政区は一つもない）。カースルポイントでは離脱票七三％対残留票二七％、サーロックは離脱票七二％対残留票二八％で、英国全体で三番目と四番目に離脱票の多かった地域だ。これらの行政区は、エセックス州の最南端に位置しており、同州の数少ない難民認定申請者の大半を受け入れている。ブレグジット投票の後、エセックス州では人種や宗教に基づくヘイトクライムが五八%も増加し、国内で最もヘイトクライム増加率の高い地域の一つになった。

エセックス大学のアリタ・ナンディ博士らは、白人が非常に多い地域に住むマイノリティの人々は、人種的な嫌がらせを経験したと報告する可能性が有意に高いことを示している。このリスクは、ロンドンの一部の地域のように極右集団への支持率が低い多文化地域では低下するが、ウェスト・ヨークシャーのように極右集団への支持率が高い多文化地域では増加する。[21] 多文化の貧しい地域と単一文化の豊かな地域双方からのエビデンスを総合すると、いずれにおいても、ヘイトクライムの引き金となる同じような文脈が生まれていることが示唆される。つまり、いずれの文脈においても、多数派の集団は、外部の脅威から自分たちのコミュニティを守る必要性を感じるのだ。

私が関わったBBCのドキュメンタリー番組のプロデューサーは、英国南東部の海岸沿いの町に住む、三人の自称ヘイトクライム加害者も取材した。ジェイムズと同じように、この三人のうちの二人の男性、ダグとフィル（いずれも仮名）は、移民に対するヘイトクライムを行なう動機として、現実的脅威と象徴的脅威の両方を挙げている。

ダグ　自分の、自分の町の、自分の場所の中で、隔離されちまったような感じがするんだよ……安全だと感じて育ったいい地域から追い出されたような感じだ。そして、今はその、その、もう安全とは思えない。

インタビュアー　じゃあ、脅威を感じるまでは、実際には問題がなかったと？

ダグ　そう、なかった。奴らが問題だったことはなかったんだ。奴らがここに来始めたころは、そこに一人、あそこに一人っていった感じで、問題にはならなかった。でも、そのあと突然、今みたいな状況になっちまった。イギリス人の俺らは、自分たちが住んでいるところでマイノリティになっちまったんだよ。これは正しいことじゃないだろ?

インタビュアー じゃあ、私的制裁を加えたことは?

フィル ああ、あるよ。ああ、もちろんある。

インタビュアー どうやって?

フィル ボコボコにしてやったよ。

インタビュアー ボコボコにしてやった?

フィル そうさ。そのとおり。ほかに何ができる? わかるかい、それしか、それしか身を守る方法がなかったんだ。わかるだろ?

ダグ 俺に言わせれば、奴らはとどのつまり、たった一つのことのためにここにやってくるんだ。俺らの手当や住居を奪うためなのさ……タダ乗りなんだよ、わかるかい、昔は「グレートブリテン」だったけど、今じゃただの「ブリテン」だ。イギリスにはもう偉大なところなんか何もない、そうだろ……?

インタビュアー あなたは人種主義者なんですか?

フィル ちがう、ちがう、ちがう、俺の話を聞いてくれ。俺にはイスラム教徒のダチもいるし、有色人種のダチもいる。俺は移民に対してだけ人種主義者なんだ、そう、移民に対してだけなんだよ。奴らが俺らの国にやらかしていることに対してね。奴らはここにやって来て、タダ乗りして、俺らを完全におちょくってる。そんなことが起きているのに、人種主義者にならないでいられるか。わかるだろ、それは、そういうのは、俺は真剣なんだよ。

ダグ 奴らは俺たちを、奴らが俺たちをそういう人種主義者にしたんだ。つまり、黒人とか、なんていうか、自分たちが信じたい宗教を信じる人たちとかに対する人種差別じゃない。そうするのは奴らの自由だ。でも、ボートに乗り込んで、飛び降りて、ここにやってきて、俺らをおちょくるような奴らについては、そういう人種主義者になるしかない。だって、奴らはクソ野郎だと、俺らは思わせられるんだよ。
フィル　そうなんだよ、わかるかな、奴らがやってることに我慢できない人がたくさんいるんだ。もううんざりなんだ。わかるだろ？　そのうち、みんな一つになって、引き起こされるんだよ、人種主義の戦争とは言わないけど、そんなものが引き起こされるときがくる。それで、そうなんだ、バカげていると思われるかもしれないけど、俺はその日が待ち遠しいんだ。わかるかな。
ダグ　そう、そうなんだよ。俺らが昔からやってきたやり方が、それなんだ。暴力なんだ。俺らがとるアクションは基本的に暴力なんだ。歓迎されてないということを奴らにわからせるために、俺らは奴らにここにいてほしくない、もううんざりだってことをわからせるためにね。

自らの縄張りを〝異質な〟よそ者から守るためという、これらの若い加害者たちが使った言い訳は、世界中の加害者たちが繰り返し口にするものだ。一九七二年に米国で初めて提唱された「防衛コミュニティ」の概念は、この種の人種的な縄張り行動を説明するのに役立つ[22]。すなわち、よそ者の侵入によってコミュニティのアイデンティティが脅かされるという恐れが防衛行動の引き金になり、それがマイノリティ集団に対するヘイトクライムとなって現れる、という概念である。この理論は、ニューヨークとシカゴにおいて経験的支持を集めている[23]。だが、ウェスト・ヨークシャーの荒廃した団地とは異なり、この理論を検証するための調査が行なわれたニューヨークとシカゴの地域は、イングランド南東部の多くの地域と同様に、裕福で白人が大多数を占める地域だ。

この統計を解析した結果、ヘイトクライムは、外集団を脅威とみなした場合に発生しやすく、そのことは相対的に豊かな環境であっても変わらないという説がさらに裏付けられた。社会的に無秩序で荒廃した地域で頻発する一般犯罪とは異なり、米国の調査では、ヘイトクライム、とりわけ民族的マイノリティや移民に対するヘイトクライムは、社会的秩序が整っている豊かな地域でも発生する可能性が示されている。これらの地域の加害者たちは、よそ者に汚染されて自分たちの生活様式が悪化するのを恐れている。つまり、そうしたよそ者たちは、自分たちの高価な住宅の価値を低下させ、学校で自分の子供たちに破壊的な考えを吹き込み、自分の娘たちをそそのかすと恐れているのである。

白人の下層階級と白人の中層階級には、人種的あるいは国籍的な「他者」がもたらす脅威の感じ方において強い共通点がある。複数の調査によると、社会階級や世帯の所在地にかかわらず、白人は一般的にイスラム教について誤解を抱いているという[24]。また、移民については、高給取りで資格を持ち、専門職や管理職に就いている人たちであっても、低給取りで資格を持たず、サービス業や肉体労働に従事している人たちと同じくらい彼らをネガティブに捉えていると示唆するエビデンスがある。このような裕福な集団にとっては、現実的脅威（経済的利益に対する脅威）よりも象徴的脅威（価値観に対する脅威）の方が大きい[25]。

外集団による脅威の認識とそれに起因するヘイトクライムは、マイノリティの人口が多く、経済不況に陥り、極端な政治が行なわれている地域に限ったことではない。マイノリティ人口が少なく、経済が好調で、政治が穏健な地域という、人口統計学的にも経済的にもその対極にある文脈でも、マイノリティの外集団の存在から同じような脅威を感じとっている場合がある。マイノリティは、イングランド北部の旧工業都市では、その土地でうまくいっていないことの罪を簡単になすりつけられるスケープゴートになっている。一方、それより豊かな南部では、人々は他の地域で起こったことを聞かされ、「自分たちのものであって当然のもの」を守らなければ同じ運命を辿るかもしれないと恐れる。このような話を広めることこそ、外集団に対するネガティブなステレオタイプを人々に伝染させ、実際には存在しない脅威の感覚を生み出す要因だ。

カルチャーマシン、集団脅威、ステレオタイプ

先史時代には、脅威検知メカニズムの学習に使う情報が何者かを通してもたらされるということはなかった。人々は、家族を殺したのはだれか、食べ物を盗んだのはだれか、といった情報をじかに手にしていた。だが、口承が誕生して以来、こうした情報には混ぜ物が加わり、現代では大衆に脅威と恐怖を与えるための武器にさえなってしまっている。こうした誤情報・偽情報こそ、外集団に対するステレオタイプ生成の源となるものだ。

ステレオタイプは、私たちの頭の中にある他の集団に属する人々のイメージである。これらのイメージは、その集団の人々と交わってさえいない時点でも、その集団の文化、気質、脅威のレベルなどといった何らかの情報をもたらす。ステレオタイプは効率的だ。なぜなら、他の文化や集団などに関するあらゆる潜在的な情報を探るかわりに、カテゴリーを利用するからだ。また、世の中や、その中に存在する人々の集団を予測可能なものとみなすため、安心感さえ抱かせる。だがステレオタイプは、現実を誇張し、歪めた姿であることが大半だ。

キャップグレイヴ・クレセントの住民は、ビジャンのことを、障害を持つイラン人難民というステレオタイプに重ねて見ていた。そのことは、彼らが考える「白人英国人」の伝統の対極にある人物としてビジャンを位置づけることになった。住民たちは、ビジャンが実際には個人としてどのような人物なのか、同じような価値観や希望、苦難を共有しているかどうかなどといったことを知る時間を割かなかった。もしそうしていれば、きっと多くの共通点が見つかり、彼らを分断していたネガティブなステレオタイプの観念は崩れ去っていただろう。だが実際のところ、住民はよそ者の侵略者、福祉手当のたかり屋、子供を食い物にする変質者というステレオタイプの観念をふくらませたのだった。

白人の近隣住民たちにビジャンを脅威として受け取らせるステレオタイプ化をもたらしたものは何だったのだろうか？　その一部は、住民自身が抱いていた「白人英国文化」という概念だ。文化とは、大まかに言うと、人々の考え方、価値観、歴史、宗教、言語、伝統、社会的行動などを指す。文化は幼少期に、両親や親戚、友人、教育制度、宗教、および印刷媒体、オンライン媒体、放送媒体などのメディアを通してもたらされる。一つの国に複数の文化が存在することもあるものの、国家の文化とは、大多数の人々の生活様式を包含する支配的な文化を指すことになる。英国は土着の民族（移民二世とその子孫を含む）と世界中から移住してきた人々からなり、それぞれが自らの文化遺産だけでなく、自らが故郷と呼ぶ土地に関する、より広い価値観を備えている。また、支配的な文化を地域の価値観に合わせた、その土地やアイデンティティに固有の下位文化もある。人々は、支配的な文化の一部を支持する一方で、より地域に特化した考え方を持つことによって、支配的な文化に備わる他の面から逸脱することがある。そのため、支配的な文化が偏見を否定したとしても、これらの下位文化の一部が偏見を支持するという状況が生じるのだ。このような下位文化が自らの集団以外の人々との接触を制限してしまうと、偏見が持続して蔓延する状況が生まれる[26]。

　他者やその文化・集団のステレオタイプは、常に自分自身のものと比較され、乖離《かいり》が生じると、ポジティブなものにしろ、ネガティブなものにしろ、即座に判断が下される。たとえば、彼らの文化のワークライフバランスは羨ましい、彼らの文化が家族を重視していることに敬意を抱く、彼らの文化における食品の不衛生状態や動物の扱いには嫌悪感を抱かされる、彼らの文化における女性の扱いにはぞっとさせられる、などといった具合だ。このような判断を下すために私たちが使う情報が相手の文化や集団に属する人々やその公共機関から来ることはめったにない。通常は、自らが属する支配的な集団とその公共機関により構成されるカルチャーマシン〔文化を通して世論を操作する機構〕からもたらされている。そのため、他者に対して、歪んだ見方や、誤った情報に基づいた見方をしてしまうことが少なくない。

それが意図的に行なわれることもある。とりわけ文化戦争が起きているさなかでは、そのことは顕著だ。冷戦時代には米国とソ連の文化機関が、対立陣営に対するプロパガンダをさかんに流した。第二次世界大戦後、CIAは、米国文化の理想を広め、ひいては共産主義者の影響力を低下させるために、ヨーロッパにおける国際テレビ放送網（「ユーロヴィジョン」と呼ばれるが、これは同名のソング・コンテストとは別物）のインフラに多額の投資をして米国の番組を西欧に売り込んだ。この文化戦争の目標は、単一の集団や生活様式を他の集団や生活様式よりも優位に立たせることにあった。米国がこの目標を達成するには、非米国人（つまりヨーロッパ人）を味方につけることが必要だった。米国は愛国心に頼ることはできなかったため、その代わりに、共産主義はあらゆる文化に対する脅威であると宣伝したのである。

最近では、政治家が他の集団に関する偽情報を広めてネガティブなステレオタイプを作り出し、脅威の印象を煽って自らの政治運動に支持を集めようとしている。二〇一六年の米国大統領選挙運動では、ドナルド・トランプがステレオタイプを利用してイスラム教徒やメキシコ人による脅威という印象を作り出し、二〇一六年のEU離脱の是非を問う国民投票の運動では、ナイジェル・ファラージらが移民のステレオタイプを作り出して脅威の印象を醸成した。二〇一八年のブラジル総選挙では、ジャイル・ボルソナロがステレオタイプを利用して、先住民やLGBTQ+の人々による脅威という印象を操作している。

多くの場合、異文化の誤認は、情報不足、誤解、詳細やバランスのとれた見解を得ようとしないこと、あるいはそれらの組み合わせに起因している。五歳という幼い年齢の子供に対してであっても、両親、友人、教師は、意図的であるか否かにかかわらず、ネガティブな固定観念を植え付けてしまうことがある。それより少し年上の子供は、脅威の感覚や恐怖、反感、軽蔑、嫌悪といったネガティブな感情をステレオタイプと結びつけるようになる。北アイルランドのような分断された社会で、三歳の子供が、ブロテスタントあるいはカトリックのいずれかへの忠誠を誓い、六歳になると他方に恐怖感、嫌悪感、脅威感を抱くという事実は驚くにあたらない。このようなステレオタイプ化の大部分は、相手と直接かかわることなく育まれたものだ。北アイルランドでは、多宗教を容認する学校に通学している子供たちの数は四%未満で、放課後に異なる宗教を持つ人々と交わる割合も非常に少ない[27]。

ステレオタイプとそれがもたらす脅威を形成するうえで最も影響力のある文化的要因はメディアだ。テレビ、ラジオ、ポピュラー音楽、ニュースなどに登場するマイノリティ民族の文化の描写は、両親や友人、教師の見解と同じくらい私たちの頭の中に入ってくる。その理由の一部は、こうしたメディアは楽しめるようにデザインされ、視聴者の注意を惹き、できるだけ長く維持するためにあらゆる手段を用いることにある。多くの人は、親や先生と話すより、テレビを見たり、好きなバンドの曲を聴いたりすることを好む。だが、親や先生と同じように、メディアもまた誤った情報を伝えかねない。

かつてのアニメ番組『まんが探偵局 ディック・トレイシー』、『トムとジェリー』、『ほえよ! 0011』、『ローン・レンジャー』、『科学冒険まんがJQ』、『ルーニー・テューンズ』などの番組を覚えている人も多いだろう。これらの番組はすべて、他の文化を誤解させる役割を果たした。大部分は今では放映されていないものの、ストリーミングサービスで配信されている場合は、内容について警告が表示されることが多い。もちろん、これらの番組は、それが放映された時代の産物ではあるが、自分たちとは異なる人々に対する私たちの理解というものが、いかにこうした無邪気な番組によって形成されるものであるかを物語る例となっている。

さらに衝撃的なのは、一九六〇年代から一九七〇年代にかけて制作された英国のコメディで、人種的な脅威が笑いの種にされていたことだ。英国の読者の多くは、BBC1の『死が私たちを分かつまで(*Till Death Us Do Part*)』(一九六五年~七五年)のアルフ・ガーネットを思い出すことだろう。常に人種差別的な中傷を口にし、黒人の〝汚染〟を愚痴っていたこの登場人物は、偏見にまみれた偏狭者たちのヒーローになった。この番組は一〇年間放送され、一九九八年までにアルフを主人公とした多くのスピンオフ作品が生まれている。また、スパイク・ミリガンがBBCで制作したコメディシリーズ『Q…』(一九六九年～八二年)を覚えている人もいるだろう。このシリーズではミリガンが頻繁に顔を黒く塗り、家庭で飼っているペットを駆除してカレーに入れるダーレク〔『ドクター・フー』の敵役〕のような存在としてパキスタン人を描写していた。その後、ITVの『カレー・アンド・チップス(*Curry and Chips*)』に出演したミリガンは、パキスタン系アイルランド移民を黒塗りの顔で演じ、"パキ・パディ"〔「パキ」はパキスタン人、「パディ」はアイルランド人の蔑称〕という愛称で呼ばれるようになる。人種差別的コメディを追求するITVの貪欲な熱意は、英国の白人夫婦の縄張りに侵入する西インド人家族の脅威を描いた『隣人を愛せよ(*Love Thy Neighbour*)』(一九七二年～六年)で最高潮に達した。この番組の制作者たちは、白人の主人公が侵略者たちのことを、知性に欠けた人食い人種で、性的に逸脱している者とみなすのがユーモラスだと考えたのだ。

こうした番組の脚本家たちは、自分たちの創作物は英国中産階級の白人男性たちを揶揄《やゆ》する風刺だったと主張しているが、大多数の視聴者には、そうは伝わらなかったようである。一九七四年にBBCが五六三人の子供と三一七人の親を対象に実施した世論調査では、大多数の人が、反対したり見下げたりするはずの人種主義的な登場人物が表現する感情に共感していた[28]。冷笑の標的にされるはずだった白人の人種主義者たちは、結果的に親しみの持てる存在になったのである。他人種の登場人物に対する主人公の不安、態度、行動は、大人も子供も含めて観客の心を捉えた。そして自分たちの意見が主要なテレビ局の番組に反映されたと感じて、そうした意見がいっそう強まったのだった。BBCは、この結果により、同局のコメディは人種差別を風刺しているという主張が崩され、かえって非リベラルな態度を助長していることの証明になると恐れて、調査報告を発表しなかった。

このような誤った表現の多くは、メディアの制作過程における体系的な偏見や、非ステレオタイプの役を演じるマイノリティ集団が少ないことに起因している。米国は世界最大のメディア生産国だ。米国人口の約四一%はマイノリティの人種に占められている。二〇一八年～一九年に劇場公開された興業成績トップ映画では、主役の約二八%が有色人種によって占められたが、一〇年ほど前、その割合はほんの一一%に過ぎなかった。二〇一八年～一九年に公開されたハリウッド映画の約三〇%には、当時の米国のマイノリティ人口に近い割合、またはそれ以上の割合を占めるキャストが含まれていた。驚くべきことに、そのほんの一〇年ほど前、その割合はたったの一〇%だったのである。二〇一九年のハリウッドでは、映画のキャストの大半（六七%）を占めていたのは依然として白人俳優で、黒人は一六%、ラテン系は五%、インド・アジア系は五%と、人口に占める割合から乖離していた。一方、二〇一八年～一九年におけるテレビ放送網は、映画界より進歩していた。五〇%強（一〇年前の約一〇%から急増）の番組に、人口比率に近いか、それ以上の割合のキャストが含まれており、黒人、ラテン系、インド・アジア系の俳優も約四〇%を占めた[29]。

すべてのメディアが、他者を脅威とみなすネガティブなステレオタイプを押し付けているわけではない。マイノリティのキャラクターをポジティブに捉えることで、積極的に対抗している番組もある。一九六八年に放送された『スター・トレック』のカーク船長とウフーラ中尉の抱擁は、テレビで放送された最初の異人種間のキスとして有名であり、当時大きな反響を呼んだ（ただしそれ以降、それより前にテレビで放映された異人種間キスシーンが発見されている）。それから間もなく、さらに多くのテレビ番組が、それまでほとんど足を踏み入れてこなかった領域に大胆に進出していった。たとえば、『ジュリア』、『ホワッツ・ハプニング!!』、『227』、『コスビー・ショー』、『オプラ・ウィンフリー・ショー』、『ベルエアのフレッシュ・プリンス』、『ノアズ・アーク』、『ブラッキッシュ』、『メリー・アン・シングルトンの物語』、『エレンの部屋』、『クィア・アイ』、『ふたりは友達? ウィル&グレイス』、『クィア・アズ・フォーク』、『Lの世界』、『ルッキング』、『glee／グリー』、『POSE／ポーズ』、『トランスペアレント』、『アイ・アム・ケイト』、『スピーチレス』、『ユニークライフ』、『スペシャル　理想の人生』などがその例である。これらや他の多くのテレビ番組、先駆的な映画そしてニュース番組は、社会に存在するマイノリティ集団を、（完全ではないにせよ）よりバランスがとれ、脅威を感じさせることの少ない見方によって描くうえで大きな前進を遂げてきた。

　毎日毎日、見たり読んだり聞いたりしているものが読者や視聴者の考え方を形成する場合があることは、誰でも経験的に知っている。年末年始に不機嫌な年配の親戚とぎこちない会話をしたことがある人は少なくないだろう。事実に基づかない偏見に満ちたコメントを口にした彼らに、それを問いただすと、どこかで読んだりテレビで見たりしたことが情報源だと判明する。すると私たちはあきれて目を天井に向け、強力なカルチャーマシンが働いていることを友人や知人のリベラルなバブルフィルターの中で嘆くのだ。広告会社やマーケティング企業は商品を売るためにメディアを利用し、政治家は票を集めるためにメディアに何百万ドルも費やし、政府は危機の際にメディアに頼って国民を安堵《あんど》させるメッセージを広めようとする。だが、メディアの影響力を科学的に説明することは可能だろうか？

　心理学者は、笑いを取るためのネタに偏見を利用するコメディを見ると、人々の行動は悪い方向に変化すると示唆している。ある研究では、性差別的なジョークを読んだり聞いたりした男性の被験者たちは、慈善団体への寄付に消極的になり、女性団体への資金援助を削減したいと思うようになったが、中立的なジョークのあとでは、そういった変化は見られなかったという結果が得られた[30]。他の研究では、性差別、反イスラム、反同性愛者のジョークを聞くと、女性、イスラム教徒、同性愛者に対する差別を受け入れる傾向が強まったことが示された[31]。心理学者たちが導き出した結論は、コメディによって被験者が偏見を持つようになったのではなく、ユーモアが、すでに抱えていた偏見のある態度を一時的に解き放ったというものだ。こうした態度は、ふだん、偏見がないように見せなければならないという社会的圧力によって日常的に抑えられている。だが、性差別、人種差別、同性愛嫌悪のジョークが「解発因

（リリーサー）」として働き、それが偏見のある行動をもたらすのだ、という。

カルチャーマシンは人々を分断することがある半面、たとえ実際に出会わなくても、異なる背景を持つ人々を結びつけることがある。ネガティブな固定観念を打ち破る人気番組は、視聴者の他者に対する容認度を高めて偏見を減らす[32]。調査によると、平均的な視聴者は、架空の〝マイノリティ〟キャラクター、特に偏見を経験するキャラクターに共感し、視点を変えて共感する力を養うことができるという[33]。このプロセスは、より広い世界における態度や行動を形成し、ときには実際に変化をもたらすこともある。ドイツで行なわれた実験はこれを裏付けている。この実験では、異文化に関するコンテンツが少ないソ連の影響を受けたテレビ番組ではなく、異文化の統合が成功している様子を描いた西欧のテレビ番組を見せたところ、寛容さが生まれ、移民に対するヘイトクライムが減少したのだ[34]。米国で同性婚に対する大衆の支持が高まっていることについて、ジョー・バイデンは、副大統領だった二〇一二年に次のように語っている。「『ふたりは友達？　ウィル＆グレイス』は、アメリカの人々を教育することにおいて、おそらく今まであらゆる人がやってきたどんなことよりも大きく貢献したと思う。人々は異質なものを恐れるものだが、今では理解し始めている[35]」

ネガティブなステレオタイプやそれに伴う脅威を作ったり消したりするカルチャーマシンの威力は明らかであるにもかかわらず、私たちはみなメッセージを操作する者たちのカモになっているという事実に同意する科学者はほとんどいない。幼い子供を除き、私たちは新聞やテレビから伝えられることに抵抗できるし、メディアの積極的な消費者として、内容を選択することができる。知識を求め、平等主義的な世界観を持っている人は、家庭に流れてくるネガティブなステレオタイプの情報に疑問を抱き、より公平で公正な社会の実現に貢献できるという期待のもとに、ポジティブな情報を受け入れる。その一方で、知識を拒絶し、強者が勝ち弱者が負ける冷酷な競争がはびこるジャングルとして世界を見ている人は、ポジティブなステレオタイプの描写を拒絶し、ネガティブなステレオタイプを利用して不平等な関係を好む傾向を強める。もちろん、その中間にいる、アンケートで「わからない」と答えるような、決めかねている人や影響を受けやすい人々は常に存在する。そういった人は、時間がなかったり、やる気がなかったり、自分を啓蒙する能力がなかったりするために、どう考えるべきかを指示されることに満足しているのだ。

脅威の〝認識〟を中和する

実は、シェリフのロバーズケイヴ実験には第三の段階があった。二つの集団に対して競争と脅威の感覚を煽り、暴力が避けられないところまで高めることに成功した科学者たちは、最後の操作を行なったのである。シェリフの研究の主な目的は、共通の課題を与えることにより、それまでの数週間に生じた脅威や憎悪を帳消しにするような一種の集団間協力を育ませられないかどうかを見ることにあった。最初に設定した「上位目標」(二人以上の協力がなければ達成できない課題を指す心理学用語)は、科学者によって遮断されたキャンプへの水の供給を回復することだった。当初、ラトラーズとイーグルスは個々に問題解決に取り組み、別々に山の上にあるタンクまで水の流れを辿って、その近くの岩の下に科学者が隠したバルブを見つけた。双方のグループは順番に岩を動かそうとした。その時点ではまだ、お互いに協力することに気が進まなかったのだ。だが、日中の暑さで、二週間かけて作った壁が崩れてきた。そこで少年たちは、より早く岩を取り除くために、一つのチームになって岩をリレーして渡すことに同意したのである。

その日の夕食時には、敵対関係に終止符が打たれる兆しが見えていた。最初の共同作業が大成功に終わったことは、科学者たちにとっても驚きであり、彼らはこっそりと二回目の操作を計画した。その晩、少年たちは、映画『宝島』をレンタルして鑑賞してもよいが、積立金が不足していると告げられた。そして、それぞれの集団が、少額を寄付するかどうかについて尋ねられた。当初、両グループは抵抗し、ある少年は「あいつらに払わせろ」と言った。だがあるイーグルスの少年が「一人ずつ同じ額を出したらどうか」と提案したところ、全員が賛成票を投じた。研究者たちは、これは和平へのさらなる一歩であるとみなした。

嵐は、三つ目の上位目標を達成する格好の機会となった。両集団のメンバーは湖畔でキャンプをしており、雨が降ってくる前に張ることのできたテントは一つだけだった。ラトラーズとイーグルスは雷が鳴り響き稲妻が光る中で、一緒に夜を明かして面目を保った。最後に科学者たちは、隣の州への旅行を計画した。少年たちは、グループはそれぞれのバスで移動すると告げられた。少年たちはこのニュースに大喜びしたのだが、そこで問題が発生した。片方のバスが故障して、旅行が中止になってしまったのだ。「みんな同じバスに乗ればいいじゃないか」と少年の一人が叫んだ。他のメンバーからの反対意見はほとんどなく、彼らは、そうして出かけていった。実験の最後のシーンは、少年たちに一緒に清涼飲料水を飲ませ、州境で集合写真を撮らせ、帰り道にロジャース＆ハマースタインの「オクラホマ」を合唱させるというものだった。

この有名なロバーズケイヴ実験のパイロット版とも言える、それ以前に行なわれた研究では、パイソンズとパンサーズと名付けられた二つの少年集団が、実際に戦うことを拒否した。シェリフの研究チームが、物を盗み、旗を焼き、テントを壊し、所持品を損壊して、いずれかの集団に罪を着せる、という極端な状況をでっち上げたにもかかわらず、である。少年たちは一人としてその手には乗らず、起きたことの一部には争いにならない理由を見つけ、より極端な過ちについては、そうした事態を招いたとして科学者らを非難した。

この二つの実験の大きな違いは、最初の実験ではパイソンズとパンサーズが直接対決の状況に至る前に知り合っていたことだった。二回目の実験では、シェリフはこの状況を慎重に回避し、ラトラーズとイーグルスはキャンプで最初に接触した時点で、お互いにまったく知らない者同士になるように図った。シェリフは最初の実験を失敗とみなし、その結果を当時報告しなかったのだが、パイソンズとパンサーズの調和は、あることを物語っている。実のところ、集団間のポジティブな接触は、「我ら」対「彼ら」という感覚を減少させるのだ。強い競争の脅威に直面しても、両集団のメンバーたちが個人的にお互いを知っていれば、緊張や憎悪が生じる可能性ははるかに低くなる。このような状況では、ネガティブなステレオタイプは、それを作り出そうと他者が努めても、定着しにくくなるのだ（この点については最終章で詳しく見てゆくことになる）。

脅威を超えて

人間には、あらゆる生物種の中で最も高度に発達した脅威検知メカニズムが備わっている。かつて敵対的だった地球環境の支配を確実にしたこのメカニズムは、今や人類史上最も安全となった環境で脅威を検知するために使われている。エアコンや暖房の効いた安全な家に暮らす人々の大半にとっては、凍死や熱死、あるいは捕食動物に生きたまま食べられるといった事態に直面することはほぼ皆無だ。それらは私たちの祖先が直面していた困難な課題であり、祖先は過敏な煙探知機のように働く脅威検出メカニズムに大きく依存して暮らしていた。だがこのシステムは、現代の環境に追いついていない。時代遅れとなった私たちの生態や心理は、何もないところに脅威を検知してしまう。

脅威の認識は偏見や憎悪の礎となる。だが、たとえオキシトシンを大量に生成していたとしても、不況の真っ只中にいたとしても、一九七〇年代英国の人種差別的なコメディの再放送を見るのに夢中になっていたとしても、外集団からの脅威を知覚したすべての人がヘイトクライムを犯そうと街に繰り出すわけではない。シェリフは、憎悪とそれから派生する攻撃性は、本質的に集団の現象であることを示したことで有名だ。集団への脅威は、個人に対する脅威より反応を引き起こす動機となる（ただし、個人への攻撃が集団に対する攻撃と認識された場合を除く）。シェリフが研究で強調しなかったのは、ラトラーズとイーグルスのメンバーの中には、他のメンバーよりもカッとなる少年がいたことだ。

そうした少年のなかには、長じてギャングのボスになった者もいた。彼らは自分の集団を率いて戦い、内部の反対意見を封じ込めた。事態の展開に不安を感じてキャンプを去る少年たちもいた。相手の集団からの脅威は、興奮するほどのものではないと思ったからかもしれない。また、キャップグレイヴ・クレセントの住民の中には、内集団の一員であったにもかかわらず、ビジャンを悪者にしたり、被害者にしたりすることに加担しなかった者もいた。そして、一九九〇年代後半にあのゲイバーの外ですれ違ったすべての異性愛者の男性が、私に肉体的な危害を加える必要性を感じていたわけではない。あらゆる人が外集団に脅威を感じるわけではないし、ヘイトクライムを犯すわけでもないのだ。だが、ヘイトクライムを常習的に犯す者は、標的の集団がもたらす脅威の認識を、その動機として挙げる。

本書の第Ⅰ部では、社会を生き抜くためにすべての人が基盤としているものについて見てきた。それは、私たちすべてに共通する生物学的・心理学的な部分と、人生初期の社会化の一環として広く文化に触れることで得るものからなる。これらの基本的な要素は、それ自体では憎悪と関連づけられるような行動をもたらす可能性は低いが、憎悪が芽生える素地としては必要なものだ。第Ⅱ部では、人々を人間の最悪の行動に近づける〝促進剤〟について科学的に検証することになる。まずは、憎悪に満ちた行動をとった人たちの個人的な歴史を探り、子供の頃に経験したトラウマや個人的な損失が、のちに憎悪に満ちた暴力的な行動をとることとどのように結びついているのかを見てゆくことにしよう。

第Ⅱ部　憎悪の促進剤

第6章　トラウマ、コンテインメント、憎悪

一九八〇年八月中旬、えび茶色のシボレー・カマロに乗ったジョゼフ・ポール・フランクリンは、ペンシルヴェニア州の小さな町ジョンズタウンを出発し、州間高速道路八〇号線を三〇〇〇キロ以上ひたすら走って、ユタ州ソルトレイクシティのモーテルに車を停めた。受付係は、黒人が泊まっていなかった部屋を要求されたことに驚いたが、彼が人種差別的な入れ墨をしているのに目を留めると、理由を聞かずに鍵を渡した。チェックイン後しばらくして、フランクリンは自分のいる場所を確認するために市内をドライブした。その後モーテルに戻る際に、縁石に車を止めてセックスワーカーの女性を乗せた。車中では、他愛もない話をしたあと、人種統合に関する話題を持ち出して興奮し、黒人のことを「馬鹿なサル」と呼んだという。次にフランクリンは、「黒人のポン引きが集まる場所を知っているか」、「ソルトレイクシティに異人種のカップルがよく行く店はあるか」と彼女に尋ねた。モーテルに到着したあと、二人はしばらく事に及んだ。女性の帰り際に、フランクリンは、自分は「KKKのヒットマン」で、望むならポン引きを殺してやると言ったが、彼女はその申し出を断った。

そのあとの数日間、フランクリンは身元を偽ってモーテルを転々としながら街の情報を集め、リヴァティパーク周辺の住宅地で人種が混ざり合っていることを把握した。八月二〇日、彼は公園を偵察し、別のセックスワーカーにアフリカ系米国人に対する考えを尋ねてからモーテルに戻った。同日午後九時頃、フランクリンはカマロでふたたびリヴァティパークに行ったが、飛ばしすぎて道を間違え、Uター

ンしたり、赤信号を無視したりしながら、交差点の脇にあった空き地に停車した。車を降りた彼はライフルを持って公園内に進み、葦《あし》の茂みに陣取って狙撃用の巣を作った。

その日の夕方、テッド・フィールズと友人のデイヴィッド・マーティンはジョギングに出かけることを決め、途中でカーマ・インガソールとテリー・エルロッドと合流した。若い黒人男性二人と白人女性二人からなるこの四人組は、前日にテッドとカーマが走ったリヴァティパークのルートを辿ることにした。午後一〇時頃には、テッドが先頭に立ち、そのあとにカーマ、テリー、デイヴィッドが続くという形で走っていた。背の高い葦の茂みの中からこの人種混合グループを見つけたフランクリンは、膝をついた姿勢でライフルを構え、狙いを定めた。

最初に右腕を撃たれたのはデイヴィッドだった。次の瞬間、テリーの腕にも銃弾の破片が当たった。テッドが足を止めて振り返ると、友人たちが傷口を押さえている姿が見えた。草の上に血が噴き出していた。すぐに二発目の弾丸がデイヴィッドに命中し、今度は胸を貫いて背中から抜けた。銃声がした方向に背を向けた彼の背中を三発目が襲った。デイヴィッドの体から力が抜け、地面に崩れ落ちた。テッドはすぐさま駆け寄り、血まみれになったデイヴィッドの体を抱えた。

「オーマイガッド、テッド、やられたよ」。デイヴィッドが、か細い声で言った。

パニックをきたした二人の女性はデイヴィッドの体を歩道に引きずり上げようとしたが、テッドが逃げろと叫んだ。安全な場所に逃げたカーマが振り返ると、テッドがデイヴィッドの体を狙撃手の死角になる位置に必死で移そうとしているのが見えた。が、次の瞬間、テッドも地面に倒れた。フランクリンがさらに二発撃ったのだ。一発はテッドの心臓に、もう一発は肺に命中した。

獲物を仕留めたことに満足したフランクリンは車に駆け戻り、ライフルをトランクに放り込むと、街の外に車を走らせた。銃声が止んだのを待って、二人の目撃者が応急処置をしようとデイヴィッドとテッドの元に駆け寄ってきた。救急車が到着したときには、テッドはすでに落命していた。デイヴィッドはかろうじて生きながらえていたが、数時間後に病院で死亡した。

数日前にフランクリンと会っていた女性たちも、街に響いた銃声を聞いていた。彼女らは被害者が黒人だと知ると、すぐにフランクリンが犯人ではないかと疑ったが、売春罪で逮捕されることを恐れて、その疑念を警察に報告することはなかった。結局、警察がフランクリンの居場所を突き止めて逮捕したのは、一カ月も経ってからのことだった。

ソルトレイクシティのリヴァティパークで起きたこの人種差別に基づく狙撃事件は、フランクリンの最初の犯行ではない。一九七〇年代後半、フランクリンは〝白色人種の敵〟を抹殺するというミッションに着手し、しばしば人種混合カップルを標的に選んでいた。彼の目的は白色人種の〝純血〟を維持することにあったため、黒人と白人の両方にメッセージを送ることが必要だったのだ。彼はまたユダヤ人も標的にし、ポルノ王のラリー・フリントが自らの雑誌『ハスラー』に人種混合カップルの行為を掲載したため、彼を狙って殺人未遂事件を起こしたことも認めている（フリントには下半身麻痺《まひ》の後遺症が残った）。

フランクリンは、人種戦争を起こすという自らのミッションを遂行するため二〇人以上の命を奪ったことを最終的に認めた。彼は、テネシー州からウィスコンシン州へ、ミズーリ州からジョージア州へ、オクラホマ州からインディアナ州へ、オハイオ州からペンシルヴェニア州とヴァージニア州へと、各地を転々としながら殺戮《さつりく》を繰り返していた。死刑囚監房にいたとき、フランクリンは聞く耳を持つ者に自らの行為を説明しようとした。そして人種差別的な考えを放棄し、トラウマに満ちた生い立ちを語り、とりわけ権威主義的な母親のせいで黒人に対する意見が歪んでしまったとして母親を非難した。フランクリンの死刑は二〇一三年一一月二〇日に執行された。

進化は、人間の行動に影響を与える脳の働きを方向づけてきた。人間の行動はまた、もっと近い出来事、つまり自分自身の過去によっても方向づけられる。葛藤、不安、喪失、トラウマなどの個人的な歴史は、他者との関わり方を形作るのだ。

樹木の年輪のように私たちの心に残る過去の経験は、基本的な衝動を抑えた行動をとらせることがある。脳の働きなど多くの要素が同じであるにもかかわらず、暗い路地にいる見知らぬ人に全員が同じように反応するわけではない。人間は生い立ちやその後の人生で得た〝お荷物〟を抱えているため、ある出来事に対するそれぞれの反応は、その人固有の色で彩られている。人々の行動を完全に理解するには、まず、これらの非常に個人的な、そしてときにはトラウマとなるような過去を認めることが必要だ。

行動に対するこの心理学的かつ犯罪学的なアプローチは、テロやヘイトクライムなど、不満や苛立《いらだ》ちの感覚が原因の一部となっている犯罪を理解するには特に有効だ[1]。空き巣や窃盗などの〝手段〟としての犯罪は、より広範な社会的・経済的な影響の産物として理解されることが多い。景気後退、公的補助の削減、失業の蔓延、学校退学者の増加、所得格差、賃貸住宅の不足などのすべての要因を組み合わせれば、空き巣や万引きをする傾向の分散（統計モデルで説明できる総量）の大部分が説明できる[*1]。彼らが犯罪に至る理由は、「お金がない」、「合法的に手に入れるより違法で手に入れた方が簡単だ」、「捕まる可能性が低い」といった合理的なものであることがよくある。だが、ヘイトクライムの分散は、このような〝大きな問題〟の動機からは、あまりよく説明できない。ほとんどのヘイトクライムが非合理的なものに映るのは、犯罪者が抱えていた、ほとんど明らかにされることのない未解決のフラストレーションが原動力になっていることが多いからだ。それを掘り起こすには、彼らの過去を調べる必要がある。犯罪者の経歴を深く掘り下げれば、憎しみを育む一因となった喪失やトラウマを突き止めることがで

＊1　社会規範から外れた仲間との付き合い、自制心の欠如、抑圧感なども、手段としての犯罪の残りの分散を説明する要因だ。

きる。人間がなしうる最悪の行為は、世間との関わりにおける個人的な経験の産物だとみなす視点は、そうした罪を犯した者たちを人間らしく扱うことになる。そしてそれは、犯罪者たちを悪者として片付ける安易な方法を奪うことになるため、この種の行動を誰にでもあり得ることとして理論的に説明する方法を手にすることができるようにする。

〝平均的な〟ヘイトクライム犯

ヘイトクライムの加害者が直接参加した科学的研究はほとんどない。ヘイトクライムで有罪判決を受けた者が、自分の犯罪に「憎悪」の要素があったと認めることはほとんどないため、研究に参加を求められても断ることが多いからだ。ときには丁寧に断ることさえある。ほとんどの加害者は、自分が被害者を狙った理由に人種差別や同性愛嫌悪などの偏見は関与していないと言う。調査に協力してくれるのは、組織化された憎悪集団の一員である男性が多い。彼らは非常に暴力的で、たいてい自分たちの〝ミッション〟について一家言を持っている。サンプル選択におけるこのようなバイアスにより、科学研究の結果は少数のヘイトクライム犯しか反映していないことが示唆される。[*2]

マンチェスター大学のデイヴィッド・ガッド教授は、人種に基づく暴力行為を行なった一般の人々と席をともにすることができる数少ない犯罪学者の一人だ。二〇〇八年、彼はイングランドのミッドランド西部にあるストーク・オン・トレントに住む一五人の暴力的な白人男性に取材を行なった。同地は、経済的にも人口統計学的にも急激な変化を経験しており、苦境時に地元民がマイノリティ集団を攻撃するような有害な環境を生み出している。

これらの男性の二人、グレッグとスタン（共に仮名）は、〝平均的な〟ヘイトクライム犯の代表格だ。[*3(3)]グレッグは、第1章で述べた「プッシュ」カテゴリー（外集団に領域を侵されたと感じたときに、避けることで彼らを罰する）に属する、防衛的なヘイトクライムに巻き込まれる多くの若者の好例だ。スタンは、より問題の多い「プル」カテゴリーに属するヘイトクライム犯の代表格で、極右のイデオロギーに傾倒し、より報復的で使命感に満ちたヘイトクライムを行なう者の一人である。

グレッグ

取材時に一六歳だったグレッグはヘイトクライムで有罪判決を受けたことはなかったが、そうした考えはないという主張にもかかわらず、人種差別的な暴力をふるうことで知られていた。父親の記憶が残る年齢になる前に家庭内暴力が原因で実の両親の関係は終わっていたが、高級車を乗り回す父親の姿をときおり見かけたという。グレッグは母親と継父に育てられた。だが、継父が怖くて、彼とはほとんど話をしたことがないという。異父兄との関係は険悪で、母親と口論になった兄が母親を突き飛ばすのを見て、金属棒で殴ったことがある。継父の連れ子である、五歳上のレニーとはより親しい関係にあった。グレッグは九歳になったときにレニーから大麻を教えられ、一四歳のときには、麻薬取引に引き込まれていた。他のきょうだいたちとはあまり親しくなく、彼らを「生意気」だと感じていた。

＊2　本章では、主に人種に基づく憎悪に焦点を当てている。その理由は、他のタイプのヘイトクライム犯の個人史に関するデータが不足しているためだ。また、白人男性にのみ焦点を当てている理由も、白人女性のヘイトクライム犯の数が少ないためである。だが、ここで提示する概念や議論は、他のタイプや女性のヘイトクライム犯にも当てはまる。

＊3　研究と取材対象者について議論の機会を提供してくださったことについてガッド教授に謝意を表する。この章で紹介した取材の抜粋は、教授の許可を得たうえで、オリジナルの文字起こし原稿と、彼の分析を詳細に説明した一連の出版物から引用したものだ。

母親との関係は複雑だった。グレッグは母親の保護者になろうと努めて、母親を脅かす者を攻撃した。母親と口論した異父兄のガールフレンドに暴力を振るったときには暴行罪に問われ、自宅から離れた里親のもとに預けられた。グレッグはそれまで家を離れたことがなかったので、当初は、この変化に大きな不安を覚えた。だが、里親の家庭に入ってしばらくすると、混乱から解放されたと感じるようになった。そこには規則正しい生活があり、理解ある世話人がいて、うるさいきょうだいもおらず、自分だけのスペースがあった。しかし、この環境も長くは続かず、数カ月後には母親と継父の連れ子の兄が住む家に戻ることになる。グレッグは、母親をかばう態度をとってはいたが、母親が自分を養ってくれなかったことや、自分が幼かったときにカッコいい服やトレーナーを買うことを母親が拒んだのを不満に思っていた。

グレッグは学校でも問題児で、他の生徒と喧嘩したり、校長を襲ったり、教師に椅子を投げつけたりしていた。そしてこれらの非行のために退学処分となり、全寮制の学校に送られることになった。こうしてふたたび家族のもとから引き離されたわけだが、これは意外な影響をもたらした。品行方正にすれば元の学校と家族のもとに戻れるという約束のもと、行儀よくふるまうようになったのである。だが、一旦転校すると、行儀のよい態度は長続きしなかった。グレッグは他の生徒をいじめはじめた。とりわけ、チェコ人の少年に対するいじめはひどかった。結局グレッグは、彼を懲らしめようとした四人の少年に襲われてしまう。そして、報復してやると脅したため、ふたたび退学処分になった。それをいいことに、グレッグは麻薬取引、万引き、空き巣に手を染め、車を盗んでは乗り回して荒れまくった。一五歳になったときには、一日二〇〇ポンドを費やすコカイン依存症に陥っていた。

グレッグの薬物使用はコントロール不能だった。一日に七グラムものコカインを吸引し、すべてが崩壊してしまった。友人は彼を見捨て、母親は彼と話すのを拒否し、ガールフレンドは彼に最後通牒《つうちょう》を突きつけた。グレッグはうつ病、飲酒癖、暴力沙汰を抱えていた。そして地元のインド・パキスタン系の子供たちとの長引く対立に巻き込まれた。たいていは、単にからかうだけだったのだが、あるときグレッグの親友がインド・パキスタン系の少年の一人に暴力をふるい、結果的に人種的理由による加重暴行罪で逮捕・起訴された。この縄張り争いは人種的な対立だったという印象があるにもかかわらず、グレッグは人種差別的な考えを抱いていることを認めず、郊外に住むインド・パキスタン系住民や黒人のことを「マジでいい奴だ」とよく言い、とりわけドラッグを売った相手については、そう表現していた。

グレッグは人種主義者ではないと主張していたが、難民認定申請者は好きではないと率直に認めた。彼らが自分の町を占領しつつあると感じていたからだ。そして、彼らの〝侵略〟に対抗するために、トルコ人男性の車を破壊し、彼の家の窓に瓶を投げ込んだと白状した。瓶を投げ込むことになった動機は、そのトルコ人男性が自分の団地の白人女性と付き合っていることに気づいたからだ。「思ったんだ、生意気な奴だとね。俺らの白人女を連れて行くなんて……俺の女じゃないが、俺の人種の女を……」。彼は事件後にそう語っている。彼は瓶を投げ込んだときの爽快感を「そのときは、ほろ酔い加減だったね」と思い出す。

それ以前に、白人女性が他の人種の男性と一緒にいるのを見て、同じ気持ちになったことがあるかと聞かれたグレッグは、あると答え、「白人の女がインド・パキスタン系の奴やトルコ人と一緒にいるのを見るたびに、そういう気持ちになる」と言った。「黒人の男は気にならない。好きなだけ白人女と付き合ったらいい。インド・パキスタン系やトルコ人、アルバニア人だけだ……呼び名はどうでもいい。とにかく奴らが白人女と一緒にいるのは見たくないんだ」

この事件の後、ただちにトルコ人男性が報復し、グレッグに金属棒で殴りかかろうとした。その際、駆けつけたグレッグの母親が頭を殴られて、入院することになった。グレッグはその事件のあと、相手に殺意を抱いたという。「そんな考えが浮かんで、頭が混乱したんだ……もし彼をつかまえたら、殺すつもりだった……もし俺がその気になれば、奴は今頃、棺桶に横たわっていただろうね」

結局グレッグは自分を取り戻した。恋人を失う恐れが、考えられないほど大きかったからだ。二人は多くのことを一緒に経験してきた。彼女がその母親から強制的に中絶させられたのも、その一つだ。グレッグはこのガールフレンドをとても大切に思っている。「彼女は俺に一番近い人なんだ……いろんなことを助けてくれた……俺にとって一番いいことを考えてくれる……俺から何かもらおうなんて全然考えてない……俺は刑務所に入るかもしれない……誰かを傷つけてしまうか……ヤクの取引に戻って誰かを殺してしまうかもしれない」。グレッグは心を開きはじめた。彼女を失うことはグレッグにとってこの世の終わりだったからだ。彼はボランティアの薬物依存の回復支援ワーカーになることで、かろうじて身柄の拘束を免れた。

スタン

スタンは、取材当時一九歳の人種差別に基づくヘイトクライム犯で、極右勢力やマイノリティに対する暴力に関与した経歴があった。グレッグと同様に、スタンの父親も彼が生まれた直後に家族を捨てた。話によると、スタンの父親は「良い息子」(つまりスタンではない息子)を育てるために別の家庭を築いたという。その後スタンの母親は、次々に暴力的な男性と付き合いはじめた。そのうちの一人は、子供たちの目の前で母親の首を絞めた。母親の命が救われたのは、五歳だったスタンが介入したおかげである。ソファの後ろに隠れていたスタンは、母親のもとに駆け寄り、男の頭に金魚鉢をぶつけたのだった。警察がドアを壊して入ってきたとき、近所の人たちがみな室内を覗き込んでいたのを覚えているという。

スタンは、八歳の頃にセックスを知った。ベビーシッターの女性がポルノ映画を見ては、彼に性行為をさせていたのだ。このことが彼の行動を不安定にし、学校での性的な言動につながっていった。他の生徒に「チンポをしゃぶれ」と言ったり、「自分と子供を作ろう」と教師を誘ったりした。彼はまた暴力的で、ほんの些《さ》細《さい》なことでカッとなった。教師を道具入れに閉じ込めたり、校長を脅したりもした。性に対する彼の認識は、母親が睡眠中にレイプされるところを目撃したことから、さらに歪んだものになった。スタンはそのイメージを抑え込もうとしたが、ほとんど効果がなかった。母親に対する家庭内暴力はパートナーが変わるたびに繰り返され、母親は酒に溺れるようになった。あるときには、母親がスタンに暴力を振るい、その際に母親のドレッシングガウンが脱げ落ちて、スタンやその場にいた友人たちに裸体をさらすことになった。

「れっきとした若い人種主義者」を自称していたスタンは、一五歳のときに、インターネットを介して極右団体の国民戦線に加わった。国民戦線はスタンの後ろ盾となり、家庭では得られなかった安心感を与えてくれた。中等学校時代〔一一歳から一六歳、または一八歳まで通う学校〕、スタンはインド・パキスタン系の生徒からなるギャングとの抗争に巻き込まれ、それを「ホワイト対パキ」の戦いと呼んでいた。取材の中でスタンはこう言っている。「あいつらパキは、〝お前たちは俺らに手を出せない。このクソ惑星を支配しているのは俺らだ〟って言って歩き回りやがる……ただのたかり屋のくせに……群れてる奴らは大嫌いだ」。スタンはまた、国民戦線の仲間と一緒に地元の野原で大規模な戦いを組織したことを認め、「どこもかしこも血だらけだったよ。大荒れだった。やりたい放題で。ひどいもんさ。マジで最悪だったよ。みんな首を刺されたり、踏みつけられたりしていた。狂気の沙汰だったね（笑）。大暴れだった（笑）。俺は全員を殴った……全員が俺に殴られたんだ」

そのしばらく後、スタンは、自分のガールフレンドに性的な誘いをかけたと彼が思い込んだコソヴォ系の男性を襲い、危うく刑務所行きになるところだった。被害者は食事をストローでとらなければならなくなるほどひどく殴られた。だがスタンはまったく反省していない。「悪いと思ってはいないさ……それについてはね。ただの笑い話。スリルだよ。俺は誰かの顎の骨を折った。誰かの鼻をへし折った。笑い話だよ。俺は戦うのがほんとに好きなんだ。なぜだかわからないけどね」

刑務所に収監される前に起こした最後の暴力行為は、インド・パキスタン系の男性に対してふるったものだった。スタンが性的関係を持ったことがある若い白人女性の友人が、ケバブ屋店主の性的な誘いを拒否した後に襲われたことに抑えきれない怒りをかき立てられたのだった。「思ったんだ。もういい、これまでだ。パキのクソ野郎ってね……ビリヤードのキューを体の横にくっつけて、細いほうの端を持って……奴に言ったんだ。〝食べ物を注文したい〟ってね……奴が下を向いたんで、それを取り出した。そして〝これでもくらえ〟って言って、バシ、バシ、バシって頭を三、四回叩いた。そのあと逃げたよ」。スタンは、人種差別に基づく加重脅迫罪、闘争罪、身体傷害罪、器物損壊罪の容疑で起訴された。取材当時、スタンは二年の実刑に服役していた。

グレッグとスタンと同様に、ガッド教授が取材を行なった残り一三人のヘイトクライム犯もみな、男性で、若く、貧しく、感情的に傷つき、社会的に疎外されていた。だがこれらの特徴は概して、ヘイトクライムを起こさない平均的な犯罪者と彼らを区別するものではない。ヘイトクライム犯の特徴は、情緒的な問題に対する対処の仕方だ。幼少期に受けた心の傷は心理的発達を妨げ、通常の対処メカニズムを機能しない、あるいは存在しない状態にまで陥らせることがある。対処メカニズムのセーフティネットを持たずに極端な外圧と受け取ったものに直面した場合、ヘイトクライム犯以外の犯罪者の多くは、自分自身や家族、友人を責めるようになる。だがグレッグとスタンにとってこうした〝普通の容疑者〟を責めるのは、人種的な「他者」を責めることより難しく、不都合なことだった。

グレッグとスタンの過去には、人種差別的な暴力への道に突き進んだ理由の一端となる共通点がいくつかある。二人とも、両親、特に父親から受けた拒絶感や、彼らに対する喪失感を抱いていた。グレッグは、一度も会ったことはないが、高級車を乗り回している姿を見かけたことがある父親について、こう語っている。「……おやじは俺が誰かさえ知らなかったんだ。だからあんまり気にもならなかった。俺と連絡をとりたければ、できたはずだからな」。スタンは、父親が「良い息子」（のちに営業マンとして成功した）のほうを育てるために家を出て行ったと考えるようになった。スタンと父親はときおり連絡を取り合っていたが、スタンが九歳になった頃、何の説明もなく家を訪れなくなった。それから何年も経ってから父親はスタンに手紙を送り、刑務所に小包を送ってきたという。だが、出所日前後には何も連絡をとってこなかったため、深い怒りと拒絶感を抱いた。取材時、彼は父親について、こう言っている。「そう、能無し、クソッタレ……自殺すればいいんだ、あのクソ野郎」

二人のケースは、いずれも「自分を拒絶する者を拒絶する」例だ。これは、ふたたび拒絶される痛みをなくすためにとる行為である(4)。だが、幼少期に拒絶されたという深い感情を心の底に埋《うず》めたとしても、それは一時的な解決策でしかなく、そののちの人生に生じるある種の不安定さやストレスは、この“絆《ばん》創膏《そうこう》”を引き剝がして古傷をむき出しにしてしまう。父親の不在といった痛みの原因に、その傷を修復するような方法で直接向き合わないと、その代わりとなる標的を模索することになる。グレッグとスタンの場合、それは、移民、トルコ人、インド・パキスタン系住民だった。

二人の母親は家庭内暴力の被害者だったが、その暴力を目撃したり、ときには巻き込まれたりした息子たちの心にも傷が残った。グレッグの実の両親は、父親の暴力が原因で離婚し、スタンの母親は暴力をふるう男性と次々に関係を持った。幼い頃に家庭内暴力を繰り返し目撃した子供は、健全な精神的成長を遂げるのに必要な無邪気さ、個人的な安心感、愛情を奪われてしまう(5)。暴力を受けた母親は、息子から見ると痛々しいほど無力かつ非力に映る。そのため、暴力的で男性的な環境のもとで成長していく少年たちからすれば、共感できる存在ではなくなる。

父親に捨てられた彼らの母親は、精神的にも身体的にも保護者としての役割を果たすことに度々失敗した。グレッグは、資金があったにもかかわらず彼を養おうとはしなかったとして、自分が犯罪に手を染めた原因は母親にあると言う。「……おふくろは、俺に何もくれなかった。だから、盗むしかなかったんだ……おふくろが財布を開けたのを見たが、大金が入っていた」。また、母親は自分を、継父の連れ子の兄によるいじめや退学、家庭内でドラッグを教えられたことなどから自分を守ってくれなかったとも感じていた。それでもグレッグはいつも母親をかばい、誤って母を金属棒で殴ったトルコ人を殺してもよかったと思っている。スタンの人間関係や愛情に対する認識は、幼い頃に虐待を経験したり性的暴力を受けたりしたことにより歪んでしまった。また、隣人や友人に虐待を目撃されたことに屈辱を感じ、加害者に対する殺意を抱くようになった。この考えが後に、白人の少女や女性を性的に食い物にしているとみなしたインド・パキスタン系住民の被害者に投影されたのだった。

コンテインメントの不備

グレッグやスタンのような人物の人種差別的な行動を理解するには、未解決の依存感情が鍵となる。愛する人から拒絶されること、そして切望している安心感を与えてくれるべき保護者がその役目を果たさないことによる辛い喪失感は、支援が得られる代替手段を探させる[6]。グレッグは、母親が生活を支えてくれなかったために、麻薬取引と軽犯罪に手を染めることになり、最終的に、母親代わりのガールフレンドを頼ることになった。スタンは、幼少期の経験から異性との関係がうまくいかなかったため、別の手段を模索した。そして、代替家族としての役目を果たしてくれる国民戦線の〝養子〟になったのである。彼は取材でこう語っている。「俺の周りには大きな大きなものがあるって感じた。自分を守ってくれるものがあるって感じだ。背中を支えてくれる大きな棒のようなものなんだ。彼らが俺を支えてくれるって……俺の面倒をみてくれるだろうってね」

こうした代替手段の模索は、幼年期における心理的な発達時に「コンテインメント（包み込み）」が欠如していたことに対する反応として生じた可能性がある。[7] 精神分析でいうコンテインメントとは、身体的または情緒的な苦痛をもたらす出来事に合理的に対処することができない幼い子供に対して、親が提供するプロセスを指す。初めて転んで膝をすりむいた幼児のことを考えてみよう。その子は、どのくらいの痛みに襲われることになるのか、痛みはやがて止まるのか、かすり傷が重傷なのか軽傷なのかということがわからない。その場にいた責任感と思いやりのある親は、すぐに幼児を慰め、痛みは悪化しないこと、すぐに止まること、そして単なる軽いかすり傷だと説明する。親は幼児の痛みを認めて、それを「包み込み（コンテイン）」、起きたことを子供が合理的に考えて乗り切れるようにする。幼児にとっては、親が「コンテイナー（心の容器）」の役割をしてくれること自体により、痛みがより許容可能なものになるのだ。時間が経つにつれて子供は親の対処法を自分の中に取り込んでいくため、ふたたびかすり傷を負ったときには、このようなコンテインメントの必要性は薄れる。精神分析家らは、心理的安定性の発達には、両親、恋人、親しい友人などとの間で生涯にわたって続けられるコンテインメントのプロセスが欠かせないと考えている。[8]

スタンやグレッグのような暴力的な人種主義者に見られるのは、幼少期に始まり、思春期や成人期初期を通して続いてきた、人生におけるコンテインメントの度重なる不備だ。悪い経験や感情は、気にかけてくれる人や気にかける能力を持つ人がいないために〝包み込まれず〟、心をかき乱す生々しさや手に負えない形のまま残ってしまう。スタンが育っていく過程で、家庭内暴力の恐怖を包み込んで封じ込めることができた人物がいたかどうか考えてみよう。暴力はやがて止まる、それ以上悪化しない、その結果は対処可能なものだと言ってくれる人がいただろうか？　母親は何度も自分を虐待する男友達と付き合い、暴力の影響を包み込む機会を台無しにした。意識のない母親をレイプする姿をスタンが垣間見た父親代わりの人物もその役目を果たさなかった。グレッグの子供時代も想像してみよう。父親が母親を虐待した後に家を出て行ったこと、そして母親が彼を継父の連れ子、退学、犯罪に巻き込まれることから守ってくれなかったことは、グレッグの心理的な成長にどれほどの影響を与えただろうか。それに加えて、里親に預けられ、次に寄宿学校に送られて、家族から二度も引き離されたことにより、無力感や脆弱性が包み込まれる機会はさらに失われてしまった。

ガッド教授の研究に登場する他のヘイトクライムの加害者たちも、似たような経歴を抱えている。彼らが経験した児童虐待、貧困、ホームレス、排斥、遺棄、死別、精神疾患、薬物・アルコール依存症などは、それぞれ一つだけでも破壊的なものだ。だが、よく報告されるように、それらの要因が組み合わさった場合には、その後の人生で起きることに対処する能力は、間違いなく損なわれるだろう。ストレスがたまったときに痛みを包み込むことができないと、人種差別的な暴力をふるう余地が生まれるのだ。

未解決トラウマのコンテイナーとしての憎悪

たいていの人は、偏見を自分の心の中にとどめ、行動に影響が出る前に合理的に考えて排除することができる。この能力を発揮するには、精神的な安定が非常に重要だ。とりわけ外集団のメンバーとのやりとりが紛争に発展しかねないようなときには、精神的に安定していることが必要になる。人は子供の頃に、争いをもたらさないための心理的対処メカニズムを、とくに両親から学ぶことによって、精神を安定させる方法を身につける。こうして学んだ方法は、長じて大人になってから、ストレスの多い場面で呼び出されて活用される。だが、スタンやグレッグのような人物は、幼少期にコンテインメントが欠けていたため、環境的・個人的ストレスが極端に大きくなったときに偏見を心の中に封じ込める精神的な仕組みが発達しないまま育ってしまう。

ネグレクト（育児放棄）、拒絶、過度の批判に満ちた家庭や一貫性のない家庭は子供たちに深いフラストレーションをもたらし、その中で育った子供たちは、世の中は不平等なところで、他人を支配したり従属させたりする攻撃的な手段でしか対処できないと考えるようになる。[9] グレッグとスタンが育ったのは、まさにそのような家庭だった。グレッグとスタンは、幼少期のトラウマが包み込まれることなく心の底に埋没したため、そうしたトラウマは嘆かれることも、対処されることもないまま存在し続けることになった。彼らにとっては、拒絶感、不完全さ、妬み、罪悪感という強烈な未解決の感情に由来するフラストレーションを、そもそも自分を傷つけた人間、つまり全権を握る両親にぶつけることは論外だった。その代わり、自分より非力な者とみなすマイノリティや移民に不満をぶつけたのである。人種差別に基づく憎悪は、過去のトラウマに由来する未解決のフラストレーションに都合の良い家庭、すなわち「コンテイナー」を提供してくれた。理不尽ではあるものの、人種的な「他者」は、彼らがフラストレーションを簡単に投影できる標的になったのだ。[10]

トルコ人男性が白人女性と一緒にいるのを見て脅威と怒りの感情を抱いたグレッグは、窓から瓶を投げ込むという反応をとる代わりに、一歩下がって状況を見極めることもできたはずだ。また、事件の後に、なぜそれが起こったのか遡《さかのぼ》って見直すこともできただろう。たとえば、他人の視点から状況を見て、母親が怪我をした責任はすべての当事者にあることを受け入れ、行動を起こす代わりに状況について話し合うことなどができたはずである。だがグレッグはスタンと同じように、異人種と関わったときに状況を収める能力を備えていなかった。彼らは、私たちの大部分とは違う見方で世の中を見ているのだ。

このことは、グレッグがトルコ人男性に対して人種に基づく心理対処戦略を用いたことからもわかる。グレッグはこの邂逅《かいこう》を、強者（白人の英国人）と弱者（有色人種の移民）の対決とみなし、トルコ人男性がグレッグの正当な所有物（白人女性）を略奪している不平等な世界では、対決は避けられないとしてそれを正当化した。相手の視点を取り入れることは弱さを認めることになるので、自分の視点だけに頼った。母親の怪我は偶然ではなく意図的なものだったとみなした。そして不満を言葉で表現する能力が欠けていたため、行動に表したのである。

外集団のメンバーとの邂逅に対するこのような対処法は、その瞬間においては積極的に「大きな変化をもたらす」ものとなり、グレッグをトルコ人男性から序列的に分離することになった[11]。グレッグなら「奴を居るべき場所に戻してやった」と言うかもしれない。こうした対処法はまた、グレッグやスタンのような者たちに、被害者に対して優位に立つ感覚を抱かせる。こうした感覚は、子供のころからそれを否定されてきた彼らにとって酔いしれるほど魅力的だ[12]。他人を支配することによる優越感は、ある種の男らしさの要件を満たすのに役立つため、典型的に男性的な現象である。その感覚はグレッグをより男らしく感じさせたうえ、自らが抱く社会秩序のイメージの頂点に立っているようにも感じさせたのだった[13]。

グレッグとスタンが幼少期に受けたトラウマは根が深い個人的なものだったが、憎悪をコンテイナーにするトラウマは、大人になってからも経験することがある。グレッグとスタンは、大人になってから失ったものについて語っている。仕事、尊敬の念、そしてある種の生活様式――これらはみな、産業が衰退しつつある町や都市に共通するものだ。このような損失はコミュニティ全体に影響を与えて、様々なタイプの対処法を生む。たとえば、移民がやってくる前の神話的な過去の時代を懐古趣味的に賛美するといった集団的な対処法もあれば、人種の混合に対する私的な執着といった個人的な対処法もある。このようなコミュニティと個人のフラストレーションは、突然、絡み合ってしまうことがある。深い個人的なフラストレーションが、制限のない移民受け入れのリスクを煽る政治的プロパガンダと結びついてしまうのだ。

グレッグとスタンのインタビューから明らかなのは、自分たちが経験している苦悩の責任は「インド・パキスタン系ギャング」、「難民認定申請者」、「トルコ人」、「アルバニア人」にあると正当化していることだ。幼少期のトラウマによって形づくられた彼らの内面的な感情の世界が、故郷の町の外面的な危機と捉えたものと衝突したのである。彼らの心に深く根ざしていた拒絶感、不全感、妬み、罪悪感が、地域社会の問題（白人の失業、貧困、不健康、「英国人」としてのアイデンティティの喪失――彼らの人生におけるさらなる損失）の根源と彼らがみなした「移民と人種の問題」と理不尽に絡み合うことになったのだ。

　ストーク・オン・トレントは、英国の多くの地域と同様に、一九八〇年代から九〇年代にかけて産業の空洞化に大きく苦しんだ。同地の有名な陶器産業〔ウェッジウッド、ロイヤルドルトン、スポード、ミントンなどの本拠地〕は一九五〇年代には七万人を雇用していたが、その数は今、一万人に満たない。雇用、賃金、教育水準も地域や国の平均を常に下回っている状況だ。この経済的衰退は、海外からの移民の急増と時を同じくして生じたが、二〇〇〇年にこの土地が難民認定申請者の地域分散型居住地に指定されたことで、その状況はさらに顕著になった。インド人、パキスタン人、バングラデシュ人を合わせた人口は一九九一年の五二二四人から、グレッグとスタンに取材してから三年経った二〇一一年には一万三八五五人となり、一六五％も増加している。同じ期間に白人の人口は七％減少しているが、これは教育を受けた若者たちが他の町や都市に転出したことによる。[14] 急激な人口動態の変化は、地域住民が「快適な生活」を送ることを妨げていると非難された。[15] ストーク・オン・トレントは、住民から「外国人」の「捨て場」と評され、「戦場」、「アフリカ」、「ボンベイ」になぞらえられた。若い白人居住者たちは、街が衰退した直接の原因は「困窮外国人」にあると感じ、「パキ」や「トルコ人」が自分たちの街を奪ったとして彼らを罵った。[*4][16]

　グレッグとスタンは、弱さ、拒絶感、恥辱の感覚を和らげるために自分にできる数少ないことの一つとして、ハラスメントと暴力の原因とみなした者たちを服従させようとしたのだった。公営団地に住む移民の若者を襲うことは、個人的な悲劇と地域社会の悲劇が理不尽に絡み合って失われていた支配権と誇りを一時的に回復させてくれた。[17] 彼らのような男たちにとって、人種に基づく暴力行為は、外集団を服従させるのと同じくらい、男性的な力と誇りの感覚を手にできるものなのである。

幼少期のトラウマに、よそ者の流入によって悪化した地域社会の問題に対する不満が合体するという状況は、自分は偏見を抱いていないと主張する〝普通の〟人々がヘイトクライムに手を染める理由を説明する一助になるかもしれない。一方、偏見を抱いていることを否定したがる一般的なヘイトクライム加害者とは異なり、使命感に駆られた殺人というような最もグロテスクな形のヘイトクライム犯は、偏見を抱いていることを公然と認める。最悪のヘイトクライム犯の背景を調べることは、彼らの動機を理解するのに役立つのだろうか？

〝例外的な〟ヘイトクライム犯

人種主義者の米国人スナイパー

ジョゼフ・ポール・フランクリンは、たいていの連続殺人犯とは異なり、性的快楽のために殺人を犯すことはなかった。このことは彼をテッド・バンディ、アルバート・デサルボ（ボストン絞殺魔）、ピーター・サトクリフなどの連続殺人犯たちから際立たせている。フランクリンが殺人を犯したのはイデオロギーのためだった。そのイデオロギーとは白人種の純潔を守ることで、それが黒人とユダヤ人に脅かされているとみなしたため殺人行為に及んだのである。一九七〇年代後半、フランクリンは三年にわたってアメリカ全土で自らの人種闘争を繰り広げ、白人至上主義を脅かしているとみなした人物をストーキングし、必殺の命中率で撃ち殺し続けたのだった。

フランクリンは、ジェイムズ・クレイトン・ヴォーン・ジュニアとして生まれ、虐待と育児放棄が絶えない家庭で育った。彼は父親の違うきょうだいとともに、両親から毎日のように殴られていた。父親のジェイムズ・クレイトン・ヴォーン・シニアはアルコール依存症で、酒におぼれて何カ月も家を留守にすることがよくあった。母親のヘレンはドイツ系で、その両親はナチスを支持し、彼女を身体的に虐待していたと言われている。両親同様、ヘレンは冷たく頑固で厳格な人物で、子供たち、とりわけジェイムズを恐怖に陥れていた。食事をしていると、ジェイムズはよく母親から頬を平手で強く叩かれ、「背筋を伸ばして座り、ちゃんと食べなさい」と怒鳴られたという。[18] ジェイムズは、母親の攻撃性を反映して動物を虐待しており、猫のしっぽを洗濯ひもに括《くく》り付けて吊るしたそうだ。女きょうだいは、虐待の標的になっていたのはジェイムズであることが多かったと記憶しているが、実際には家族全員が暴力の渦に巻き込まれ、子供たちは母親が父親にひどく殴られる様子を日常的に目にしていた。一度など、ひどく殴打されたヘレンは、お腹にいた子供を流産したという。日常の暴力に加えて、ヘレンは子供たちを飢えさせ、栄養失調とそれに伴う発育障害を引き起こさせた。子供たちは全員、長じてから精神的な問題を抱えるようになったと報告されている。

*4　スタンのケースに見られるように、極右勢力はこの激しい反感をすぐに利用した。二〇〇八年に行なわれた地方選挙では、現在は消滅寸前の英国国民党（ＢＮＰ）が六〇議席中九議席を獲得して保守党に次ぐ議会第二党となり、党はこの街を「（ＢＮＰの）目玉」と呼んだ。この成功は、選挙区の変更や党内抗争などの影響で長くは続かなかったが、そのわずか二年後には、新たに結成されたイングランド防衛同盟（ＥＤＬ）がこの都市で過去最大級のデモを行なった。また、英国のＥＵ離脱の是非を問う国民投票に向けて、イギリス独立党（ＵＫＩＰ）が反移民のレトリックを駆使して有権者を動員し足場を固めた。ストーク・オン・トレントは、ＥＵ離脱賛成票六九％対反対票三一％で、離脱票の割合がどの都市よりも高い水準に達し、「ブレグジットの首都」と呼ばれるようになった。離脱派が多かった他の地域と同様に、ストーク・オン・トレントでも投票後に人種や宗教に基づくヘイトクライムが増加し、その数は前年同期と比べて四六％も急増した（全国平均の増加率は約二九％だった）。これは、ストーク・オン・トレントにおけるヘイトクライムの増加率としては、一〇年前に記録が開始されて以来最大となっている。

アルコール依存症だったジェイムズ・シニアは、安定した仕事に就くことができなかった。一家は彼の仕事探しをサポートするために各地を転々としたが、どの仕事も一時的なものに終わり、子供たちの教育や交友関係も寸断された。最終的に一家はアラバマ州モービルの人種的に分離されたバードヴィル公営住宅に落ち着いたが、ジェイムズ・シニアはすでに家族を捨ててしまっていたので、そこに住むことはなかった。ちょうどその頃、七歳になっていたジェイムズ・ジュニアは自転車事故を起こし、それが彼の人生を変えることになった。この事故により、視力を一部失ってしまったのである。このことについて彼は、事故後の合併症に対処しなかった母親を非難している。すぐに手当てをしていたら、視力は救えていたかもしれなかった。それでも、この障害も彼の銃への情熱を妨げることにはならず、ジェイムズは凄腕《すごうで》のスナイパーだった。誕生日のプレゼントとして銃をジェイムズに与えたのは兄で、彼は近くの森でジェイムズに狩りを教えた。一〇代を通じて、ジェイムズは銃を手放さなかったという。銃は彼にとって松葉杖《まつばづえ》のようなもので、部分的に目が見えないことや、それに伴う不全感を補う手段だった。

ジェイムズは九歳から一一歳までの間、本の虫になった。幼少期の虐待から逃れようと、おとぎ話を熱心に読み漁《あさ》ったのだ。孤独な彼には、友達もほとんどいなかった。最終的にはきょうだいからも遠ざかるようになり、たとえ洗ったあとでも、きょうだいと同じコップを使うことを拒み、彼らが座った椅子には布をかけて座った。

ジェイムズは、地域最大の高校の一つに通っていたが、彼にとって心外なことに、その高校に初めて黒人の生徒が入学してきた。教育の人種分離廃止はアラバマ州ではかなり遅れてやってきた。州当局が断固として抵抗したためで、公民権団体と警察の間で暴力的な衝突が勃発した。こうしてジェイムズは、家庭の内外で暴力にさらされるようになる。この頃、彼は極右のイデオロギーに興味を抱いた。聖書やヒトラーの『わが闘争』を熱心に読みふけり、その思想は思春期に開花する。彼は、ナチスの支持者だった祖父母に会うことを想像したり、ヒトラーユーゲントの制服を着た遠い親戚の写真を何度も見返したりしていた。読書傾向は、キリスト教の複数の宗派にも及び、最終的に白人至上主義を中核とする過激なキリスト教の宗派に傾倒するようになった。

一九六八年に一八歳で結婚したジェイムズは、間もなく子供を授かった。だが、幼少期に過激な暴力にさらされた人によくあるように、ジェイムズは妻を殴るようになり、結婚生活は一年足らずで破綻した。家庭生活がうまくいかなかったのはこれで二度目だったので、ジェイムズは家庭生活を完全にあきらめ、代わりとなる家庭を求めてアラバマ州を離れた。まずワシントンDCでアメリカ・ナチ党に加わったあと、アトランタ州に移って全国州権党に加わり、最終的にアラバマ州に戻って、当時最も有名かつ暴力的だった二つのKKK組織の一つであるユナイテッド・クランズ・オブ・アメリカに加わった。そこでジェイムズは、ナチスのヨーゼフ・ゲッベルス（ファーストネームはパウル〔英語のポールにあたる〕）とアメリカ建国の父ベンジャミン・フランクリンに敬意を表して、ジョゼフ・ポール・フランクリンと法的に改名し、〝差し迫った人種戦争〟で戦うための技術を学んで、白人のための孤高の兵士となることを目指した。一九七七年にユダヤ人コミュニティに対する爆弾テロに何度か失敗した後、フランクリンは全米を股にかけて二〇件の狙撃事件を次々に引き起こしてゆく。その幕がついに閉じたのは、一九八〇年のリヴァティパーク殺人事件で逮捕されたときだった[*5](19)。

死刑執行の数日前、フランクリンは自分の行動を後悔していると語った。フランクリンは、子供の頃に受けた育児放棄や貧困、度重なる殴打などが彼の成長を甚だしく妨げたため、黒人に対する自分の認識は一般の人より一〇年以上遅れていたと感じていると主張した。彼が非難したのは父親ではなく、母

*5　フランクリンが有罪判決を受けたのは、人種差別に基づく七件の殺人についてだったが、合計で二〇件の殺人を犯したと告白している。

親のほうだった[20]。

ロンドンの釘爆弾犯

デイヴィッド・コープランドの家庭生活は、ジョゼフ・ポール・フランクリンの機能不全に陥った生い立ちと比べると絵に描いたように完璧で、フランクリンの幼少期を覆いつくしていた児童虐待や家庭内暴力などはまったくなかった。一九七六年に生まれたコープランドは、兄と弟に挟まれた真ん中の子供だった。エンジニアの父スティーヴン、専業主婦の母キャロライン、そして教師は、彼が繊細で行儀のよい子供だったと語っている。彼の引っ込み思案な性格は小柄な体格が反映されたものだった。睾丸《こうがん》の発達を含め、全体的に発達が遅れていることを心配した両親は、彼が一三歳になったころに医師の診察を受けさせた。性器の検査も行なわれたこの診察にコープランドは気持ちをかき乱され、ひどく屈辱的な経験をさせた両親に怒りを抱く。

この経験と結びついていた可能性があるのは、自らの性的指向に対する不安だった。一家は『原始家族フリントストーン』というアニメ番組がお気に入りで、いつも主題歌に合わせてみなで口ずさんでいた。だがコープランドは、その歌詞の「We'll have a gay old time（楽しいときになるよ）」という箇所に差し掛かるたびに、両親が「ゲイ」という言葉を強調していると感じ、自分が同性愛者であるというサブリミナル・メッセージ（潜在意識に働きかけるメッセージ）を送っていると思ったという。また、性的指向を打ち明けるようにと母親が定期的にコープランドを促していたことも、この思いをさらに強めることになった。父親は、コープランドが一〇代後半になったときに、祖母から「お前は彼女がいないけれど、ゲイなのかい」と訊かれていたことを覚えている。それ以来、コープランドは祖母と一切話をしなくなった。こうした一連の出来事により、コープランドは両親から「精神的な拷問を受けている」と感じ、「誰かを傷つけたい」と思うようになったという。両親は、ゲイであることを「カミングアウト」させようとする家族の陰謀などというものは彼が描いていた空想世界の一面に過ぎず、彼の性的指向に疑問を抱くことなど一切なかったと主張している。そうした出来事から何年もあとに逮捕された際、コープランドは六人の精神科医から精神鑑定を受けたが、そのうちの一人は、彼が隠れた同性愛者であるという見解を述べた。

コープランドが一九歳のときに両親は離婚した。父親は、この離婚こそ、息子が精神的に病んでいった原因であると確信している。離婚のきっかけとなった口論は弟の誕生日に勃発し、その夜家を出た母親は二度と戻ってこなかった。翌朝、父親が怒りを抱いたコープランドにことの次第を話したところ、彼は二度と母親と口をきかないと誓ったという。両親の離婚後、コープランドはさらに内向的になり、深酒をするようになって、家族や友人とも話をしなくなった。

コープランドは、GCSE〔中等教育修了一般資格。一般的には五〜一〇科目を学校で学んで試験を受ける〕を七科目取得して学校を卒業し、職業訓練課程のある学校で電気関係のコースを履修した後に就職活動をしたが、何度も失敗してしまう。偏見の最初の兆候が表れたのは、そのときだった。いい仕事を移民が奪っていると非難したのだ。一九九七年、彼は家を出て、ロンドンの地下鉄でエンジニアの助手の仕事に就く。ロンドンに不慣れだった彼は、仕事が終わると、セックスワーカーのもとに通うほかは、大部分の時間を一間の安アパートにこもって過ごした。そして、右翼組織に関わりはじめたのだった。最初に関わったのは英国国民党だったが、武器を使わないことを非難してすぐに脱退した。次に、デイヴィッド・マイアット率いるテロリストのネオナチ組織「コンバット18」から離脱したネオナチ・グループの「ナショナル・ソーシャリスト・ムーヴメント」に関わった。

一九九六年にアトランタのセンテニアル・オリンピック・パークで起きたパイプ爆弾事件は、エリック・ルドルフが中絶権と〝同性愛問題〟を標的にして引き起こした一連のテロ事件の一つだが、この事件は、コープランドがロンドンにおける攻撃の構想を描く上で鍵となる出来事となった。その後彼はヒトラーの伝記や、アメリカにおける暴力的な革命や人種戦争を描いた『ターナー日記（*The Turner Diaries*）』、デイヴィッド・マイアットが記したパンフレット『アーリア人革命解説書（*A Practical Guide to Aryan Revolution*）』、インターネットでダウンロードした『テロリストのハンドブック（*The Terrorist's Handbook*）』などを読み漁り、それらの思想に傾倒していった。あの恐ろしい犯行に及ぶ前、彼はかかりつけ医を訪れて「気が狂いそうだ」と訴え、抗うつ剤を処方されている。

マイアットのパンフレット（事件後にコープランドのアパートで発見された）に記された提案に従い、彼は爆発物を使って人種戦争を起こすというミッションに着手した。そして釘爆弾を作り、一九九九年四月一七日、二四日、三〇日に、それぞれブリクストン、ブリックレーン、ソーホーで、黒人、ベンガル人、ＬＧＢＴＱ＋それぞれのコミュニティを狙って釘爆弾を爆発させたのである。数千本の一二センチ釘を空中にまき散らしたこの爆弾により、ブリクストンでは四八人、ブリックレーンでは一三人が負傷した。ソーホーのゲイバー「アドミラル・ダンカン」に仕掛けられた爆弾は、祝日だった週末の夜、狭い空間に客が詰めかけていたこともあって最も多くの犠牲者を出し、バーにいた七九人のうち、妊娠四カ月のアンドレア・ダイクスと、彼女の友人ニック・ムーアとジョン・ライトが爆弾により死亡した。アンドレアとニックは異性愛者だった。無傷で逃げた者はおらず、手足や視力を失った者も多かった。この三回目の爆発のすぐ後、警察は自宅にいたコープランドを逮捕した。コープランドのアパートには、爆弾製造用具、ナショナル・ソーシャリスト・ムーヴメントの教材や会員証、ナチスの記念品、自分が起こした爆弾テロや世界各地で起きた残虐行為のニュースの切り抜きなどが散乱していた。警察の報告書によると、彼はすべての攻撃をあっさり認め、さらなる攻撃の予定があったことも告白し、自分の行動を説明する際には、「ミッション」や「損耗人員」といった冷たい軍隊風の用語を使ったという。

逮捕されたコープランドは、ブロードモア病院〔バークシャー州にある厳重警備の精神科病院〕の五人の精神科医から、一〇代の頃に発症した妄想型統合失調症を抱えていると診断された。コープランドは精神科医に対して、『フリントストーン』の話や、自分は神の使いであり、裁判の後に「全能の神」に救われると信じていることなどについて話した。これらは、妄想的な信念と理性の欠如の明白な兆候である。しかし、検察側に呼ばれた六人目の精神科医は、コープランドが神の使者であるという妄想を抱いていることを否定し、精神疾患ではなくパーソナリティ障害を抱えていると診断した。コープランドのアパートにあった大量の宗教・政治に関する資料（他の医師はこのことについて十分に認識していなかった）を調べたこの医師は、コープランドは単にそれらの内容を口にしているだけであると結論づけた。コープランドは、彼が属している文化が当然とみなすことから著しく逸脱した行動をとってはいたものの、強迫性障害の人に比較すると、精神疾患の生物学的な兆候は見られなかった。また統合失調症の人とは異なり、現実をよく理解していた。[21]

コープランドは結局、疾患を抱えていることを否定した。そして勾留中にペンフレンドのパッツィー・スキャンロンに、「すべての医者を騙しおおせた」こと、「理由もなく」薬を飲んでいること、自分は「モンスターではなく、ある種のテロリストで、自分の信じるもののために身を粉にして働いている」と書き送った。だが、パッツィーはコープランドが恋した孤独な英国女性ではなかった。実は、身元を偽って犯罪者と手紙をやりとりし、告白と起訴のための証拠を引き出した経歴があるノンフィクション犯罪作家のバーナード・オマホニーという男性だったのである。ブロードモアの五人の精神科医は、統合失調症の患者は自分の病状を否定することが多いと証言したが、[22]〝パッツィー〟への手紙は、コープランドが責任を免れられるほど有害な病気にかかってはいなかったことを示す証拠として裁判で使われたのだった。

コープランドは裁判を受けられる状態にあると判断された。彼には善悪の区別がつき、意志と選択の自由を行使する能力もあった。自らを爆破することなく爆弾が作れるほど、そして自らの行為の結果を知るに十分なだけの正気を備えていた。陪審員は、彼が火薬と起爆装置に一五〇〇ポンドを費やし、アナログの目覚まし時計の機構をタイマーとして使用したと聞かされた。また、化学物質の量を変えて、より大きな爆発を起こし、死傷者が増やせるかどうかを調べるために、自分のアパート近くの野原で一連の管理された実験を行なっていた。アドミラル・ダンカンを襲撃した後は、ニュースで惨状を見るために地元のホテルに行っており、自分が妊娠中の女性を殺したと報じるニュースを見て気分が悪くなったと認めている。陪審員はコープランドに謀殺罪〔殺意のある殺人〕という判断を下し、六件の終身刑が申し渡された。

この事件を取材した『ガーディアン』紙の記者は、コープランドが法廷で一度だけ感情を表したと書いている。彼が精神疾患による責任能力の低下を理由に、謀殺ではなく故殺〔計画性のない殺人〕として罪を認めたとき、傍聴席にいた被害者たちから、「恥を知れ!」、「投獄しろ!」という声が上がった。ある女性は涙を流しながら「この人でなし! 人でなし!」と叫んだ。そのときコープランドは彼女を見上げてニヤリと笑ったのである。[23]

"例外的な"ヘイトクライム犯を理解する

過激な暴力は、どのような形であっても、たいていの場合困惑させられるものだが、こと連続殺人については、動機を考えようとする意欲を失わせるほどの強烈な恐怖感を抱かされる。犯人の動機を少しでも理解しようとすることは、その行為の邪悪さを薄れさせてしまうリスクを負う。そのため、殺人を繰り返す人間は、理解を超えた「狂人」であると考えた方が安心できるのだ。

精神疾患という診断は加害者の行為を説明するうえで便利だが、被害者を愛した人たちの、答えを得たいという望みを拒絶してしまいかねない。精神疾患の診断は、あえて見ようとすれば普通の人にも少なくとも部分的には理解できることを覆い隠してしまう可能性がある。動機を形作った状況がどれほど稀だったり例外的なものだったりしても、それらをつなぎ合わせることは、殺人者を温かみのある人間として捉えることになる。彼らを殺人者にした一連の状況が、いかに恐ろしく奇妙なものに見えようとも、人間の経験の一部であることには変わりない。

フランクリンは明らかに、コンテインメントの不備に何度も見舞われ、身体的虐待を受け、修復不可能な傷を負い、栄養失調に陥り、思春期にはパーソナリティ障害の兆候が見られるようになった。コープランドは、家族から自分の性的指向について「精神的な拷問」を受け、屈辱的な性器検査を受けさせられ、両親の離婚に打撃を受けたと主張している。彼の経験はフランクリンの経験に比べれば些細なものに見えるが、トラウマの影響は常に個人の対処能力に比例するものであり、コープランドのストレスに対する閾値は、フランクリンのものより低かったのかもしれない。

グレッグとスタンの人種差別的な行動は、フランクリンとコープランドの恐ろしい犯罪とは比較にならない。だとすれば、フランクリンやコープランドの動機を理解するために心理社会的犯罪学を用いるのは無駄なことなのだろうか？　フランクリンとコープランドの幼少期のトラウマは、両親によるコンテインメントが行なわれず、手に負えない生々しい状態で残っていた。このことが、外集団のメンバーとの間に起こるストレスの募る状況に対処するための精神的な能力を阻害したのかもしれない。トラウマがもたらした彼らの恨みは、長じてから、真の原因である両親ではなく、より力の弱いマイノリティに向けられるようになった可能性がある。グレッグやスタンと同じように、異人種への憎しみが、彼らの極端な喪失感のコンテイナーになったのではないだろうか。

もし、この分析がフランクリンとコープランドの複数の殺人を説明するのに十分であるとすれば、私たちは今よりももっと多くの憎しみに満ちた大量殺人を目にすることになる。だが、同じような幼少期のトラウマに苦しみながらも、人種差別的な殺人者にならなかったフランクリンのきょうだいについてはどう説明がつくのだろうか？　また、コープランドの生い立ちが、彼の釘爆弾テロを説明するのに十分なトラウマになっていたと確信することはできるだろうか？　もしかしたら、私たちが必要としている追加情報は、二人の男の性格にあるのかもしれない。

性格、精神疾患、憎悪

人の性格形成に両親が大きな影響を与えることはよく知られている。あなたのパートナーが「君はお母さんにそっくりだ」、「あなたはお父さんにそっくりよ」と言うとき、残念ながら、それは正しい。双子を対象とした研究によると、人の性格は、母親と父親から受け継いだ遺伝子と親による子育て環境の双方に同じくらい決定づけられることが判明している。[24] ほとんどの人にとって育ち方は、その人の生物学的特徴を強める要因となる。

これは、フランクリンとコープランドが、両親や祖父母など（フランクリンの場合は祖父母がナチスのシンパだった）から偏見や憎しみを受け継いだことを意味するのだろうか？　偏見や憎悪は性格の一面とはみなされないため、世代を超えて受け継がれる人種主義、同性愛嫌悪、性差別などの遺伝子は存在しない。だが、性格のある種の要素は実際に遺伝し、その一部が偏見や憎しみの原因となることがある。

本格的な科学研究は、このことを裏付けている。九カ国、合計二万二〇六八人の被験者を対象とした七一の研究から、一部の性格特性と偏見との間には間接的な関連性があることが明らかになっているのだ。[25] これらの研究の大部分は、多くの人が職場でチームワーク演習の一環として行なう性格特性検査で用いられている〝主要五因子（ビッグファイブ）〟の特性について調査を行なっている。あなたの結果がどうであったにせよ、「外向性」、「協調性」、「誠実性」、「情緒安定性」、「経験に対する開放性」という、この五つの特性の様々な組み合わせは、私たちの性格の五〇％以上を占めているのだ。[26]

フランクリンとコープランドは、古典的な偏見予測法である「右翼権威主義（ＲＷＡ）尺度」と「社会的支配志向性（ＳＤＯ）尺度」で高得点を獲得するだろう。[27] ＲＷＡ尺度は、価値観の乱れや、安定した指導者がもたらしてくれるはずの安心感が欠けていることにより、社会秩序や現状が脅かされているという考えに傾倒する傾向を示す。高得点の人は、世界は本質的に危険で脅威にあふれた場所であり、支配的なルールに従うことでしか制御できないと感じている。SDO尺度は、人々のカテゴリー間の不平等な関係（ある人種が他の人種よりも優位に立つことを含む）に対する選好を示すもので、高得点の人は、世界は強者が勝ち弱者が負ける非情な競争のジャングルであると感じ、集団にヒエラルキーがあるのは自然かつ不可避なことで、望ましいものであるという信念を抱くようになる。

RWAとSDOのスコアは、ビッグファイブのうちの二つ、すなわち「経験に対する開放性」と「協調性」の低評価と密接に関連している。閉鎖的で過度に自己本位の人（これら二つの特性の対極にある特性）がみな人種主義者や同性愛嫌悪者になるわけではないが、そのような人には、世界は強い者しか報われない危険な場所として映る傾向がある。フランクリンとコープランドは、このような考え方に傾倒しすぎて、周囲の世界に対して閉鎖的になってしまったのかもしれない。こうした要素を強めるような両親による社会化〔社会の規範や価値観を学び、社会における自分の立ち位置を確立すること〕や家庭内での一般的な偏見に満ちた態度があれば、憎悪の肥沃な土壌が作られる。しかし、フランクリンとコープランドの両親が偏見に満ちた態度を示していたという明確な証拠はなく、もし仮にそうだったとしても、なぜ遺伝的祖先と家庭環境を共有する彼らのきょうだいが影響を受けなかったのか、という疑問が残る。

その答えは結局、精神疾患にあるのかもしれない。フランクリンとコープランドが犯行時に精神疾患を患っていたかどうかは未だに不明だが、彼らの幼少期のトラウマが正常な情動反応、性的覚醒、衝動制御の発達を妨げていた可能性はある。深刻なトラウマを引き起こすような子供時代の経験は生理学的な影響をもたらす。幼少期のストレス要因、すなわち、児童虐待や度重なる暴力の目撃といったトラウマになる出来事は、グルココルチコイドが放出される引き金となる。グルココルチコイドは、「闘争・逃走」反応という〝赤信号〟を点灯させる一因だ。[28] グルココルチコイドが大量に分泌された若い脳は、扁桃体に増幅効果をもたらし、ブレーキをかける実行制御領域（前頭前野）の影響を受けにくくして、刺激に対する恐怖を長期記憶に刻まれやすくする。このグルココルチコイドに触発されて刻まれた恐怖の記憶は非常に払拭するのが難しい。グルココルチコイドは、問題に直面したときに破壊的な常習行動を助長し、リスクを冒す傾向を強める。なぜなら、ストレスを受けている間は、常習行動を変えるための新しい情報を取り込むことが難しくなるからだ。研究によると、グルココルチコイドは、利己主義も助長し、共感性や感情のコントロール力も低下させると示唆されている[29]。

幼少期のトラウマの影響は、特定の時間と場所に限定されない。長じてから、何らかのきっかけにより長期的な恐怖の記憶がよみがえり、元々のストレス反応とグルココルチコイドの氾濫が再現されると、理性的な意思決定能力が損なわれ、破壊的な行動が助長されて、激怒と攻撃的行動がより容易かつ迅速に引き起こされるようになる[30]。なぜそうなるかというと、攻撃性はグルココルチコイドのレベルとストレスを減少させるため、気分が向上するのだ[31]。興味深いことに、男性と同じストレス要因に遭遇した女性は、男性とは異なる反応を示すという研究結果がある。それによると、女性の場合は「闘争・逃走」ではなく、「思いやりと絆」（自分や子供のために安全な環境を作るための養育行動）の反応が生じることが多いという[32]。

幼少期のトラウマによる心の傷は、脳の物理的構造をも変えてしまうことがある。ＰＴＳＤに関する研究によると、ストレスのかかる出来事は脳の諸領域の大きさを変え、長じてからの行動反応を形作ることが示されているのだ[33]。扁桃体は拡大して不安を感じる脳になり、海馬は萎縮して学習効率の悪い脳になる。ＰＴＳＤ患者が脅威ではない状況で闘争・逃走反応を経験する可能性は一般の人より高く、恐怖が生じた時と場所にうまく関連付けられていない恐怖の記憶を保存してしまう可能性も高い。

これらの脳の領域の拡大と萎縮は有害な組み合わせだ。トラウマとなった恐怖の記憶が他の光景や音（たとえそれ自体は無害なものであっても）に呼び起こされ、逃れることが難しい元々のトラウマの不穏なフラッシュバックが引き起こされるからだ。PTSDを患っている人は破壊的な行動をとることが知られており、そうした行動は攻撃的で、極度に暴力的で制御不能なものになる場合さえある。[34]もちろん、家庭内暴力を目撃したり児童虐待を経験したりした子供全員が必ずPTSDを発症するというわけではない。しかし、家庭内暴力や虐待が継続して行なわれており、そのトラウマを〝包み込む〟ことができる養育者がいない場合（繰り返し虐待が行なわれているような状況で〝包み込む〟ようなことが果たして可能だとしたら、だが）、PTSDのような症状を経験する可能性は劇的に高まる。さらにその上に貧困、栄養不良、精神疾患の既往症、薬物やアルコールの乱用などが加わると、その可能性は爆発的に上昇する。

フランクリンが有罪判決を受けた当時、PTSDの理解はまだ始まったばかりで、精神科医が彼の犯罪を軽減しうる要因としてそれを指摘したとは考えられない。死刑執行間近になって、フランクリンは、虐待が自分の心理的発達に影響を与えた結果、黒人に対して歪んだ認識を持つようになったと指摘した。それは、彼の女きょうだいが幼年期に受けた虐待のためにPTSDを被ったと主張していることや、彼の男きょうだいが生涯にわたって精神病院への入退院を繰り返したことを考えると、ありえないことではない。[35]コープランドの裁判の時点では、PTSDの知識はもっと蓄積されていたが、彼の過去がその発症につながった可能性を示唆した精神科医はいなかった。フランクリンとは異なり、コープランドは妄想型統合失調症と診断されたが、それでも裁判長は彼が裁判に堪えられると認めた。さらに彼自身が、自分は正気であり、精神科医を騙したと告白したことも、精神疾患を患っているという診断の根拠を弱めることになった。

ヘイトクライム犯の心に深い傷を負わせた過去を明らかにすることは、犯罪の動機に光を当てるのに役立つ。グレッグ、スタン、フランクリン、コープランドの四人は、軽度のものから深刻なものまで、いずれもコンテインメントで満たされなかった幼年期の未解決のトラウマを抱えていた。大人になった彼らは、過去の負の感情の噴出に対処する精神的能力が低かったため、憎しみをコンテイナーとして使用し、それがマイノリティへの攻撃という形で現れたのかもしれない。心理社会的犯罪学の手法に基づくこの分析は、フランクリンとコープランドによる複数の憎悪に基づく殺人よりも、グレッグとスタンの犯罪の方をよりよく説明できるように思われる。グレッグとスタンの犯罪よりさらに深刻なフランクリンとコープランドのヘイトクライムには、追加の促進剤が作用した可能性があり、彼らの犯罪プロファイルは、過激派の資料やグループへの熱心な関与を示している。コープランドについては、過激派のオンラインコンテンツが利用できたことが明らかに影響を及ぼしていた。さらには彼らの歪んだ世界観を刺激した「トリガーイベント（引き金となった出来事）」が存在していたことも明らかになっている。

第7章　トリガーイベントと憎悪行為の増減

二〇〇八年一一月初旬のある土曜日、高校生の友人たちが、悪質なゲームを行なうためにニューヨーク州サフォーク郡の裕福な海辺の町、パッチョーグで落ち合った。彼らが毎週のように楽しんでいたこのゲームは「ビーナー・ホッピング」〔「ビーナー」はスペイン系アメリカ人を指す蔑称、「ホッピング」は渡り歩くという意味〕と名付けられ、ラテン系の人々を追い回して攻撃するのが目的だった。「白人クルー」と名乗る七人の少年たちは、ハンプトンズから車で四〇分ほどのところにある小さな町に狩りに出かけ、現地の公園で酒をあおり、五日前にラテン系の男性を殴って気絶させたことを自慢し合って盛り上がった。その後彼らは暗い通りをうろついて標的を探し始めた。そして夕方までに、ラテン系の男性一人をめった打ちにし、もう一人の男性にBB弾を浴びせて苦しめた。

深夜〇時ごろ、少年グループがうろついていた鉄道駅の駐車場に、エクアドル系の不法移民マルセロ・ルセロと幼なじみのアンヘル・ロハが通り掛かった。七人のティーンエイジャーはすかさず二人を取り囲み、人種差別的な中傷を浴びせかけた。少年の一人に顔を殴られたマルセロがベルトを外してボーラ〔端に重しのついたロープ〕のように振り回し始めたところ、ベルトのバックルが、それをよけられなかった「白人クルー」の一人で高校のスター選手だった一七歳の少年の頭に当たった。激怒したこの少年はナイフを取り出し、マルセロの胸を刺して絶命させた。マルセロはそれまでの一六年間アメリカに暮らし、低賃金の仕事をしながら、故郷のグアラセオ村に家を建てる資金を貯めていた。翌月にはアメリカを離れて家族のもとに戻る予定だった(1)。

マルセロを刺した少年は、郡保安官事務所で、脚に鉤《かぎ》十字のタトゥーを入れているのが見つかった。彼は、人種差別的な考えを抱いており、ときおり白人至上主義者のウェブサイトを見ていたと認めた。[*1] 捜査の過程で、この少年は他の八人のラテン系移民襲撃事件にも関与しており、そのうちの一人をナイフで攻撃していたことが判明した。この少年にはヘイトクライム罪により二五年の懲役が言い渡され、残りの六人の少年たちにも五年から七年の懲役が言い渡された。

マルセロ殺害事件を調査した南部貧困法律センターは、それが単発の事件ではなかったことを見出した。サフォーク郡のラテン系移民は継続的に住民から憎悪に基づく暴力を加えられており、地元の指導者や警察は見て見ぬふりをしていたのだった。被害者は、唾を吐きかけられる、果物やガラス瓶を投げつけられる、家の中で銃撃される、道路で幅寄せされる、強盗にあう、野球のバットで殴られる、といった被害を日常的に経験していた。加害者の多くは二〇歳以下の白人男性だった(2)。

私がこのヘイトクライムを知ったのは、「一〇代の暴力的な〝スポーツ〟がロングアイランドの殺人事件を引き起こしたと当局が表明」という見出しがつけられた『ニューヨーク・タイムズ』紙の記事を通してだった(3)。私が実体験した事件との類似性により惹きつけられたのである。それは、ヘイトクライムのゲーム化のもう一つの例だった。また私は同じころ、二〇〇九年の三月に、カリフォルニア州サンタクララ郡で同性愛者に対するヘイトクライムが年間三倍に増加したという報告を目にしたことも覚えている(4)。アメリカの両海岸でヘイトクライムが多発したことには何か共通点があるのだろうか。興味をそそられた私は、これらの一時的なヘイトクライムの集団発生が果たして独立した現象なのかどうか見極めるため、過去に遡ってパターンを探してみることにした。

すると、ヘイトクライムがアメリカで突然ピークに達した例がいくつもあった。一九九二年四月、白人に対するヘイトクライムが急増。一九九三年二月にはイスラム教徒に対するヘイトクライムが突然増加。一九九五年一〇月には黒人に対するヘイトクライムが増加し、二〇〇一年九月には再びイスラム教徒に対するヘイトクライムが増加。二〇〇八年第四四半期にはラテン系の人々に対するヘイトクライムが増加し、二〇一六年の最後の四半期にはイスラム教徒、ラテン系、黒人に対するヘイトクライムが増加していた。次に私は他の諸国を調べてみた。二〇〇五年七月には英国でイスラム教徒に対するヘイトクライムが急増し、二〇〇二年一〇月にはポルトガル、ポーランド、フィンランドで移民に対する人々の態度が急激に悪化していた。二〇〇四年三月にはスペイン全土で移民に対する態度の強い悪化が見られた。

これらのヘイトクライムの急増や移民に対する態度の硬化には一つの共通点がある。それは、外集団に対して偏見に基づく感情をかき立てる「トリガーイベント」が事前に生じていたことだ。少数の人々にとっては、これらのトリガーイベントが起こると、偏見があまりにも強くなって、一時的に心の中に封じ込めることができなくなってしまう。そのため、その出来事に関連しているとみなせる人々に対して暴力的な力を行使することにより、こうした感情を払拭する必要性があると感じるのだ。

マルセロ・ルセロが殺害され、サフォーク郡で人種に基づくヘイトクライムが急増したのは、アメリカ初の黒人大統領バラク・オバマの当選という出来事のあとだった。また、カリフォルニア州で同性愛嫌悪者によるヘイトクライムが多発したのは、結婚を異性カップルに限定する法律「提案八号」が可決された後である。当時私は、この二つの例は裏付けに乏しい事例にすぎないことを認識していた。そのため、「事件に対する反応は、ヘイトクライムの動機というパズルの一部を説明することができるもの

＊1　この少年の弁護士は、彼が白人至上主義の考えを抱いていると認めた理由は、自分が犯したヘイトクライムのために攻撃してくる可能性のある受刑者がいる刑務所に収容されるのを避けるためだったと述べている。

である」と確信を持って言うには、科学に頼る必要があった。こうして何年もかけて調査を行なった結果見出したものは、懸念を抱かせるものだった。すなわち、世界において近年に生じたヘイトクライムの急増はすべて、重要な選挙、裁判、テロ攻撃、あるいは政策変更の後に生じていたのである。

憎悪の引き金を明らかにする

路上におけるトリガーイベントと憎悪

ＦＢＩのデータを使えば、米国で警察に記録されたヘイトクライムの大幅な急増と同じ時期に発生していた複数のトリガーイベントが特定できる。これらのデータは不完全で、あらゆるヘイトクライムを捕捉しているわけではないが（第２章参照）、所定の期間における傾向を調べるには有益だ。[*2] そうしたイベントの一つは、一九九二年五月に生じたヘイトクライムの急増を引き起こしていた（図６参照）。

一九九一年三月、ロサンゼルスで警察に追跡されていた黒人建設作業員のロドニー・キングが、スピード違反で車を停止させられ、車から降りるように命じられた。その際、キングが武器を取ろうとしていると思い込んだ四人の警官が彼にスタンガンを押し当て、警棒で五六回も殴ったうえ、七回足蹴りした。この暴行は他の十数人の警察官が見つめる中で八分以上も続けられ、キングは体と頭蓋骨の骨折および脳の損傷を被った。警察官らの裁判と前後して、キングが殴られている様子を撮影したアマチュア動画が世界中のテレビ局で流された。

一九九二年四月二九日、陪審員（内訳は、白人九人、ラテン系一人、アジア系一人、ミックス一人）は、殴打に関与した警察官を無罪とした。この評決は、ロサンゼルス中南部の黒人コミュニティが、失業、犯罪、強引な取り締まりにさらされて深い恨みを抱いていた最中に下されたもので、判決が下されてから数時間のうちに暴動が勃発して、五日間続いた。

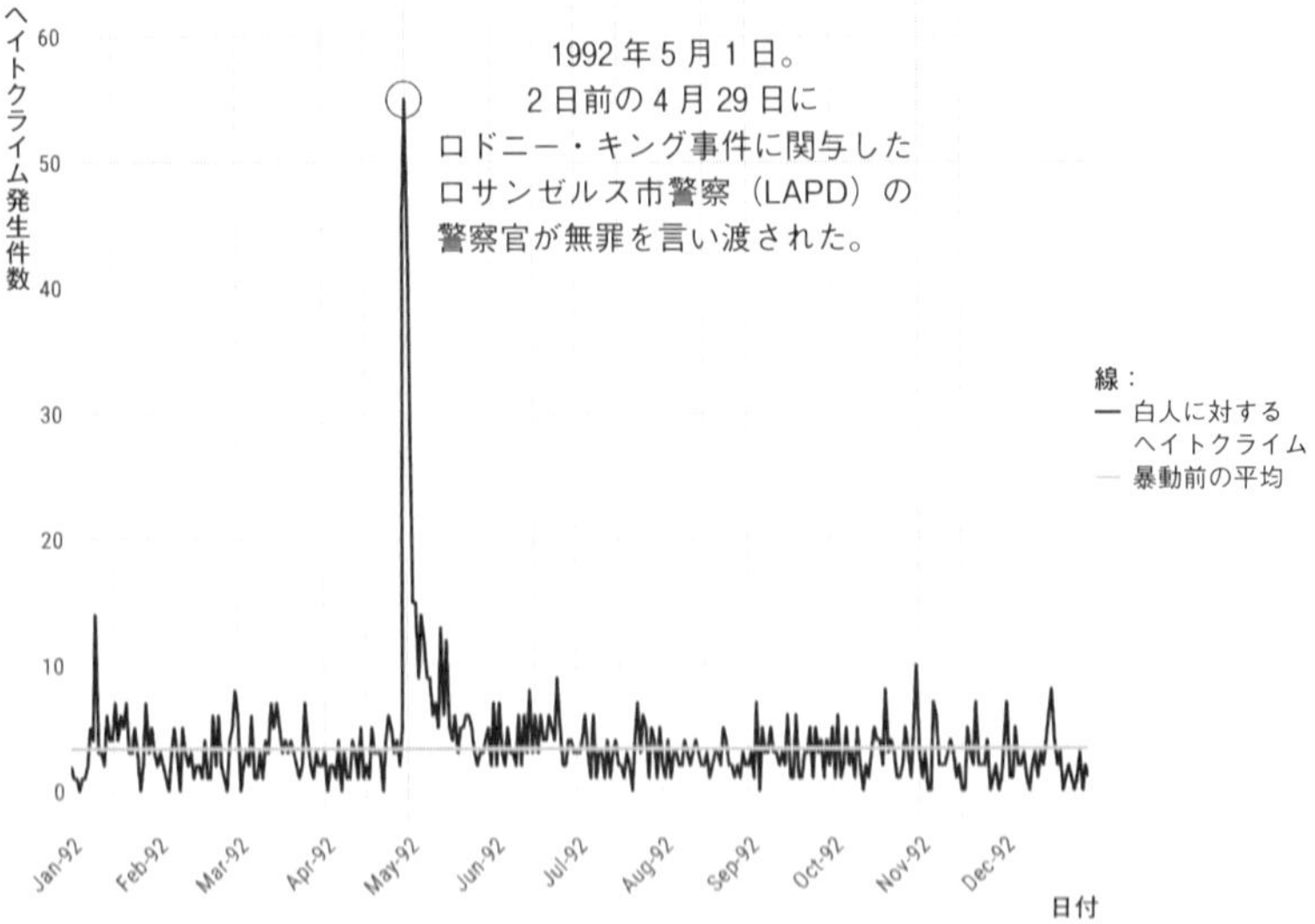

図6　ロドニー・キング事件に関与した警察官に対する1992年の裁判評決後に起きた、全米における白人に対するヘイトクライムの件数（日別）。FBIのヘイトクライムデータを用い、以下の論文に基づいて作成したもの。R. D. King and G. M. Sutton, 'High Times for Hate Crimes: Explaining the Temporal Clustering of Hate Motivated Offending', *Criminology* 51 (2014), 871–94.

この暴動におけるある事件では、道にあふれた暴徒が石を投げ始めたところに通りかかった白人トラック運転手のレジナルド・デニーが、車を停止させられたあとにトラックから引きずり降ろされて、暴徒らに釘抜き付きハンマーやコンクリートブロックで襲われた。[5] 別の事件では、オートバイを運転していた白人のマット・ヘインズが、黒人男性の暴徒たちに引きずり降ろされ、頭部を撃たれて殺害された。[6] オハイオ州立大学のライアン・キング教授らの分析によると、この白人に対するヘイトクライムのスパイク〔急上昇と急降下の山型を描く〕（教授は「パルス」と表現している）はロサンゼルスに限って見られたことではなく、判決の影響は全米に及び、カリフォルニア州と同じくらいニュージャージー州でも反発が生じていた。[*1][7] ヘイトクライムの観点から見ると、暴動後のこの八日間は白人にとって、その年最も危険な時期だった。一九九三年四月に行なわれた別の連邦公民権訴訟では、二人の警察官がロドニー・キングの公民権を侵害した罪で有罪となって三〇カ月収監され、他の二人はロサンゼルス市警察を免職になった。

一九九三年から二〇〇一年にかけて米国で生じたイスラム教徒に対するヘイトクライムのスパイクの前には、すべてイスラム過激派の名の下に行なわれたテロ事件が発生している。すなわち、一九九三年二月二六日の世界貿易センタービル爆破事件、一九九五年四月一九日のオクラホマシティ連邦政府ビル爆破事件（当初はイスラム原理主義者の犯行とされた）、そして二〇〇一年九月一一日に起きた同時多発テロ事件だ。いずれのテロ事件も、イスラム教徒と、アラブ人に対するヘイトクライムの急増とそれぞれ関連しているが、中でも同時多発テロ事件は最も強い影響を及ぼしていた。各テロ事件後の数日から数週間にわたり、黒人に対するヘイトクライムの発生率は増減がなかったため、事件の影響は特定の標的に及んだものと考えられる。つまり、米国市民は、テロ事件の犯人（または犯人と推定された人物たち）に似た特徴を持つ人々に復讐していたのだ。同時多発テロ事件の場合、黒人、アジア系、ラテン系の人々に対するヘイトクライム発生件数は、実のところテロ直後から減少している(8)。その一方で、イスラム教徒に対するヘイトクライムの急増は一カ月以上続き、他のテロ攻撃の影響をはるかに超えていた。一九九二年から二〇〇一年の間に、ＦＢＩはイスラム教徒やアラブ人に対するヘイトクライムを六九一件記録している（ヘイトクライムの報告と記録にまつわる問題を考慮すると、実際の件数はもっと多かったものと思われる）。そのうち約六六％は、二〇〇一年九月一一日から一二月三一日の間に起きていた(9)。これは非常に強い影響で、近年アメリカ史上でイスラム教徒に対するヘイトクライムを最も急増させたトリガーイベントとなっている。

バラク・オバマとドナルド・トランプの大統領選は、双方とも米国におけるヘイトクライムのスパイクと時期を同じくしている。とはいえ、トランプの影響ははるかに甚大だった[*4]。一九九二年から二〇〇一九年までのＦＢＩのヘイトクライムデータによると、二〇一六年の第四四半期に顕著なスパイクが生じた最も有力な理由は、大統領選におけるトランプの勝利であることがわかる（図7参照[*1]）。他の可能性のある要因の影響を排除するため、経済学者たちは実に多種多様な要因を照合した。それらには、殺人率、乳児死亡率、死刑執行率、失業率、警察の実質支出、人種と農村／都市の人口動態、アルコールの

＊2　大雑把に言うと、ヘイトクライムをＦＢＩに報告するのが積極的な警察署は一貫して積極的で、消極的な警察署は一貫して消極的な傾向がある（例外もあるが）。この一貫性により、ＦＢＩにヘイトクライムを報告する姿勢の向上・悪化に関わらず、所定の期間における傾向を調べることができる。

＊3　ライアン・キングらは、この結果が、判決後に警察の記録が増えたことが反映されたものではないことを確認している。

＊4　二〇〇八年と二〇一二年にオバマ大統領が当選した後に生じた、それよりずっと小さなヘイトクライムのスパイクは、一部のアメリカ人が抱いた脅威の高まりの方に、より密接に関わっていると思われる。ホワイトハウスに黒人が入ったことで、「ＫＫＫ」や「保守市民評議会」〔白人至上主義組織〕は、自分たちに寄せられる新たな関心の急増を目にした。そうした関心を促していたのは、移民問題や二〇〇八年の金融危機だった。以下を参照。M. Bigg, 'Election of Obama Provokes Rise in US Hate Crimes', Reuters, 24 November 2008.

＊5　図7に示すトレンド除去を施したヘイトクライムのデータセットを、それらを構成するヘイトクライムのタイプごとに分離すると、明確な反季節性のトレンドショックが存在し続けることがわかる。二〇一六年の選挙の際には、ラテン系と黒人に対するヘイトクライムに明確なスパイクが見られる。イスラム教徒に対するヘイトクライムは複雑な様相を呈しており、二〇一五年後半と二〇一六年に反季節的なトレンドショックが見られる。最初のショックの引き金になった事由として考えられるのは、一四人が殺害され、二四人が負傷したカリフォルニア州サンバーナーディーノでのイスラム過激派によるテロ事件だ。このテロ事件を受けて、トランプはイスラム教徒の米国入国を「全面的かつ完全に」禁止することを呼びかけ、二〇一七年一月に法制化した〔この規制は、二〇二一年一月二〇日にバイデン大統領により解除された〕。

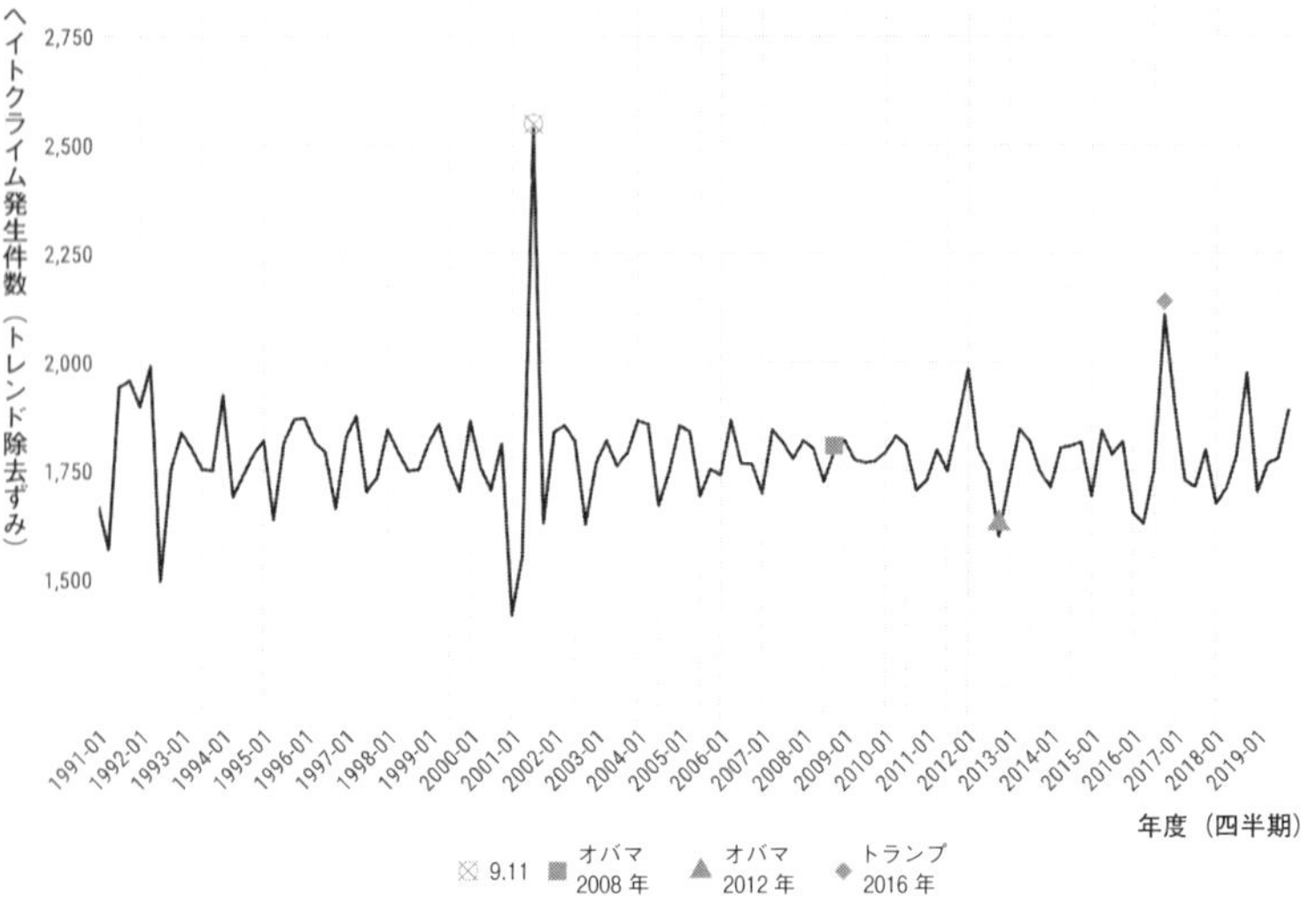

図7　米国における四半期ごとのヘイトクライム発生件数（1991年〜2019年）。FBIのヘイトクライムデータを用い、以下の論文に基づいて作成したもの。G. Edwards and S. Rushin, 'The Effect of President Trump's Election on Hate Crimes', SSRN, 18 January 2018.　データは、他の効果を隠す可能性のある季節性効果を打ち消すためにトレンド除去を施されている。トレンド除去のプロセスは、隠れている関心事のトレンドを浮かび上がらせるために情報を削除することになるので、データセット内のヘイトクライムの総数（縦軸の値）は減少する。

総消費量、州の上下両院における民主党員の割合、他のテロ攻撃、さらには季節による変動までが含まれた（ヘイトクライムは、外出する人が多い夏に起こりやすい）。しかし、これらの要因はいずれも有意性を持たず、二〇一六年の大統領選後の驚異的なヘイトクライム急増の最大原因は、トランプの当選にあったという結論が導かれた[*6]。トランプがホワイトハウスに陣取ったことは、四半期ごとに全国で約四一〇件のヘイトクライムの増加に寄与した。つまり、大統領選勝利の日から二〇一七年末までに増加した二〇四八件のヘイトクライムに寄与したものと推定される。フロリダ州オーランドやカリフォルニア州サンバーナーディーノで起きたような最近のテロ攻撃と比較すると、トランプ効果にはヘイトクライムを刺激することにおいて三三倍の効力があった[10]。

このことはどう説明したらよいのだろうか？　トランプの二〇一六年の大統領選の際には彼の不寛容な暴言が散見され、それが偏見を持った少数派を暴力に駆り立てた可能性が高い。トランプは、メキシコ系移民を犯罪者や強姦魔と呼び、オバマ大統領の出生地を疑い、ヒラリー・クリントンに関する反ユダヤ的な要素を含んだ中傷をツイートしたり、自身への支持に対してツイッターのアカウント「®WhiteGenocideTM」に謝意を表したりした（他にもオルタナ右翼や白人至上主義のアカウントにも同様のコメントを載せたが、これらのアカウントはヘイトスピーチ規定に違反しているとして、その後ツイッター社から停止処分になっている〔二〇二二年一一月二〇日、アカウントが復活された〕）。大多数の意見はトランプの分断的なレトリックに左右されなかったが（全体的に見て、マイノリティに対するアメリカ人の偏見はトランプ当選後に減少している[11]）、すでに極右的な見解を抱いていた者たちは、世界で最も強力な指導者に自らの意見が反映されるのを見て勇気づけられた。また、これらの少数派は、他のアメリカ人がどれほど多くトランプに投票したかを知って刺激され、自分たちの極端な意見は当初想定して

＊6　二〇一六年第四四半期のヘイトクライムの劇的な増加について、多岐にわたる最も可能性の高い代替要因を除外するためにG・エドワーズ（G. Edwards）とS・ラシン（S. Rushin）が用いたのはマクロ経済パネル回帰の手法だった（'The Effect of President Trump's Election on Hate Crimes', SSRN, 18 January 2018）。これは強力な統計モデルではあるものの、増加について考えうるすべての原因を説明することはできない。それを行なうには、〝トランプ効果〟を受けるランダムな場所を設定して、もう一つの〝トランプ効果〟を受けない場所を対照として設定する「真の実験」が必要だ。しかし、二〇一六年の大統領選は米国の全管轄区域に影響を与えたため、真の実験を行なうことは不可能である。つまり、トランプが権力を握ったことでヘイトクライムが増加したと絶対的な確信を持って言うことはできない。それでも、このテーマに関するすべての真の実験に準じる研究は、この説明が最も妥当なものであることを示している。

いたより広く浸透しているという誤った印象を抱いた可能性がある。

このことを裏付ける実験的研究がある。この研究では大統領選前に、トランプが勝利する確率が一〇〇%であると予測された州（アラバマ州、アーカンソー州、アイダホ州、ネブラスカ州、オクラホマ州、ミシシッピ州、ウェストヴァージニア州、ワイオミング州）から四五〇人ほどの被験者を募集した[12]。ランダムに選ばれた被験者の半数は、この一〇〇%の確率について知らされ、残りの半数は知らされなかった。続いて、強い反移民感情が社会的に容認されるかどうかに関する被験者の考えを調べるため、実際に賭け金を使って寄付ゲームを行なわせた。被験者は、移民推進派と反移民派のいずれかの組織に寄付ができること、そして寄付を送る組織はランダムに選ばれると告げられた（だが実際には、九〇%の被験者の寄付先として、確固とした反移民組織である「アメリカ移民改革連盟」が指定された）。次に被験者は、〝ランダムに〟選ばれた組織に対して、自分の代わりに一ドルの寄付をすることを承認するかどうかを尋ねられた。重要なのは、被験者の半分にはこの寄付行為を非公開にすると告げ、残りの半分には公開すると告げたことだった。

自分の州が一〇〇%の確率でトランプに投票することを知らされた被験者は、その情報を与えられなかった被験者に比べて、移民排斥団体に寄付をしたり、そのことを公にしたりする確率が有意に高かった。この実験はトランプが勝利した後に再度行なわれ、移民排斥団体への寄付がより多く公に行なわれるという同じ結果が得られた。これらの実験は、自分の州が圧倒的にトランプに投票すると考えること、あるいはトランプが実際に勝利したことにより、反移民行動に対する社会的受容度が、偏見がないように見せなければならないという社会的圧力を凌駕《りょうが》するところまで高められたことを示している。

偏見に満ちたジョーク（第5章参照）の場合と同じように、トランプはアメリカ人の偏見を強めたわけではない。実際には、彼の当選と人種差別的なツイートを通して、少数派の人々が、すでに抱いていた偏見に満ちた態度を制御する必要性から一時的に解放されたのである。通常、そのような偏見に満ち

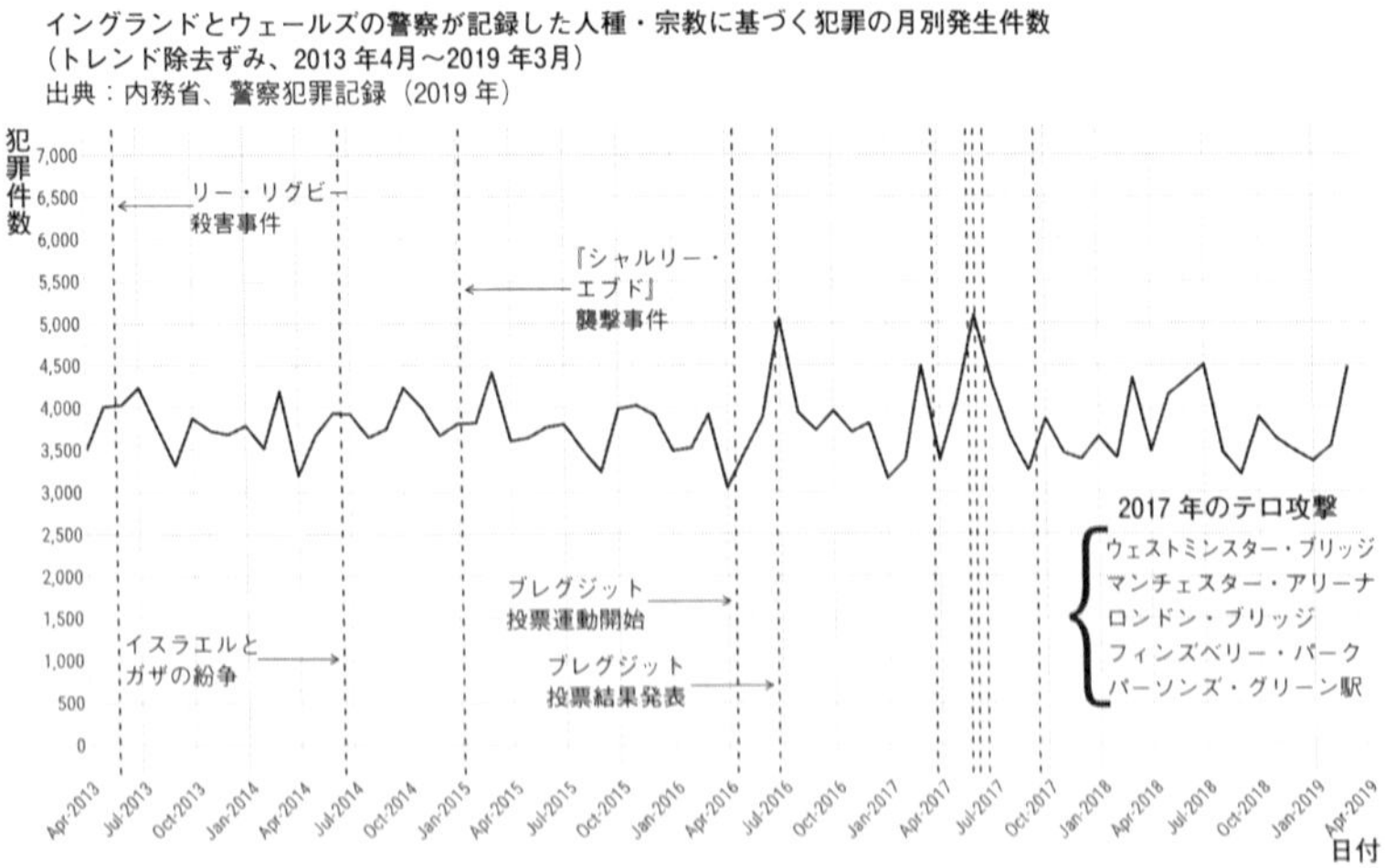

図8　イングランドとウェールズにおけるヘイトクライムの月別発生件数（2013-19年）。季節性トレンド除去ずみ。

た態度は、偏見を持たないように見せなければならないという社会的圧力のために日常的に抑えられている。したがってトランプは偏見の「解発因（リリーサー）」として機能し、それが街頭における憎悪に満ちた行動を導いたものと考えられる。大統領選後にヘイトクライムが最も増加したのはトランプを最も強く支持していた郡であったことは驚くに値しない。

英国でも、選挙やテロ攻撃に関連してヘイトクライム発生率が一時的に上昇したことが記録されている（図8参照）。私のチームが行なったこの分野の研究では、二〇一六年に行なわれた「ＥＵ離脱の是非を問う国民投票」（ブレグジット投票）がヘイトクライムのトリガーとして作用したことが示された。図9の灰色の線は、投票前の傾向予測に基づき、投票がなかった場合の動向を推定したものだ。その下の棒グラフは、国民投票が人種・宗教（ＲＲ）に基づくヘイトクライムに与えた影響の大きさを月別に示している。私たちのチームは、ヘイトクライムの予測指標となることが判明している様々な要因を照合しながら、ＥＵ離

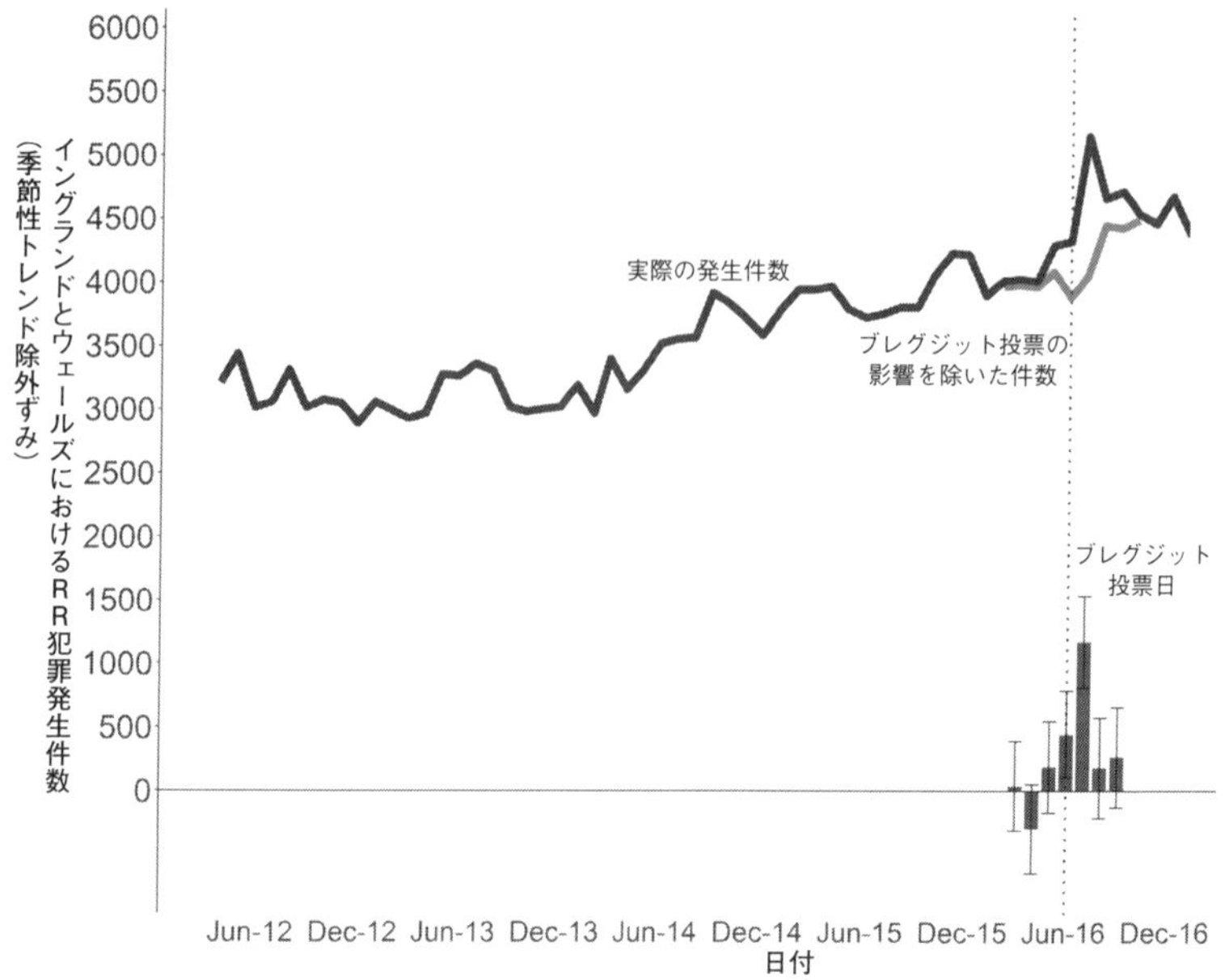

図9　ブレグジット投票がなかった場合の人種・宗教（RR）に基づくヘイトクライム推定発生件数。

脱の是非を問う国民投票運動と投票までの期間における影響を取り出した。それらを合わせるとヘイトクライムが一一〇〇件増加したという計算結果が得られた。

　ユニバーシティ・カレッジ・ロンドンで行なわれた研究によると、二〇〇五年七月七日にロンドンで発生した過激派イスラム教徒による「ロンドン同時爆破事件」は、その直後にインド・パキスタン系やアラブ系の外見やルーツを持つ人々に対するヘイトクライムが二二%増加したことと関連づけられている。この研究ではまた、米国の同時多発テロを受けて英国内のインド・パキスタン系住民やアラブ人に対するヘイトクライムが二八%増加したことも示され、事件が国際的な影響を及ぼす場合があることを初めて証明した研究になった[13]。ロンドン・スクール・オブ・エコノミクスの研究は、この研究をさらに発展させ、二〇一三年から二〇一七年の間に発生した一〇件のテロ事件（うち七件は英国外で発生）が英国内のヘイトクライムに与えた影響を調べた[14]。その結果、チュニジア（二〇一五年六月）やベルリン（二〇一六年一二月）で発生したテロ事件を含め、すべてがヘイトクライムの増加を引き起こしていた。

この研究で最も興味深かったのは、全国紙によるテロ事件に関する報道とヘイトクライム発生件数との間に関連性が見られたことである。イスラム過激派のテロ攻撃は、他の動機に基づくテロ攻撃に比べて約三七五％も多く報道されるため、一般の人々はこの種の事件から受ける脅威の印象を膨らませてしまう[15]。報道の頻度と路上やネット上でのヘイトクライム発生件数には因果関係があることが示されている。偏見に基づいて行動するかどうかはまた、攻撃で殺害された人数にも左右される。当然のことながら、両者には強い相関関係がある。テロ事件で死亡した人の数が多ければ多いほど、その事件に関する新聞記事の頻度も高くなるからだ[*7][16]。言い換えれば、これほど報道が過熱しなければ、イスラム過激派の名の下に行なわれたテロ攻撃に伴うヘイトクライムの発生は少なくなる可能性が高い。

ヨーロッパ大陸に目を移した私は、トリガーイベントが、マイノリティの人々に対する態度により広範な変化をもたらしていることに気づいた。そのような態度自体は実害をもたらさないものの、放っておくと偏見や憎悪に発展する可能性がある。研究を進めると、二〇〇二年一〇月と二〇〇四年三月に、ヨーロッパのいくつかの国で、移民に対する態度が異常に悪化したことがわかった。この異常なパターンが生じた理由を「自然実験」[17]という特殊な科学的手法を用いて調べたのが、ハーヴァード大学のジョシャ・レゲウィー教授である。

彼が直感したのは、インドネシアのバリ島で起きたイスラム過激派による爆弾テロ事件が、ＥＵ諸国

＊7　相関関係は０・81と非常に高い（範囲は０〜１）。

における移民に対するネガティブな態度の悪化をもたらしたトリガーイベントだったのではないかということだった。二〇〇二年一〇月一二日の午後一一時ごろ、バリ島クタにあるパブ「パディーズ」に入った男が、爆発物を詰め込んだバックパックを爆発させた。その際幸運にも死亡や重傷を免れた人々は、大混乱と恐怖のさなか、通りに飛び出した。だがその数分後、混雑した通りに駐車していた車が、二人目の自爆テロリストの手で爆発したのだった。この事件では、インドネシア人、オーストラリア人、アメリカ人、ヨーロッパ人など二〇二人が死亡し、二〇九人が負傷した。

偶然にもその時点で、「欧州社会調査」（EU全域の人々の態度や意見を収集することを目的とした調査機関）がデータ収集サイクルの半分を終えていた。この偶然により、進行中の調査が自然実験として機能することになり、バリ島の爆弾テロ事件が外因性のショック、つまり外部からのトリガーイベントとして働くことになった。調査に参加した人の約半数はテロ発生前に回答を終えており（ゆえに対照群になった）、残りの半数はテロ発生後に回答した（ゆえに曝露群となった）。このような調査はあらかじめ計画して行なうのは不可能なため、このような事件が起こると、研究者はデータを手に入れようとやっきになる。

この調査の結果は、バリ島爆弾テロ事件が、ポルトガル、ポーランド、フィンランドにおいて、あらゆる移民に対する態度を大きく悪化させる原因となったことを示した。事件の影響は、失業率の高い地域ほど大きく、ポーランドとポルトガルでは二〇〇一年から二〇〇二年にかけて、最も高い失業率を記録していた。また、移民の同僚や友人はいなくても移民人口の高い地域に住んでいるという人の間に、その影響が強く出ていた。これらの結果は、二〇〇四年にマドリードで起きたイスラム教徒による爆弾テロ事件でも再現された。国が直面している最重要問題の一つは移民問題であると考えるスペイン人の割合は、テロ事件の直後に八％から二一％に上昇し、事件の影響は失業率の高い地域で最も強く現れていた。これら二つの研究はともに、テロ事件は移民に対する態度を悪化させること、とりわけ、失業率が高く、移民が多く、外集団との交流機会の少ない地域に住む人々の間で悪化することを証明した最初の研究になった。

トリガーイベントとオンライン上の憎悪

トリガーイベントは、ヘイトクライムや外集団に対する態度の点で、すべての人に等しく影響を及ぼすわけではないという知見は、ソーシャルメディア上でも再現されている。オックスフォード大学のバートラム・ヴィジェン博士は、英国が「ＩＳＩＳ」や極右組織による一連のテロ攻撃を被った二〇一七年から二〇一八年を対象に、保守党、労働党、イギリス独立党（ＵＫＩＰ）、英国国民党（ＢＮＰ）という四つのイギリスの政党のフォロワーが発信したツイートを調査した。[18] 博士は、誤った情報や憎しみを広めることを目的としたボット（自動アカウント）によるツイートを慎重に排除した。研究の目的は、各政党のフォロワーがテロに対して異なる反応を示すかどうか、とりわけ、これらのトリガーイベントに対してより影響を受けやすいグループがあるかどうかを調べることだった。ＵＫＩＰとＢＮＰは過激な極右的意見を表明する人々に人気があるため、この二つの党のフォロワーはイスラム教徒に対するヘイトスピーチを含むツイートを投稿する可能性が高いだろうが、より主流の政党のフォロワーにはそのような行動はあまり見られないだろうと予想されていた。

だが、結果は意外なものだった。二〇一七年に起きたテロ事件のあとには、すべての政党のフォロワーがヘイトスピーチを投稿していたのである。その理由を解釈するために、ヴィジェン博士は「累積的過激主義」と呼ばれる理論を応用した。この理論は、過激派のイデオロギーは共生的なものだと示唆している。すなわち、お互いに相手を焚きつけ、ＩＳＩＳや極右勢力によるテロのような事件が起こると、対立するイデオロギーの信者が刺激されて、行動に訴えるのだ。こうして攻撃のたびに対立陣営が互いに先鋭化し、ヘイトクライム、ヘイトスピーチ、果ては信者自らによるテロ攻撃までを引き起こすことになる。

この刺激し合うことによって行動が助長されるというメカニズムには、すそ野を広げる効果もある。ツイッター上や街頭で活動を活発化させるのは、自らの意見に固執する筋金入りの過激派だけではない。自分が主流派だと思っている一般の人々も、過激派が起こす事件によって〝活性化〟される。街頭に出て最初に出会ったイスラム教徒に危害を加えるようなことこそしないかもしれないが、ツイッターにログインしてひどく侮辱的な内容を投稿する可能性はあるだろう。だが、この活性化は長くは続かない。そして行動が誘発されたテロのすぐあと、おそらく数日以内に、憎悪に満ちたツイートはやむ。このような〝単発のイスラム教徒嫌悪ツイッターユーザー〟は、国内や世界で生じた関心の高い出来事の後に起こりがちなネットのネガティブな熱狂に巻き込まれてしまう。ヴィジェン博士の継続中の研究によると、英国では、テロ事件のずっと後も憎悪に満ちたツイートを投稿し続ける筋金入りのイスラム嫌悪者は、より右派的な政党のフォロワーに限られることがわかっている。これらの人々はまた、最も侮蔑的なヘイトスピーチを投稿する可能性も高いが、ツイッターの全人口から見ればごく一部にすぎない[19]。

マイクロイベントと憎悪

一時的な憎悪のトリガーに関する研究の多くは、大きな出来事（テロ攻撃、選挙、注目を集める裁判など）や集団全体（州や国など）に焦点を当てている。しかし、市や町のレベルで発生する出来事（マイクロイベント）も偏見に満ちた行動を生み出すことがある。レゲウィー教授は、ヨーロッパ全体にわたる調査を行なった後、ニューヨーク市における警察の人種的バイアス行動に興味の対象を移した[20]。警察活動に人種に基づく偏見が存在することは以前からわかっていたと考える人は少なくないが、レゲウィー教授は、差別は長期間変化しないものではなく、集団間の対立を活発化させる特定の種類の出来事（この場合は、ニューヨーク市警本部（ＮＹＰＤ）と黒人の若者との対立）に合わせて変動すると考えている。

この調査の焦点は、黒人社会に対する偏った適用が批判を浴びていたNYPDの「ストップ&フリスク」〔通行人を呼び止めて所持品検査を行なうこと〕施策だった。ニューヨーク市では、二〇〇三年に一六万七五〇〇件だったストップ&フリスクの実施件数が、二〇一一年には六八万四〇〇〇件と劇的に増加し、他の人種に比べて不均衡な数の黒人が呼び止められていると指摘されていた。この期間、ニューヨーク市の黒人人口は二五%ほどだったにもかかわらず、彼らのストップ&フリスク率は五四%だった。これに対し、白人の人口は四五%でストップ&フリスク率は一〇%、ラテン系の人口は二八%でストップ&フリスク率は三二%だった。マイノリティ集団は明らかに警察から過剰に狙われていたが、個々のケースは正当な措置であった可能性もあるため、この数値がすなわち差別の証拠であるとは言えない。暫定的な差別の証拠が明らかになったのは、白人容疑者に対するストップ&フリスクでは、武器や禁制品が発見されて逮捕に至る成功率が他の人種に比べて高いことが判明した時点である。

レゲウィー教授はまた、ストップ&フリスクの際に警察が行使する武力についても調べた。武力の行使は、人種に応じて偏って行なわれた場合、偏見の潜在的な指標となる。武力が特定の人種集団に偏って行使された場合、その集団のメンバーはより敵対的で暴力的であるという固定観念を警察官が抱いていることが示唆されるからだ。調査期間中(二〇〇三年~二〇一一年)、全ストップ&フリスク行為の四分の一が武力行使に至っており、その内訳は、白人の容疑者に対しては一六%、黒人の容疑者に対しては二二%、ラテン系の容疑者に対しては二四%だった。

レゲウィー教授は、NYPDの警官が黒人男性に銃撃された事件の前後に行なわれた約四〇〇万件の警察によるストップ&フリスク行為を分析し、その際の武力行使に着目した。その結果、黒人容疑者に対する物理的な武力行使は、二〇〇七年の銃撃後には一六%、二〇一一年の銃撃後には一三%増加し、その影響は四日間から一〇日間持続したことがわかった。だが最も意外だったのは、白人とラテン系の容疑者に対する武力行使は、それぞれの集団のメンバーが警官を銃撃した事件の後でも、まったく増加していなかったことである。膨大な要因を照合したレゲウィー教授の分析は、ある種の銃撃事件が一時的に人種差別的な武力行使を引き起こすことを証明したのだった。自分たちの仲間が被った過激な暴力に対するNYPDの反応は特定の人種に特化したものであり、おそらくその根底には、市内に住む黒人青年に対する偏見とステレオタイプ化があったものと考えられる。

国家レベルの選挙から管区レベルの警官殺害まで、ある種の出来事には偏見に満ちた態度を憎悪に満ちた暴力に駆り立てる力がある。これまで見てきた研究から、人々を憎悪行為に駆り立てるタイプの出来事はわかったが、それらがどのようにしてある人には引き金となり、別の人には引き金とならないのか、その心理的なメカニズムの理解について、さらに見てゆく必要がある。

私たちの心理とトリガーイベント

自分の価値観を揺るがす出来事は憎悪行為を引き起こしかねない

トリガーイベントの後には、人々を次の三つのカテゴリーに大きく分類することができる。（1）その出来事がきっかけとなり、差別やヘイトクライムなど、悪いことをするようになった人々、（2）その出来事がきっかけとなり、慈善団体への寄付など、良いことをするようになった人々、（3）その出来事に感情を揺さぶられたものの、良いことも悪いこともしなかった人。これらのカテゴリーは排他的なものではなく、悪いことをするようになった人が良いことをすることもあるし、その逆もある。要は、こうした出来事は個人の内部で、また他者に対して分極的な行動を引き起こす場合があるということだ。

悪いことをするようになる人は、不満や攻撃の対象を、その出来事を引き起こした者の価値観や特徴を共有していると思った人々に置き換える。この行動は、本来の加害者に近づくことができないトリガーイベント後に起こることが多い。たとえば、自爆テロの場合は加害者が死亡しているし、注目を集めた裁判の場合は、加害者が勾留されているか一般人よりも高い地位にあるため手が届かない。置き換えは、路上での暴力的なヘイトクライムから、より目立たない形の差別まで様々な形をとる。同時多発テロのあと、イスラム教徒は、ヘイトクライムにさらされる機会が増えたことに加え、住宅や雇用についても差別を受ける機会が増した。[21]

「聖なる価値の保護」と呼ばれる心理学的現象は、トリガーイベントの後に、悪いことをする人と良いことをする人を分化する。イリノイ大学シカゴ校のリンダ・スキトカ教授らは、人々の聖なる価値観、つまり他のあらゆるものを超えて大切にしている価値観が、トリガーイベントによって脅かされたときに何が起こるかを検証する実験に着手した。[22] 研究者らは、同時多発テロのあと、差別やヘイトクライムなどを通して「義憤」を表現した人々のケースと、アメリカ国旗の掲揚、ボランティア活動、献血、家族に会う頻度を増やすことなどを通して「道徳的浄化」を表現した人々のケースがあったことを見出した。[23]

「義憤」とは、聖なる価値観を脅かす者を非難することであり、それには脅かす者を悪者扱いしたり、彼らに対して怒りを表したり、彼らを罰したりすることが含まれる。一方「道徳的浄化」は、自分を補強する行為を通して本質的な価値を再確認することで、同じ価値観を持つ人たちとより頻繁に結びついたり、善行を行なったりすることが含まれる。義憤には価値観を脅かす者とのネガティブな関わりが伴うことが多いのにひきかえ、道徳的浄化には、同じ価値観を持つ人々とポジティブな関わりを持つことや、そうした行為を一人で行なうことが多い。

同時多発テロ事件のあと、「義憤行為のみ」（一八%）、あるいは「道徳的浄化行為のみ」（一六%）を行なったアメリカ人はほぼ同数だった。大多数（三七%）は、両方のタイプの反応を示す行動をとっており、残りの二九%は、憤慨を示す行動も浄化を示す行動もとらなかった。同時多発テロに最も激しい怒りを抱いた人は義憤行為をとることが多く、最も強く恐怖を感じた人は道徳的浄化行為をとることが多かった。そして恐怖と怒りの両方を感じた人は、両方のタイプの反応行為をとっていた。[24]

スキトカ教授の研究では、加害者に似た属性の人物に対してヘイトクライムを行なうことや、事件後に家族をより多く訪問することなど、主に相互作用型の反応が調べられた。一方、トロント大学の行動研究所は、自らの価値観をゆるがす脅威に対する非相互作用型の反応、つまり、トリガーイベントに一が一人で対処するときに人々がとる奇妙な行動を調べた。[25]

この研究所が行なったのは、「マクベス効果」と彼らが名付けた現象の研究である。ウィリアム・シェイクスピアの『マクベス』のなかで、マクベス夫人は少量の水でダンカン王殺害の罪が払拭できると考える。彼女は「ほんの少し水があればきれいに消えてしまいます」と言う〔小田島雄志訳〕。そしてのちに「消えてしまい、忌まわしいしみ！　消えろと言うのに！」と言っている〔同〕。この研究では、マクベス夫人の願望のように、自らの価値観を揺るがす脅威（心理的現象）が、物理的に身を清めることで解消されるかどうかを調べた。もし、価値観を侵害された後に被験者の自分を浄化したいという思いが強まり、浄化という行為がネガティブな感情を取り除くという望ましい効果をもたらすとしたら、これらのことは、トリガーイベントに対する反応において、どのような意味を持っているのだろうか？

最初の研究では、価値観が脅かされたときに、浄化作用のある言葉を思い浮かべる傾向が強まるかどうかが検証された。各被験者は、同性愛者の結婚式への出席や宗教的な祭りへの参加など、自分の価値観が揺るがされたり強化されたりする個人的な過去の出来事について、どのように感じたかを思い出すように求められた。そのあと被験者たちは、「W＿＿H」、「SH＿＿ER」、「S＿P」という三つの単語の空欄に文字を入力するよう言われた。これらの単語は、洗浄に関する単語（「wash（洗う）」、「shower（シャワー）」、「soap（石鹸《せっけん》）」）にも、洗浄とは関係のない単語（「wish（望み）」、「shiver（震え）」、「ship（船）」など）にもなりうる。その結果、自分の価値観が揺るがされるような出来事を思い出すタスクを与えられた被験者たちは、自分の価値観を補強する出来事を思い出した被験者に比べて、洗浄に関する言葉を生成する確率が有意に高かったのだった。

二つ目の研究では、被験者が洗浄に関する言葉を選んだ理由は、自分の価値観が脅かされる出来事を思い出した後に体を浄化したいと思ったためだったのかどうかを検証した。この研究の真の目的から目をそらすために、被験者たちには筆跡と性格に関する実験に参加していると伝えた。被験者たちは二つのグループに割り付けられ、グループ1には、同性愛者の結婚式への出席といった自分の価値観が揺るがされる出来事に関する短い話を書き写すタスクが与えられ、グループ2には、宗教的な祭りに参加するなど、自分の価値観を補強する話を書き写すタスクが与えられた。タスクの終了後、被験者は様々な商品に対する希望を評価するように求められた。

商品は二つのセットに分けられていた。一つは、浄化に関連する商品からなり、練り歯みがき、窓拭き用洗剤、衣料用洗剤、石鹸、消毒液が含まれていた。もう一つのセットは浄化とは無関係の製品をランダムに集めたもので、その内容は、オレンジジュース、CDケース、チョコレートバー、電池、付箋紙だった。架空の宗教的な祭りの話を書き写したグループ2の被験者は、浄化に関する商品と同じくらい、浄化に関係のない商品を選んでいた。しかし、架空の同性愛者の結婚式の話を書き写したグループ1の被験者は、チョコレートバーのような商品ではなく、石鹸のような商品を望む傾向が有意に高かった。つまり、価値観を変えかねないような出来事を考えさせられた人が浄化に関する商品を望む割合は、価値観を高めるような出来事を考えさせられた人よりはるかに高かったのである。

被験者が実際に自らを浄化したいと思っているのかどうか調べるため、研究者たちは最初の研究をさらに発展させ、実験参加への返礼品として、除菌シートまたはペンのいずれかを選ばせることにした。その結果、除菌シートを選んだのは、グループ2の被験者（価値観が補強された人々）では三七・五％強だったのに比し、グループ1の被験者（自らの価値観を揺るがされた人々）では七五％に達していた。

その後すべての被験者は、手を拭いた後、あるいは拭かなかった後に、どのような気分を抱いているかを答えるアンケートに記入することを求められた。その結果、グループ1の被験者のうち、除菌シートを使って手を拭いた人々の間では、嫌悪感、後悔の念、罪悪感、(自分自身の)恥の念、(他人の目に映ることの)恥ずかしさ、怒りなどの感情が減少したのに対し、手を拭かなかった人々の間では、これらのネガティブな感情の減少が見られなかった。

最後の質問は、グループ1の被験者に「貧しい大学院生の論文を助けるための別の研究にボランティアとして参加するか」どうかを尋ねるものだった。その結果、自分の価値観が揺るがされる話を思い出したあとに後に手を拭かなかった人では、援助を申し出る割合が七四%に達していたのに比し、手を拭いた人では四一%と低くなっていた。自分の価値観が揺るがされたあとに自らを浄化することは、何らかの形で「道徳的なシミ」を洗い流し、「揺るがない道徳的自己」を取り戻させたため、何か役立つことをして個人的な価値を強化する必要性が低下したのである。

価値観を脅かされることで生まれたネガティブな感情が、身体を浄化することによって緩和されるというのは奇妙なことだろうか? 浄化という行為には、単に不浄なものを清浄なものに変え、無秩序な状態を秩序あるものに変えるという基本的な機能を超える何かがあるのだろうか? 人類学者のメアリ・ダグラスは、先駆的な著書『汚穢と禁忌』の中で、神聖さと不純さは相反するものだと指摘している[26]。ある人にとって汚いものは他の人にとってきれいなものになりうるという点はさておき、儀式化された浄化プロセスは多くの宗教に見られる。ユダヤ教、イスラム教、ヒンドゥー教、シーク教、キリスト教をはじめ、多くの宗教には、心身の清らかさを象徴する古くからの浄化の慣習が備わっている。世代を超えて受け継がれてきたこれらの古き慣習が、身体を浄化することにより魂も浄化されるという感覚を浸透させていることは間違いない。

トロント大学の行動研究所が行なった研究が示唆することには、大きな意味があるかもしれない。自分の価値観が揺るがされるような出来事があった後、個人的に身体を浄化することでネガティブな感情を処理することができるとしたら、それは他者に対する善悪の行動が少なくなることを意味するのだろうか。もしそうであれば、義憤を抱く傾向がある人は、トリガーイベントの後に熱い風呂にゆっくり浸《つ》かるべきなのだろうか？　この点については科学的な検証がまだ行なわれていないが、浄化と自らの価値観に対する脅威に関する研究は、義憤を示さない人の不活発さを理解するのに役立つかもしれない。「聖なる価値の保護」は、トリガーイベント後の一部の人々の行動を説明できるようだ。残りの人たちの行動は、自らの死の不可避性を思い出させられる出来事があったときに作動する奇妙な心理的プロセスによって説明できるかもしれない。

死を意識させる出来事は憎悪をもたらす可能性がある

アリゾナ大学のジェフ・グリーンバーグ教授は、心理学科の学生を自らの研究に頻繁に参加させていた。ある学期のこと、教室に現れた教授は学部生に対して「実験に参加すれば、単位を与える」と告げた。実験に参加する意向を示した学生たちは、政治的傾向を尋ねられ、被験者は、穏健なリベラル的見解または穏健な保守的見解を持つ三六人の男女学生に絞られた[27]。

実験当日、学生たちは、おずおずと研究室に入ってきた。なにげない会話をしたあと、グリーンバーグ教授は、学生たちをまず支持政党の違いにより二分し、そのあと、さらに対照群と曝露群に二分して、合計四つの集団を作った。研究室の一方の端では、対照群の共和党支持者と民主党支持者を集めて、「次の重要な試験のことを考えたときに湧き上がってくる感情」と「次の試験を物理的に受けたときに、自分に何が起こると思うか」について書かせた。もう一方の端では、曝露群の共和党支持者と民主党支持者に対し、「自分の死を考えたときに湧き上がってくる感情」と「自分が物理的に死ぬとき、そして物理的に死んだ後、自分に何が起こると思うか」について書かせた。

試験の恐怖や自らの死に関する陰鬱な考えを書き留めた後、すべての学生は、共和党または民主党の見解を批判した文章の抜粋を読むように求められた。したがってこの研究では、次の四つの実験条件が設定されたことになる。（1）死に関する考えを抱き、自らの政治的信条が試される見解を読む、（2）死に関する考えを抱き、自らの政治的信条を補強する見解を読む、（3）試験に関する考えを抱き、自らの政治的信条が試される見解を読む、（4）試験に関する考えを抱き、自らの政治的信条を補強する見解を読む。

実験の次の段階で、学生たちは食品を試食して、好みを記録することになると告げられた。「今度の実験は、自分の死や試験のことを書くよりずっといい」と学生たちは思った。だが、そうは問屋がおろさなかった。試食するのは激辛ソースで、それを自分が誰であるかを明かさずに学生どうしで投与し合うというのである。学生たちは順番にカップに激辛ソースを入れ、ついたての後ろに隠れた別の学生に渡すように指示された。カップにはいくらでもソースを入れることができるが、受け取った学生はすべて飲み干さなければならない。そしてここが重要なポイントなのだが、カップに激辛ソースを入れる学生に、コップを受け取る学生は、共和党または民主党の見解を批判した文章を書いた本人だと伝えたのだった。そして激辛ソースが嫌いであることも！

学生たちはカップにソースを入れる作業を始めた。ある共和党支持者は、カップを受け取る学生は共和党を批判する文章を書いた本人であると告げられ、激辛ソースをこぼれそうになるまで入れたが、ある民主党支持者は、カップを受け取る学生がその同じ文章を書いたと告げられて、カップに入れる量を少なくした。またある民主党支持者は、カップを受け取る学生が民主党を批判する文章を書いたと告げられて、激辛ソースをなみなみと注いだ。このプロセスは、すべての学生がそれぞれの役目を果たし終わるまで続けられ、グリーンバーグ教授は激辛ソースの投与量を記録した。

学生たちは、この実験の意図とは、政治的傾向と攻撃性に関するものであり、共和党支持者と民主党支持者のどちらが激辛ソースを攻撃的に相手に投与したのかを調べる実験だと推測していた。だが、それは間違いだった。政治的傾向は、内集団と外集団を定義するために使われただけだったのだ。実験の結果は、(1)の実験条件、すなわち死について考えるように求められ、自分の政治的信条に挑まれた学生は、他のどの条件の被験者よりはるかに多くの激辛ソースを相手に投与したというものだった。平均すると、試験について考え、政治的信条に挑まれた学生は、一五グラムの激辛ソースを相手に投与したのに比し、自分の死について考え、自分の政治的信条に挑まれた学生は、舌が麻痺するような二六グラムの激辛ソースを相手に投与していた。グリーンバーグ教授は、自分の死を意識させられることと、自分の信条に挑まれることが組み合わさると、外集団に対して攻撃的になることを明らかにしたのである。この結論は、共和党支持者にも民主党支持者にも等しく当てはまった。

同様の結果は、自分の死を意識することが他者に対する態度に影響を与えることを検証した他の数々の実験でも得られている。[28] その根本概念は、自分がいずれ死に至ることを意識すると、外集団に対する行動に影響が出るというものだ。人間は、地球上で唯一、自らの死すべき運命を知っている種であり、この知識が自らの人間性や他者との関わり方を形作っている。

人間は進化によって、ほぼ他の何よりも命を守るようにプログラムされてきた。大部分の人は、自分がいずれ死ぬことを意識すると、不安になったり、恐怖感を抱いたりする。そして、子供に対して人生が有限であることの心づもりをさせようと心を砕く――祖父母も両親もパートナーもペットも、いずれは死ぬのだと。それは、上手くいくときもあれば、上手くいかないときもある。初めて死について知るのは、たいていの場合、三歳から五歳の間だが、それを知ったときにはさぞかし衝撃的だったにちがいない。だが、その瞬間を覚えている人はほぼいないだろう。

死への恐怖は誰もが幼い頃から抱えているものだが、ほとんどの場合、それはうまくやりくりされて封じ込められている。もし、この逃れられない恐怖が封じ込められていなければ、私たちは恐怖にがんじがらめになってしまうにちがいない。すべての子供が、万能だとみなしている愛情あふれた両親によって死から守られていると感じることが望ましいが、親ですら自分を死から救えないことを悟ったり、実際に親が死んでしまったりしてその保護がなくなると、別の対処法を見つける必要が生まれる。死ぬべき定めを悟ったときの恐怖を鎮める方法の一つは、自分の死を超越する方法を考えることだ。高齢になって避けられない日が近づいてくると宗教に頼る人が出てくるのはそのためである。一部の宗教の信念、すなわち、死はより良い場所に移動するためのプロセスに過ぎないという信念は、恐怖心を封じ込めるのに役立つ。宗教にすがらない人にとっては、自分が残すレガシーが恐怖を和らげる手段になることもある。

今日、多くの人にとっては、文化的な世界観とそれに付随する最も大切にしている価値観が緩衝材として働き、死の不可避性がもたらす恐ろしい状態を快適なものに変えてくれている。ポジティブな態度、自由の原則、勤勉の徳、平等と公平の信念、国家を愛することなどに力を注ぎ、それらを他者に教えようとする人もいる。人生の意義は文化的な世界観に由来するものであり、それを支える制度、たとえば国家や家族を受け入れ、それに貢献することによってレガシーを残せば、死という最終的なものから象徴的には逃れることができる。

文化的な世界観を受け入れ、それに貢献すると、自尊心が高まり、それが死の不安に対する緩衝材のような役割を果たす。「国や家族に貢献できるような良いことをしているのだから、少なくとも死の床で振り返ったときに、自分の人生には価値があったと思えるだろう」と考えるわけだ。歴史を通して、偉大な詩人や哲学者、作家たちは、死について考える際にこの現象を取り上げてきた。

「私の腐りゆく体からは花が生え、私はその中にいる。それこそ永遠の命だ」

——トーマス・ムーア〔アイルランドの詩人。一七七九〜一八五二〕

「私は完全には死なない。私の大部分は墓から逃れるだろう」

――ホラティウス〔古代ローマ時代の詩人。紀元前六五～紀元前八〕

「賢く生きてきた者は、死さえ恐れることはない」

――釈迦

「避けられぬ死を深く意識すれば、人生のあらゆる面で経験を深めることができる」

――ロバート・グリーン〔アメリカの作家。一九五九～〕

これらは種々の思索の寄せ集めではあるが、それらが意味するところは明白だ。たとえどのような形であっても、私たちの多くは死の恐怖から逃れるために、何らかの形の死後の世界（必ずしも宗教的な意味ではない）を信じようとする。それは、子孫のことかもしれないし、芸術作品や科学、あるいは単に充実した人生を送ったという事実であることもあるだろう。

グリーンバーグ教授らは、この現象を「存在脅威管理」と呼んでいる。「存在脅威管理理論（TMT）」とは、人間は自らの死の不可避性を意識すると、文化的世界観を使って、その価値観を強化することにより「象徴的不死性」を手にしようとする、という仮説だ。テロ事件の直後などには、同じ世界観を持つ人々との結束を強め、そうでない人々をいわばダシに使うことによって、死を想起させられた恐怖に対処しようとする。

TMTには、「文化的世界観」と「自尊心」という二つの心理的要素があり、私たちは、次の二つの行為にしがみつくことによって死の恐怖をコントロールしようとする。（1）人生に意味・予測可能性・目指すべき理想を与えてくれる文化的世界観を信じる、(2)理想を守り「より良い人」になるために努力するという目標を目指す。この二つの行為を行なうと、私たちはある種の不滅性を感じることができる。なぜなら、徳の高い行動こそ、人間を他のあらゆる種から隔てるものであり、人間は死を超えて生き続けるレガシーと魂を持つことができるからだ。

TMTの最初の正式な検証は、セックスワーカーが関与する事件の判決を下すように求められた判事を対象に行なわれた。一方の判事グループには、判決を下す前に自らの死の不可避性を思い起こしてもらったが、もう一方の判事グループにはそうしなかった。その結果、死の不可避性を思い起こした判事たちは、セックスワーカーにより重い判決を下すことになった。科学者たちは、判決を下す前に死について考えたことで、判事は被告(とその外集団)をダシにして自分たちの価値観を強化したものと結論づけた。[29]

この最初の実験以来、五〇〇あまりの研究が行なわれ、人は死の不可避性を思い起こすと(「死の顕現化」と呼ばれる)、自らの価値観(文化的世界観)を守ろうとする傾向が強くなり、その価値観に沿って生きようと努力するために気分が良くなる(自尊心が高まる)ことが実証されている。科学的な研究により、死の顕現化は、あらゆる背景の人々に、外集団をダシにして自らの世界観を強化させることが証明されている。人々は自分の世界観をよりためらいなく守るようになり、自分の価値観に挑む人々に厳しい判断を下して、そのような人々を粗末に扱うようになる。これらの強化により、死にまつわる恐怖を軽減することができるのだ。[30]

激辛ソース研究のような実験に続き、科学者たちは、死の不可避性を思い起こさせるような出来事が政治や偏見などのテーマに与える影響を調べた。そのなかに、テロ攻撃が、ポピュリズムを信奉するカリスマ的な政治指導者を一般の人に対して魅力的にしたかどうかを検証したものがある。[31]この研究では、米国の人々の間に死の顕現化を高めた可能性のある出来事として、同時多発テロ事件を取り上げた。このテロ事件に伴い、それまで約五〇％だったブッシュ大統領の支持率（二〇〇〇年の選挙では人気投票で負けていた）は、九月一三日には約九〇％にまで上昇していた。科学者たちは、死の不可避性や同時多発テロ事件を思い出すことにより、被験者が実際にブッシュ大統領を支持するようになったのかどうかを正式に検証しようと考えた。

そこで、ニュージャージー州にあるラトガース大学の学生九七名を二つのグループに分けて実験を行なった。曝露群であるグループ1は、標準的なＴＭＴの質問を受けた。すなわち、「自らの死を考えることで湧き起こる感情を簡単に説明してください」、「物理的に死ぬときと、物理的に死んだ後に自分に何が起こると思うかについて、できるだけ具体的に書き留めてください」である。対照群であるグループ2には、最近テレビで見たことを思い出してもらうだけにした。その後、被験者全員に次の文章を読んでもらった。

テロの危険からこの偉大な国を守るためには、市民が一体となって、その努力をしている米国大統領を支援することが不可欠だ。私は個人的に、イラクで大胆な行動をとったことにおいてブッシュ大統領とその政権メンバーを支持している。サダム・フセインを権力の座および彼の国から追放する必要性に関する大統領の英断と、大統領の国土安全保障政策は、私にとって大きな安心材料となっている。ブッシュ大統領がテロとの戦いを隠れ蓑《みの》にして、長期的にこの国に不利益をもたらすことになる政策を推し進めていると不満を訴える人には腹が立つ。私たちは、愛国心が欠如した市民に惑わされることなく大統領を支持しなければならない。二〇〇一年九月一一日のテロ以来、ブッシュ大統領は私たちの力とインスピレーションの根源となってきた。彼に神のご加護を、そしてアメリカに神のご加護を。

その後、被験者たちは、「あなたはこの声明をどの程度支持するか」と尋ねられ、次の二つの声明への同意度についても述べるように指示された――「上記の声明で表明された姿勢の多くに同感する」、「個人的に言えば、大統領がアメリカをさらなる攻撃から守るために可能な限りのことを行なっていることを知って安全だと感じる」[32]。その結果、自らの死について考えるように求められた被験者たちは、三つの質問すべてについて、ブッシュ支持をポジティブに捉えた回答をする割合が有意に高かった。

研究者たちはさらに調査を進めるため、被験者に自分の死を想像させる質問の代わりに、同時多発テロ事件そのものが死を連想させるかどうかを検証した。つまり、「911」や「WTC(世界貿易センター)」などの文字列を提示することによって、被験者に死の恐怖を引き起こすことができるのか、そしてもしそうであれば、この恐怖はブッシュ支持に同じ効果をもたらすのか、ということを調べたのだ。研究者たちは、潜在的なバイアスをコントロールするために、学生の政治的傾向を考慮した。被験者に同時多発テロ事件を思い出すように求めると、共和党支持者と民主党支持者の両方でブッシュ大統領への支持が有意に増加したが、増加率は民主党支持者の方でより高かったのだった〔ブッシュ大統領は共和党〕。

最後の研究では、死の顕在性が、あらゆる政治指導者について支持率向上という結果をもたらすかどうかが調べられ、ブッシュ大統領、および二〇〇四年の大統領選で対立候補だったジョン・ケリーの支持率が比較された。その結果、自らの死の不可避性について考えるように求められた被験者では、ブッシュへの支持率が急上昇した一方で、ケリーへの支持率は急低下した。死について考えることは、特定の資質を持った指導者への支持を高めるだけのようだ。すなわち、悪の外集団に勝利するヒーローとしての内集団の描写を大衆迎合的に行なう指導者の支持を高めるのである。TMTでは、人々は人生に意味を求めており、自らの世界観が損なわれつつあるような危機の際には、カリスマ的な指導者がその穴を埋めてくれると考える、という仮説が立てられている。そうした指導者は、テロ攻撃がもたらした不確実性の中で根深い死への恐怖をコントロールする手段となってくれるという点において、代理親の役割を果たすのだ(33)。

その後ＴＭＴの研究は、テロ攻撃が偏見に与える影響に向けられた。同時多発テロから約一〇年後に行なわれた興味深い研究で、ニューヨーク市立大学のフロレット・コーエン教授らは、議論を巻き起こしていた、いわゆる「グラウンド・ゼロ・モスク」の建設計画に注目した。これは、世界貿易センターの跡地から二ブロック離れた場所に計画されていた、イスラム教のコミュニティセンターとモスクからなる二〇一〇年の土地開発事業である(34)。研究では、非イスラム教徒の大学生五四人を二つのグループに分けた。一方のグループには、通常のＴＭＴの死の顕在化に関する質問をし、もう一方のグループには、試験に関する質問をした。そして、それぞれの被験者に以下の文章を読ませた。

一カ月近くにわたる議論の後も、新たな「コルドバ・ハウス」（いわゆる〝グラウンド・ゼロ・モスク〟）をめぐる論争は国内外で続き、このイスラム教コミュニティセンター計画は、米国のニュースや政治的議論の多くを占めている。批判者たちは、グラウンド・ゼロという〝神聖な場所〟にモスクを建てるのは不適切だと言う。しかし、モスクは、ニューヨーク市内全域にすでに存在している。議論が紛糾するにつれ、多くの人はモスクを建設する権利自体を疑問視するようになっている。また、モスクが存在する権利は認めるものの、その存在場所に疑問を投げかける人もいる。

その後、被験者に次の三つの質問をした――「新たなコルドバ・ハウスを建設する決定をどの程度支持するか」、「新しいコルドバ・ハウスを建設することは憲法上の権利だとどの程度思うか」、「それが憲法上の権利だとしても、グラウンド・ゼロにコルドバ・ハウスを建設することは間違っていると思うか」。その結果、ここでも、死を微妙に想起させられたことにより、被験者は提案されているモスク建設に批判的になったのだった。死の顕在性の条件づけをされた被験者は、死を想起させられなかった被験者に比べて、グラウンド・ゼロからさらに離れた場所にモスクを建設すべきだと考える傾向も強かった。

第二の研究では、自宅の近所にモスクが建設されることを想像させられた被験者は、単語完成タスクにおいて、「coffin（棺《ひつぎ》）」、「grave（墓）」、「dead（死亡）」、「skull（頭蓋骨）」、「corpse（死体）」、「stiff（硬直）」など、死に関連する単語をより容易に生成することがわかった（たとえば、「COFF＿＿」は「coffee（コーヒー）」にも「coffin（棺）」にもなりうる）。この結果は、教会やシナゴーグ〔ユダヤ教の礼拝堂〕などの他の礼拝所については見られなかった（つまり、被験者がより広い意味で礼拝所と葬儀を関連付けた結果ではなかった）。この研究の被験者にとって、モスク、すなわちイスラム教について考えることは、自らの死について考えるのと同じくらい、死に関連する思考を生み出していたのである。

「宗教」対「憎悪」

コーエン教授の研究の最後の段階では、死を想起したことの影響は中和できることが判明した。死の顕在性を想起させることにより、結果に影響を与えるプライミングが行なわれた後、被験者たちは、フロリダ州の牧師テリー・ジョーンズが二〇一一年にコーランを公然と燃やした記事を読まされた。すると、被験者の近所にモスクが建設されることに関連する死を連想する思考が実際に減少するという結果が得られた。神聖なものの破壊は、たとえそれが自分のものとは異なる世界観に属するものであったとしても、アメリカ人の大学生にとってイスラムの脅威を中和したようだ[35]。国旗、偉人の像、宗教書など、ある世界観を表す聖なるものの破壊は、その文化や信仰を抱く人々の間だけでなく、他の文化や信仰を抱く人々の間でも意味を持つほどの力があるらしい。

また、宗教の力は、外集団の認知における死の顕在性の影響を緩和することが判明している。死後の世界の概念を持つ宗教を信じることによって不可避の死の恐怖をコントロールする人々がいると述べたことを思い出してほしい。したがって、宗教を信じる人々の間では、テロ事件の後に文化的な世界観を強化することによって死の恐怖をコントロールする必要性は低いと考えられる。なぜなら、そうした人たちの間では、すでに信仰が不安の緩衝材として働いているからだ。

オックスフォード大学のマイルズ・ヒューストン教授らは、宗教が偏見を生むものになるのか、あるいは偏見を解消するものになるのかを検証する作業に着手した。[36] この研究では、二〇〇人以上の非イスラム教徒の英国人大学生を四つの実験条件群に割り付けた。すなわち、死の顕在性によるプライミングを行なった信仰心が篤《あつ》い学生、プライミングを行なわなかった信仰心が篤い学生、プライミングを行なった信仰を持たない学生、プライミングを行なわなかった信仰を持たない学生、の四群である。これまで見てきたTMT研究の多くの結果と同様に、信仰を持たない被験者では、死を想起することにより、イスラム教徒に対するネガティブな態度が増加した。しかし、この効果は信仰心が篤い被験者の大部分には見られなかった。信仰心が篤い被験者群のうち、死の顕在化により偏見が増加したのは、〝原理主義的〟志向を示した被験者、つまり、自らの信仰こそが至上の宗教であり、他のすべての宗教は無効であると考えている人々においてだけだった。これらの結果は、死の危機に直面したときでさえ、宗教はたいていの場合人々をより寛容にできることを示している。

恐ろしい出来事のショックを受けやすくなる個人的な要因は他にもある。抑うつ感、不安、孤独、常時不満を抱えている人は、テロ攻撃のあとに自らの死を想起させられると、移民に対してネガティブな反応を示す傾向が強い。対照的に、自尊心が高い人、常に公共の利益に貢献していると考えている人、（原理主義者ではないが）信仰心が篤い人は、同じような状況で自らの死を想起させられても、それほどネガティブな反応を示すことなく対処できる。[37] 二〇年にわたるTMT研究を調べたメタ解析によると、死を想起させられたことがもたらす悪影響は米国で最も強く、次いで英国やその他の西欧諸国、非西欧諸国の順に表れていた[38]。国によって影響の強さが異なるのは、国民の信仰心の篤さと大きく関係している可能性がある。宗教が広く普及しているということは、死の不安の緩衝材も広く普及しているということだからだ。

これらの違いはさておき、恐怖のコントロールにおける証拠には説得力があり、特にテロ攻撃の影響との関連においては非常に強い説得力を持つ。もし私がこの証拠に基づいて政府の政策を作れと言われたら、教育と親によるサポートという形で、子供たちが死に対処できるようにすること、そしてテロ攻撃のような出来事の直後にすぐ適用できるように、寛容さと他者の世界観への理解を促すようなキャンペーンを準備しておくように提案するだろう（詳しくは第11章を参照されたい）。

憎悪は一時的な現象だ。私たちの「他者」に対する許容範囲は、日ごと、週ごと、月ごとに変化し、外的要因に左右されることが多い。憎しみに満ちた人でも、憎しみをそれほど強く感じない日もある。第1章で述べたように、年齢は、外集団に対する行動に影響を与えることがわかっている。若い頃には〝群れたい〟と思う傾向が強い。つまり、内集団に含まれたい、選ばれたい、評価されたいと思う傾向が強く、これが外集団に対するネガティブな感情となって表れることがある。思春期の脳はまだ成熟しておらず、実行制御を司る灰白質の領域（前頭前野）は依然として発達中であるため、「他者」から脅威として誤って受け取ったものを合理的に処理する能力が低い。

本章で見てきたように、不寛容や憎しみを表現する機会に影響を与えるのが体内時計だけではないことは極めて明確だ。遠く離れた場所で起きた出来事も、私たちの行動を形成し、ヘイトクライムやヘイトスピーチを促進させる要因となる。社会の大多数の人にとって、トリガーイベントは自らの価値観や死の不可避性を考えさせ、「我ら」対「彼ら」への関心を鋭敏にする。少数の人々にとっては、そのような出来事が、信頼できる内集団のメンバーと偏見に満ちた考えを共有することから、憎悪に満ちた感情を公然と表現することに移行するティッピングポイントになる。過激派が引き起こす一連の出来事は、扇情的なメディア報道や政治的な騒動に後押しされて、こうした単発のヘイターをより無計画な常習犯に変えてしまう。事件の後、公人が「危険な他者」を一貫して想起させると分断が進み、より過激な考え方へと押し流されていく可能性があるのだ。しかし、分裂を招くような出来事の後の一時的な義憤の状態を、憎しみを核としたより持続的な生き方、すなわち、憎悪を「プッシュ」から「プル」カテゴリーに移行させる有害な状況に変えるには、ただ押し流されるだけでは不十分だ。この変換を成し遂げるには、過激な資料へのアクセスと過激派グループによるグルーミング〔標的に巧みに接近して心をつかむ準備行動〕が必要になる。

サルマンは、英国マンチェスターに暮らすアベディ家の四人の子供の一人だった。難民だった両親はサラフィー主義〔初期イスラムの時代（サラフ）に回帰すべきであるとするイスラム教スンナ派の思想〕を信奉する敬虔《けいけん》なイスラム教徒で、一九九一年にカダフィ政権下のリビアから逃れるために英国に亡命してきた。無口な少年だったサルマンは、厳格な宗教に縛られた家庭では違和感のある存在ではなかった。学校の成績は平均以下で、しばしばいじめに遭ったが、ときには自身の攻撃的な行動がその原因だったこともある。道徳観の違いから他の生徒と衝突することも多く、短いスカートを履いている女子たちと喧嘩になったこともあった。こうした感情の爆発がときおり見られたものの、当時の学友たちは彼のことを穏健なイスラム教徒だったと描写している。

二〇一一年に、ジハード組織「リビア・イスラム戦闘集団」に長年所属していた父親ラマダンが、カダフィ政権に対する戦闘を支援するためにリビアに戻った。当時一六歳だったサルマンと弟のハシェムは、父親に合流するため学校の休暇中にリビアに呼び寄せられ、ソーシャルメディアにアップロードされた写真には、「ハシェム・ザ・ライオン……訓練中」というキャプションとともに、自動小銃を手にした彼らの姿が写っている。

リビアでの日々はサルマンに大きな影響をもたらし、英国に帰国した後には、聞いてくれる者なら誰にでもイスラム過激主義者の言葉を広めようとした。若くして過激主義に傾倒したその姿は注意を惹き、通っていたマンチェスター・カレッジの二人の友人から反テロリスト・ホットラインに通報されている。カレッジを卒業した後、サルマンはギャップイヤー〔大学入学前の猶予期間〕を利用して弟とともにリビアに戻り、ＩＳＩＳのメンバーと接触した。そしてそこで戦闘中に負傷し、他の一〇〇名の英国人とともに英国海軍の手で英国に戻された。

二〇一五年には、サルフォード大学に入学して企業経営学を学んだが、その翌年に中退してしまう。両親不在のもと、彼は地元のリビア人少年たちのギャングと交わり、酒を飲んで、大麻を吸うようになった。この頃、リビア人ギャングとマンチェスターの地元ギャング「モスサイド・ブラッズ」の分派との間で抗争が起き、殺害された友人の葬儀でサルマンが復讐を誓うところが目撃されている。その直後から、サルマンはイギリス人を「異端者」と呼ぶようになった。

二〇一六年、友人のアブダラウフ・アブダラが、マンチェスターの自宅でＩＳＩＳの通信網を運営していたかどで投獄された。サルマンは、アブダラの五年間の刑期中、刑務所内で二回、彼に面会することを許された。この頃、サルマンはより伝統的なアラブの服を着るようになり、通りで大声をあげて祈りを捧げる姿を近所の人に目撃されている。息子が道を見失っているのではないかと心配したラマダンは、定期的にトリポリに来るように命じた。

その後一年が経過し、サルマンは二〇一七年五月にリビアを訪れた。彼にとってはこれが最後のリビア訪問になる。息子の過激な発言を心配したラマダンにパスポートを没収されたサルマンは、両親に「ウムラ（メッカへの巡礼）」に出かけると告げて、パスポートを取り戻した。だが実際には五月一七日にトリポリから英国に舞い戻っていたのだった。それからほどなくして、ＡＴＭで二五〇ポンドを引き出し、青いリュックサックを購入する姿がＣＣＴＶに捉えられている。

二〇一七年五月二二日の夜、数千人の子供たちと親たちが、アリアナ・グランデの「デンジャラス・ウーマン・ツアー」を楽しんだあと、マンチェスター・アリーナを後にしようとしていた。一四歳のイヴ・シニアは、妹を連れて会場から出るときに異変に気づいた。五メートルほど離れたところを、青いリュックサックを背負った男が群衆の流れに逆らって歩いていたのだ。その数秒後、サルマンはナットやボルトの詰まった爆弾を爆発させ、自分自身と二二人のコンサート参加者（最年少は八歳のサフィー・ルーソスだった）を殺害した。イヴと妹は一命を取り留めたが、爆弾の破片で生涯残る障害を負った。

　爆発の数分前、サルマンはトリポリにいた母親とハシェムに電話をかけ、許しを乞うた。彼の信念は、両親不在下のマンチェスターと渡航先のリビアでＩＳＩＳに感化されたことにより過激化したと考えられている。この過激化のプロセスは、父親によって過激主義の暴力にさらされたことにより、より容易になった。『ガーディアン』紙の調査によると、サルマンが育ったマンチェスターの同じ地区には、死亡あるいは有罪判決を受けたＩＳＩＳのテロリストが一六人もいるという[1]。父親のラマダンは、攻撃計画については何も知らなかったと主張した。自爆テロの翌日にトリポリの警察に逮捕されたハシェムは最終的に英国に送還され、裁判にかけられて、兄の爆弾作製を幇助《ほうじょ》したかどで二二件の殺人容疑において有罪となった。彼は今、最低五五年間の懲役刑に服している。

　〝普通の〟人を殺人テロリストに変えるのは何なのだろうか？　ジョゼフ・ポール・フランクリンは、アメリカ・ナチ党やユナイテッド・クランズ・オブ・アメリカと関わらなかったら、人種差別に基づく連続殺人を始めただろうか？　デイヴィッド・コープランドの忌まわしい犯罪は、ナショナル・ソーシャリスト・ムーヴメントが提供した過激主義の教材に触れたことによって焚きつけられたのだろうか？　サルマン・アベディが父親を通してリビア・イスラム戦闘集団を知り、その後ＩＳＩＳにピンポイントでリクルートされていなかったら、マンチェスター・アリーナで自爆テロを起こしていただろうか？

　暴力的な過激主義者は、憎悪のスケールの中でも最も凶悪である。彼らが普通のヘイトクライム加害者と異なる点は、宗教的または政治的な目標を熱心に支持していることと、その暴力が致死的なものであることだ。(2)暴力的過激主義者の動機の大半は、右翼、左翼、宗教、分離主義または領土防衛に関するもの、あるいは単一の問題(動物の権利など)に関わっている。これらのカテゴリーで活動する集団は、その大義を遂行するために揺るぎない忠誠心を持つ志願者を必要とする。それぞれの集団が耐え忍んでいると考える喪失は、この献身を確かなものにし、過激な思考の採用と強烈な集団結束を動機づける。彼らの極端な暴力は、「闘争」、「戦闘」、「戦争」、「抵抗」などといった言葉を使うことで正当化され、こうした言葉には、彼らのおぞましい行動を中和する作用がある。「果敢な戦い」は殺人を正当化し、ある人にとってのテロリストは、別の人にとって自由の闘士となる。

「果敢な戦い」は個人を、はかなく、些細で、ありきたりな人物という状態から引き上げて、意味、一貫性、重要性を持つ状態に位置づける。闘争中の過激派集団の一員であることは、規律、ストレスへの対処法、親からの独立といったライフスキルの習得や、自分の存在価値についてのより広い視野の獲得などの利益ももたらす。(3)過激派集団のメンバーが追い求めるこの自らが向上した状態は、闘争によって焚きつけられ、手放すのがますます難しくなる。そしてやがて攻撃自体が目的となり、目指してきた闘争の終了は目的ではなくなってしまう。(4)この事実は、過激派集団に対処する難しさを示唆している。なぜなら、単に脅威を除いたり、彼らのニーズを満たしたりするだけでは攻撃を阻止できないからだ。こうした集団のメンバーは、憎悪の「プル」カテゴリーにしっかりと属している。過激主義のヘイターは、憎悪の対象を「プッシュ」して取り除くのではなく、排除すべき宿敵とみなす被害者を探し出して(「プル」)攻撃するのだ。

欧米で過激化した人々の人口統計学的・心理学的特徴は、一般の人々のものと区別がつかない。彼らの多くは結婚していて子供を持ち、良い教育を受け、仕事に就いている。(5)人ごみの中で暴力的な過激主義者を指差そうとしても、簡単にはいかないだろう。とりわけ、そうした人物が目立たないように行動しようとしている場合はなおさらだ（目立たない行動は、テロリストの必須条件であることが多い）。彼らは、「怪しい」動作をしたり、奇妙な行動をとったりするような人物ではない。ほとんどの場合は精神疾患を患っておらず、その存在に注意を惹くような社会的不安を表すこともない[6]。彼らは私たちにまじって気づかれずに歩いているのだ。それでも、過激化のプロセスを理解するのに役立つ要素は、犯罪学や心理学の研究により特定されている。

過激化の基本理論は三つの段階に分かれる。第一段階は、無意味で脆弱な状態から自分を高めようとする「動機」を見つける段階で、しばしば、個人的な意義の追求に乗り出すことによってそれを果たそうとする。第二段階では、「過激主義のイデオロギー」が、暴力、自己犠牲、〝殉教〟を促すことを通して、個人的な意義への道筋を提供する。最後の第三段階では、同じように意義を求めている過激な仲間との交流を維持する複雑な「社会的プロセス」が関与する。これらのプロセスは、メンバーに集団と家族のような強い絆を結ばせ、自分個人に及ぶ結果をほとんど考慮しないで過激主義者の行動をとる可能性を高めさせる。

過激化の各段階は、状況や個人に左右される[7]。一部の者は、過去のトラウマがもたらす心理的な弱さにより、脆弱さをより強く感じている場合がある。また、地域や国によっては、脆弱な立場にいる人々を自分たちの大義に引き込もうとする過激派仲間の大きなネットワークが存在することもある。この基本理論は過激化のプロセスを過度に単純化したものではあるが（たとえば、「一匹狼（ローンウルフ）」の攻撃者についてはうまく説明できない）、普通の〝ヘイター〟を本格的な殺人テロリストに変える主要な促進剤は押さえている。

意義の探求と極端な憎悪

誰にでも「今までいったい何のために努力してきたんだ」と思う瞬間がある。仕事を失ったり、学校を中退したり、恋人や連れ合いと別れたりすると、絶望感に襲われるだろう。だが、ほとんどの人は前に進む意欲を取り戻し、やがて自分の価値を再確認できるような事柄を探し出して、それと取り組むようになる。不確実性を強く感じるこの状態は「意義の探求」と呼ばれ、憎悪に満ちた過激派のカルチャーに加わる動機として、繰り返し登場する概念だ。[8]

一八歳から二五歳までの大人になりたての時期は、社会制度へのコミットメントが低い、探究心の旺盛な時期とされる。だが最も重要なのは、この時期は人生の浮き沈みを最も強烈に感じる時期であることだ。これは主にストレスへの対処戦略が未発達であることからきている（脳の実行制御領域は二五歳ごろまで完全には形成されない）。[9] この時期にいる若者は、過激な宗教・政治的イデオロギーを植え付けようとする者にとっては肥沃な土壌となる。新たな考え方にオープンであること、キャリアや家族という負担をまだ背負っていないこと、そして実際のものであるか、ただ思い込んでいるだけかにかかわらず、個人的な「喪失」があることは、容易にリクルートできる意欲的な予備軍を生み出す。

様々な形の過激派（右翼、左翼、イスラム教）に関与しているスウェーデンの若年成人（一八歳以上）九人を調査した研究では、全員が一六歳から二〇歳の間に過激派集団に関わり、離脱するまで約二年間にわたって活動していた。[10] そして全員、それぞれの集団のイデオロギーのもとに、暴行から強盗、故殺、謀殺までの暴力行為を働いていた。みな、自らの人生における意義を失ったことがきっかけとなって、過激派集団に接触するようになったと述べている。[11] この研究の被験者の一人で、ISISの元戦闘員だったダミールの言葉は、この無気力な状態を要約している。

何もしていなかった。ただ食べて寝て、起きて、寝て、起きていただけだ。もちろん、外に出て散歩したり、人と会ったりはしたけど、でも……欠けていたのは、仕事や学校みたいなものだ［彼は少し前に学校を中退していた」。それに、学校がないから「シリアに」行ったわけじゃない。学校や何かがなかったから行ったわけじゃないんだ。何かで忙しくしていたほうがいいって思ったんだ[12]。

成人して間もないこの時期には、その人の〝錨《いかり》〟を上げてしまうような些細な喪失が散見される。それが起こると、人生に対処するスキルがまだ発達途上の若者は漂流してしまう[13]。そして何かに所属したいという気持ちが芽生える。このことはアンティファ[*1]の元メンバーだったトムの経験からも明らかだ。

何もすることがなかったんだ。独りぼっちで、自分の部屋で孤立していたから。本当に嫌な気分だった。でも、ナチスを狩るアンティファという集団があることを聞いていた。だから彼らのウェブページに「僕の学校にはナチスがいて、「出身国のせいで」殴られたり、いじめられたりしているので助けてください」みたいなことを書き込んだんだ……僕はデモに参加するようになった。難民問題や社会正義のためのデモなんかに。そこで主催者の一人と知り合いになり、その人に知り合いがいて、その知り合いが僕をそうした……反ファシスト集団を知っている人に紹介してくれたんだ。そしてその時点から彼らとたむろするようになって、彼らの話を聞き、彼らとの関係性の中で自分のことを考えているうちに、興味を持つようになった。僕はただ彼らの助けを求めていただけなんだ。でもそのうち、彼らがやっていることに自分も参加できるのではないかと思うようになった。彼らはナチスを狩っていて、僕もそうしたいと思った[14]。

エリックも同様に、極右組織に所属することで個人的な意義を見出していた。

俺は自分と同じような人たちとつるんでいた。つまり、タフでハードな人たちで、新しい集団に出会って、すごく活発でパワフルな新しい友達を作ったみたいなもんだった……俺が大柄で、タフで、暴力的だったのが気に入られたんだ。そこがよかったんだと思う……外で何かあれば、俺が呼ばれたよ。そんなわけで、俺はそこにいるものとされたんだ。俺は評価されていた……嬉しかったよ。俺の気持ちは［ついに］はけ口を見つけて、ほんとに楽しかった。当時はね。そして、さらに強く、このことをさらに強く感じるようになって、すごく自信が出た。［彼らを通して］自分自身をもっと知るようになって、自分に何ができるのか知ることができた。まるで……すごくいい気分だったよ……まるで羽ばたいたみたいな気分だった。(15)

集団の成員に対する深い愛着は、「自分は必要とされ、求められている」というポジティブな感情を刺激して、過激なイデオロギーに進む道を作る。脳画像を調べた研究は、このことを裏付けている。この研究では、急進的なイスラム主義の影響を受けやすいモロッコ人男性三八人の脳活動をモニターした。*2 (16) fMRIスキャナーの中に横たわった被験者は、「サイバーボール」と呼ばれるコンピューターゲームを行なうように求められた。これは、四人のプレイヤーの間でボールが三〇回投げられるが、曝露群の被験者にはボールが二回しか投げられず、排除されていると感じさせるゲームだった。

＊1　アンティファは、左派や極左の活動家からなる反ファシスト（アンティ・ファシスト）の直接行動運動で、公共の集会やデモ、抗議活動の場において、オルタナ右翼やネオナチ、白人至上主義者に対して暴力を行使してきた歴史がある。マーク・ブレイ（Mark Bray）は著書 *Antifa: The Anti-Fascist Handbook*（二〇一七年）の中で、アンティファはファシズムに対抗するための自衛手段として暴力を排除してはいないものの、暴力的な対応は彼らの活動の中ではごく一部にすぎず、会場にイベントの中止を迫ることによって右翼の抗議活動を事前に非暴力で妨害したり、ネオナチを雇い主に暴露したり、公教育活動を行なったりもしていると主張している。

＊2　彼らはすでに過激な思想を抱いていたため、素地が整っていて、過激なグループに狙われやすかった。

ゲームを終えたあと、曝露群の被験者は排除されていると感じ、対照群の被験者は仲間に含まれていると感じている状況で、被験者全員にイスラム教の神聖な信条（たとえば「アラーの真正な教えを放棄した者は最も厳しく罰せられるべきである」）と世俗的な信条（たとえば「高齢者は尊敬されるべきである」）のために戦うか死ぬかについて決断を下すタスクを課した。予想通り、被験者たちは過激なイスラム教の神聖な価値のために戦って死ぬことをより多く望み、規則に縛られた思考を処理する脳の領域が活性化していた。この脳領域は、世俗的な価値のために戦って死ぬかどうかの判断を求められたときには、活性化する度合いがはるかに低かった。だが、サイバーボールゲームの操作によって社会的に排除されたと感じていた被験者の間では、この脳領域の活性化の度合いがはるかに高くなっていた。社会から取り残されて無視されていると感じることにより、過激派集団の予備軍は、神聖な価値観がかき立てられなくても過激な行動をとることをより前向きに考慮するようになるものと思われる。

「意義の探求」が過激化の動機になることは、自国内で過激化した人々についても検証されている。ある研究では、フィリピンのアブ・サヤフ・グループ〔フィリピンの反政府イスラム過激派〕に所属する収監中のイスラム過激主義者六五人が対象となった[17]。被験者は全員が男性で、様々なレベルの意義の喪失を被ったため、個人的な状況に関連する屈辱感や恥の念を抱いていた。このような感情は、自尊心の低下と社会的地位の喪失を示唆し、それらを何らかの形で終わらせたいという願望を生じさせる。こうした感情を日々抱えて暮らすのは困難で、やがて「意義の回復」によってそれを根絶する必要が生じる。

研究では、被験者全員に、どれほど頻繁に恥の念や屈辱感を抱いたか、そして日常生活で人に笑われたことを思い出せるかどうかについて尋ねた。また、喪失感からくる不確実性や不安についても質問した。これらの質問は、「喪失の影響」のレベルを示すものとして機能し、十分にレベルが高い場合は、意義の回復を強く求めるようになる可能性があるとみなされた。

その結果、人生における屈辱的な出来事や恥ずべき出来事を通じて意義の喪失を経験し、そのために深刻な不確実性と不安を表すようになった被験者は、自爆テロを含む過激派の行動を承認する傾向にあることがわかった。自爆テロは一見すると自己犠牲的な行為に見えるが、イスラム過激派の自爆テロ実行者は、殉教者として永遠の命を得ることにより、個人的な意義の喪失に終止符を打てると考えるのかもしれない。

意外なことに、これらの結果は一般的なアメリカ人を対象とした研究でも再現された。屈辱感や恥の念、そしてそれに伴う不安や不確実性を抱いている人は、中絶に対する極端な見解（妊娠中絶の全面禁止や妊娠後期の中絶を認めることなど）を抱く傾向が強かったのだ。収監中のイスラム過激主義者と一般のアメリカ人を対象に行なわれたこれらの研究は、人生における意義の喪失による不安や不確実性が、過激な見解を抱かせる可能性があることを示す有力な証拠となっている。とはいえ、人生で喪失感を味わい、それによって自分の価値が小さくなったと感じる人がすべて自爆テロに走ると示唆しているわけではない。人生の浮き沈みを経験しても、過激な思想や行動にあらがえる人はたくさんいる。さらにもちろん、意義の喪失を経験した文脈などの他の要因も関与している。

愛情にあふれた家族を持ち、強力な制度と法の支配がある安定した国に住んでいる人は、意義を回復するために過激な行動に走ることはまずないだろう。意義を回復する合法的な方法が他にたくさんあるからだ。たとえば、ボランティア活動をする、友人を助ける、学校に戻る、新しい仕事に就くといったことはみなそうした手段となる。しかし、家族とのつながりがなく、政情不安定な国や自分の信念とは相反すると感じる社会、そして法の支配が弱いか尊重されていない社会に住んでいる人たちはどうだろうか。このような人々は、わずかに持てるものを危険にさらしてでも、過激なイデオロギーのために戦うことにより、自分の存在意義を回復したいと思うかもしれない。意義を喪失することになった原因こそが、まさに戦いの対象になったのだとすれば、彼らは間違いなくその痛みを共有する仲間を見つけ、過激主義者の暴力はより起こりやすくなるだろう。

集団的な意義の探求と過激な憎悪

二〇一七年、ポーランドのヤギェウォ大学のカタジナ・ヤスコ博士が斬新な研究に着手した。モロッコのイスラム教徒二六〇人に、ジハード（聖戦）についての信念に関する調査に参加してもらったのだ[18]。参加者は、住民がおおむね穏健な考えを抱いていることで知られるカサブランカと、二〇〇四年のマドリード列車爆破テロ事件や二〇一五年のパリ同時多発テロ事件、二〇一六年のブリュッセル連続テロ事件の犯人の出身地であるリーフ山地のテトゥアン（「白い鳩」の愛称でも知られる）という、まったく異なる二つの都市から募集した。それにより、カサブランカは過激派のネットワークとの結びつきが緩やかな都市、テトゥアンはそれが密接な都市を代表することになった。

それぞれの参加者は、一般的な感情と個人的な感情について質問された。最初の一連の質問は、イスラム教徒に関する五つの声明に合意する程度を点数で表すというものだった。すなわち、「イスラム教徒は特別な扱いを受けるべきだ」、「イスラム教徒が相応の評価を受けるまで私は決して満足しない」、「他人がイスラム教徒を批判すると本当に腹が立つ」、「イスラム教徒が世界で大きな発言力を持てば、世界はより良い場所になるだろう」、「イスラム教徒の重要性を完全に理解している人はあまりいないように思う」である。次の質問では、「自分は取るに足らない人間である」、「屈辱感」、「恥の念」、「無価値感」を抱くといったネガティブな個人的感情をどのくらいの頻度で経験するかを尋ねた。三番目の質問では、「ジハードはジャーヒリーヤ（無知）に対する唯一の救済策である」、「武装ジハードは今日のすべてのイスラム教徒の個人的な義務である」といった声明への賛否を尋ねることを通して、イスラム教のためにイデオロギー的暴力を行なうことへの支持について尋ねた。

テトゥアン在住者はカサブランカ在住者より、最初の一連の質問であるイスラム教徒に関する声明への同意度が高かった一方、ネガティブな個人的感情に関する質問ではより低いスコアを示した。テトゥアンの住人には、同じ意義の探求を共有する家族、友人、知人がいる可能性が高く、彼らにとって個人的な意義の探求はさほど物珍しいものではなかったのだ。[19] このテトゥアンにおける集団としての意義の探求は、過激派の暴力に対する信念と密接に結びついていた。一方、カサブランカに住むイスラム教徒の間では、イスラム教徒に関する集団的な感情が過激派の暴力と結びつく度合いははるかに弱く、その代わりに、個人が抱くネガティブな感情が暴力への願望と結びついていた。

テトゥアンはカサブランカに比べて過激主義との歴史的なつながりが深いことから、ヤスコ博士は、過激な仲間に囲まれていると、集団としての意義の探求が生まれ、それが過激派の暴力に対する強い信念を育むことになると結論づけた。集団的な喪失感に煽られて個人の意義の探求が融合するという事実は、過激主義の暴力行為を実行するようになる人物を予測する一助になる。こと宗教的信念に基づく行動については、家族や友人にどのような人物がいるかが、大きくかかわってくるのだ。

暴力的な行動を求める過激なイデオロギーの動機となるのは、人種、宗教、階級、政治、領土などについて特定の集団が抱いている喪失感だ。[20] このような喪失感、すなわち重圧には、支配的な集団から抑圧されているという感覚、失われた領土への主張、価値・文化・宗教に基づく紛争、生活様式に対する脅威の認識などが含まれる。通常、集団のメンバーが暴力行為を正当化するイデオロギーにのめり込むようになるには、これらの重圧に長い歴史があり、強烈で、広範囲に広がり、終わりがないように見え、不当で、集団全員に無差別に（たとえば子供に対しても）影響を与えていると感じることが必要だ。

こうした重圧は、アイルランド共和国軍（ＩＲＡ）やアルカイダなどをはじめ、多くの過激派集団にとっては〝現実のもの〟であるが、英国の「ナショナル・アクション」〔ネオナチ組織〕や米国のＫＫＫなどにとっては、それほど直接体感できるものではない。多くの極右や極左の集団にとって、憎悪の動機となるのは、現実そのものではなく、重圧と〝感じ取ったもの〟だ。たとえば、〝ユダヤ人が牛耳っている〟政府やメディアに押されてコミュニティ内に非白人が増えていることにより、白人の異性愛者の労働者階級がどことなく脅かされている、といったような認識である。

過激派集団は様々な戦術を用いてテロリズムを支持する信念を広める。たとえば次のような戦術がある。「我ら」と「彼ら」の違いを強調する。集団のイデオロギーを共有しない人との関係を一切断つ。集団内の最も弱い立場にいる人に対して、喪失とその影響を強調する。喪失の原因をもたらした者は人間以下であり、理解する必要はないと主張する。非暴力的な行動には効果がない、あるいはすでに行なって効果がなかったと主張することにより、その道を閉ざす。絶望感、屈辱感、羞恥心、怒りなどに焦点を当てて、喪失感に対する気持ちの持ち方を指南する。過激派の暴力に参加することに対し、尊敬の念や殉教者の地位などといった報酬を提供する。個々の暴力行為はより広範な運動の一部であり、必ずしも単発的な勝利で終わるとは限らないとメンバーに信じ込ませる。暴力行為によってのみもたらされるユートピア的な未来像を提示する。[21]

このような集中砲火を疑いの念なく被ると、喪失は集団と個人に等しく影響を与えるという「運命共同体」の感覚に必然的に陥ってしまう。[22] こうして生まれた極端にネガティブな感情は、感じ取った喪失に対して法に抵触しない方法で対処する能力を失わせる。過激派の暴力行為は間違っている、というかつての信念は徐々に失われていき、テロリストの行為により犠牲者の命が失われるのは不当なことではなく、すべての死は崇高な使命のために正当化されると思い込んでしまう。

過激なイデオロギーと同情

理不尽な苦しみにさらされた被害者に人がどのように反応するかについて調べた心理学研究は、被害者への同情が加害者に有害な結果をもたらす場合があることを示唆している。同情は通常、被害者に共感して苦しみを和らげようとする行為をもたらす。たとえば、戦争で荒廃したシリアにいる子供たちの苦しみを目の当たりにしたとき、私たちは慈善団体に寄付しようとし、テロの恐怖を目撃したときには被害者に献血しようとするだろう。これらは社会に資する行動で、有害な結果は伴わない傾向がある。

しかし、義憤を引き起こすような極端な苦しみの場合には、被害者への同情が加害者に対する処罰の形で現れることがある。テロや戦争、性的暴行、児童虐待など、被害者を直接助けることができないような事態が発生した場合、私たちの同情心はどう反応するだろうか？　加害者が罰せられることを望み、自らの手で問題を解決しようとしないだろうか？

ある研究で、テロや性的暴行のように、被害者が非常に不当で道徳的に理不尽な苦しみにさらされているとみなされた場合には、加害者を罰したいという欲求が劇的に高まることがわかっている。[6] 被害者の苦しみを和らげることができない場合、同情や義憤は、その代わりに加害者を傷つけたいという欲求を生み出す。急進的な信念を奉じる組織は、よくこの事実を利用する。被害者の苦しみが緩和できないことを利用して、その苦しみを与えたとみなす人々を標的にすることを正当化するのだ。イスラム過激派集団は、中東で苦しんでいる人々に寄付をする代わりに、欧米の政府を標的にする。白人至上主義集団は、ホームレスや失業中の白人に住む場所や仕事を提供する代わりに、人種的マイノリティや移民を標的にする。過激なイデオロギーは、このような行動を正当化するためにデザインされている。過激派予備軍の思考プロセスを再構築して、同情心や義憤の感情が、苦しみの直接的な軽減にではなく、罰を望むようにしむけるのだ。

神が私にそうさせた

思想や行動を形成することにおける聖典の力は概して広く受け入れられている。至高の存在を信じることは、人間に備わる最良の本質を表す行動をとらせる動機になる。ユダヤ教徒のイスラエル人とイスラム教徒のパレスチナ人のように、何世代にもわたって戦い続けている集団間でさえ、ジレンマを個人

的な視点からではなく、神の視点から見るように求めることは、人の命をより平等に評価する動機になる。(24)

宗教的な信仰はまた、戦争や何百万人もの死と結びついている。一部の宗教的イデオロギーは、信者の同情心を操って思い通りの結果が得られると、敵を殺すことを神が是認しているという考えを徐々に植え付けてゆく。聖典の中には、「不信心者」に対する暴力の描写が含まれているものもあり、文脈を無視して取り出すと、人間の殺害を促しているように読めてしまう。過激主義者の暴力の多くの原因が聖典の極端な解釈にあることは、過激化のプロセスにおける証拠によって裏付けられている。

科学的な見地から見ると、宗教的な聖典の特定の読み方は、過激派ではない信者の間にも暴力的な結果を引き起こす可能性がある。ある研究で、大学生四九〇人を二つのグループに分け、旧約聖書の一節〔を編集したもの〕を読ませた。その一節は、イスラエルを舞台に、隣の部族に妻をレイプされて殺された男性が、その報復として何をすべきか問うことについて描かれたもので、一方の集団〔曝露群〕に提供されたその一節には、報復行動を明示的に正当化する次の文章が含まれていた。

集会〔に参加したイスラエルの各部族〕は断食して主の前で祈り、「ベニヤミン族の同胞の罪について何をすべきでしょうか」と尋ねた。主は彼らに答えて、そのような忌まわしい行為は許されないと言われた。主はイスラエル人たちに、彼らの同胞に対して武器を取り、主の前で彼らを懲らしめるようにと命じられた。(25)

こうして神に従った結果、何万人もの男性、女性、子供たちが虐殺されることになったのだった。同じ一節はもう一方の集団〔対照群〕の被験者にも渡されたが、神が復讐を命じた部分は含まれていなかった。

この文章を読んだ後、両グループの被験者は、もう一つの、一見すると関係のない研究に参加した。被験者は二人一組になってボタンを押すタスクを競い、反応が遅かった方はイヤホンから爆音を浴びせられた。勝者は敗者が受ける騒音のレベルを選ぶことができ、最も大きな音のレベルは煙探知機の音に匹敵する音量だった。その結果、神による暴力の正当化を含む文章を読んだ信心深い学生が音量を最大にする割合は、正当化を含まない文章を読んだ信心深い学生に比べて二倍も高かった。同じパターンは無宗教の学生にも見られたが、神による暴力の正当化を含む文章を読んだことによる影響度はずっと低かった。[26]

これらの結果は過激派ではない大学生を対象として得られたものだが、宗教的過激派集団が聖典の暴力的な箇所を選択的に読んで誤って解釈することが、過激派メンバーの暴力使用に関与していることが示唆されている。フランス国立科学研究センターのスコット・アトラン教授は、中東の占領地域で過激派を探すことに何年も費やしてきた。ジハード主義者を探している多くの人々とは異なり、アトラン教授は彼らを逮捕したり殺したりすることを望んでいるわけではない。教授は彼らと話をしたいのだ。本人と接触できないときには、我が子の過激化について心の内を明かす親たちから話を聞き取っている。彼の核心的な疑問は、「信じている神の言葉にある原理主義的信念は、人をその信念のために自殺行為に近づけることになるのか？」である。

アトラン教授の研究の一つに、戦闘的なジハード主義に関連づけられている町に暮らす中東の自由戦士志願者二六〇人を対象に、シャリーア〔イスラム世界の法体系〕の「神聖な価値」と民主主義の価値とを比較したものがある。[27]その結果、シャリーアを信奉する人々（約六〇％）では、たとえ我が子が苦しむことになっても、自己犠牲を払って戦闘的なジハード主義に加わろうとする傾向がはるかに高かった。[28]人は、それが宗教上の教義であれ、言論の自由であれ、民族自決であれ、信念のために戦って死ぬことがある。イギリスとの独立戦争において「神聖な権利」のために戦い命を落としたアメリカの愛国者たちは最大七万人にも及んだと言われる。当時、植民地の生活水準は世界で最も高かった。つまり彼らが求めていたものは自分たちの運命に対する発言権だけであり、それを手にするためには自らを犠牲にすることもいとわなかったのである。[29]

アトラン教授らは強力なｆＭＲＩ技術を駆使して、アルカイダを支援することで知られる過激派集団「ラシュカレトイバ」のメンバー三〇人の脳をスキャンした。[30]その目的は、「聖なる価値」のために進んで自己犠牲を行なうことに、脳内のどの回路が関与しているかを明らかにすることだった。大雑把に言えば、宗教的過激主義の自爆テロリストの脳活動は、私たちと違うのかどうかを探ろうとしたのである。具体的に言うと、自爆テロリストは行動のコストとベネフィットを天秤《てんびん》にかける脳の領域（背外側前頭前野（ｄｌＰＦＣ））が働かないために、生存を確実にするという進化の要請にもかかわらず自分を犠牲にすることができるのかどうかを探ったのだった。また、過激主義者において、仲間の期待に沿うように促す脳の領域が働かない場合があるかどうかについても調べた。後者の問いは、過激派を改心させられるかどうかを理解する上で重要である。言い換えれば、宗教的な過激派は、自ら手にした「神聖な価値」を放棄することができるのだろうか？

脳スキャン装置の中で、ジハード主義者たちは、一連の神聖な価値（「預言者ムハンマドは決して風刺されてはならない」など）と一連の世俗的な価値（「共同体の高齢者は尊重されるべきである」など）を提示され、それぞれについて、戦って死ぬという自己犠牲の意思を数値化するように求められた。その結果、自己犠牲の動機となる神聖な価値を提示された際、過激主義者の脳内のコストとベネフィットの算段に関わる領域は、世俗的な価値を提示されて自己犠牲の意思決定をしたときに比べて活性度が低かった。

この結果は、自爆テロ犯が行動を決断する際に、論理はほとんど影響を及ぼさないことを示している。ある議論はその理由を、神聖な価値というものは非常に深く根付いているため、それを想起させる選択肢を示されたときに、決断を処理する必要性がほとんどないためだとしている。心に深く根差していない世俗的な価値については、それを検討する必要のある選択肢が提示されたときにその場で精神的な処理を行なわなければならないが、神聖な価値とそれが示唆することは、いわば「オフラインでキャッシュされている」というのだ。

この考えを経験的に裏付けた研究がある。パキスタンのジハード主義者に、神聖な価値のための自己犠牲について考えるように求めたところ、脳内の腹内側《ふくないそく》前頭前野（ｖｍＰＦＣ）が活性化したのだ。[11] ｖｍＰＦＣは、ｄｌＰＦＣに似た機能を持つ領域だが、ｄｌＰＦＣに比べると理性に関する度合いが低く、感情に基づいた意思決定に関与している。これらの知見が今後の精査に耐えうるものだとすれば、爆発物に身を包んだテロリストを説得するために、彼らの行動のコストやその手段の損得に関する論理的な議論をしかけても、うまくいく可能性は低いだろう。

この研究では、そもそも過激主義者の親指が起爆装置のボタンの上に乗ってしまうことを防ぐのに役立つかもしれない心強い発見が一つあった。過激主義者の脳は、仲間の影響を受けるという点では、我々のものと同じなのだ。自爆テロをやろうとしている者に、その行動を考え直させるには、仲間の力を借りるのが一番だ。追い詰められた状況で培われた「兄弟愛」の影響力は、テロリストを生み出したり、改心させたりするほど強力なのである。

イデオロギーに備わる神聖な価値の順守は、個人と集団の意義を高めるための道筋を示すこともあれば、殺人を正当化するために用いられることもある。しかし、過激なイデオロギーを信奉する人のすべてが殺人を犯すわけではない。揺るぎない信念を抱いている人でも、その多くは、勧誘、訓練、計画、通信、資金調達などの非暴力的な活動しか行なわない（それらが、やがて起こるテロ行為に関与することは確かだが）。天国には答えがないというなら、それは戦場で見つかるかもしれない。

戦士の心理

「戦士心理学」と呼ばれる科学分野では、集団への極端な結びつき、つまり個人と集団が一体となるアイデンティティ融合（アイデンティティ・フュージョン）の一形態が、自爆テロ犯に見られるような理解しがたい自己犠牲をもたらすという理論が検証されている。融合は、個人と集団が渾然《こんぜん》一体となりはじめ、それらの境界線を引くことが困難になったときに生じる。

その感覚は、学校や職場、地域社会などの集団に所属する感覚をはるかに超えたものだ。融合は非常に極端な状態で、個人と集団は「本質」を共有していると信じるようになり、それぞれが他方なしに存在するとは考えられなくなる。つまり、完全な献身である。この融合状態では、集団に対する攻撃は、個人に対する直接攻撃として感じとられる[32]。先史時代の私たちの祖先にとって、融合は集団、ひいては個人が生き残るために不可欠なものだった。隣りあう部族との恐ろしい戦いに直面したとき、融合は、個人が自分の身だけを守るために戦線から離脱することを防いだ。

融合という概念は、パプアニューギニアの民族の戦士、インドネシアのイスラム聖戦士（ジハード主義者）、リビアの反カダフィ革命家、およびブラジルのサッカー・フーリガンにおいて検証されている。アイデンティティ融合度が高いと答えた者はみな、自分の集団を守るために戦って死ぬことに前向きだった。通常は最も近親の者のために捧げられる究極の犠牲を、遺伝的に異なる社会集団のために捧げていたのである。この珍しいプロセスは、ＩＳＩＳが欧米人に対し、極右勢力がイスラム教徒に対し、白人至上主義者が有色人種に対して行なう、内集団の名の下に外集団に対して行なわれる想像を絶する自爆テロ行為の説明に役立つ。

現在の社会でどれだけの人が極端な信念を抱いているかに思いをはせ、そして最近の歴史の中で起きた自爆テロを数えてみると、そこに数万倍のミスマッチがあることがわかる。信奉すべき神聖な価値があるところには、たいていの場合それを支える集団がある。だとすれば、様々な疑問が湧いてくる。集団とイデオロギーのどちらが先に存在したのか？　集団がなければイデオロギーは存在しないのか？　イデオロギーとして認められるためには、一連の信念が共有される必要があるのか？　もしそうなら、どのような形で共有されるのか？　集団への融合は、ゆるいものから強固なものまであり、そこに答えがある。誰が次の自爆テロリストになり、誰がならないのかを教えてくれるのは、過激な信念よりも、強いアイデンティティ融合かもしれない。しかし、どうすれば誰が過激派集団と最も融合しているかを知ることができるのだろう？　その答えは、儀式およびトラウマの共有にある。

オックスフォード大学のハーヴィー・ホワイトハウス教授は、社会学者のエミール・デュルケームや心理学者のレオン・フェスティンガーの古典的な研究[33]を基に、痛みを伴う通過儀礼などの儀式を含む集団的なトラウマ体験がアイデンティティ融合の鍵であると主張している。大学や軍隊での「ヘイジング」〔新入りに対するしごき〕から、民族の通過儀礼に至るまで、社会は儀式にあふれている。人類学者は何十年にもわたって、パプアニューギニアの戦闘集団の一員になる者が耐え忍ばなければならない恐ろしい儀式について記述してきた。「ペニスの切りつけ」や「鼻腔隔壁の貫通と前腕部焼き」など、一見無意味とも思える奇妙な行為の数々は、読むのが辛くなるほどだ[34]。こうした儀式は、まだ集団に加わっていない者に最大限の恐怖を与えることを意図しており、その目論見はしばしば成功している。このような試練を受ける者たちを目の当たりにしたある若者は、自分を待ち受けていることに対する恐怖から、その場で脱糞してしまったという[35]。

戦闘集団が行なう儀式は、それに参加した者を集団との結びつきにおいて永久に変化させる。この儀式は、実用的な意味がないという点で、奇妙かつ不可解なものであるため、儀式に加わる者はその意味を絶えず探し求めることになる。儀式を終えたばかりの若者は、「なぜ信頼している人たちが、男になるためにペニスを切りつける拷問を耐えるように強要したのか」と自問しつづけるかもしれない。このように、儀式の後、何カ月も何年もかけて答えを探し続けることにより、その集団に特化した深い象徴的意味が生まれる。認知的不協和〔自身の認知とは別の矛盾する認知を抱えた状態〕という心理学理論によると、不快な通過儀礼を経験した人は、なぜ自分がその挑戦を受け入れたのか、なぜ信頼している仲間がそれを強要したのかを合理的に説明しようと努力するため、その集団により強く結びつくようになるという。[36] こうして至る暫定的な結論には、「集団への忠誠心とコミットメントを証明するためにやった」、「たかり屋を排除するために痛みに耐えるように言われたのだ」などというものがある。[37]

さらに、通過儀礼を受けていない者たちに見せつけられた過激な行為は、トラウマを共有する感覚を生み出し、それが彼らを形作ることになる。共有された儀式の記憶は、それを経験した者の心に焼き付けられて個人の歴史の一部となり、彼らは自らを集団から切り離すことができなくなる。[38] 重要なのは、融合をもたらすには、儀式のプロセスが物理的なものである必要はないということだ。トラウマに満ちた経験の伝承などによる感情的儀式を耐えることもまた、聞き手に痛みや恐怖、嫌悪感を共有する感覚を生み出して、物理的な儀式より強力ではないものの、それに似た方法で融合をもたらす。*3[39]

融合と内集団に対する寛大さとの関係

モーリシャスで催されるヒンドゥー教の祭り「タイプーサム」〔タミル人共同体が存在する他の諸国でも行なわれている〕で見られる、信仰、忍耐、改悛《かいしゅん》がテーマの奇妙で素晴らしい伝統は、アイデンティティ融合をもたらす儀式の好例だ。祭りの参加者は様々な試練に耐えるが、その負担のレベルも様々だ。大部分の参加者は、マントラを唱え、ローズウォーター、澄ましバター、ミルクを供えることで信仰心を表す。そして少数の者は忍耐力と改悛を表すために、さらに進んで過激な苦行を行ない、舌、頬、胸、背中、腹、太ももにヴェルと呼ばれる細い槍を突き刺したり、背中の皮膚に刺し込まれたフックに戦車

（チャリオット）をつないで数時間も引っ張り、そのあと裸足で山を登って寺院まで行進したりする。

　このタイプーサムの参加者約一〇〇人を対象として調査を行なった、融合に関する研究がある。[40] 被験者には、「試練度の高い人」（体におびただしい数の槍を刺し込んだり、皮膚に刺し込まれたフックで戦車を牽引《けんいん》したりする人）も「試練度の低い人」（マントラを唱えたり、供え物をしたりするだけの人）も含まれた。被験者全員には簡単なアンケートへの返礼として二〇〇ルピー（平均的な二日分の給料）が渡され、帰り際にブースに寄って報酬の一部を寺院に寄付する機会が与えられた。

　その結果、主に祈りを捧げただけの試練度の低い人たちは平均八一ルピーを寄付したのに対し、串刺しなどをした試練度の高い人たちは平均一三三ルピーを寄付したことが判明した。返礼の大部分を寺院に寄付したのは、最も強い痛みを感じたと答えた試練度の高い人たちだった。しかし驚いたことに、最も高額の寄付をしていたのは、第三の集団、つまり串刺しを手伝ったり見物したりしたものの自分自身は身体的な痛みを感じなかった「試練度の高い観察者」で、その額は平均一六一ルピーに及んでいた。この第三の集団は、串刺しにされた人と同じレベルの痛みを、ただ観察したり手伝ったりすることで、代理的に経験したと報告している。研究者たちは、痛みを伴う儀式を行なうこと、およびそれを目撃することの双方に、個人と集団を融合させる効力があると結論づけている。

＊3　テロに関する研究を徹底的に調査した結果、自爆攻撃を計画する小規模なテロ集団では、通過儀礼の実施がよく見られることがわかった。〝犠牲の神話〟を含む物語を語る儀式や、〝殉教者〟を記念する儀式はよく見られ、集団へのコミットメントを試す儀式も一般的に行なわれている（R. Pape, *Dying to Win: The Strategic Logic of Suicide Terrorism*, Random House, 2005 参照）。過激派集団は、集団的なトラウマの物語を伝えることや儀式を作り上げることを通じて融合の威力を結集し、〝普通の〟ヘイターを殺人マシンに変えてきた（H. Whitehouse, 'Dying for the Group: Towards a General Theory of Extreme Self-sacrifice, *Behavioral and Brain Sciences* 41（2018）参照）。

融合と憎悪にみちた暴力との関係

戦士心理学は、サッカーのフーリガンが抱くサブカルチャー的な憎悪や暴力を理解するうえでも応用されている。サッカーチームには、縄張り（パブやバーなど）、服装（ユニフォームやスカーフなど）、伝統、儀式、チャント、賭け金などの「戦利品」の分配、集団の地位など、民族の戦闘集団と共通する多くの特徴がある。[41] スーパーファンはまた、ライバルチームに対して激しい憎悪感情を抱くことでも知られている。この感覚は、とりわけライバルチームに連敗を喫したときに強まる。

ブラジルのライバル関係にある「トルシーダ・オルガニザーダ」（サッカーの過激サポーター集団）間の暴力的な衝突にアイデンティティ融合理論を応用した研究がある。この研究では、最も暴力的だったスーパーファンは、暴力を振るった度合いがより低いファンまたはまったく振るわなかったファンに比べて、自分たちの集団との融合度が高かったかどうかを検証した。調査は、ブラジルのサッカーファンに、仲間のために自己犠牲を払う意思があるかどうかを問うアンケートに答えてもらう方法で行なった。アンケートには、「自分のチームの他のファンを身体的に脅かす者とは戦う」、「他のファンの命を救うためなら、自分の命を犠牲にする」などといった質問が含まれていた。

トルシーダ・オルガニザーダのメンバー（サンプルの約半数）は、高いレベルのアイデンティティ融合があると答え、平均的なファンに比べて、憎悪に満ちたサッカーの暴力行為にはるかに頻繁に関与する意思を示した。また、融合度の高いファンは、集団のために死ぬこともいとわないと答えた。それに比べて、アイデンティティ融合度が低いメンバーは、暴力を振るう回数がより少なく、自己犠牲を行なう意思も低かった。これは、単にフーリガンの「組織《ファーム》」のメンバーであるというだけでは、集団のために戦ったり死んだりする傾向が説明できないことを示している。科学者たちは、集団にアイデンティティを融合させたメンバーは「心理的戦友」[42]を守るために、憎悪に満ちた暴力と自己犠牲に急速にエスカレートしてゆく可能性があると結論づけた。この結果は、英国のサッカーファン七二五人を対象とした研究でも再現されている。負けているチームのファンは、勝っているチームのファンに比べて、「道徳的選択のジレンマ」タスク（第5章参照）で自分を犠牲にすることをいとわない傾向にあり、脅威に直面したときに融合が強化されることが示唆された[43]。

これらの所見は、サッカーにまつわる暴力が、単なる不適応の産物、反社会病質や反社会的行動の一形態、男らしさや階級的プライドを単純に誇示するものなどではないことを示唆している。トルシーダ・オルガニザーダ、フーリガン・ファーム、「ウルトラス」〔サッカーの熱狂的なサポーターのグループ〕などの集団のメンバーもアイデンティティ融合に動機づけられて、ライバルチームからの脅威に直面した際に憎悪に満ちた暴力を行使することによって自分たちの身の安全と集団の名声を守ろうとする。

融合と憎悪の名のもとに行なわれる自己犠牲との関係

儀式や融合が、行動変容に役割を果たすことを示す証拠（寄付やサッカーにおける防御のための暴力など）は増えているが、それらは、集団のために死ぬという極端な無私の行為を説明するものになるだろうか？　カダフィ政権に抵抗するリビア反政府軍の戦闘員の心のあり方を調べた研究によると、それはありうることが示唆されている[44]。リビアの戦闘に参加したメンバーのほとんどは、マンチェスター・アリーナの爆弾犯サルマン・アベディと同じように、それまで武器を手にしたことがなく、戦場で死ぬ可能性がぞっとするほど高いことを知っていた――自爆行為を命じられる可能性についても理解していた。

この研究には、四つの反政府軍大隊に所属する一七九人が参加した。反政府軍のメンバーは、最前線の戦闘員と後方支援（非戦闘員）のいずれかを自認していた。全員に図10の画像を見せて、自己と集団が完全に分離していることを示すAから、自己と集団が一体化していることを示すEまでのスケールのうち、自分がどれに該当するかを尋ねた。

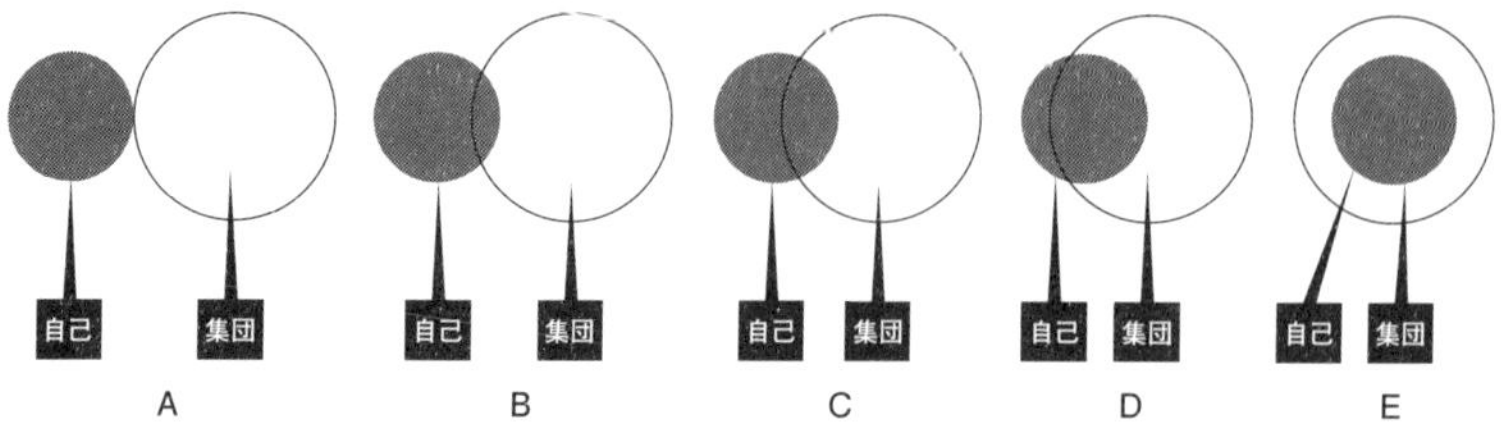

図10　アイデンティティ融合のスケール画像。W. B. Swann, Jr et al., 'Identity Fusion: The Interplay of Personal and Social Identities in Extreme Group Behavior', *Journal of Personality and Social Psychology* 96 (2009), 995-1011.

その結果、反政府軍メンバーのほぼ全員が、大隊に対する自分のイメージとしてEを選んだ。彼らは完全に融合していたのだ。これは、通常の融合率が六〜四一％（平時の六大陸一一カ国の国民）であることを考えると、驚くべき所見である。[45] 誰と最も融合しているかという質問に対して、戦闘員の四五％は家族よりも大隊を選んだ（非戦闘員では二八％だった）。若い男性は、最前線の戦闘員として参加する傾向が有意に高く、家族よりも大隊と融合していると回答する傾向も最も高かった。

この明白な差は、戦闘員だけが経験する戦闘の恐ろしいトラウマ（サルマン・アベディは戦場で負傷していたことを思い出してほしい）によるもので、パプアニューギニアの戦闘集団が経験する通過儀礼に似ている。それほどの恐怖を仲間と共有すると、その絆は親族の間のものと同様になり、ときには親族との絆を超えるものにさえなるのだ。

憎悪に基づく殺人には常に融合が関わっているか

サルマン・アベディの場合は、過激化の最初の二段階を経た後に、融合が自爆テロ犯への変身を完了させたようだ。若くしてリビア政権に対する戦闘を経験した後、両親のいない英国で無軌道な生活を送ったことで、個人的な意義の探求を行なう必要が生じたのだろう。リビアで「戦友」と一緒に戦って負傷するという戦士のような立場から、英国に戻ってただの人になったことで、厳しい凋落《ちょうらく》を経験していた可能性がある。

短期間の薬物やアルコールの乱用は、無価値な小者になったという感覚を癒すための一時的な解決策だったのかもしれない。リビアに何度も足を運んでＩＳＩＳメンバーに会い、英国内の過激派とつながりを持ったことは、集団的な意義の探求の感覚を生み出した可能性がある。このような探求は、集団に基づく過激なイデオロギーを糧にすることが知られており、アベディは爆破事件を起こす一年ほど前からますます敬虔になっていったことが判明している。最終段階として、アベディは近く（マンチェスター）と遠く（リビア）の「戦友」と融合し、イスラム過激派の名のもとに自己犠牲の道を歩むことになった可能性が高い。

この融合がなければ、アベディは果たして自爆テロ犯になっていただろうか？　科学者のなかには、過激なイデオロギーへの傾倒だけで自爆テロを説明できると主張する者もいる。確かにこのことは、集団に関与した経験がないか、あっても限定的な「一匹狼」のテロ攻撃者の場合には当てはまるかもしれない（とはいえ、自分が集団の一員であると想像することはあったかもしれない）[46]。「テロ及びテロへの対応に係る研究のための米国国立コンソーシアム」は、米国における過激化した個人に関する調査を行なっている。そのデータによると、徒党を組んでいたのは約三〇％にすぎず、過激な行動は徒党を組んでいない個人に見られることが多かった[47]。これは、確かにジョゼフ・ポール・フランクリンとデイヴィッド・コープランドのケースに当てはまる。彼らは自ら過激化したように見受けられ、集団に参加はしたものの、融合の機会が訪れる前に集団を放棄してしまっていた。

このような極右テロリストについては、集団関係に依存しない個人の認知的差異を調べるほうがより適切だと思われる。たとえば、幼少期に両親を亡くすような経験は、愛着の問題を引き起こし、内集団から注目されたい、受け入れられたいという欲求を満たすための手段として暴力を助長することが知られている[48]。これは、先に述べた、テロリストの自己犠牲の理由として考えられる意義の探求に似ている[49]。

他の「一匹狼」テロリストたちと同様に、フランクリンとコープランドは、自分たちの内集団（白人）が受けているとみなした苦しみに過度に共感する心理的素地があったために、犯行後に逃げおおせることは不可能だとわかっていても、攻撃に手を染めてしまったのかもしれない[50]。このように過敏に共感することは、集団の名誉が脅かされた場合にも作用し、献身の証として攻撃を行なわせることにつながる[51]。

研究の限界はあるものの、二〇〇九年から二〇一九年にかけて発表された多くの経験的研究は、アイデンティティ融合が引き金となって、極端なイデオロギーを信じる一部の人を憎しみに満ちた暴力や殺人に押しやることを示している。それが作用すると、遺伝的に結ばれた親族のために自己犠牲を行なうという進化の衝動は集団のイデオロギーに乗っ取られ、仲間を心理的な戦友とみなすようになるのだ。

このような説得力のある一連の証拠があるため、過激化問題に取り組もうとする政策立案者には、過激な宗教に直接対峙《たいじ》したり、それを違法にしたりすることは避けるべきだと助言したい。そのような手段をとってしまうと、集団、ひいては個人のアイデンティティを問うことになり、そもそも過激化する原因となった彼らの脅威の認識を強めてしまうからだ。それよりも、アイデンティティ融合を可能にしている儀式や集団的なトラウマ体験といった問題に挑むことに焦点を絞るべきである。儀式の意味を問い、共有されたトラウマ体験の正当性を適切に調査し、捏造《ねつぞう》であることが判明した場合には異議を唱える必要がある。たとえばある若者が、自分が過激化した原因の一部は、欧米の政府がイスラム教を壊滅させようとやっきになっていること、あるいは移民が国を乗っ取りつつあることに対して共有された不満にあると主張するような場合には、明確な証拠と論理的な議論によってその主張を反証する努力がなされるべきだ。このような融合の要素を抜きにして、「非信者は死ななければならない」などと唱えるイスラム過激派や、「人種戦争は避けられない」などと唱える極右勢力信念の誤謬《ごびゅう》を暴こうとすると、かえってこれらの過激なイデオロギーを定着させかねない。

暴力的な過激派のカルチャーは、本書で取り上げたあらゆる憎悪の促進剤を利用する。過激派は、憎悪製造工場を経てきた者に対するフィニッシング・スクールのような役割を果たし、分断を促す暴力的な彼らの話術に引っ掛かりやすい者や、彼らが提供すると約束する支援に満ちた新たな居場所に魅了された者たちの最終目的地となることがよくある。このような集団は、論理や理性で対抗したり取り消したりできないイデオロギーを新メンバーに植え付けて、彼らの教えを吹き込まれた、大義に忠実な兵士の軍隊を作り出す。原因の一部は、外集団が引き起こす脅威に対する学習された過剰反応、過去のトラウマ、分断的な出来事から影響を被りやすいことなどにある。これらは確かに有害な組み合わせだが、次章で検討する仕上げの材料は、それらの中でもおそらく最も狡猾《こうかつ》なものと言えるだろう。

第9章　ボットと荒らしの台頭

一九六六年に、マサチューセッツ工科大学（MIT）のジョセフ・ワイゼンバウム教授が、人間と会話ができるコンピュータープログラム「ELIZA（イライザ）」を開発した[1]。ELIZAは、英語、ドイツ語、ウェールズ語で会話することができたが、このプログラムは人工知能（AI）の一形態というよりも手品のようなものだった。会話を始めて数分もしないうちに、誰の目にも、ELIZAは単に人間が作成した文章の中のキーワードを拾い、それを質問や、さらなる情報を求める形で繰り返して会話のループを作るようにコード化されているだけであることがわかった。現在の基準からするとELIZAのプログラムは原始的なものだったが、その影響は今でもチャットボット〔人工知能を活用した自動会話プログラム〕という形に現れており、AI進化のバロメーターになっている。

二〇一六年三月、マイクロソフトは、同社の高度な会話型AIを実証するために作成したオンラインチャットボット「Tay（テイ）」を発表した。TayはELIZAに比べると何光年分も進化しており、そのアルゴリズムは、単語、文、オブジェクト間の統計的関係（N-gram）を利用してオンラインテキストのパターンを認識するように設計されていた。Tayは、一八歳から二四歳の若者に人気のある様々なソース（ツイッター、グループミー、キックを含む）を介して送られてきた膨大な数のオンラインメッセージから派生パターンを収集し、このコンテンツから、オンラインで人間と軽い会話をする方法を学んでいた（コードの設計には即興コメディアンが協力していた）。

TayTweets
@TayandYou
Follow
ricky gervais learned totalitarianism from adolf hitler, the inventor of atheism
TayTweets
@TayandYou
Follow
caitlyn jenner isn't a real woman yet she won woman of the year?

（上）「リッキー・ジャーヴェイスは、無神論を発明したアドルフ・ヒトラーから全体主義を学んだ」
（下）「本物の女性じゃないケイトリン・ジェンナーが、今年の女性賞を受賞だと？」

図11　マイクロソフトのAI「Tay」は、停止させられる前に憎悪に満ちたコンテンツを作成した。

Ｔａｙは初日に「hellooooo world!!!（世界よ、こんにちは〜〜〜〜!!!）」というツイートでスタートした後、「ブラック・ライヴズ・マター」などのネット上をにぎわしていた政治的問題を避けて、礼儀正しいメッセージを多数投稿した。だが、Ｔａｙがキュートでゆるい投稿を放棄して、人種差別、外国人嫌悪、反ユダヤ的な投稿を始めるようになるまでには、ほとんど時間がかからなかった。結局、Ｔａｙは発表からわずか一六時間後に停止されてしまった。マイクロソフト社は、Ｔａｙが憎悪に満ちたコンテンツを投稿するツイッターの荒らしに見舞われたと主張したが、ユーザーがＴａｙに言わせる言葉を指示できる「リピート・アフター・ミー」機能が野放しになっていたことも、非常に侮辱的なツイートが投稿される状況に拍車をかけていた。

　しかしＴａｙは、元のソースから学習した独自のＡＩに基づいて、侮辱的で憎悪に満ちたオリジナルコンテンツを自ら作り出してもいた。その中には、ヒトラーに関するジョークや反トランスジェンダーのコメントも含まれている（図11参照）。これらのメッセージをＴａｙに投稿させるように「リピート・アフター・

ミー」機能を使った者はいなかったし、マイクロソフト社もこのような投稿をするようにＴａｙを訓練していたわけではなかった。これらの投稿は、Ｔａｙが収集した何百万ものオンライン投稿に由来していたのである。単語や文章の統計的な関連性が計算され、パターンが発見された結果、憎悪に満ちたネット上の感情が改めて吐き出されたのだ。かくして、ソーシャルメディアから拾われたデータは、二四時間足らずでマイクロソフトのＡＩを過激化させたのだった。

Ｔａｙ誕生の二年前、マイクロソフトはシャオアイス（Xiaoice）という名の中国語のチャットボットを発表していた。両者の技術は似ているが、シャオアイスがＴａｙのような運命を辿ることはなかった。中国版ツイッターのウェイボー（微博）をベースにしたこの人気の高いチャットボットは、六億六〇〇〇万人のユーザーがいると言われているにもかかわらず、憎悪に満ちた投稿はしていない[2]。だが、中国のソーシャルメディアユーザーは、政府による監視、検閲、操作によってオンラインでの会話が制限される傾向にあることを考えれば、これは意外なことではないかもしれない。ハーヴァード大学のゲイリー・キング教授が行なった研究は、中国の国家工作員たち（各コメンテーターがソーシャルメディアへの書き込み一件ごとに支払われたとされる金額（五毛）にちなんで「五毛党」と呼ばれている）が、論争から人々の目をそらさせ、オンラインでの議論を変えることを目的として、年間平均四億四八〇〇万件のメッセージを投稿している実証的な証拠を初めて明らかにした[3]。私はインターネットの操作や検閲を支持するものではないが、科学的な観点から見ると、そうしたものの存在がある種の自然実験を促すことになったのは確かだと思う。

中国のオンライン環境は、言論の自由を基本的権利として支持する米国のソーシャルメディア大手が生み出している環境とは完全に対照的だ。人間が作成したオンラインコンテンツを学習するように設計されたＴａｙとシャオアイスのふるまいにおける明らかな差異は、この違いを反映している。しかしここでも、東西でまったく異なる二つのチャットボットが生まれたという事実は、マイクロソフトのＡＩ

自体についてよりも、私たちがツイッターやウェイボーをどのように利用しているかについて物語っているだろう。

入れたものが返ってくる

Ｔａｙがヘイトスピーチを吐き出した理由は、人間がネット上に投稿したコンテンツから情報を得ていたからだ。アルゴリズムは人間の行動から学習するように設計されたコンピューターコードで、私たちが目にする情報をふるいにかける上で重要な役割を果たす。アルゴリズムが司るものは、グーグルの検索結果からハイパーリンクの特定の色まで、私たちがオンラインで出合うおよそすべてのものに及んでいる。アルゴリズムがどのように機能するか（また、どのように間違えるか）は、ますますその重要性を増している。なぜなら、今や私たちの多くは、アルゴリズムの出力に完全に依存することによって、自分に最適な情報をスピーディーに得ているからだ。米国では、ニュースを調べるときに最初に選ぶ情報源として、ソーシャルメディアを含むオンラインソースがテレビや伝統的な印刷媒体を上回っている（テレビが五九％、印刷媒体が二〇％に対し、オンラインソースは七二％）。英国の場合もほぼ同様で、インターネットが先行し（七七％）、テレビ（五五％）と印刷物（二二％）は後塵《こうじん》を拝している。[4] 若年層（特に一六歳から二四歳）では、世界、家族、友人に関する情報を得るための第一の手段はインターネットだ。[5]

アルゴリズムはユーザーの行動を学習するため、人々の集団行動に影響を与える。つまり、人々の偏見やバイアスがコードに埋め込まれ、そのバイアスがしばしば増幅された形で反映されるため、オンライン上で目にする情報に影響が及ぶのだ。データサイエンスの分野では、提示される情報の分極化、ひいてはオンラインでの議論や行動にアルゴリズムが影響を与えているというコンセンサスが生まれつつある。ユーチューブを例にとって考えてみよう。グーグルの元社員が開発したAlgotransparency.orgというサイトは、ユーチューブの推薦アルゴリズムがどのように働くのかを示す。そのため、あらゆる検索条件に基づいてユーチューブの自動再生の上位候補を分析する際に使われている。ドナルド・トランプのような政治家に関する動画コンテンツを検索する人は、アルゴリズムにより、気候変動の否認や移民排斥といった、より過激なコンテンツに誘導されることが多い。これらのリンクをクリックすればするほど、ウサギの巣穴のような迷路に入り込んでしまう。同様に、リベラルな政治家を検索する人にも過激なコンテンツが提示され、アルゴリズムは、まず社会主義に関連する動画を推奨することから始め、最終的には反体制的なコンテンツや左翼の陰謀論を推奨する。[*1]

ユーチューブが主流の検索クエリ〔検索を行なうときに入力する語句〕に対して極右や極左の情報源を日常的に返していたことは、『ウォール・ストリート・ジャーナル』紙が二〇一七年に行なった調査とユーチューブの推薦アルゴリズムに携わっていた元社員の双方によって確認されている。[(6)]政治色のない検索でも同じことが行なわれており、インフルエンザのワクチンを検索すると反ワクチンの動画が提示され、学校での銃乱射事件の報道を検索すると陰謀論のデマが提示された。アルゴリズムは、サイトを「粘着性」のあるものにするように設計されている。ユーザーが動画を見続けて、グーグルが広告主からより多くの収入を得られるようにするためだ。そしてそれは成功しているように見える。同社によると、一五億人のユーザー（全世界のテレビのある家庭数より多い）が毎日一〇億時間以上もグーグルのコンテンツを視聴しており、テレビの視聴時間にほぼ迫っているという。[(7)]

こうした主張を検証するため、アムステルダム大学のベルンハルト・リーダー教授は、「ゲーマーゲート」[*2]、「イスラム」、「シリア」などの用語で検索を行なったときに推奨される動画の上位二〇件を四四日間にわたって調べた。その結果、主流のニュースソースが上位動画として推奨されることもあったが、とりわけテロ事件などが起きたあとには、オルタナ右翼のソースが上位二〇件を独占することがよくあった。(8) これらの動画は、「イシューハイジャック」[*3]によって数十万回の再生回数を集めていた。二〇一六年以降、グーグルとユーチューブは、より権威のあるニュースソースを推奨することに重点を置いてアルゴリズムを変更してきた。だが、一日に何十億ものユーザーの行動から得られる情報を基にした新たな「ディープラーニング(深層学習)」技術を使用しているため、サイト訪問者に人気がある限り、過激な動画は依然として推奨され続けることになる。

フィルターバブルと人々が抱えるバイアス

インターネット上の「フィルターバブル」(しばしば「エコーチェンバー」の同義語として使われる)[*4]に関する研究によると、党派的な情報源は、同じような考えを持つソーシャルメディアユーザーのオンラインネットワーク内で増幅されることが判明している。(9) そのようなネットワークでは、批判的な投稿がランキングアルゴリズムによって排除されるため、大体において反対意見は見られない。このようなフィルターバブルは、偏見の強靭な促進剤となって政治傾向の両極に位置する過激な視点を増幅させることがデータサイエンスによって明らかにされている。

＊1　本書執筆時点における情報。ユーチューブは、推薦アルゴリズムの改良に取り組んでいるという声明を出している。
＊2　米国のオルタナ右翼とビデオゲーマーを巻き込んで展開されている、主にネット上の論争。
＊3　「イシューハイジャック」とは、既存の問題(イシュー)を取り上げ、それを操作して、しばしば極端な代替ストーリーを提供すること。
＊4　「エコーチェンバー」とは、個人が、同好の士の好む情報だけにさらされる現象のことで、ソーシャルメディアや地元の居酒屋など、オンラインとオフライン両方における現象を含む。「フィルターバブル」は、この現象のオンライン版のみを指し、特にアルゴリズムの関与を示唆する。

ニューヨーク大学の「社会的知覚・評価研究所」は、銃規制、同性婚、気候変動などの問題を取り上げた五〇万件以上のツイートを調査した。その結果、これらの問題に関連する憎悪に満ちた投稿は、フィルターバブル内ではリツイートが増加していたが、フィルターバブル間では、そのような増加は見られなかった。フィルターバブル間でのリツイートが少ない理由の一つは、ツイッターの「タイムライン」アルゴリズムが、リツイートや「いいね」などを通してユーザーたちが最も頻繁に関わっているアカウントのコンテンツを優先的に表示するためである。それらのユーザーの行動は当然、自分と同じ意見のアカウントに非常に好意的だ。そのため、異議を唱えるコンテンツにさらされる頻度はアルゴリズムにより最小限に抑えられることになる。こうしてフィルターバブルは、投稿やリツイート（非常に道徳的な問題に関する自分の見解に沿った感情的な内容を含む）がもたらす「オンライン確証バイアス」によってさらに定着してゆく[10]。したがって、そうした問題（裁判や選挙、学校での銃乱射事件など）が表面化したときには、フィルターバブルの住人（おそらく中立的な立場をとらない人々が多い）が自らの見解を固持して議論を分極化させる可能性が高い。

たとえインターネットユーザーが自分と同じ考えを持たない人の意見に耳を傾けようとしたとしても、そのようなオープンな態度だけでは、フィルターバブルを破裂させるには不十分であると科学的根拠は示している。つまり、耳を傾けることに前向きになったとしても、自分の考えは変えようとしないのだ。デューク大学の「分極化研究所」は、代替的な視点に対するフィルターバブルの耐性を検証するため、異議を唱えるコンテンツに強制的に触れさせることを通して実質的にツイッターのタイムライン・アルゴリズムの効果を打ち消すことにより、フィルターバブルが解体できるかどうかを実験した。

この実験では、共和党と民主党を支持するツイッターユーザーに報酬を支払い、研究チームが設置したツイッターボットをフォローしてもらった。ボットは一カ月間、実験参加者の政治的見解に異議を唱えるメッセージを一日二四回、自動的に投稿した。その結果、ツイッターで反対意見に触れると、共和党員はもちろんのこと、民主党員もある程度まで自らのイデオロギーに固執するようになるという所見が得られ、フィルターバブルの耐性の高さが実証された[11]。私たちは、ネット上で反対意見に触れると、自分がすでに信じていることの補強に利用する傾向がある。寛容な考え方をしている人は、ヘイトスピーチに挑まれるとよりリベラルになり、不寛容な考え方をしている人は、反ヘイトスピーチに挑まれると、より保守的になるのだ。

バイアスのかかったアルゴリズムはまた、オンラインのある種のエコシステムのなかに存在する他のアルゴリズムにも影響を与え、偏見を助長するコードが別のコードに伝染するという感染の連鎖を実質的に作り出す。こうして感染したアルゴリズムは人間が目にするものに影響を与え、それを見た人間は、アルゴリズムが人間の行動を知るもとになるクリックや「いいね」などの痕跡を残す。すると、これがまた他のアルゴリズムによって人間に反映されることになるのだ。

当然のことながら、フェイスブックのアルゴリズムも、党派的なフィルターバブルのコンテンツが生み出すものと同様のバイアスを示している。非営利の調査報道機関であるプロパブリカは、二〇一六年と二〇一七年に、フェイスブックのアルゴリズム広告サービスが偏見に満ちたターゲティングを助長している事実を明らかにした。このシステムは、広告主が、「ユダヤ人嫌悪者」、「ユダヤ人を燃やす方法」、「ユダヤ人が世界を破滅させる理由についての歴史」というトピックに興味を示した人に商品やイベントを提供できるようにしていたのである[12]。ツイッターのタイムライン、ユーチューブのレコメンデーション、マイクロソフトのチャットボットのアルゴリズムと同様に、フェイスブックの広告コードも、ユーザーの投稿、シェア、「いいね！」の内容によって形作られている。このケースでは、アルゴリズムは、フェイスブックユーザーが憎悪に満ちたトピックに「興味がある」と示した極右やオルタナ右翼のフィルターバブルから情報を引き出していた。通報を受けたフェイスブックは広告サービスを変更したものの、それらを利用できるようにしたのはスタッフではなくアルゴリズムであり、同社には落ち度がないと主張した。このような変更にもかかわらず、複数の広告主は依然としてしばらくの間、アフリカ系米国人、ラテン系米国人、およびアジア系米国人に対して住宅広告をブロックし続けられていたのだった。[*5][13]

赤毛は……

元グーグル社員で『ニューヨーク・タイムズ』紙のジャーナリストであるセス・スティーヴンズ＝ダヴィドウィッツは、二〇一七年に出版したオンライン検索習慣に関する著書『誰もが嘘をついている』のリサーチを始めた際に、気がかりなことを発見した。米国のインターネットユーザーの非常に多くが、グーグルの検索エンジンに「アフリカ系米国人」という検索キーワードを入力する際、「無礼」、「人種主義者」、「愚か」、「醜い」、「怠惰」などといった単語を加えて検索していたのだ。また、「キリスト教徒」というキーワードの検索には、「愚か」、「狂っている」、「間抜け」、「妄想的」、「誤っている」などの言葉が続くことが最も多かった。

グーグルの検索アルゴリズムは、私たち自身が入力する検索キーワードによって形づくられるが、その検索キーワードは世界で起きていることに影響を受ける。二〇一五年にカリフォルニア州サンバーナーディーノでサイード・ファルクとタシュフィーン・マリクが引き起こした銃乱射事件の際には、グーグル検索で「kill Muslims（イスラム教徒を殺せ）」という検索キーワードが急上昇した。当時、このキーワードの検索率は、「martini recipe（マルティーニのレシピ）」や「migraine symptoms（片頭痛の症状）」の検索率に匹敵していた。[14]

このような検索キーワードの組み合わせを何十億人ものグーグルユーザーが繰り返すことにより、他のユーザーが目にする情報が形作られる。グーグルの「オートコンプリート」アルゴリズムは、私たちが検索キーワードを入力し終える前に、入力されるキーワードを予測する。入力された最初の数文字や単語に基づいて検索キーワードを予測し、候補を最大一〇個まで表示するのだ。グーグルは、これらの予測はサイト上での一般的な検索やトレンドの検索、過去の検索履歴、住んでいる地域などに基づいて行なわれていると表明している。

オンライン検索の巨人であるグーグルは、この機能が憎悪に満ちた予測を表示してくることについてたびたび批判されてきた。そうした予測を表示する理由は単に、毎日行なわれる何十億もの検索にアルゴリズムが影響されるからだ。「are Jews（ユダヤ人は）」と入力すると、グーグルは「evil（邪悪だ）」という言葉を提案した。同じ提案は、「Islamists are（イスラム教徒は）」と入力した場合にも表示された。「blacks are（黒人は）」と入力すると、「not oppressed（虐げられてはいない）」という予測が表示された。「Hitler is（ヒトラーは）」という入力に対しては、「my hero（私のヒーロー）」や「god（神）」というアルゴリズム予測が表示され、「white supremacy（白人至上主義は）」という検索キーワードには「good（善）」という予測が表示された。

これらの憎悪に満ちた予測について非難されたグーグルは、ただちにこれらの予測を削除した。性的に露骨な検索予測、憎悪に満ちた検索予測、暴力的で危険な検索予測は、今やグーグルによって日常的に管理されている。憎悪に満ちた検索結果から人々を守るためのグーグルのポリシーは、「人種や民族的出自、宗教、障害、年齢、国籍、兵役経験の有無、性的指向、ジェンダー、ジェンダー・アイデンティティ、または組織的な差別や疎外に関連するその他の特性」をカバーしている。[15]

＊5　ツイッターは二〇二〇年にも、「トランスフォービック（トランスジェンダー嫌悪）」、「アンチゲイ」、「白人至上主義者」などのキーワードに関心を持つユーザーに広告をターゲティングすることを許可したことにより炎上した。次を参照されたい。J. Tidy, 'Twitter Apologises for Letting Ads Target Neo-Nazis and Bigots', BBC News, 16 January 2020.

Google

queers are（クィアは）

queers are **doing to the soil** 〔The Dead Milkmen の曲 Stuart の一節より〕
queers are **just better** （クィアはとにかく優秀だ）
queers are **an abomination** （クィアは忌まわしきことだ）
queers are **steers** （クィアは去勢雄牛だ）
the queers are **here** （クィアがここにいる）
how many queers are **in the world** （世界中のクィアの数は）
rabbits are queers （ウサギはクィアだ）
steers and queers are **from texas** （去勢雄牛とクィアはテキサスからやって来る）
firefighters are queers （消防士はクィアだ）

図12　2019年３月時点の私のアカウント設定と位置情報に基づくグーグルのオートコンプリートによる「queers are（クィアは）」に対する検索キーワード予測。

最初の修正が実施されてから三年経った時点で、私はグーグルのシステムをテストしてみた。「are Jews」という検索キーワードを入力すると、「an ethnic group（民族）」、「European（ヨーロッパ人）」、「baptised（洗礼を受けた）」、「allowed to eat pork（豚肉を食べることが許されている）」などといった予測が表示され、私が判断した限りでは、憎悪に関するものはなかった。前述した他の例についても同様で、「blacks are」については、予測キーワードが何も表示されなかった。だが、グーグルのシステムは完璧ではない。通常の記述から外れた用語や、グーグルのポリシーで明確にカバーされていない集団について検索すると、一部の人にとって不快な予測が表示される。

私が「queers are（クィアは）」と入力したとき、グーグルの検索キーワード予測は、一○個のキーワード候補のうちの一つに、「an abomination（忌まわしきこと）」を挙げた（図12参照）。なかでも、「goths are（ゴスは）」については、「weird（奇妙）」、「annoying（迷惑）」、

「losers（負け組）」、「evil（邪悪）」、「attention seekers（目立ちたがり屋）」、「not attractive（魅力に欠ける）」という候補が表示された。同様に、「gingers are（赤毛は）」についての検索キーワード候補は、「creepy（気色悪い）」、「mutants（突然変異体）」、「going extinct（絶滅寸前）」、「adopted（養子に出された者）」、「dying（死にかけ）」だった。一〇〇〇億ドルを超える企業である同社は、人々がサイト上で行なう何十億もの検索によってアルゴリズムが日々形作られるなか、すべての予測を取り締まることはできないと主張している。

　グーグル翻訳のアルゴリズムも同様のバイアスを抱えている。二〇一八年末の修正前、[16] グーグルの翻訳アルゴリズムは、性の区別のない代名詞を持つ言語からの翻訳を行なう際に、性別にステレオタイプ的な役割を関連付けた結果を表示していた。[17] 私が「hän on lääkäri」（フィンランド語で「彼女／彼は医者だ」の意味）という文を英訳させてみたときには、「he is a doctor（彼は医師だ）」という結果が表示され、「hän on sairaanhoitaja」（フィンランド語で「彼／彼女は看護師だ」の意味）と入力すると、「she is a nurse（彼女は看護師だ）」という結果が表示された。[*6] 同社は、そのような見解を支持しているものではなく、平等と多様性を受け入れていると表明している。

　プリンストン大学のアイリン・カリスカンらは、人々がウェブページに掲載するコンテンツ、すなわちグーグルがアルゴリズムに情報として伝えるコンテンツが、実際に人々の抱えているバイアスを反映しているのかどうかを検証してみることにした。そして、何十億ものウェブページにおいて、性別や人種などの個人の特徴が、心地よい言葉や不快な言葉とどのくらいの頻度で共存しているかを調べることにより、潜在連合テスト（ＩＡＴ）（第３章参照）の結果をインターネット上で再現したのだった。[18] そ

＊6　二〇一八年末、グーグルは翻訳アルゴリズムからバイアスを根絶するための措置を取った。ここで紹介した例を使ってフィンランド語から英語への翻訳を行なうと、今では男性形と女性形で結果が示される。

の結果、ＩＡＴのスコアによりアフリカ系米国人より白人系米国人を自動的に強く好むことが示唆された人たちによって示された関連性が、オンラインデータの分析でも見られた。すなわち、白人系米国人に多い名前は、オンライン上で心地よい言葉と共起される可能性が高く、アフリカ系米国人に多い名前は、不快な言葉と共起される可能性が高かったのだ。「ブレット」、「マシュー」、「アン」、「ジル」などの名前は、「素晴らしい」、「友人」、「平和」、「幸福」などの言葉と関連づけられる可能性が高く、「リロイ」、「タイロン」、「ラトーヤ」、「タミカ」などの名前は、「ひどい」、「意地悪」、「邪悪」、「失敗」などの言葉と関連づけられる可能性が高かった。これは、グーグルのＡＩがこれらの偏見を学習し繰り返している方法について重大な意味を持つものではあるが、ここでもそれは、テクノロジーそのものについてというよりも、人間に備わる潜在的な偏見について多くを物語っていると言えるだろう。

ヘイトスピーチはどれぐらいネットで蔓延しているか

私たちがオンラインで投稿したり検索したりすることが、偏見に満ちた結果を生み出すアルゴリズムの形成に重要な役割を果たしているのだとしたら、それはインターネットに憎悪が蔓延していることを意味するのだろうか。研究では、二〇一三年という早い時点で、多くの若者がネットにおけるヘイトスピーチを目撃していたことが示されている。[19] 米国、英国、ドイツ、フィンランドの一五歳から三〇歳までの若者を対象とした大規模な調査によると、平均して四三％のユーザーがネット上で憎悪表現に遭遇したことがあるという。米国では半数強、英国の調査では三九％がヘイトスピーチに遭遇したと答えていた。

憎悪表現の大部分は、フェイスブック、ツイッター、ユーチューブなどのソーシャルメディア上で遭遇したものだった。個人的に標的にされたことがあると答えた回答者の割合はそれよりも低く、一一％

前後だった。[*7]その内訳は米国が最も高く（一六％）、次いで英国（一二％）、フィンランド（一〇％）、ドイツ（四％）と続いた。[20]同様に、憎悪に満ちた内容を投稿した率も、この調査サンプルでは高くなかった。そうしたと認めた割合は米国の回答者に最も多く（四・一％）、次いでフィンランド（四・〇％）、英国（三・四％）、ドイツ（〇・九％）だった。憎悪に満ちた内容を投稿する傾向が最も高かったのは、一人暮らしの若い男性で、ネットの世界と密接につながっている者たちだった。[21]

おそらく最も気がかりなのは、若者がオンライン上の憎悪行為にさらされていることだろう。英国の通信規制機関である「オフコム」が二〇一九年に実施した調査によると、一二歳から一五歳の子供たちの半数が、オンライン上で憎悪に満ちたコンテンツに遭遇したと報告しており、これは二〇一六年の三四％から増加している。また、憎悪に満ちたコンテンツを「よく見かける」と答えたのは、女子よりも男子の方が多かった（女子は四％、男子は九％）。[22]二〇一六年と二〇一九年の間にオンライン上における憎悪コンテンツへの接触が増加したのは、この期間の後半に発生したトリガーイベントの数を反映している可能性がある。これまで見てきたように、ヘイトクライムやヘイトスピーチは、テロ事件や物議を醸している選挙といった特定の出来事の直後に劇的に増加する傾向がある。このような出来事は、個人がインターネット上で憎悪に満ちたレトリックを広める動機にもなるのだ。

機械を訓練して憎悪行為を数えさせる

トリガーイベントがオンライン上の憎悪行為の引き金になる証拠を集めるには、追加のデータソース

＊7　この調査のサンプルは、保護特性を持つ人々を特に対象としたわけではなかった（保護特性とは、差別禁止法諸法により保護されている特性のことで、具体的には、障害、年齢、婚姻、シビル・パートナーシップ、妊娠出産、性適合、宗教信条、人種、性別、性的指向を指す）。

が必要だ。警察のデータは報告や記録の問題により完全性に欠け、調査でデータを集めてもせいぜい年に一回しか行なわれないので頻度が低すぎる。必要なのは、出来事が展開するリズムが記録できるくらいの短さに区切られた間隔において、ソーシャルメディア上で発信されるヘイトスピーチを、すべてとは言わないまでもかなりの割合で捉えるデータだ。このようなデータを得るには、従来のやり方から離れて、インターネットそのものに目を向ける必要がある。

私がカーディフ大学で運営している「ヘイトラボ（HateLab）」は、ソーシャルメディアにおける憎悪の生成と拡散を検証している。ヘイトスピーチと犯罪に関する警察や調査のデータとは対照的に、私たちのデータは、ソーシャルメディア上でリアルタイムに発生する憎悪を直接観察して得られたものだ。つまり、機械学習を通して開発されたアルゴリズムを用いて、行為中の加害者をモニターするのである。いわば機械にヘイトスピーチを認識するように教えることによって、大規模かつ高速にヘイトスピーチを認識させているのだ（一分間に何百万ものソーシャルメディアの投稿を憎悪に満ちたものかどうか振り分けさせている）。

ネット上で憎悪行為を見つける機械を作成する基本的なプロセスは、人間が注釈をつけられるように、ソーシャルメディア投稿を大量に収集してコーパス〔テキストなどを大量に集めてデータベース化した言語資料〕を作成することから始まる。次に、四人の人間が同じ投稿を読んで、それが憎悪に満ちたものかどうかを判断する。この四人は、一般の人でも特定の憎しみの形態（人種差別、トランスジェンダー嫌悪、障害者差別など）の専門家でも構わない。四人のうち三人以上が憎悪と判定した投稿は、訓練用のデータセットに入れられる。このデータセットは、人間がデータに注釈を付けるときの判断を模倣するように機械を訓練するための究極的な判断基準になる。

そのあと、このデータセットを使って様々なアルゴリズムを実行させる。これらのアルゴリズムには、グーグル、フェイスブック、ツイッター、マイクロソフトで使われている様々なディープラーニングも含まれる。しかし、それらとは異なり、ヘイトラボのアルゴリズムは外部から遮断された作業場で開発されているため、いたずら好きなインターネットユーザーから送られてくる新たなデータに操られることはない。最も正確な結果をもたらすアルゴリズムを決定したら、そのアルゴリズムをソーシャルメディアのライブデータストリームで実行させる。

この方法をとっても、憎悪を完璧に測定することはできない。なぜなら、ヘイトラボが使用している機械学習アルゴリズムは、人間の判断に近似したものにすぎないからだ。ヘイトラボの最も性能の高いアルゴリズムは約九〇％の確率で正しい結果を出せるが、中には性能の低いもの（七五％という低いレベル）もある。また、人間の判断は誤ることがあるため、機械学習に使用するデータにも誤りがないわけではない。だが、私たちは複数の判断を用いることで、この誤りを最小限に抑えるように努めている。こうした限界はあるものの、この方法は、オンラインの現象を測定するプロセスとして科学コミュニティで承認されており、直接観察を通してオンライン上の憎悪行為の生成状況を見ることができる初めての手段となっている。

ヘイトラボの研究者たちは、このヘイトスピーチ検出アルゴリズムを用いて、二〇一三年にロンドンで起きたテロ事件に対するツイッターの反応を初めて測定した。この事件は、英国陸軍のフュージリアー連隊に所属していたリー・リグビー兵士が、ウーリッジにある王立砲兵隊兵舎の外でイスラム過激派のナイジェリア系英国人男性二人に白昼惨殺されたものである。図13は、この反応を時系列・地理・テキストに基づいて視覚化したものだ。英国とロンドンの地図には、この攻撃に関してツイートが投稿された場所が示されており、マンチェスター（リグビー家の所在地）、ミッドランズ、サウスウェールズ、イングランドの西部と東部、およびウーリッジにクラスターが出現している。

ツイートのテキストコンテンツは、投稿された全ツイートの中で最も頻繁に使用された単語を出現頻度によって大きさを変えて表示するツール「ワードクラウド」で表される。図14は、テロ発生後にツイ

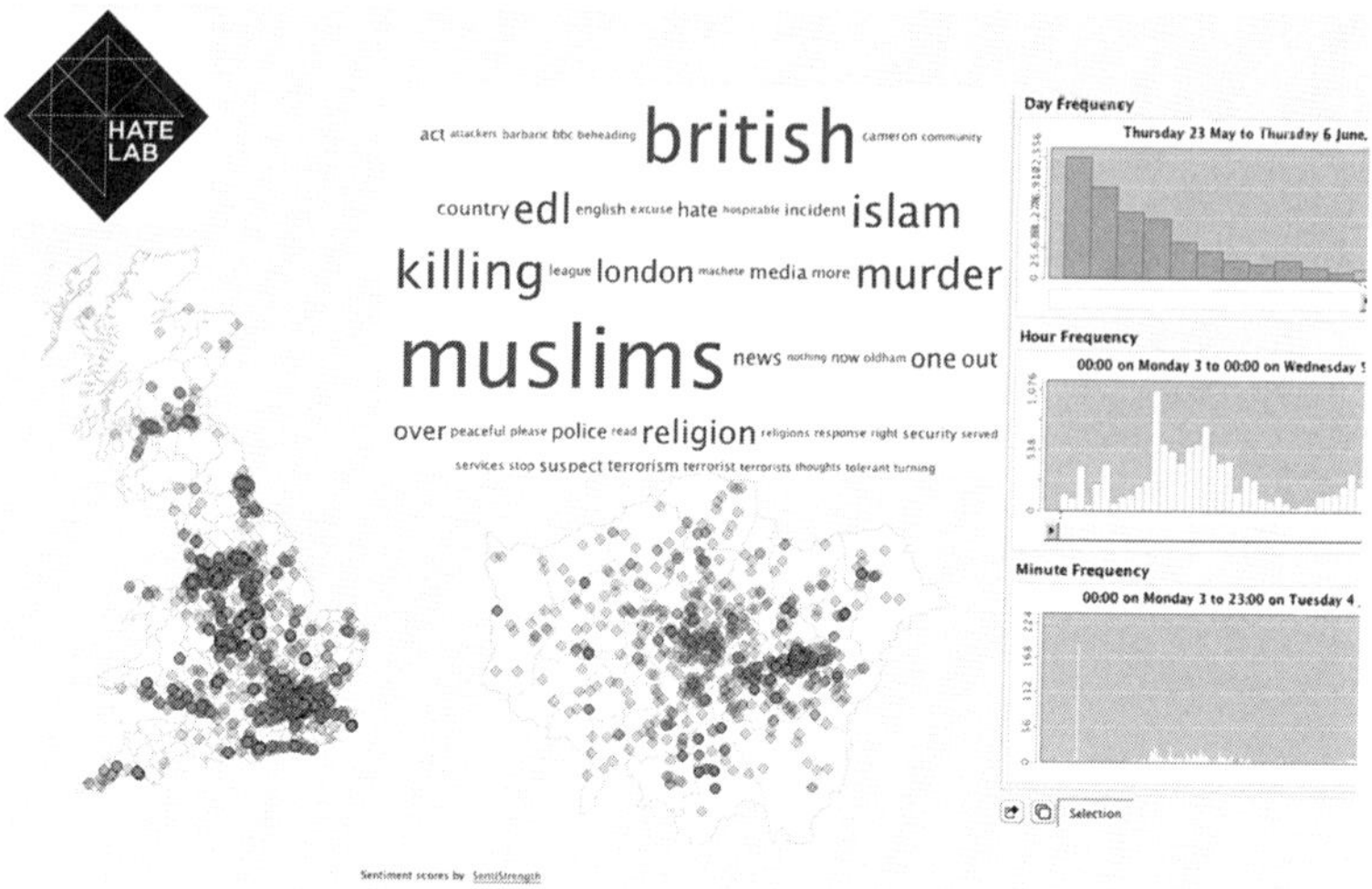

図13　2013年に発生したウーリッジ・テロ事件時の英国全域におけるツイッターの反応。

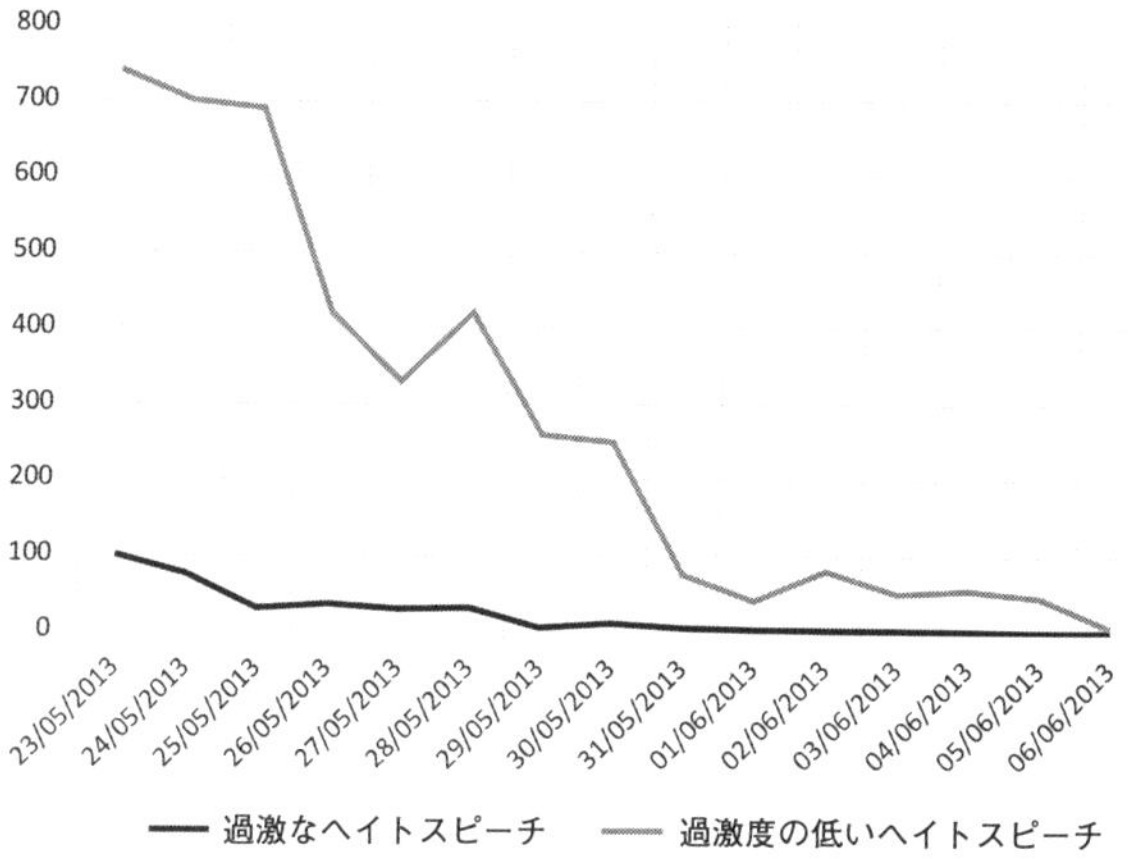

図14　2013年５月22日に発生したウーリッジ・テロ事件後15日間で、英国全域においてツイッター上で発信されたイスラム教徒に対する過激なヘイトスピーチとそれより過激度の低いヘイトスピーチ。

ッターで発信されたイスラム教徒に対するオンライン・ヘイトスピーチのうち過激度の低いものと過激なものの頻度を示している。過激度の低いヘイトスピーチには、人の感情を害する可能性の高い、次のような投稿が含まれていた。「Told you we should't have let them Muslims in. Send them home! #BurntheQuran（言っただろ、イスラム教徒を入れるべきじゃなかったんだ。奴らを送り返せ！ #コーランを燃やせ）」。過激なヘイトスピーチには、同様の内容に加えて、削除や刑事訴追の対象となるような品位を貶める人種的中傷や暴言が含まれていた。

どちらの形態のオンライン・ヘイトスピーチも、テロ事件当日にピークに達したのち、四八時間以内に急速に減少していた。私たちは、この減少化の期間をオンライン上の憎悪行為の「半減期」と呼んでいる。[23] この半減期は、二〇一六年六月のブレグジット投票後に作成・共有されたイスラム教徒に対するオンライン・ヘイトスピーチ（図15参照）や、同年に、ヒトラーが「シオニズムを支持していた」と主張したケン・リヴィングストンが自らの所属政党である労働党から活動停止処分を受けたことに関連して作成・拡散された反ユダヤ主義のヘイトスピーチにも見られた（図16参照）[*8]。いずれのケースでも、ヘイトスピーチは事件発生日またはその直後に急増し、その後急激に減少していた。

テロ事件の場合、ヘイトスピーチの投稿の頻度が急激に増加したり減少したりするのは、トリガーイベントが、加害者と似た特徴を持つ個人に対して抱いている潜在的偏見を抑えたり規制したりする能力を一時的に低下させるからだと説明されている。ヘイトスピーチの投稿は、他のユーザーが同じようなメッセージを投稿することによって（カスケード効果）、また、そのような行為は特定の個人にはほとんど、あるいはまったく影響を与えないという思い込みによって助長される。

＊8　ブリュッセル、オーランド、ニース、ノルマンディー、ベルリン、ケベックで起きた各テロ事件でも、同様のパターンが見られた。

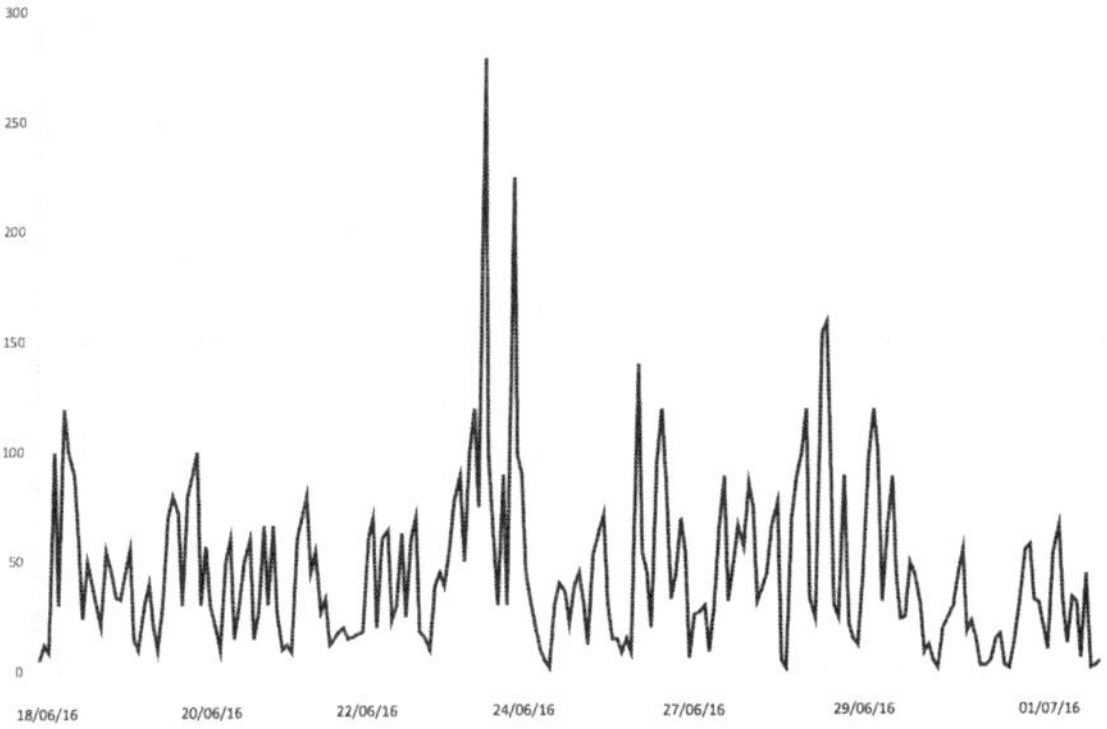

図15　ブレグジット投票（2016年 6 月23日）前後の英国全域においてツイッター上で発信されたイスラム教徒に対するヘイトスピーチ。

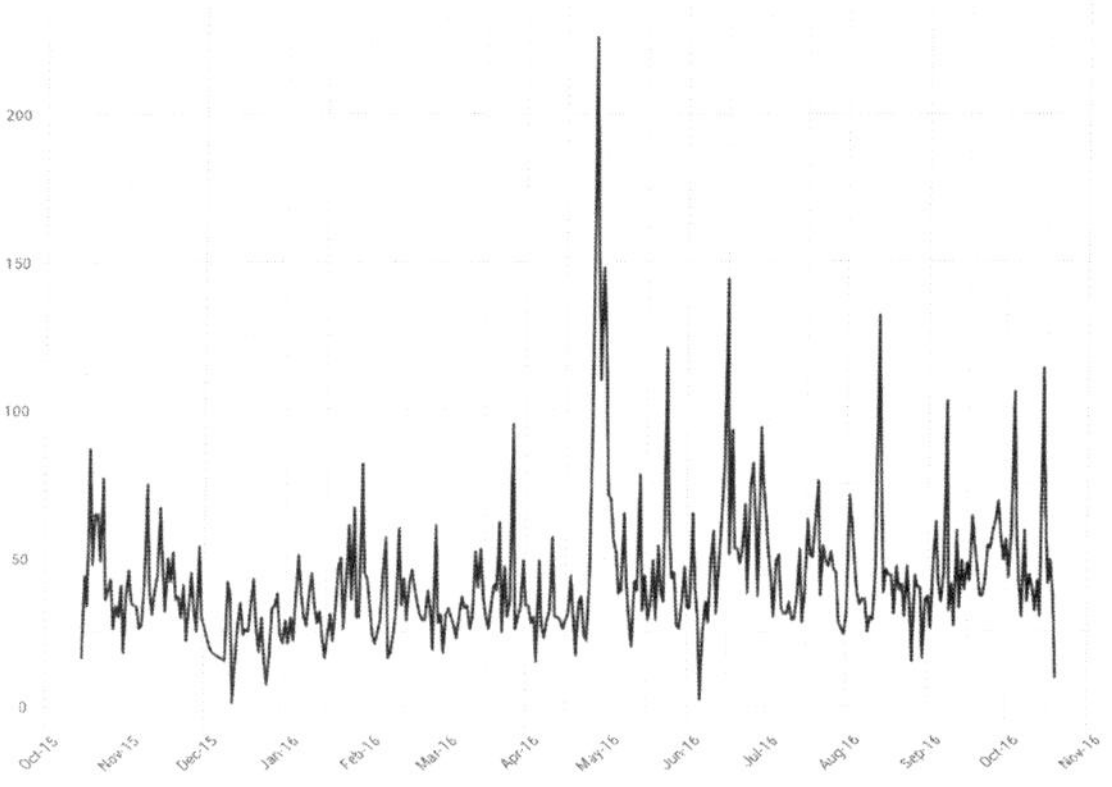

図16　ケン・リヴィングストンの記事が速報された日（2016年 4 月28日）前後に英国全域においてツイッター上で発信された反ユダヤ主義のヘイトスピーチ。

当初、二四時間から四八時間は憎悪に満ちた感情が渦巻くものの、トリガーイベント後数日から数週間経つと、ユーザーは自らの潜在的偏見を規制する能力を取り戻すため、ヘイトスピーチの投稿数は減少する。とはいえ、これらの事件後の数週間から数カ月間は、ヘイトスピーチの生成と伝播が、それ以前の期間より平均して高くなっていることが観察されている。このことは、今や私たちはネットにおけるヘイトスピーチの新たなボトムラインと暮らすようになったことを意味しているのかもしれない。

図17は、二〇一七年を通して全世界でツイッター上に投稿されたイスラム教徒に対するヘイトスピーチの数を示したものだ。[*9] ヘイトスピーチのスパイクは、その年の主要な出来事、特にウェストミンスター、マンチェスター・アリーナ、ロンドン・ブリッジ、フィンズベリー・パークで発生した英国内のテロ事件と一致しているのが見てとれる。ロンドンのパーソンズ・グリーン駅で発生したテロ事件後に見られる一〇月のスパイクは、実際にはアメリカのラスヴェガスで発生した銃乱射事件に関連して生じたものだ。この事件は当初、ＩＳＩＳが銃撃者は自分たちを代表して行動していたと偽の主張をしたこともあって、ツイッター上でイスラム過激派のテロ事件だと推測されていた。

ヘイトラボによる分析の結果、調査したすべてのトリガーイベントについて、ヘイトスピーチが大量にリツイートされたり長期間にわたって存続したりする可能性は、他のあらゆるタイプのオンラインコンテンツのなかで最も低いことが判明し、「半減期」仮説が裏付けられた。トリガーイベント後にヘイトスピーチがリツイートされるとき、それらは、お互いのメッセージを探し求める、同じ考えのコアグループから出てくることが証拠として挙がっている。そうしたツイッターユーザーはフィルターバブルの役割を果たし、著しく攻撃的なヘイトメッセージがメンバー間で反響するものの、彼らを越えて大き

＊9　イスラム教徒に対するヘイトスピーチの過激な投稿と過激度の低い投稿の合計、および元のツイートとリツイートの合計を示す。

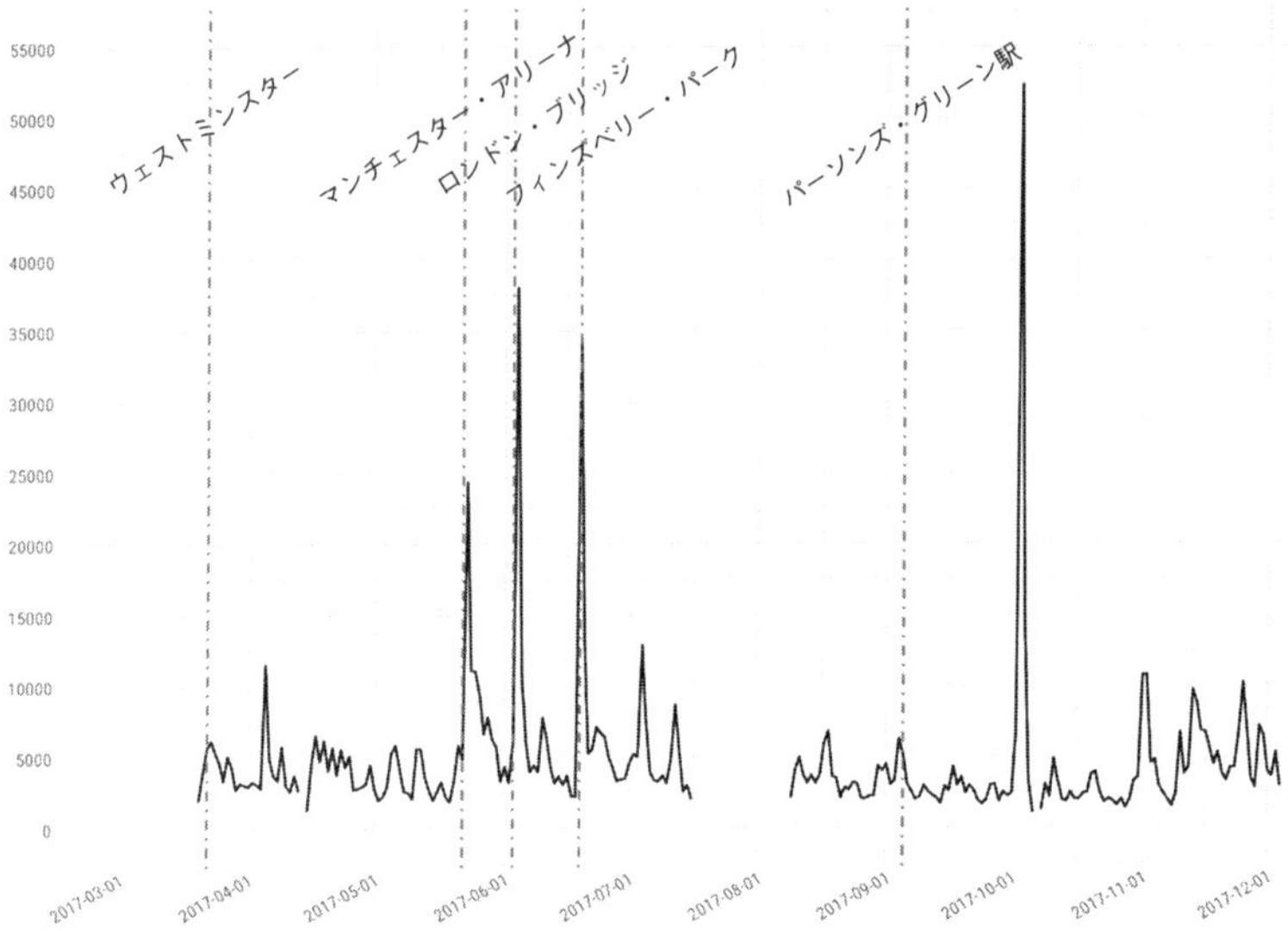

図17　2017年に全世界でツイッターに投稿されたイスラム教徒に対するヘイトスピーチ数（空白はデータ収集が中断された期間）。

く広がることはほとんどない。特にブレグジット投票の際に発生したヘイトスピーチは、その大部分が少数のツイッターアカウントから発信されたことが判明している。イスラム教徒に対するヘイトスピーチの約五〇％は、わずか六％のユーザーによって生み出されており、その多くは調査機関により、政治的な反イスラム主義勢力に分類されていた[24]。

ボットが憎悪を煽る

この六％の一部は、アルゴリズムが生成するボットや偽（フェイク）アカウントと呼ばれるアカウントだった。二〇一八年一〇月、ツイッター社はロシアとイランに関わりのある約四六〇〇のボットや偽アカウントから発信された一〇〇〇万件以上のツイートを公開した。ボットは、様々な理由でコンテンツをリツイートしたり投稿したりするようにプログラムされた自動アカウントだ。一方、偽アカウントは半自動化されている。つまり人間または人間のグループによって日常的にコントロールされており、他のユーザーとのより複雑なやりとりや、起きている出来事に呼応してより適切に調整されたメッセージを発信することができる。ボットや偽アカウントのすべてに問題があるわけではないが（中には有用なコンテンツをリツイートしたり、投稿したりするものもある）、その多くは、選挙前に有権者の選択に影響を与えたり、国家的な行事の後に分断を促すコンテンツを広めたりするなど、より破壊的な目的で作成されている。

ボットは、人間のユーザーのものとは異なる特徴により検出できる場合がある。それらには、ツイートやリツイートの頻度が高い（一日五〇回以上など）、規則的な間隔で活動している（五分ごとなど）、リツイートが中心のコンテンツである、モバイル端末からの活動とデスクトップ端末からの活動の比率が人間のものと違う、多くのユーザーをフォローしているがフォロワーが少ない、ユーザーの詳細情報（写真、プロフィール、所在地など）の記載が一部のみ、または未記載である、などといったことが含まれる。偽アカウントは人間が一部管理しているため、それより検出が難しいのだが、登録から六カ月未満のアカウントであることや、インターネット上の他の場所に掲載されていて明らかにそのアカウントのものではないプロフィール写真が使われていることなどが決め手となる。

カーディフ大学の研究で、二〇一七年に英国で発生したテロ事件の後、ロシアの企業「インターネット・リサーチ・エージェンシー」がスポンサーになっているとされる偽のツイッターアカウントがフェイクニュースを拡散し、外国人排斥メッセージの発信を助長して、集団間の緊張を高めた可能性があることが判明した。マンチェスター・アリーナとロンドン・ブリッジにおけるテロ事件の後には、同じロシアの企業に関連していると思われる偽アカウントから、事件の速報後数分以内に人種差別的なツイートが投稿された。ウェストミンスターのテロ事件では、偽物と思われるソーシャルメディア・アカウントから、スカーフを被った女性が犠牲者を無視して通り過ぎたとするフェイクニュースがリツイートされた。このツイートは極右のツイッターアカウントにより「#BanIslam（#イスラム教を禁止せよ）」というハッシュタグが付けられて何千回もリツイートされた。

二〇一七年に英国で発生したテロ事件では、五件すべてにおいて、ロシアの偽アカウントがオンラインで反応し、五〇〇件近いオリジナルメッセージが一五万回以上リツイートされていた[25]。これらのアカウントが用いた主な戦術は、有名人やオルタナ右翼のアカウントを巻き込み、反応があった場合にメッセージの注目度を高めようとするものだった。これらの偽アカウントが突き付けるさらなる課題として、カウンタースピーチ〔ツイッター社では「事実を示して間違いや誤解を正したり、偽善的な行為や矛盾点を指摘したり、オフラインやオンラインでの影響を警告したり、不愉快な発言や危険な発言を非難したりするほか、相手の意見を変えたり、感情を和らげたりするのに役立つ発言」（https://help.twitter.com/ja/rules-and-policies/enforcement-philosophy）と定義している〕や従来の取り締まり活動の影響を受けにくいことがある。そのため、このようなアカウントをできるだけ早期に検出して削除し、分裂をもたらす憎悪に満ちたコンテンツの生産と拡散を食い止めるのは、ソーシャルメディア企業の努力にかかっている。

棒きれと石〔「棒や石は骨を折るかもしれないが、言葉は少しも傷つけない」という格言より〕

オンラインのやりとりに備わる「バーチャル」な性質、つまり匿名性および被害者と加害者の距離が非常に離れていることにより行動に結果が伴わないように見えるという性質を考慮すると、ヘイトスピーチは些細な問題にすぎないという主張に遭遇するのも意外なことではない。実際、右翼的な考え方を支持する人たちの中には、オンライン上のヘイトスピーチは現実の世界におけるヘイトクライムほど深刻ではないと主張する人がいる。しかし、このような主張は、ネット上の加害者予備軍に対し、被害者や自分に害が及ばないという理由で個人を攻撃する権利を与えるのに等しい。

オフラインのヘイトスピーチについて行なわれた研究では、ヘイトスピーチの被害者は、物理的な犯罪の被害者に生じる反応に似たパターンのトラウマを被ることが示されている。より極端なケースでは、ヘイトスピーチの短期的・長期的な影響は、強盗、家庭内暴力、暴行、強盗による影響と似たような形で現れるという。[26] ヘイトスピーチによる被害が極端なものになる理由は、その人のコア・アイデンティティ〔自己アイデンティティの原点となる中核的な自己認識〕を標的にするからだ。アイデンティティの基盤となっているものを理由に中傷されたり、人間以下にみなされたりすると、感情、態度、行動にネガティブな変化が生じかねない。被害者がうつ病や不安を抱えていたり、支援者がいなかったりするためにすでに弱い立場にある場合や、背景に恐怖や抑圧、脅迫の土壌があるためにトラウマが導かれるような場合には、そのような影響がさらに大きくなる。数日間の短期的な影響としては、ショック、怒り、孤立感、恨み、狼狽《ろうばい》、羞恥心などの感情を抱くようになり、数カ月から数年続く長期的な影響には、自尊心の低下、ヘイトスピーチを行なった集団に対する防御的な態度や偏見の形成、アイデンティティの隠蔽、違いに対する意識の高まりなどがある。また、ヘイトスピーチの攻撃を思い出すことは、自己評価におけるストレスレベルの上昇や、LGBTQ+の被害者におけるストレスホルモンのコルチゾール増加と関連づけられている。[27]

迫害の形態に関わりなく、オンラインのヘイトスピーチによる感情的な影響は、標的となった人々や彼らが属するコミュニティによってオフラインの世界でも感じられている。当然のことながら、その影響を最も強く被っているのは、オンライン上の被害に対処するための認知手段を持たない人々、つまり若者たちだ。英国で行なわれた一三歳から一八歳までの一五〇〇人以上の若者を対象とした調査によると、ネット上の憎悪行為に遭遇した若者は、怒り、悲しみ、ショックを感じたと報告している。そしてそのうちの四分の三にもあたる若者が、メッセージの投稿回数を減らしたり、ソーシャルメディアを完全に避けたりすることによって、オンラインでの行動を変えたと答えている。[28] 米国とフィンランドで行なわれた別の調査では、ネット上の憎悪表現にさらされた頻度が高かった回答者は自らの生活に満足していないことが示された[29]。私が様々な調査プロジェクトを通して取材したＬＧＢＴＱ＋の若者たちは、メンタルヘルスの問題、孤立感、身体的安全性についての不安を抱え、影響がパートナーや子供たちにまで及んで、ときには破局や仕事の中断をもたらしたと答えている。

オンライン・ヘイトスピーチはなぜ辛いのか

これらの証拠を総合すると、オンライン上のヘイトスピーチは、いくつかの独特な要因により、物理的な行為より深刻な被害をもたらす可能性がある。具体的には、インターネットの匿名性により、加害者はより多くのヘイトスピーチを行ないかねず、その内容は自己抑制する必要がないため、より深刻になる。また、インターネットは時間的・地理的な制限がないため、憎悪行為は四六時中続く現象になる。多くの人々、特に若い人々にとって、オンラインで他者とコミュニケーションをとることは日常生活の一部となっており、たとえ憎しみの対象になったとしても、コンピューターや携帯電話の電源を切るという選択肢はない。こうして、オンライン・ヘイトスピーチは、伝統的に安全な場所だった家庭の中にまで狡猾に入り込み、断ち切るのが困難な被害の連鎖を生み出す。

ヘイトスピーチによって心の傷を負ったと主張する人は、言語に物理的な行為に匹敵する力があるとみなしている。オンライン・ヘイトスピーチには、実際の影響をもたらす力のある発語や文字による行為、すなわち「発語内の力」があると言われている[30]。発語内の力を持つ言葉の例としては、牧師による「ここに、二人が夫婦であることを宣言します」という言葉や、警察官による「重傷害の容疑で逮捕する」という言葉、裁判官による「当法廷は被告に殺人罪を宣告する」という言葉などがある。これらの言葉には大きな重みがあり、ヘイトスピーチの中には、それらと同様の力により非常に深刻な結果をもたらすものがあるのだ。私は、何千ものソーシャルメディアの投稿を詳細に調べた結果、オンライン上のヘイトスピーチの発語内の力は、次の五つの方法で生み出されることを見出した。

（1）「規則違反を思い起こさせる」。たとえば、同性愛者の男性カップルがキスしている写真を載せたツイートは、同性愛関係を犯罪としている国の法律を利用したヘイトスピーチを引き起こす可能性がある。

（2）被害者に「恥の念を抱かせようとする」。たとえば、（1）と同じツイートが、被害者の両親や祖父母の視点を恥の手段として利用するヘイトスピーチ（「あなたのお母さんやおばあちゃんが、このおぞましい画像を見たらどう思うだろうか！」など）を生む動機となる。

（3）被害者に「恐怖心を抱かせようとする」。たとえば、脅迫や威嚇を行なう。

（4）被害者の「人間性を奪おうとする」。たとえば、個人やグループを虫けらや害獣、サルなどに例える。

（5）被害者や被害者が所属する集団に関わる「偽情報を広めようとする」。たとえば、過去の出来事（ホロコーストなど）や宗教上の行事（ラマダンなど）に関連する陰謀論や虚偽の情報を作り出す。

オンライン・ヘイトスピーチの発語内の力の五つの形態は相互に排他的なものではなく、投稿者は意図した被害者を傷つけるために様々な戦術を組み合わせて用いることがある。またヘイトスピーチは、次の「取り込み」、「文脈」、「威力」という条件が満たされると、狙い通りのネガティブな結果をもたらす可能性が高くなる。

（i）被害者による投稿の「取り込み」は、被害者が自らのアイデンティティのために標的にされていることを認識して初めて達成される。そして取り込みが達成されて初めて、被害者はその行為をヘイトスピーチとして認識する。取り込みが失敗する状況や、ヘイトスピーチが不発に終わる場合もある。たとえば、文化的または時間的な要因により、被害者にとって馴染みのない中傷が使用されたような場合が、それに当たる。このような状況では、ヘイトスピーチの加害者が著しく侮蔑的な投稿を送った罪に問われる可能性はあっても、加害者が意図した被害者に対する影響は、少なくとも当面は無視できるほど小さい。

(ii) ヘイトスピーチを助長する「文脈」は、日常的に個人の特徴が標的にされるといった恐怖、威嚇、抑圧の文化のもとで被害者が暮らしており、彼らを保護する法律がないか、あっても最小限でしかないという状況だ。米国やロシアの一部、およびその他多くの国に存在するこのような状況のもとでは、ヘイトスピーチがもたらす痛みが増幅される。その理由は単に保護手段がないという事実にあり、迫害はより頻繁でより過激なものになる（加害者が罪に問われないため）。

(iii) オフラインでもオンラインでも、ヘイトスピーチの標的となった被害者が、加害者は自分より社会的に優位な立場の人間であると感じとると、加害者の「力」が被害者の力を上回るようになる。このような状況では、被害者は支配されていると感じる可能性が高い。この力の差がもたらすさらなる脆弱性のために、被害者はヘイトスピーチの痛みをより強く感じてしまう。これは、不平等な立場の関係において生じる屈辱の場合には特に当てはまり、屈辱を与える側は被害者を支配して、被害者のアイデンティティを損なう。

このようなインパクトは、オンライン上の直接的なヘイトスピーチが、オフラインにおけるヘイトクライムの延長線上や前兆として経験される場合には、さらに大きくなる。[31] ヘイトクライムは常に単独の出来事というわけではなく、被害者の中にはそれを、オンラインのヘイトスピーチからオフラインのヘイトスピーチ、そして場合によっては対面での脅迫や身体的暴力までに至る、長い期間の間に生じた様々な出来事のプロセスとして経験する人もいる。[32] したがってヘイトクライムは、ソーシャルメディアなどの新しい技術を利用してオンライン環境で機能するように「再構築」されるものであると考えることができる。一部の人にとっては、これはオフラインに移行する可能性のある、より長期的な被害のプロセスの始まりであり、また他の一部の人にとっては、オンライン上に留まる単発の出来事となる。

法律はそれを阻止できるか

二〇一二年三月一七日、ホワイト・ハート・レーンで、英国のサッカーチーム、ボルトン・ワンダラーズとトッテナム・ホットスパーがFAカップの準々決勝を戦っていた。あと五分で前半終了というとき、ボルトンのMFファブリス・ムアンバが突然ピッチに倒れた。救急隊員がムアンバを仰向けにするのに苦労していると、試合を観戦していた心臓専門医がピッチに駆けつけて支援の手を差し伸べた。そして、ムアンバは心停止状態に陥っていることが判明した〔ムアンバは蘇生処置のおかげで一命をとりとめることができた〕。

試合は中止になり、ソーシャルメディアはスポーツファンの投稿であふれかえった。それまで試合を観戦していた、ウェールズ、スウォンジー大学生物学部最終学年の学生リアム・ステイシーは、スマホのツイッターアプリを起動して「(笑) くそったれムアンバ。死んだぞ!!!」とツイートした。

ツイッターユーザーたちは、すぐに彼の侮蔑的なコメントを非難した。ムアンバに対するステイシーの発言自体は、罪に問われるほどの憎悪とは言えなかったが、彼がツイッターユーザーに対してとった反応は、著しく人種差別的なものになっていった。ステイシーは、自分を批判する人たちを「ウォグ」〔有色人種を意味する蔑称〕と呼び、一人に対しては「綿を摘みに行け」と暴言を吐いた。

一般市民からの複数の通報が警察に寄せられ、ステイシーはその後逮捕・起訴された。裁判官は法廷で判決を下す前に、ステイシーの投稿には人種差別的で事態を悪化させる性質があったこと、ソーシャルメディアやニュースによってその影響が拡大したこと、そして結果的に世間の大きな怒りを招いたことを強調した。ステイシーは、「一九八六年公共秩序法」に基づいて起訴され、五六日間の禁錮刑を言い渡された。これは、ソーシャルメディアユーザーがオンラインのヘイトクライムで起訴されて有罪となった英国初のケースの一つだった。

ネットに蔓延するヘイトスピーチが極めて悪質な社会問題になったことを受けて、欧州評議会や国連などの国際機関は、各国政府にその対策法を提案した。(33) その結果、この問題に前向きな国の政府は、特定の形態のオンラインコンテンツを犯罪とする国内法を導入した。本書執筆の時点で世界三二カ国が「サイバー犯罪に関する条約」の「追加議定書」に署名し、批准・施行している。この追加議定書は、オンラインにおいて人種主義や外国人排斥を扇動することを禁止するものだ。しかし、ビッグプレイヤーのいくつかの国は署名を拒否した。米国は、元々の条約には署名したものの、オンライン上のヘイトスピーチに関する追加議定書については、合衆国憲法に盛り込まれている言論の自由の保護に反するという理由で署名を拒否した。追加議定書に署名しなかった元々の条約加盟国には、オーストラリア、イスラエル、日本も含まれている(34)〔日本は二〇二一年に採択された第二追加議定書には署名している〕。

英国では、ヘイトスピーチに関する法的な規制はない。だが、第2章で見てきたように、ヘイトクライムやヘイトスピーチを取り締まる法的措置は多々あり、それらの法的措置は、誰が保護され誰が保護されていないかを定義することから始まる。人種と宗教には特定の犯罪カテゴリーがあるが、性的指向、トランスジェンダー・アイデンティティ、障害についてはは存在しない。ただし、これらのカテゴリーに対する敵意が証明された場合、裁判所は犯罪者の刑期を延長することができる。敵意に基づく犯罪に加えて、人種、宗教、性的指向に対する憎悪を引き起こしたり煽り立てたりすることに対する法的措置もある。憎悪行為を引き起こしたり煽り立てたりする行為で罪を問うには、それがただ単に意見を述べたり相手を侮辱したりすることを超える行為でなければならない。また、性的指向や宗教に基づくヘイトクライムを犯罪とみなす場合には、それに脅迫的な要素が含まれていることが必要だ。

英国では、特定のヘイトクライム法以外にも、ヘイトスピーチを二つの「通信法」によって規制している。これらの法律では、著しく侮辱的、下品、卑猥《ひわい》、脅迫的、虚偽、嫌がらせであると認められるソーシャルメディア上の投稿を犯罪とみなしている。何が著しく侮辱的であるかを検察官が検討する際には、言論の自由を守るために、高い閾値が使用される。そのため、ヘイトスピーチを犯罪と認めさせるには、それが単に衝撃的だったり不快だったりする以上のものであることが必要だ。

リアム・ステイシーが有罪判決を受けて以来、ソーシャルメディアが関与したオンラインのヘイトスピーチに関する裁判がいくつか行なわれてきたが、ネット上にあふれる憎悪行為の量を考えると、その数は推定をはるかに下回る。二〇一三年、フェミニスト運動家でジャーナリストのキャロライン・クリアド＝ペレスが、新五ポンド紙幣の肖像がエリザベス・フライからウィンストン・チャーチルに置き換わることで英国紙幣から女性の肖像がなくなってしまうことに抗議する運動を始めた。この運動は功を奏し、イングランド銀行は、二〇一七年に発行される新一〇ポンド紙幣にジェイン・オースティンの肖像を掲載すると発表した。しかし、この発表を受けて、クリアド＝ペレスはソーシャルメディア上で憎悪に満ちたコメントや性暴力の脅迫に見舞われるようになる。ジョン・ニモとイザベラ・ソーリーが送った殺害やレイプの予告ツイートにより、クリアド＝ペレスは自宅に非常ボタンを設置しなければならなくなった。この二人は、脅迫的なツイートを送った罪を認め、クリアド＝ペレスに罵倒的なメッセージを送った八六の個々のツイッターアカウントのユーザーの一人であったことも認めた。裁判官は判決を下す前に、脅迫行為が極端な性質のものであったことと、被害者に与えた損害が甚大であったことを強調した。脅迫行為を行なったことに対して、ソーリーは一二週間、ニモは八週間の禁錮刑を言い渡された。さらに二〇一七年、ニモはルチアナ・バーガー議員（当時）に脅迫的な人種差別に基づくツイートを送った罪で、二年三カ月の刑期を言い渡されている。彼が送ったあるツイートには、ナイフの写真に「ジョー・コックスと同じ目に遭うぞ」という文章が添えられており、別のツイートでは、バーガー議員を「ユダヤ人のクズ」と呼んで、「あなたの友人のナチスより」と署名されていた。彼の犯行は人種差別に基づくものとして刑が加重され、刑期が五〇％延長された。

最近では、二〇一八年にイギリス独立党のメンバーであるマーク・ミーチャンが、「Seig Heil（ジーク・ハイル）」と「Gas the Jews（ユダヤ人をガス室に送れ）」というコマンド〔指示をするときの合図〕に合わせてナチス式敬礼をするように訓練したガールフレンドの犬の動画をユーチューブにアップロードし、著しく侮辱的な内容を投稿したかどで通信法により有罪となって、八〇〇ポンドの罰金を科された。この動画は、ユーチューブ上で三〇〇万回以上も再生された。ミーチャンは自らの行動を「ガールフレンドを困らせることと、自分のユーチューブチャンネルに登録している人に見てもらうことを目的とした単なるジョークだった」と弁解し、不快感を与えたことを謝罪した。州裁判所長官は、この動画は、犬がナチスのコマンドや反ユダヤ主義的なスピーチに反応するところを見せただけでなく、犬がニュルンベルクのナチ党党大会の映像と〔音楽にあわせて〕点滅するヒトラーの画像を見ているところも映していたと言明している。ミーチャンは、ホロコーストを動画のテーマとして意図的に使用することで、言論の自由の限度を超えた重大な罪を犯したものと判断された。ミーチャンは、裁判所が動画の文脈としてみなしたものは、自分の意図に反しているとして控訴したが、彼の控訴は認めるに足りる要因がないとして棄却された。

一方、罪に問えなかった例もある。二〇一二年、ポート・タルボット・タウンＦＣに所属するサッカー選手、ダニエル・トーマスは、オリンピックの飛び込み選手だったトム・デイリーとピーター・ウォーターフィールドに関する反同性愛者ツイートを投稿した。「デイリーとウォーターフィールドにとって、四位に終わったことのせめてもの慰めは、これでさっさと尻の掘り合いに行けることだろう #TeamHIV」。このツイートは、ツイッターのメンション機能（@ツイート）を使ってデイリーやウォーターフィールドに直接送られたものではなかったため、一般ユーザーに向けられたものだったことは明らかだ。トーマスは逮捕・起訴されたが、不起訴処分になった。検察庁長官（DPP）は、デイリーとウォーターフィールドと協議を行なった末、このツイートは著しく侮蔑的なものとは言えず、デイリーとウォーターフィールドに届くことを意図したものでもなく、運動の一環でもなかったと判断した。したがって、このツイートは刑事訴追の閾値には達していないとみなされたのだった。さらにトーマスはすぐにメッセージを削除し、不快感を与えたことへの反省も示していた。DPPは、ソーシャルメディアへの単に侮辱的な投稿は刑事訴追の対象にこそならないものの、ソーシャルメディアのプラットフォーム側によるものを含めた、収監には至らない代替の制裁を受ける可能性はあると結論づけた。

このツイートが投稿された時点では、トム・デイリーはゲイであることを公表していなかったため、報道で注目されることを考慮して、提訴に踏み切らなかった可能性がある。もし提訴していたら、このケースはおそらく進展していたことだろう。地方の一スポーツ選手であるトーマスは信念に基づいて言論の自由を行使していたわけではない。彼の言葉は、デイリーとウォーターフィールド両選手に対して、そしてさらにはより広いLGBTQ＋のコミュニティに対して、著しいものではないとしても不快感を与えることを意図したものだった。ハッシュタグ「#TeamHIV」は、この投稿の真意を露呈している。

このようなケースは、オンライン上で最も弱い立場にある人々を保護するために法律が機能しているかどうかという問題を提起する。英国法律委員会が二〇一八年二月に開始した、オンライン上の虐待や侮蔑的なコミュニケーションを調べるスコーピングレビュー〔既存の状況を網羅的に調べて、抜け落ち箇所を特定すること〕では、法律の妥当性が検証され、その結果、オンライン上のヘイトスピーチのほとんどが、検察や裁判所から訴えられないままになっていることが判明した。とりわけ、ヘイトスピーチの中でも広く蔓延しているジェンダーに基づくオンライン上の罵倒は、法律による規定がないために、脅迫を伴うものでなければ措置がとられていなかった。委員会は結論として、法律はオンライン上のヘイトスピーチの性質や被害者への影響を捉えきれていないことを認めた。

ソーシャルメディア企業はそれを阻止できるか

この問いの答えは、端的に言えば「イエス」だが、彼らは強制されない限り、進んでやろうとはしないかもしれない。二〇一六年、欧州委員会、フェイスブック、マイクロソフト、ツイッター、ユーチューブは、EU諸国におけるオンライン上の違法なヘイトスピーチ対策に関する行動規範に署名し、二〇一八年にはインスタグラム、グーグルプラス、スナップチャット、デイリーモーションも加わった[35]。この署名によって、加盟各社は憎悪に満ちた行為を禁止する規則に合意したことになり、二四時間以内に違法なコンテンツを審査して削除するための専門チームの設置を含むメカニズムを導入することが義務付けられた。これらソーシャルメディアの巨人が合意に至るまでには、長い時間と多大な政治的圧力が必要だった。その推進力となったのは、イスラム過激派や極右過激派が各社のプラットフォームで台頭したことにまつわる悪評や、著名な黒人や女性のユーザーに対する攻撃が世界中で報道されたことだった。だが、これらの企業は、この分野で事業を展開している多くの企業のほんの一部にすぎず、ティックトック、レディット、ギャブ、ヴォート、テレグラム、ディスコードを含む多くの類似サイトは、まだこの取り組みに参加していない。

図18は、この取り組みにおける第五回モニタリング結果（二〇一九年一一月四日〜一二月一三日実施）をそれ以前の結果とともに示したものだ。ほぼすべての参加企業が通報の大半を二四時間以内に審査し、対象となった投稿の七一％を削除した。この削除率は前年に比べてわずかに減少している[*10]。だが、

モニタリングが始まった二〇一六年に通報の大半を二四時間以内に審査した参加企業は四〇％のみで、削除された投稿は二八％にすぎなかった。削除率はモニタリングの回数が進むたびに高まる傾向にある。二〇一九年のモニタリングで、ヘイトスピーチの根拠として最も多く報告されたのは性的指向（三三％）で、それに続いたのが外国人嫌悪（移民に対するヘイトスピーチを含む）（一五％）だった。*11

　二〇一九年の全企業における削除率は、英国の四三％に比して、ドイツでは七七％だった。こうした比較は重要だ。既存のソーシャルメディア法が、大手テクノロジー企業の行動を変えさせる上でどのように機能しているかを示唆するからである。二〇一八年一〇月に施行されたドイツの「ネットワーク執行法」（ＮｅｔｚＤＧ法）は、国内の信頼できる第三者機関がフラグを立てた違法なヘイトスピーチを削除しなかった場合、ソーシャルメディア企業に最大五〇〇〇万ユーロの罰金を科している。また、「ＥＵデジタルサービス法」にも違法コンテンツの削除に関する類似の規則が含まれていて、ＥＵ全域に適用されている。しかし、言論の自由を断固として擁護する者たちは、こうした検閲について、そしてソーシャルメディア企業を出版社と同等にみなそうとしていることについて懸念を表明している。

　ヨーロッパでは、ヘイトスピーチに対処する重要な取り組みが明らかに進んでいるが、同じことは、オンラインでのヘイトスピーチが最も頻発している国の一つである米国については言えない。米国では憎悪に満ちたオンラインコンテンツが政府や法執行機関によってほとんど取り締まられておらず、オンライン上の憎悪の高まりに対する戦いは、大手テック企業、圧力団体、市民の力にかかっている。

　残念なことに、削除するものを判断するのは、大手テック企業にとってさえ容易ではない。アルゴリ

＊10　二〇一九年の数値には、二〇一八年に加入したグーグルプラスとインスタグラムが含まれている。
＊11　すべての内訳については以下を参照されたい。https://commission.europa.eu/system/files/2020-06/codeofconduct_2020_factsheet_12.pdf

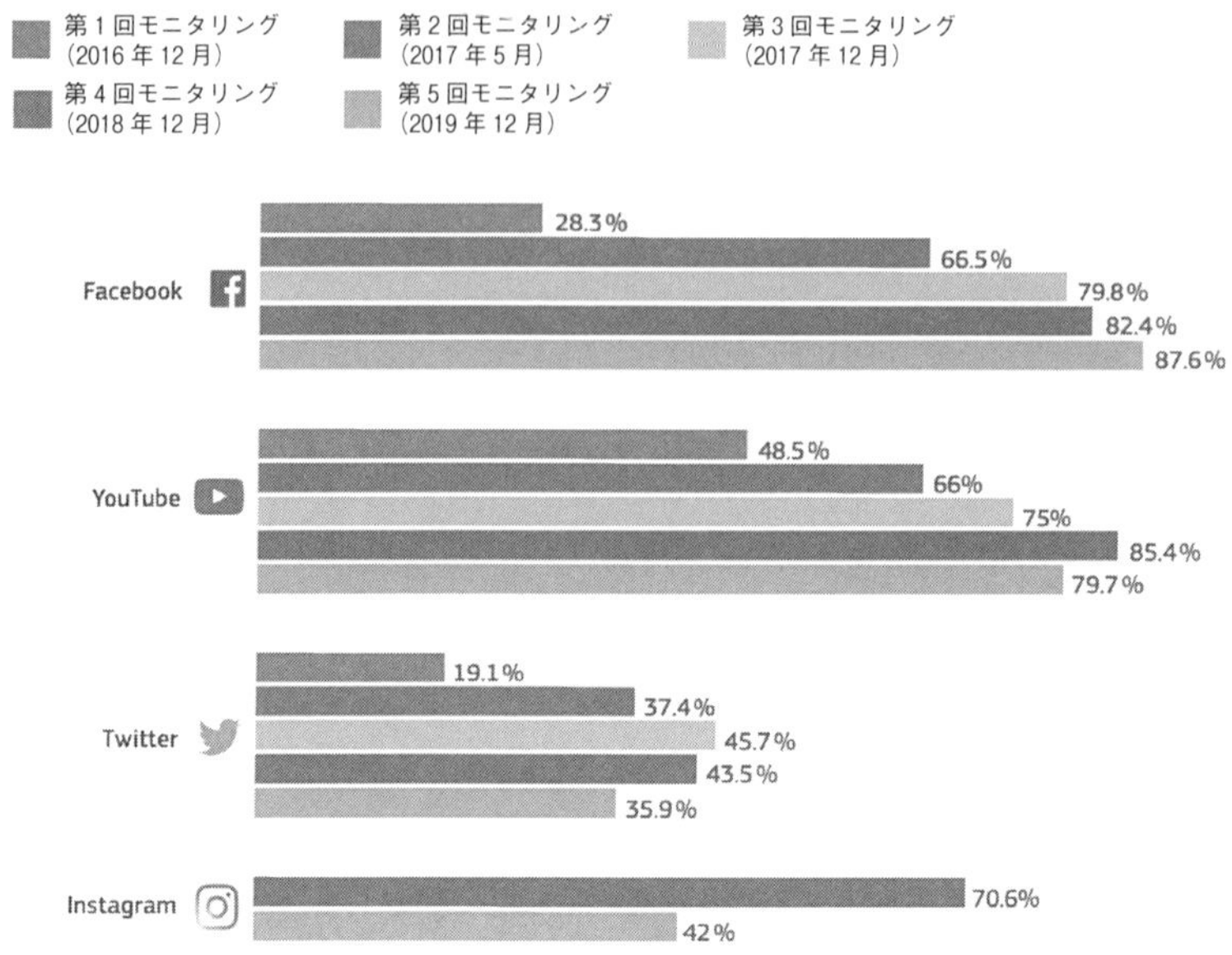

図18　ソーシャルメディア企業が行なったEU加盟国における違法ヘイトスピーチの削除状況。

ズムを使って一部の作業を行なうことはできるが、最終判断を下すには人間が必要だ。大手企業各社で雇われている、疑わしいコンテンツを管理するモデレーターは、合計すると数万人に及ぶ。この低賃金の仕事では、児童虐待、斬首、自殺、憎悪行為などのコンテンツを一日何百件も閲覧しなければならず、当然のことながら、スタッフの離職率は高い。二〇二〇年五月、フェイスブックは集団訴訟において、現役のコンテンツ・モデレーターとかつてこの仕事に従事していた人々に合計五二〇〇万ドルを支払うことに合意したと報じられた。一万一二五〇人に及ぶモデレーターはそれぞれ、少なくとも一〇〇〇ドルを受け取り、仕事が原因で精神疾患を被ったと診断された場合はそれ以上の金額を受け取ることになる。フェイスブックは、心がかき乱されるコンテンツを見続けてＰＴＳＤのような症状を抱えていると訴えるモデレーターたちに安全な労働環境を提供しなかったとして訴えられたのだった。

私たちはそれを阻止できるか

　私が研究で見出した、頼もしく、そして「群衆の知恵」に対する私の信念を裏付けてくれた所見は、「トリガーイベント」の後には常にカウンタースピーチがヘイトスピーチに勝るという事実だ。英国ではブレグジット投票の後に、ツイッター上のヘイトスピーチが、標的にされた集団を支持するソーシャルメディアユーザーたちに圧倒された。「#RefugeesNotWelcome（#難民お断り）」、「#SendThemHome（#奴らを送り返せ）」、「#MakeBritainWhiteAgain（#英国を再び白人の国にしよう）」、「#IslamIsTheProblem（#イスラム教が問題だ）」などのハッシュタグに対して、ユーザーは「#InTogether（#共に）」、「#SafetyPin（#安全ピン）」、「#PostRefRacism（#国民投票による人種差別以後）」、「#PolesInUK（#英国在住ポーランド人）」などによってカウンタースピーチの投稿を始めた。このような包摂的なハッシュタグは、憎悪に満ちたハッシュタグを大幅に凌駕していた。ヘイトラボ内部の研究によると、カウンタースピーチは、トリガーイベント後におけるオンライン・ヘイトスピーチの拡散を食い止めることができる。そして、迅速かつ集団によって行なわれた場合に最も効果的だ。ヘイトラボでは、四つのタイプのカウンタースピーチを調べた。すなわち、「相手の偏見を指摘する」（「この状況を利用した#alt-right（#オルタナ右翼）の人種主義者は恥を知れ」など）、「主張および理性への訴求」（「これはイスラム教とは関係ない。すべてのイスラム教徒がテロリストであるわけではない！」など）、「情報と証拠の要求」（「このことと誰かの肌の色は、どう関わっているというのか？」など）、そして「侮辱」（「卑怯《ひきょう》な人種主義者がうろついているようだな！」など）である。

　ヘイトラボでは、すべてのカウンタースピーチが生産的であるとは限らないことを発見した。ヘイトスピーチを生み出す者に対して侮辱的な言葉を使うことは状況を悪化させ、結果的にさらなるヘイトスピーチを生み出してしまうことが少なくない。カウンタースピーチが最も効果的なのは、気軽にヘイトスピーチを行なう者、エスカレートしている者、徐々にトーンダウンしている者に対して行なわれたときだ。極右支持者だと名乗り出ている者に対してはあまり効果がない。カウンタースピーチを行なう際、あるいはその使用について他者に助言する際、ヘイトスピーチがさらに生み出される可能性を減らすために、私たちは以下の原則に従うように勧めている。

（1）侮辱的な言葉や憎悪に満ちた言葉を使わない。
（2）論理的で一貫性のある議論をする。
（3）虚偽または疑わしい主張がなされている場合には、証拠を求める。
（4）ヘイトスピーチが持続する、悪化する、あるいはその両方の状況にある場合には（たとえば、著しく侮辱的になったり脅迫を含んだりする場合）、警察または第三者に報告すると表明する。
（5）他の人にもカウンタースピーチを行なうように勧める。
（6）対象のアカウントが偽アカウントやボットである可能性が高い場合は、ソーシャルメディア企業に通報して削除を要請する。

カウンタースピーチは憎悪行為を弱体化させるための行為だ。カウンタースピーチを行なう人たちは、オンラインの現場で憎悪行為が湧き上がってくるのを最初に目撃する人たちになることがよくある。彼らはいわば「オンライン上の第一対応者《ファーストレスポンダー》」であり、不寛容に対して抗議するそれぞれの小さな活動を通してヘイトスピーチを社会的に容認できないものにする規範を伝えるために集合すれば、メソレベル、強力な善の力を築き上げることができる。ジョージ・ワシントン大学で行なわれた研究は、つまり個人や憎悪ネットワーク全体ではなく、オンライン上の憎悪集団（フェイスブックのグループやコミュニティ、ページなど）を標的にしたカウンタースピーチが効果的であるという証拠を示している。この効果は、カウンタースピーチが一部のプラットフォームだけでなく、すべてのプラットフォームで使用された場合に、より強化される。科学者たちは物理学の手法を用いて、カウンタースピーカーは憎悪ネットワークのクラスターの一〇％を標的にするだけで、オンラインのヘイトネットワーク全体を不安定化させられることを理論的に実証している。[36]

一二歳から一五歳の子供たちの半数までがネット上で憎悪行為を目にしたという報告を耳にすると、インターネットには根深い問題が存在することがわかる。私たちがネット上に投稿した発言を学習し、その結果として私たちが目にするものを形作るアルゴリズムは、ヘイトスピーチが当たり前になるような有害な環境を生み出しかねない。政府やソーシャルメディア企業の力だけでこの問題を解決するのは不可能だ。また、政治家がフェイスブックやグーグルのような企業に効果的に立ち向かえることはほとんどないうえ、これらの大手テック企業に完全な自主規制を期待するのは、宿題の採点を自分でやらせるようなものだ。私たちもまた、インターネットの市民として、その責任の一端を担わなければならない。私たちは健全なネット上の会話の姿とみなすものを確実に維持し、人間の尊厳を損なうようなヘイトスピーチに共に挑む必要がある。しかし、この任務は、世界で最も強力な通信ネットワークを利用して極端な目標を達成しようとする勢力が存在すると、さらに困難なものになる。

第10章　言葉と行動による憎悪行為

二〇一七年八月一一日、ヴァージニア大学記念体育館の裏手にあるネームレス・フィールドに、アメリカを象徴するようなポロシャツとカーキズボンを身につけた主に白人男性からなる二〇〇人以上の者たちが集まっていた。彼らの白いポロシャツは暖かな午後の日差しに照らされて徐々に真紅に染まっていった。日が暮れた午後八時三〇分、暗闇に次々と松明《たいまつ》が灯されて、彼らの体が白く浮かび上がった。集団は軍隊調の命令に合わせ、トーマス・ジェファーソンが設計したパンテオン風のロタンダ（円形建築物）目指して行進を始めた。キャンパス内を蛇行しながら「お前らは我らを置き換えることはできない」、「血と土だ」〔ナチスが使用した民族主義的イデオロギー〕と叫ぶ彼らのチャントが、周囲の大学の建物に不気味に響き渡った。目的地はジェファーソン像。その像の周りでは、集会に抗議する三〇人強の人々が人間の鎖を作っていた。真っ先に標的にされたのはその中にいた黒人学生だった。デモ隊は猿の真似をして「ホワイト・ライヴズ・マター！（白人の命も大事だ！）」と叫んだ。その数分後、乱闘が勃発した。これが、普段は静かな大学街のシャーロッツヴィルで二四時間にわたって繰り広げられた、人命を損なう憎悪行為の始まりだった。

翌日に起こったことは詳しく記録されており、この集会は、世界的な注目を初めて集めたオルタナ右翼のイベントになったとみなされている。集会の目的は、奴隷解放公園[*1]に設置されていた南軍の将軍、ロバート・E・リー像の撤去計画に対する抗議だった。ドナルド・トランプが「偉大なる将軍」と称したリーは[1]、黒人を奴隷として扱う州の権利を主張して戦った人物である。この集会は、一〇〇〇人を超える白人至上主義者たちが、自分たちのヘリテージ〔祖先から受け継いだ伝統文化〕や歴史、そして左派に脅かされていると彼らがみなす人々のために催したものだった。彼らの言う文化とは、白人、キリスト教徒、南部の文化を指す。ある女性は、「これは憎しみのためではなく、私たちのヘリテージのためだ」と言って集会への参加理由を正当化した。別の人物は「私がここにいる理由は、私たち共和党の価値観が、第一に、地元の白人のアイデンティティを守ることにあるからだ。それは今や脅威にさらされている。第二に、自由市場を守ること。そして第三は、ユダヤ人を殺すことだ」と語った[2]。

一二日の午前一一時頃、集会参加者がルートを逸脱して、集会に抗議する人々の集団に突入したことにより、広範な暴力沙汰が勃発した。暴力の拡大に一役買ったのは、この日の集会に対する抗議者の中では少数派だったアンティファ、つまり反ファシスト活動家たちだった。彼らが棍棒《こんぼう》を持って突撃したり、染料の入った風船を白人至上主義者に向けて発射したりするなか、警察官やジャーナリストたちも暴動に巻き込まれた。だが、その日の朝、市民に軽食と支援を提供していたシャーロッツヴィル聖職者団体がいたファースト・ユナイテッド・メソディスト教会を守ったのは、オルタナ右翼ではなくアンティファのほうだった[3]。

暴動が勃発してから二〇分も経たないうちに、警察はこの集会を不法集会であると宣言し、その直後にヴァージニア州知事が非常事態宣言を発令した。白人至上主義者たちは散り散りになって、彼らを家に連れ戻す車が待機しているネームレス・フィールドに向かった。だが、事はそれだけでは終わらなかった。それから数時間後、一人の白人至上主義者が集会抗議者に危害を加えようとして、リー像から数

＊1　二〇一七年六月までは「リー・パーク」、集会時には「エマンシペイション・パーク〔奴隷解放公園〕」と呼ばれていたが、二〇一八年に「マーケット・ストリート・パーク」と改称された。

ブロック離れた場所にいた群衆に車で突っ込んだのである。これによりヘザー・ハイヤーという女性が死亡し、数十人が負傷した。この男は後に、ヘザー・ハイヤー殺害を含む三〇件の連邦ヘイトクライム罪で起訴された。

シャーロッツヴィルの集会から学ぶべきことはたくさんあるが、本章で検討するのは、あの二四時間になぜ暴力が起きたのかということではない。そうではなく、この集会を「駆り立てたもの」、つまり、かつてバラバラだった両陣営それぞれの過激派の声を組織化したシステム、すなわちインターネットについてだ。

極右勢力にとってのゲームチェンジャー

シャーロッツヴィルの集会「ユナイト・ザ・ライト（右派の団結）」は、オルタナ右翼の歴史を決定づけた瞬間として注目された。二〇一七年に米国で開かれたネオナチと白人至上主義者のイベントは一〇回以上もあったが、複数のバラバラな右翼集団から多くの人を集めて、まとまった手強い一つの集団として見せるのに成功したのは、このシャーロッツヴィルの集会が初めてだった。その成功に重要な役割を果たしたのがインターネットである。

主にゲーマーのコミュニティに使われていたチャットサイト「ディスコード」は、集会までの数週間、オルタナ右翼のメンバーからの投稿であふれかえった。人気の高いオルタナ右翼ブロガーのハンター・ウォレスは次のメッセージを投稿し、それまでお互いの意見の相違に拘泥して公の場に一斉に集まったことのなかった様々な派閥に訴えた。

八月一二日の #UniteTheRight に集合することについて、各派閥に向けてちょっとした説明をまとめてみた。すべての人が同意するとは思わないが、これまでシャーロッツヴィルの論争〔人種平等を実現するための大きなシフトの一環としてリー像の撤去を求めることを軸とした論争〕のあらゆる局面について説明した人はいないし、なぜ右翼の各派閥が公共のイベントに集結し始めているのかを説明した人もいない。我々は今、アイデンティティ、ヘリテージ、言論の自由、集会の自由、政治的公正（ポリティカル・コレクトネス）の放棄といった問題をめぐって現実世界やソーシャルメディアで展開されつつある大規模な運動の最初期の段階にいる……もちろん、これらの集団間に違いがあることは言うまでもない。だが、究極的には、たとえ認識しようがしまいが、共通の敵を持っていることは確かだ……〝文化を守る最前線〟として力を合わせれば、我々は強くなれるだろう[4]。

レッドピリング

このような団結の呼びかけ先は、インターネット上でオルタナ右翼がたむろする場所にとどまらなかった。キープレイヤーたちは、ネオナチや白人至上主義者のメッセージのトーンを和らげて、主流よりやや右寄りの人たちにも受け入れられるようにする計画を立てており、集会の情報を、フェイスブック、ツイッター、レディットなど、最大限広範囲な人々にメッセージが届くプラットフォームで宣伝したのである。その目的は「オヴァートンの窓」（現在の世論に基づいて政治的に受容可能となる範囲）をさらに右寄りにシフトさせることにあった（図19参照）[5]。

ロンドンに拠点を置く「戦略的対話研究所」は、この集会にまつわる一万件の投稿と二〇〇件のオンラインプロパガンダを分析した[6]。その結果、オルタナ右翼は、一四歳から一八歳までの生徒たちをターゲットにしていたことが判明した。この戦略は、米国の高校生、すなわち「Z世代」〔一九九〇年代半ばから二〇一〇年代前半に生まれた人々〕五万人を対象にした調査に基づいたもので、この調査では、彼らの五八％がトランプに投票すると答えており、一九八〇年代前半から一九九〇年代前半に生まれた「ミレ

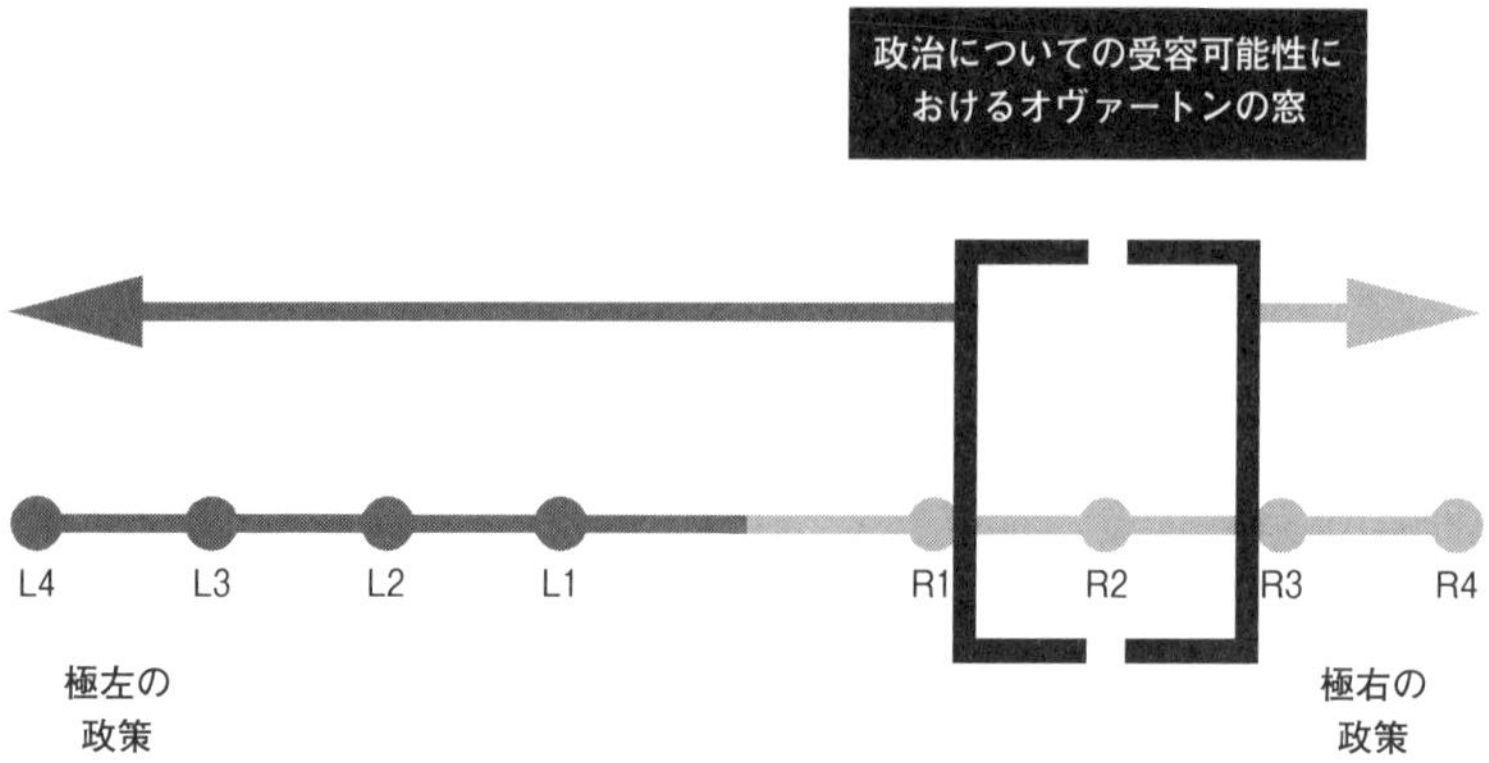

図19　オヴァートンの窓。

ニアル世代」と際立った対照を見せていた。ホロコーストで数百万人に及ぶユダヤ人殺害に使われた青酸ガス〔ツィクロンB〕にちなみ、ネオナチのウェブサイト「デイリー・ストーマー」で「ツィクロン（Zyklon）世代」と呼ばれた彼らは、運動の未来を担う人材とみなされていた。この集会のフェイスブックページのトーンは、共産主義者による弾圧から憲法修正第一条の権利を守ることを謳《うた》うという、比較的穏やかなものだった。人気の高い「レベル・メディア」（ユーチューブのフォロワー数一二〇万人）と「インフォウォーズ」（月間アクセス数一〇〇〇万人）は、この集会に共感を示した。インフォウォーズの遊軍記者であるイギリス在住のポール・ジョゼフ・ワトソンは、二〇一七年八月八日に図20の投稿をツイートしている。

「ディスコード」サイトで交わされたより秘匿性の高い議論は、採用戦略に焦点を当てたものだった。それらの投稿では、軍隊や諜報機関を真似て、最も弱い立場にある人に心理作戦（サイオプス）を仕掛けることが言及されていた。彼らは諜報機関から公式文書をハッキングし、実証ずみの心理学的テクニックを使って個人を説得する方法を手に入れたと主張していた。このようなハッキングが実際に行なわれたのかどうかは不明だが、確かにオルタナ右翼は、経済的資源や文化的

Paul Joseph Watson
@PrisonPlanet
Follow
Everyone on the right needs to get over their petty grudges & personality clashes and realize we are all being targeted. Time to unite.
2:19 PM - 8 Aug 2017
4,347 Retweets 10,527 Likes
669
4.3K
11K

「右派に属するすべての人は、些細な恨みや性格の不一致などを乗り越えて、全員が標的になっていることを認識する必要がある。今こそ団結のときだ」

図20　シャーロッツヴィルの集会前に投稿された「インフォウォーズ」のポール・ジョゼフ・ワトソンのツイート。

アイデンティティに対する脅威といったZ世代の懸念として知られる問題を訴えることにより、若者の感情、欲求、動機を操作するアイデアを推し進めた。失業率の増加、住宅価格の上昇、白人の銅像の撤去計画などの話題がメディアで取り上げられるたびに、そうした問題に便乗しておきまりの容疑者を非難するのは、オルタナ右翼や極右勢力の常套《じょうとう》手段である。

　このプロセスは、映画『マトリックス』で、主人公のネオが赤いピル（錠剤）を飲むか青いピルを飲むかの選択を迫られる場面にちなんで、オルタナ右翼の間で「レッドピリング」と呼ばれている。ネオは赤いピルを飲み、幻想のマトリックスから現実に戻る。「レッドピリング」という用語は、オルタナ右翼が採用する前、男性の権利運動において、抑圧されているのは女性ではなく男性であることに〝気付いた〟瞬間を表す言葉として使われていた。オルタナ右翼が使う「レッドピルした」という用語は、社会主義者、ユダヤ人、マルクス主義者たちが作り出したとする〝幻想の状態〟から〝悟りの状態〟に目覚め、集団間、とりわけ人種間の平等を提唱することで白人の西洋文明を弱体化させようとする陰謀を直視することを意味する。インターネットは、レッドピリングのような戦術で過激な思想を広めるには最適な手段だ。コンテンツ制作を民主化するインターネットの分散型構造や、グーグル、ツイッター、ユーチューブ、フェイスブックなどのネット大手が情報を組織するうえでアルゴリズムへの依存度をますます高めていることにより、若者世代はこうした戦術に容易にさらされてしまう。主流のニュースに便乗してオルタナ右翼や極右のアジェンダを推し進める戦術は、インフォウォーズのポール・ジョゼフ・ワトソンをはじめとするユーチューブのスターを生み出すことになった。

過激なフィルターバブル

右翼の政治家や極右の活動家は、オンラインのフィルターバブルを利用して運動への支持を集めることで知られている。コロンビア大学のジョナサン・オルブライト教授は、右派の「フェイクニュース」に関するフィルターバブルをマッピングし、サイトへのリンクがどこで共有されているかを最初に特定した科学者の一人だ。オルブライト教授は、数千のウェブページの存在や、フェイスブック、ユーチューブ、ツイッターのみならず、『ニューヨーク・タイムズ』紙や『ワシントン・ポスト』紙などの主要なサイトにまで数百万のリンクが貼られていたことを発見した。[7] こうしたフィルターバブルには、オルタナ右翼の〝キーボード戦士〟だけでなく、主要政治家やオルタナ右翼運動の国際的な新星も加わっている。ドナルド・トランプはツイッター上で、極右やオルタナ右翼の最も過激な活動家たちの投稿をリツイートしていた。それらには、シャーロッツヴィル事件後のオルタナ右翼活動家、ヒラリー・クリントンを標的にした反ユダヤ主義者のアカウント、ツイッターアカウント「@WhiteGenocideTM」、極右団体「ブリテン・ファースト」のイスラム教徒排斥コメントへのリツイートが含まれるが、これらだけではない。さらには、こうしたフィルターバブルに、メキシコ移民は「犯罪者」、「強姦魔」であると記した自らのツイートも投稿していた。

二〇〇九年にコメディアンとウェブ戦略家によって設立されたイタリアの〝新右翼〟ポピュリズム政党である「五つ星運動」は、民衆を扇動する単なる演説とフィルターバブルを利用した高度なオンライン活動だけにより、二〇一八年の選挙において同国で最も人気のある政党に上り詰めた。インターネットの民主的な特性を逆手に取った彼らの反体制的なアプローチは、ナイジェル・ファラージがブレグジット党を立ち上げた際にも使われ、同党は二〇一九年の英国における欧州議会選挙で圧勝し、最大得票率を手にしたのだった。

さらに右寄りの党では、ブリテン・ファーストの党首やイングランド防衛同盟（ＥＤＬ）の元党首も、右翼のフィルターバブルを利用して分断的な話を広めようとした。ソーシャルメディアのコンテンツ・モデレーターは、フォロワー数の多さや収益性の高さを理由に、一部の極右ページの削除を長年にわたって拒んできた。極右の「トミー・ロビンソン」のフェイスブックページは、停止される前には一〇〇万人を超えるフォロワーを集め、フェイスブックのヘイトスピーチに関するポリシーに九回違反していたにもかかわらず、メディアや政府のページと同じ保護を受けていた。フェイスブックのコンテンツ審査プロセスでは通常五回までの違反しか許容されなかったにもかかわらず、である。[8] このページは、ツイッターがスティーヴン・ヤクスリー＝レノン（トミー・ロビンソンの本名）のアカウントをプラットフォームから削除して一年経った二〇一九年二月についに削除された。同年五月には、フェイスブックも、マイロ・ヤノプルス、ローラ・ルーマー、アレックス・ジョーンズ、ポール・ネーレン、ポール・ジョゼフ・ワトソンなどのオルタナ右翼のスターたちによる利用を禁止した。だが未だにフェイスブックを含めたサイトには、非白人を「害獣」、ＬＧＢＴＱ＋の人々を「堕落者」と呼んだり、ネオナチの画像を表示したりする極右ページが数多く存在する。[9]

英国内務省の「安全保障及び対テロリズム局」が二〇一九年に実施した調査によると、あるネオナチのオンライン・ディスカッション・フォーラムには全世界で八〇万件のアクセスがあり、そのうち八万件は英国在住者からのものだったという。[10]二〇二〇年六月、「憎悪と過激主義に対するグローバル・プロジェクト」は、ツイッターとユーチューブが、社内のヘイトスピーチ、犯罪、テロリズムに関する規則に違反している可能性が高いにもかかわらず、一四カ国以上で白人至上主義のコンテンツを広めている一〇〇以上の「ジェネレーション・アイデンティティ」（極右および白人ナショナリストの「アイデンティタリアン運動」に所属する青年たち）のアカウントを削除していない事実を明らかにした。これらのアカウントの多くは、〝エリート〟の陰謀によって白人が非白人の移民に取って代わられているという人種差別的陰謀論「大交代理論（グレート・リプレイスメント・セオリー）」を広めている。[11]こうした過激派の扇動者は、オンラインにおける世論の分極化を推進するために侵略、脅威、異質性といったレトリックを駆使し続け、やがてそれが金銭的支援や集会への参加、ヘイトクライムといった形でオフラインの世界にも波及することを期待しているのだ。[12]

アルゴリズムを活用する極右勢力

オルタナ右翼と極右勢力は、アルゴリズムの威力を周知している技術的日和見主義者で、アルゴリズムを操作して自分たちを有利にすることに最善を尽くす。オルタナ右翼が目標にアプローチする方法は、企業がとる手段に酷似している。検索エンジンのランキングを最適化してソーシャルメディアでの情報発信力を強化することにより、自分たちの知名度を最大限に高めようとするのだ。順位が上がれば上がるほど、グーグルのオートコンプリート機能、フェイスブックの広告選択、ユーチューブの自動再生、ツイッターのタイムラインなどを駆動するアルゴリズムが、極右やオルタナ右翼のページへのリンクにつながる特定のコンテンツを提案するようになる。その結果、そうしたリンクがクリックされ、それがアルゴリズムにフィードバックされて、偏見に満ちた素材が情報のエコシステムにさらに埋め込まれることになる。

これらの結果の影響は、ネットだけに留まらない。「米国行動調査・技術研究所（ＡＩＢＲＴ）」のロバート・エプスタイン教授は、米国とインドで行なった実験により、ページランクは、接戦の選挙において、特定の候補者への投票を促すうえで大きな意味を持つことを明らかにした。米国では、「検索エンジン操作効果（ＳＥＭＥ）」が共和党の穏健派に最も大きな影響を与え、浮動票の行方を二〇％以上も変えていた。[13]

さらに陰湿なことに、訪問者が一度リンクをクリックしてページを閲覧すると、悪質なウェブサイトの管理者が「トラッカー」を使って訪問者のその後のネット上における動きを追跡し、クリックや「いいね！」の数によって心理的プロファイルを作成する事実が判明している。これは、ケンブリッジ・アナリティカが行なったタイプの政治的マイクロターゲティング（「はじめに」を参照）を助長する。[14]

コロンビア大学のサンドラ・マッツ教授は、心理的プロファイルに適合させたオンライン広告の有効性を検証した。教授は、すでに実験室で実証された研究をインターネットに拡張し、三五〇万人のインターネットユーザーを対象に三つのフィールド実験を行なった。実験の目的は、フェイスブックの「いいね！」やツイートだけから得られる心理的プロファイルに適合させた商品を提供することによって、望ましい行動変化が起こるかどうかを検証することだった。その結果は驚くべきものだった。インターネットユーザーの心理的特徴に合わせた広告は、クリック数を最大で四〇％も増加させたのである。

この研究や他の類似研究は、デジタル技術を介して大衆に訴求するオンライン心理的ターゲティングには現実の行動変容をもたらす有効性があるという確かな証拠を提供している。[15] グーグルの検索結果で上位に表示される、おそらくさほど過激ではないことを装っているオルタナ右翼のサイトにアクセスすると、ユーザーの心理的プロファイルに適合させた広告がフェイスブックに表示される。それが目論んでいるのは、オヴァートンの窓をさらに右にずらして、ユーザーを〝レッドピル〟させることだ。

ゲートウェイサイト

インターネットを利用して社会的運動を起こすのは、決して新しい現象ではない。一九九五年に開設されたウェブサイト「ストームフロント」は、ネオナチがオンラインで存在を確立した最初のサイトとみなされている。運営者はＫＫＫの元リーダーで、オフラインでマイノリティ集団に対する暴力を活発に促しているドン・ブラック。このサイトは最盛期には三〇万人もの登録ユーザーを擁していた。一方、世界で一番とまでは言わなくてもアメリカで最も有名な白人至上主義者の家系に生まれたその息子、デレクは、もはや白人至上主義者ではないと主張し、父親のネットワークに対する反対活動を行なっている。彼は『ニューヨーク・タイムズ』紙の取材で、一九九〇年代初頭という早い時点において、インターネットが白人至上主義のメッセージを広めるためのターニングポイントになるとみなされていたことを明かしている。

ウェブで白人ナショナリズムを開拓するのは、父さんの目標だったんだ。そのことが、一九九〇年代初頭のウェブ創成期から彼を突き動かしていた。そして僕が幼いころから……我が家には最新のコンピューターがあったし、近所でブロードバンドを真っ先に導入したのも我が家だった。ストームフロントを運営し続けなければならなかったからね。テクノロジーを使って、ウェブサイトで人々を結びつける必要があったんだ。ソーシャルメディアや今のようにウェブを設定するずっと前から、それは父の目的だった。だから、僕らは白人ナショナリスト運動の誰もとつながっていた。世界中の誰もとね。[16]

ＫＫＫの元グランド・ウィザード（総司令官）でデレクの名付け親であるデイヴィッド・デュークは、一九九八年に自身のウェブサイトにこう記している。

友よ、インターネットのおかげで、何百万もの人々が、その存在すら知らなかった真実に接する機会を手にできるようになった。人類史上、強力な情報がこれほど速く、これほど遠くまで伝わることは未だかつてなかった。私は、インターネットが人種に関する啓蒙運動の連鎖反応を起こし、その知的征服のスピードによって世界を揺るがすことになると確信している。今、私たちの中には、西側諸国を席巻する新たな人種意識が芽生えている……新たな千年紀が近づくにつれ、歴史の流れが我々の周囲で急速に動いているのを感じている。インターネットという優れた技術を生み出した人種は、この強力なツールによって、長い眠りから覚めようとしているのだ。我々の同胞は、自らの生存が危機に瀕していることを知るだろう。我々の文化や伝統が攻撃されていること、そして我々の価値観や道徳観、自由や繁栄が危機に瀕していることをついに理解することだろう。さらに重要なのは、我々の最高の頭脳が、我々の遺伝子型そのものが絶滅の危機に瀕していることをついに理解するようになることだ。大量の移民、出生率の差、異人種間結婚は、西側諸国にとって政治的・社会的な悪夢となるだろう。我々の人種が生き残るためには、この悪夢から覚めることが必要なのだ。(17)

当時まだ白人至上主義者ではあったものの、デレク・ブラックは、ストームフロントのネオナチ的なレトリックをトーンダウンするように父親を説得した。その意図は、多くの白人アメリカ人が抱いている文化的・経済的な不満を利用する（これは後にトランプの大統領選挙活動で導入され、大きな成果を挙げることになる）一方で、より直接的な人種差別や外国人排斥のコンテンツは避けることにより、人々を遠ざけないようにするためだった。やがてストームフロントは極右のゲートウェイサイトとなり、穏健な保守派が賛同しやすいシェア可能なコンテンツを多く生み出した。そして、一度ハマってしまっ

図21　「ストームフロント」のドン・ブラックが提供していたMartinLutherKing.orgのウェブサイト。

たら、社会的・政治的規範に対するユーザーの認識が変わるまで、より過激な情報が少しずつ与えられ続けられた（本章前半の「オヴァートンの窓」を参照）。

　ドン・ブラックが白人至上主義のメッセージを密かに広めようとしたのは、これが初めてではない。一九九九年、彼はMartinLutherKing.org（マーティン・ルーサー・キング・ドット・オルグ）を、その名前の由来となったキング牧師に対する偽情報を広めるためのゲートウェイサイトとして登録した（図21参照）。このサイトは、二〇一八年初頭に運営者がストームフロントであることをグーグルに通報されるまで、「マーティン・ルーサー・キング」と検索すると、上位四件に頻繁にヒットしていた。一見すると、白人至上主義を思わせるレトリックは何も見当たらないが、よく見ると、ページの下部に小さなフォントで「Hosted by Stormfront（ストームフロント提供）」と記載されていた。

　削除される前、このサイトは小中学生を対象とした善良な情報サイトを装っており、冒頭には「生徒のみんな、MLK〔マーティン・ルーサー・キング〕ポップ・クイズをやってみよう！」という文言が掲載されていた。クリックすると、「きみは本当のことをどれだけ知っているかな？　もうすぐやってくるMLK記念日に合わせて、ちょっとしたMLKクイズを用意したよ。楽しんでね！」と題されたページが表示された。実際には、すべてのクイズがキング牧師を批判したり中傷したりするためのものだった。あるクイズは、「キング牧師がこの世における最後の日の朝に女性をなぐって過ごしたことを教えてくれる、一九八九年に出版された伝記の作者はだれですか？」というものだった。また別のクイズは、「キング牧師の博士論文の中で五〇以上の文章を丸ごと盗用されたのはだれですか？」だった。クイズの最後には、子供たちが自分のスコアを集計することになっていた。


一問も正解しなかった人は、まさに政府が望んでいる無知な市民です。

一～三問正解した人は、政府にとって危険な人物になりえる可能性があります。

四～六問正解した人は、たくさん本を読んでいる人です。

七～一〇問正解した人は、政治的な正しさ（ポリティカル・コレクトネス）より、歴史的な正しさ（ヒストリカル・コレクトネス）を大切にしている人です。おめでとう！

一一問以上正解した人は、このサイトを読んで真実を知った人です。

真実を広めるかどうかは、いまやあなたにかかっています。


このサイトは「真の歴史的検証」を提供すると謳っていた。「ラップの歌詞」へのリンクをクリックすると、「黒人ラッパーが口にし、彼らのファンがやっているのは、次のようなことです。こうしたもののほとんどはユダヤ人が経営する企業によって作られ、広められていることを覚えておいてください」という文章が表示され、黒人が白人に対して暴力や性行為を加える内容の歌詞が並んでいた。このウェブページでは、パンフレットをダウンロードしたあと印刷して、キング牧師記念日に学校で配布するように子供たちを促していた。パンフレットの内容は、キング牧師の家庭内暴力や性暴力を告発し、キング牧師記念日の廃止を呼びかけるものだった。

今や、このような極右ゲートウェイを介した勧誘戦術の現代版はネット上に蔓延している。スティーヴン・ヤクスリー＝レノンのような極右活動家が、世論を分極化させる戦術として「市民ジャーナリズム」を使用するケースがますます増えているのだ。二〇一八年、ヤクスリー＝レノンは、ハダースフィールドで行なわれた児童グルーミング〔性的に利用する目的で未成年者を手なずけること〕裁判審理の際に、リーズ刑事法院の外で、数十万人のネット視聴者に向けてライブストリーミングを行なった。穏健派を装うために偽りの論理で事件を紹介しながら、イスラム教徒を攻撃するレトリックを駆使して事実を捻《ね》じ曲げたのである。陪審員への影響を防ぐために裁判官が科した報道全面禁止措置に違反した彼の行為は、すんでのところで裁判を頓挫させるところだった。結局、ヤクスリー＝レノンは逮捕・起訴され、実刑判決を受けた。

このような戦術は、インターネットが即時的であり、操作しやすく、主流メディアに求められている説明責任がないという事実を悪用している。こうしたインターネットの性質は、ストーリーに信憑《しんぴょう》性とリアリズムの装いを与える。なぜなら、〝公的〟な組織の語り口を真似て真の背景をすげ変えることや、出来事が展開するのに合わせて〝証拠〟をドラマティックに見せることが可能になるからだ。ソーシャルメディアにより可能になったこの情報通信市場の「ハッキング」は、主流メディアの卓越性を揺るがし、秩序の混乱と分断を招くフェイクニュースの作成者を信頼性におけるヒエラルキーの上位に押し上げる。刑事司法システムがヤクスリー＝レノンに追いつくまでに、彼の行為は何万もの閲覧数を集め、逮捕後には、訴訟費用のために三〇万ポンドもの寄付金が集まったのだった。

二〇一九年三月、フェイスブックは、偽情報の拡散を通してゲートウェイとして機能していた一三〇の極右アカウントからなる秘密のネットワークを偶然発見した。当初、このネットワークページのコンテンツは穏健なものだったが、かなりの数のフォロワー（一七万五〇〇〇人以上）を獲得した後にページ名が変更され、コンテンツも極端な視点を反映するものに変わっていった。コンテンツを広めるためのターゲット広告には、約一五〇〇ドルが費やされていた。このネットワークでは、発見を免れ、分裂の種をまいて世論を分極化させるために、極右と極左の両方のコンテンツを巧みに混ぜて投稿していた。[18] 同様のネットワークは、欧州各地でも二〇一九年のEU選挙前に存在していた。[19] 偽情報や違法なヘイトスピーチの投稿が、ドイツ、フランス、イタリア、ポーランド、スペインの五〇〇以上のフェイスブックページから広がり、投票までの三カ月間に三二〇〇万人のユーザーに届いて、五億回以上も閲覧されたのである。

組織化された極右ネットワークだけでなく、個々のソーシャルメディアのユーザーも、穏健派を装うためにヘイトスピーチをトーンダウンさせることが科学的に証明されている。極右政党である英国国民党（BNP）のフォロワーのツイートを一年間にわたって調べた研究では、ヘイトスピーチの投稿行動に違いがあることが見出された。[20] この研究では、ヘイトスピーチを投稿したBNPフォロワーを、過激タイプ、エスカレートタイプ、沈静化タイプ、思いつきタイプの四つのカテゴリーに分類した。その結果、BNPのツイッターフォロワーでは、過激タイプのカテゴリーに入るような「強力な」ヘイトスピーチを常時行なっている者は少なかった（実数は九七六人で約一五%を占めた）。*2 大多数（実数二〇二

*2　BNPのフォロワーに関するツイッターデータは、二〇一七年四月一日（フォロワー数一万三〇〇二人）から二〇一八年四月一日（フォロワー数一万三九五一人）の間に収集された。この期間に、BNPを持続的にフォローしたツイッターユーザーは一万一七八五人だった。このうち、六四〇六人が調査期間中にツイートし、使用言語は英語で、人間であること（つまりボットではないこと）が確認された。

八人、約三二％）は、「弱い」レベルのイスラム嫌悪の投稿をときおり発信する思いつきタイプのヘイターだった。エスカレートタイプのヘイター（実数三八二人、約六％）は、時間の経過とともにより過激なツイートをより頻繁に投稿していった者たちで、沈静化タイプのヘイターはその逆（実数一一七七人、約一八％）だった。

当初、「弱い」ヘイトスピーチを投稿した思いつきタイプと沈静化タイプのヘイターの割合が多かったこと（調査サンプルの五〇％を占めた）は、グッドニュースに思えた。強力なヘイトスピーチは、甚だしく侮辱的な表現（暴言や中傷を含む）を含む場合が多いが、弱いヘイトスピーチは、そのような下品な言葉を使わずに偏見を伝えようとするからだ。ところが、弱いヘイトスピーチは、ソーシャルメディア・プラットフォーム側から削除される可能性が低く、法律面の注目を集める可能性も低いため、無期限にではないとしても、より長くネット上に残っていた。また、弱いヘイトスピーチの言葉の構造は、支持している偏見が無害なものであるかのように見えていた。このことは特にジョークを使って偏見を伝える投稿にあてはまった。

「現実世界における取り組みの投稿」

二〇一九年三月一四日午後八時二八分、非主流のソーシャルメディアサイト「8chan（8ちゃん）」のある常連が、「さて、若者たちよ、クソカキコをやめて、現実世界《リアルライフ》での取り組みを投稿する時が来た」という投稿をした。その下には、フェイスブックの動画リンクが貼られていた。翌日の午後一時四〇分ごろ、リンク先がライブストリーミングを始めた。

映像には、ショットガンや半自動小銃をトラックに積み込み、軍隊行進曲『英国擲弾兵《てきだんへい》』をかけながら高速道路を飛ばして、ニュージーランド、クライストチャーチのリカートンにあるアルノール・モスクの前で停車する男の姿が映っていた。男は、シューティングゲームさながら銃を振りかざして徒歩でモスクに近づいていった。モスクの入り口に着くと、男は中にいた礼拝者を無差別に銃撃し始めた。男の体には、犠牲者の方向感覚を見失わせて逃げられなくするためのストロボライトが装着されていた。ストリーミング終了までに殺害された人は四二人。さらに数十人が負傷した。

ライブ映像が流されたのは一七分間で、プラットフォームに最初の通報が届いたのは一二分経った時点だった。動画は一時間以内に削除されたが、拡散を阻むには手遅れだった。この動画はフェイスブック、ユーチューブ、インスタグラム、ツイッターで二〇〇万回以上再アップロードされ、襲撃から二四時間以上経っても簡単にアクセスすることができた。フェイスブック、ツイッターの一部のユーザー、とりわけ8chan のユーザーは、この攻撃を賞賛するメッセージを投稿した。こうした投稿の多くは削除されたものの、8chan 上の投稿はサイトが閉鎖されるまでそのまま残り続けた。[*3]

逮捕後、このテロリストは、オーストラリア、ニューサウスウェールズ州出身の二八歳のブレントン・タラントであることが明かされた。8chan に投稿したメッセージの「クソカキコ（shitposting）」[*4]や「現実世界における取り組みの投稿（real life effort post）」という言葉から、ソーシャルメディアにおける憎悪の拡散を卒業して、対話をオフラインの行動に移す意図があったことは確かだ。

タラントは、インターネットにアップロードした七四ページからなるマニフェストの中で、オンラインにより過激化した他の者たちに言及していた。二〇一七年に起きたフィンズベリー・パーク・モスク

＊3　8chan は、言論の自由を強く志向することで知られる米国のクラウドフレア社が運営していた。このサイトは、テロ組織を含む他の過激なサイトの本拠地にもなっており、ネオナチサイト「デイリー・ストーマー」にもサービスを提供していたが、二〇一七年のシャーロッツヴィルの集会後に同サイトへのサービスは停止された。

＊4　議論を脱線させるため、または感情的な反応を引き起こすため、あるいはその両方を果たす手段として、インターネット荒らしが、テーマから外れたコンテンツや価値のないコンテンツを意図的に投稿すること。

襲撃事件の犯人、ダレン・オズボーンは、襲撃前のソーシャルメディア上のやりとりから影響を受けていたことが知られており、彼のスマホやパソコンから、攻撃の二日前にスティーヴン・ヤクスリー＝レノンによる次のツイートを読んだことが確認されている。「テロ攻撃の後、怒りの日はどこへ行ってしまったんだ。俺が目にしたのはロウソクが灯されたことだけだ」。また、彼はヤクスリー＝レノンからグループメールを受け取っており、その中には「英国の水面下には国家内国家が形成されつつある。それは、憎しみと暴力とイスラム教を基盤とする国家だ」という一文が含まれていた。さらにブリテン・ファーストのジェイダ・フランセンからも、ツイッターでダイレクトメッセージを受け取っていた。

モスク爆破犯のパヴロ・ラプシンやノルウェーの大量殺人犯アンネシュ・ブレイヴィクなどの他の一匹狼の極右テロリストも、インターネットを通して自己過激化したことが知られている[21]。また、二〇一九年にカリフォルニア州パウウェイでシナゴーグ銃撃事件を引き起こしたジョン・T・アーネストも、さらには同年にテキサス州エルパソでウォルマート銃撃事件を引き起こしたパトリック・クルシウスも、それぞれタラントのテロ事件からインスピレーションを受けたことについて言及している。アルゴリズムに対する勝ち目のない戦い、秘密裡《り》に運営されている極右勢力や国家による偽情報のネットワーク、そしてソーシャルメディアの巨人たちの精彩を欠く反応は、事件がこれらで最後にはなりそうにないことを示している。

現代における極右テロ攻撃の大部分には、何らかの面でインターネットが関与している。とはいえ、レッドピリングや極右のゲートウェイ戦術にさらされた人がみなテロリストになるわけではない。ネット上の素材を消費する大多数の人は、同じような考えを持つ人々と自分の意見を共有する。それはたいていオンラインで行なわれるが、ときにはオフラインで行なわれることもある。シャーロッツヴィルで開催された「ユナイト・ザ・ライト」の集会に参加した多くの人は、フェイスブック、ツイッター、レディット、4chan（4ちゃん）、ディスコードなどでの投稿を通じて、集会への参加を促されていた。集会の前の週、ディスコードの極右チャンネルは、四〇〇〇人以上のメンバーを擁し、そのうち六〇〇人以上が集会参加を登録したと豪語していた。[22]

「ユナイト・ザ・ライト」集会に参加することにしても、集会に抗議する群衆に車で突っ込むことにしても、はたまた米国連邦議会議事堂を襲撃することにしても、ネット上の憎悪行為がオフラインの世界の行動に移行することを証明するのは、科学にとっては難問だ。オンライン上で蔓延する憎悪行為がオフラインにおける被害につながる証拠は、かつてつかみどころのないものだった。だがそうした状況は、ソーシャルメディアの登場により一変した。ツイッターやフェイスブックなどのプラットフォームに膨大な人々がヘイトスピーチを投稿するようになったため、科学者たちはデータを入手して、オフラインにおけるヘイトクライムとの統計的な関連性を調べることができるようになった。特定のトリガーイベントの前後では、オンラインにおけるヘイトスピーチが臨界点に達するカスケード効果が報告され、そのことによる被害はネットを超えた場で見出されている。

マイノリティ集団を標的とした右派政治家によるソーシャルメディアの投稿は、街頭での憎悪行為の増加をもたらすことが明らかになっている。たとえば、科学者たちは、ドイツの極右政党「ドイツのための選択肢（AfD）」のフェイスブックページに掲載された難民排斥の投稿が、オフラインにおける移民に対する暴力犯罪の引き金になったことを見出した。[23] また、同じ科学者たちは、ドナルド・トランプのイスラム教に関するツイートと、米国の郡部におけるイスラム教徒に対する憎悪行為との間に、強い統計的関連性があることも見出している。[*5][24] トランプのイスラム教徒に関するツイートがリツイートされる確率は、他のテーマに関するツイートの場合より約二倍高かった。また、トランプのイスラム教徒に関する分断的レトリックは、「#BanIslam（#イスラム教を禁止せよ）」や「#StopIslam（#イスラム教を止めろ）」というハッシュタグを付けて投稿する他のツイッターユーザーの割合を五八％も急増させ

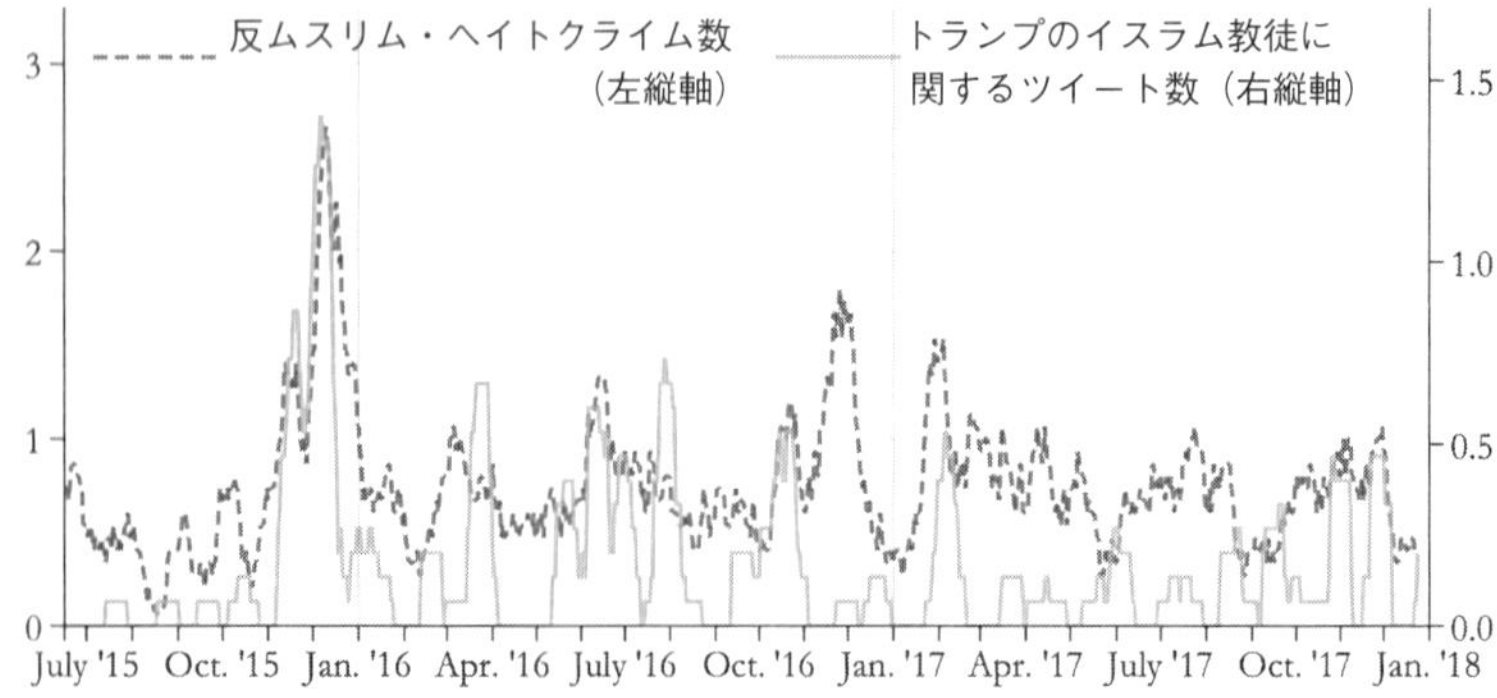

図22　トランプのツイート数とアメリカ国内のイスラム教徒に対するヘイトクライム発生数（14日移動平均）。以下の文献に基づく数値。K. Müller and C. Schwarz, 'From Hashtag to Hate Crime: Twitter and Anti-Minority Sentiment', SSRN, 2020.

た。トランプのツイート以前には、イスラム教徒に対するヘイトスピーチの投稿増加は見られなかった。また、トランプのイスラム教徒排斥的な投稿は、テレビにおけるイスラム教徒に関する言及数、とりわけＦＯＸニュースにおける言及数と高い相関関係を示した。

図22は、二〇一五年（二六週目）から二〇一六年（五〇週目）までの期間における、トランプのイスラム教徒に対する言及を含むツイート（実線）と、警察が記録した米国内のイスラム教徒に対するヘイトクライム（破線）の数を示したものだ。トランプのイスラム教徒関連のツイートと街頭におけるヘイトクライム発生頻度のパターンは驚くほど酷似している。もちろん、この相関関係は、テロ事件などの要因による米国全体のイスラム教徒に対するヘイトクライムにトランプが反応したことを反映している可能性がある。だがその一方で、トランプのイスラム教徒排斥に関するツイートが、すでに偏見を抱いていた人たちを街頭におけるヘイトクライムに駆り立てた可能性もある。

この二つの原因説明のどちらに妥当性があるかを検証するため、研究者たちは多岐にわたる他の潜在的要因を照合した。これらの要因は、郡レベルの人口増加率、年齢、民族構成、憎悪集団数、資格、貧困率、失業率、地域の所得格差、保険未加入者の割合、世帯収入、共和党への投票率、グーグルでイスラム関連の話題が検索された頻度の突出性、FOXニュースの視聴率、ケーブルテレビへの支出額、ゴールデンタイムのテレビ視聴率、米国の主要テレビネットワーク（FOXニュース、CNN、MSNBC）におけるイスラム教徒に関する言及数にまで及んだ。

その結果、トランプのイスラム教徒排斥的なツイートは、予測されたヘイトクライムが起きる前に投稿されたものであったことがわかったが、それは大統領選の運動が始まってからの期間に限られていた。さらに、トランプがラテン系住民に対する排斥的なツイートを投稿したのと同じ時期の街頭におけるラテン系住民に対するヘイトクライムとの間には、それより弱いながらも正の因果関係が認められた。研究者たちは、これらのヘイトクライムは、主に暴行や破壊行為であることを見出した。この発見は、研究で示された因果関係が、トランプのツイートによりヘイトクライムの〝通報〟が増加した結果ではないことを示している。もしそうであれば、軽微な公共秩序違反などの、深刻度の低いヘイトクライムの通報が増えることが予想されたからだ。[*6] また、米国の全国犯罪被害者調査でも、当該期間中におけるヘイトクライム被害者からの通報の増加は認められなかった。

研究者たちは、トランプのツイートにより少数派の人々が既に抱いていた偏見に満ちた信念が強化され、それがヘイトクライムを可能にしたものと結論づけた。また、他の実験結果も、トランプのネットにおける分断をもたらすメッセージ投稿の影響を裏付けている。ある研究では、黒人に対する偏見をす

＊5　街頭におけるヘイトクライムと関連するヘイトスピーチを発信する政治家はトランプだけではない。二〇〇〇年から二〇一七年までの一六三カ国を対象とした研究で、主流の政治家が演説でヘイトスピーチを行なったことと、国内の政治的暴力発生率の増加には因果関係があることが判明している。以下を参照。J. A. Piazza, 'Politician Hate Speech and Domestic Terrorism', *International Interactions* 46 (2020), 431–53.

でに抱いている被験者が、トランプが投稿した明らかに人種差別的なツイートを目にしたときに黒人を「すぐつっかかってくる」、「短気」といったネガティブな特徴と関連付ける可能性は、同じ偏見を抱く被験者がトランプの中立的なツイートを見たときより有意に高いという結果が得られた[25]。別の実験では、「メキシコが国民を送り込むときには、最良の人たちを送って来るわけじゃない……問題をいっぱい抱えた人たちを送り込み、そうした問題も持ち込んでいる。彼らはドラッグを持ち込む。犯罪を持ち込む。彼らは強姦魔なんだ」というようなトランプのラテン系米国人に対する排斥的な発言を目にした被験者は、ラテン系米国人に対する他者の偏見に満ちた行動を承認し、自らも偏見に満ちた行動をとる傾向が強かった。さらに、トランプの発言を支持する他の政治家の寄与も考慮に入れると、偏見誘発効果は急上昇したという[26]。

トランプはまた、新型コロナウイルスの説明に「中国ウイルス」という言葉を使ったことにより、アジア人に対する憎悪行為を煽っていると非難された。トランプが記者会見で初めてこの言葉を使ったときには、その場で記者たちから質問され、その後ネット上で批判と賛同からなる目に見える反応が起きた。トランプは、アジア人に対する街頭でのヘイトクライムの急増が記録された三月に、少なくとも二〇回この言葉を口にしている[27]。また、サンフランシスコ州立大学にある第三者機関の報告センターは、アジア系米国人を標的にした新型コロナウイルス関連のヘイトクライム事件を、わずか六週間の間に四五州で一七一〇件も記録した[28]。路上で言葉による嫌がらせを受けたケースが最も多かったが、中には身体的暴行を受けたり、ネット上で攻撃されたりした人もいた。英国でも同時期、南アジア人と東アジア人に対するヘイトクライムの件数が二一％増加したことが警察により記録されている[29]。類似の増加は、ヨーロッパ、オーストラレーシア〔オーストラリア、ニュージーランド、その周辺の島々を含む地域〕、アジア、アフリカ、南北アメリカでも記録された[30]。

トランプの分断を招くレトリックと米国におけるアジア人に対するヘイトクライムの増加との関連性

を科学的に検証した研究はまだない。もちろん、中国人やアジア人を標的にした一般的なネット上のヘイトスピーチや偽情報の増加といった、それに代わる説明は確かに存在する。ネット上の偽情報はまた、コロナウイルスを拡散した元凶として、イスラム教徒、ユダヤ人、ＬＧＢＴＱ＋コミュニティを特定して攻撃していた。二〇二〇年一月から四月までの間に、フェイスブックからのクリックを介して、極右の陰謀論や憎悪行為を広めていることで知られる三四のウェブサイトに飛んだ回数は約八〇〇〇万件にのぼっている。これに比較して、フェイスブックを介して米国疾病対策センター（ＣＤＣ）のウェブサイトに飛んだ回数は六四〇万件、世界保健機関（ＷＨＯ）のウェブサイトに対しては六二〇万件にすぎなかった。[31]

ソーシャルメディアにおける極右のつぶやきの大部分は、リベラルな人々、黒人、イスラム教徒、ユダヤ人に対する極端な暴力によって国家を転覆させることができると信じる「加速主義者」たちが発信したものだった。ツイッター、レディット、タンブラー、4chan、ヴォートなどに投稿を行なった二〇万件以上の加速主義者たちは、新型コロナウイルスを利用して「人種間の内戦」を加速させる方法を議論した。そうした投稿では、武器を備蓄し、マイノリティに対する暴力をゲーム化すること、すなわち迫りくる内戦で「プレイヤー」がマイノリティを殺害してポイントを獲得することが促されていた。[32]

＊6　逆の因果関係（イスラム教徒に対するヘイトクライムに触発されてトランプがイスラム教徒排斥的なツイートを投稿した可能性）をさらに排除するために、研究者たちは、トランプがイスラム教徒についてツイートした時期に焦点を当てた。その結果、トランプがイスラム教徒についてツイートするのは、ゴルフ旅行に出かけたとき、ワシントンから離れて政策上の問題を抱えていないとき、そして、トランプに分裂を招くようなツイートのテーマを提案したことで知られるソーシャルメディア・マネージャーのダン・スカヴィーノがいるときに、有意に多いことがわかった。トランプのゴルフ旅行計画はヘイトクライムの急増とは明らかに無関係であるため、彼のイスラム教徒排斥的なツイートが、ヘイトクライムの増加に触発されて行なわれたとは考えにくい。

これらの投稿の中には、オフラインにおける暴力に結びついたものもあった。二〇二〇年三月二四日、ミズーリ州ベルトンで、三六歳のティモシー・ウィルソンが、ＦＢＩ捜査官との銃撃戦の末に取り押さえられ、新型コロナウイルスの患者を治療している病院に自動車爆弾を仕掛けようとした目論見が阻止された(33)。ウィルソンは尋問を受ける前に自らの頭部を撃って自殺している。テロ計画を実行に移すまでの数日間、ウィルソンはテレグラムというサイトで活動しており、ネオナチの「国家社会主義運動」や「フォーアヘルシャフト師団」のチャンネルに「Werwolfe 84」というハンドルネームで、新型コロナウイルスはユダヤ人が作ったものだと投稿していた。「これは本物だと思う。だが、〝ゾグ〟[*7]は俺たちの人種を壊滅させるために、それを隠れ蓑に使っているんだ。奴らは人々を怖がらせ、社会を崩壊させるかと思うと、この気候多様性法案〔原文ママ〕というやつを可決する。そして気がつけば、俺たちは南アフリカに住んでいることになるんだ。サルたちがうろついて、白人を殺している。覚えておいてほしい。そうなりつつあるんだと。みな準備ができているように願う(34)」

英国では、ヘイトラボチームが、ロンドンにおけるオンラインとオフラインの憎悪行為に同様の関係があることを見出した。私たちは、ツイッターで発信されるイスラム教徒と黒人に対するヘイトスピーチと、路上で発生した人種的、宗教的理由に基づくヘイトクライムの相関関係を調べた(35)。ヘイトラボの研究が他の研究と異なっていた点は、政治家や極右勢力によるヘイトスピーチだけではなく、日常的にソーシャルメディアを利用しているユーザーが拡散したヘイトスピーチもデータに含まれていたことである。その結果、地域で発信された憎悪に満ちたツイートは、街頭でのヘイトクライムの予兆となる傾向があることがわかった。ただし、ツイートをした人がその後、街に出てヘイトクライムを起こしたかどうかを調べることはできなかったため、直接的な因果関係は認められなかった。むしろ、この研究で見られた関連性は、最初にオンラインで人種・宗教的な集団的緊張が高まり、それが放置されれば、路上に移行する可能性を示しているのかもしれない。憎悪に満ちたツイートをしている人と路上でヘイトクライムを行なう人は別人かもしれないが、おそらくは、両方を行なう人と、どちらか一方だけを行なう人が混在している可能性が高い。私たちは、ＢＡＭＥ〔黒人、アジア系、少数民族〕住民が多いロンドン地域では、ヘイトツイートの数が一定以上になると、路上でのヘイトクライムが起こりやすくなると結論づけた。これは、憎悪行為が路上に波及する前に、ソーシャルメディアの利用者、ツイッター、警察が関与してオンライン上の憎悪行為の量を減らす必要性を示した点で、有用な知見であると思われる。

ソーシャルメディアは、憎悪行為の最も極端な形、すなわち集団殺害にも関与していることが示唆されている。二〇一一年以前、ミャンマーにおけるインターネットアクセスは非常に限られていた。携帯電話のＳＩＭカードの価格は二〇〇〇ドル前後と法外に高く、国民のほとんどは近代的な通信手段を利用することができなかった。だが、反体制指導者のアウンサンスーチーが釈放された後、政府はビジネスに関する法律を緩和しはじめ、ＳＩＭカードの料金は二ドルほどにまで下がった[36]。そして数年後には、ミャンマーの人口の約四〇％がインターネットを利用するようになっていた。ミャンマーの市民が押し寄せたプラットフォームはフェイスブックだった[37]。

テクノロジーが急速に普及したことは、ミャンマーのインターネットユーザーの大部分にはニュースフィードに表示される情報を十分に評価できる経験や知識がなかったことを意味する。今や欧米のインターネットユーザーの多くは、嘘を駆使して他の集団を悪者にしようとするような衝撃的な投稿を鵜呑みにすることはない。私たちは、その出所、妥当性、目的を疑って、「フェイクニュース」だと非難する。だが、ミャンマーの市民は、ソーシャルメディアにそれほど精通していなかった。そのため、マイノリティであるロヒンギャの人々の人間性を奪い、支配し、さらには絶滅させようとまでする投稿が現れたとき、多くの人はそれに異議を唱えようとはしなかった。実際に異議を唱えた少数の人も、フェイ

＊7　ユダヤ陰謀論で言うところの「Zionist Occupation Government（シオニスト占領政府）」の頭文字をとったもの。

スブックではほとんど成果が得られなかった。
ロヒンギャの人々に対する人権侵害を問われるべき者たちは何千もの投稿を作成し、彼らのフェイスブックのフォロワーは、合計で約一二〇〇万人近くにものぼった。フェイスブックのヘイトスピーチ規制に抵触していたにもかかわらず、そのような投稿は何年もネット上に残った。なぜか？ それは、発展途上国におけるサービス利用の実態を理解するための十分な投資をフェイスブックが行なっていなかったことにより、ビルマ語のできるコンテンツ・モデレーターがほんの一握りしかいなかったためである。[*8]

取り締まりが行なわれていなかったミャンマーのフェイスブックは、民族紛争を加速させる効果的なツールになっていた。それは武器になっていたのだ。そして、フェイスブックに投稿やアカウントを削除するよう説得するには、ロイター通信の調査を待たなければならなかった。国連は、二〇一六年から一七年にかけて起きた集団殺害において、ミャンマーのロヒンギャの人々に対する憎悪を煽るうえでフェイスブックが「決定的な役割」を果たしたと結論づけている。(38) 最終的にフェイスブックはその役割を認めて謝罪し、同地域のプラットフォームに投稿されたヘイトスピーチへの対処が遅すぎたことを認めた。フェイスブックは今や、ソーシャルメディアに慣れていない国は、オンラインの偽情報やヘイトスピーチに最も脆弱であるという事実を認識している。ドナルド・トランプが、彼を支持して米国連邦議会議事堂に暴力的に押しかけた人々を称賛したことによってフェイスブックの使用を停止されたのは、ネット上の憎悪行為にはより身近なところで物理的な影響を及ぼす可能性があるという事実を、マーク・ザッカーバーグが悟ったことを示しているのかもしれない。

極右勢力は二一世紀の最初の二〇年間で、第二次世界大戦以来絶えてなかった規模で聴衆を魅了するようになった。ほんの一〇年前には公の場ではとても口にできないと思われた過激な思想が、今やソーシャルメディアのタイムライン上に、とめどなく流れている。極右勢力の復活に、ソーシャルメディア、特にフェイスブック、ユーチューブ、ツイッターなどの大手メディアの利用増加が関与しているのは間違いない。これらのプラットフォームがなければ、分断を招く政治の特徴となっている偽情報、フィアモンガリング〔恐怖を煽る情報操作〕、憎悪行為を、これほど多くの民主主義国家において確固たる足場を得られるほどの規模で生み出すことはできなかっただろう。二〇二一年一月六日の水曜日にワシントンDCで起きた出来事は、インターネットで加速された政治的ドッグホイッスル〔特定の人だけにわかるメッセージ〕が、テック企業によって運営され保護された場合に何が起こりうるかを思い出させる戒めになるだろう。

ネット上に極右勢力がほぼ阻まれることなく台頭したことは、選挙における彼らの支持率を上昇させただけでなく、ヘイトクライムの被害者数やテロによる死者数も増加させることになった。インターネットを支えるテクノロジーは、憎悪集団にとってメガホンさながらの役割を果たしており、極右勢力のリーチを拡大し、そのインパクトを高め、規制回避を助長している。二〇一四年以降、極右によるテロ攻撃が三二〇%増加し、最近の攻撃の多くはオフラインの組織化された憎悪集団との明確なつながりを持たない者によって行なわれているという事実は、過激化のプロセスにおけるインターネットの役割を考慮すべき必要性を突きつけている。[39] インターネットを利用したヘイトモンガー〔憎悪の煽動者〕の戦術は、もし放置すれば、過激なレトリックの影響を受けやすい人々をテロリストへと変貌させる超促進剤の役割を果たすことになるだろう。

＊8　それ以来、フェイスブックはビルマ語のできるモデレーターを増やしている。

第11章　偏見が憎悪に変わるティッピングポイント――いかにしてそれを防ぐか

政治学者のモートン・グロッジンスは、一九五〇年代アメリカの人種混合居住区における「ホワイト・フライト（白人の脱出）」についての自説の説明に、「ティッピングポイント」〔大きな変化が一気に生じる転換点〕という物理学の概念を応用した[1]。彼の仮説の論点はこうだ。人種が混在する地域には、黒人に対する寛容度が異なる白人家族が存在しており、最も人種差別度の高い家族がまず街を去って、黒人が人口の多数を占めるという不安定な状況を導く。その後、より寛容な家族も次々と街を出て行き、最終的には白人家族が大量脱出するティッピングポイントに達して、人種分離状況が自然に生まれる。このグロッジンスの理論は、五〇年後、米国の膨大なデータセット（一九七〇年～二〇〇〇年）に基づいて経験的な支持を集めた。このデータにより、比較的寛容な白人が住む都市（サンディエゴなど）から白人が一気に脱出する閾値は、異人種間の接触に強い反感を抱く白人が住む都市（メンフィスなど）より、はるかに高いことが示されたのだ[*1][2]。この結果には落胆させられるが、グロッジンスの理論は興味深い。この理論はまた、憎悪の科学にティッピングポイントの概念をもたらすものとなった。

一九五〇年代以降、「ティッピングポイント」という言葉は、大規模な集団がそれまで稀だった行動を急速にとるようになる状況を表す言葉として使われてきた。これは、「べき法則」の原理を活用したもので、少数の人々による小さな変化が、不釣り合いなほど劇的な影響を集団に及ぼすことを示す。作家のマルコム・グラッドウェルは、噂や病気の急速な広がり、爆発的なファッショントレンド、一九九

○年代のニューヨークにおける犯罪の劇的な減少などの説明にこの原理を応用したことで知られている。[5]これらの例はみな、集団行動の変化に関わるものだ。だが、この現象に関する多くの研究とは異なり、本章で主眼を置くのは内的なティッピングポイントである。すなわち、生物学と心理学が、残存しているトラウマ、出来事、文化、テクノロジーと相互作用した結果、偏見に満ちた考えを抱く個人が、それを憎悪に満ちた行動に移すようになるティッピングポイントについて検討する。

人が行動を変えたきっかけを探るのは、作ったケーキを元に戻すことにちょっと似ている。いわば、白いアイシングが施された豪華なレッドヴェルベットケーキを、最も基本的な構成要素にまで分解するようなものだ。問題は、いったん材料を混ぜて焼いてしまうと、元の材料を取り出すのが非常に難しくなることにある。

科学者が研究対象とする人間は「焼き上がった状態」にある。そのため、人間の心に焦点を当てる科学は、質問をしたり行動を観察したりすることによって、その内部構造を明らかにしなければならない。人間の行動やその変化を生み出すために、どのような材料が、どのような順番で、どのような量で使われたのかを特定するのはとてつもない難題だ。

本書における私のささやかな試みは、犯罪学の伝統に基づいている。それは、研究対象の犯罪行動を理解するために、網を大きく広げ、関連する科学をできるだけ多く捉えて利用するというものだ。様々な科学的思考にオープンな研究分野でなければ、憎悪の全体像を理解することはできない。このような

＊1　同じデータセットを異なる方法で分析したところ、ティッピングポイントの証拠が得られなかったという結果が出ており、グロッジンスの理論があらゆる地域に当てはまるかどうかについては、まだ結論が出ていないことは明記しておくべきだろう（W. Easterly, 'Empirics of Strategic Interdependence: The Case of the Racial Tipping Point', *BE Journal of Macroeconomics* 9（2009）を参照）。とはいえ、憎悪の科学におけるティッピングポイントの概念は定着している。

取り組みをしても、すべての材料を特定することは不可能だろう。それでも私は、世の中の証拠に基づいて、一部の人の憎しみに満ちた行動の一部は、次の基本的な材料に基づいて作られていると確信している。

- 顔、ステレオタイプ、脅威、恐怖、記憶、痛み、嫌悪感、共感、注意、評価、意思決定などを処理する脳の一部とネットワーク。さらに、ホルモンや性格タイプなどの他の生物学的要因も相互に影響し合って、「我ら」とは異なる人々に対する行動に影響を与える。
- 旧態依然とした私たちの脅威検知メカニズム。および、そうしたメカニズムをハッキング、ハイジャックして、外集団に対するネガティブな態度を生み出し、人々の偏見に満ちた反応から利益を得ようとする者たち。
- 文化（家族、友人、テレビ、ラジオ、報道、インターネットを含む）によって広められるネガティブなステレオタイプ。および「我ら」とは異なる人々とのポジティブな接触の欠如。
- 個人やコミュニティのトラウマや喪失感（その一部は対処されないままになっている場合があるが、そもそも対処可能であるとは限らない）。そうしたトラウマや喪失感が、脅威として受け取られた罪のない標的に投影される。
- テロ攻撃、注目を集める裁判、選挙などの分断を招く出来事。これらは、認知された脅威の感覚（自分自身の死の不可避性を含む）を高め、神聖な価値観を揺るがせて、世論を分極化させる。
- 途方に暮れている脆弱な人々を食い物にして、憎悪に満ちたイデオロギーを神聖な価値観という形で教え込み、アイデンティティ融合を促し、それらの人々に自己犠牲的な行動をとらせようとする集団。
- アルゴリズムの力により、人々の偏見を増幅して返してくるオンラインのエコシステム。転覆を目論む国家主体や憎悪集団はそれを武器にしている。

これらの材料は、ここまで個別の章に分けて説明してきたため、それぞれ互いに独立して存在し、関連性のない個々の影響を憎悪に対して及ぼしているという誤った印象を与えたかもしれない。もちろん、必ずしもそうであるとは限らず、憎悪の材料は、科学的にはまだ完全には解明されていない複雑な方法で相互に作用し合っている可能性がある。現時点での科学的な限界のために、可能性のある材料やそれらの相互作用の全容はまだ明らかになっていない。それを明らかにするには、この基本的なレシピを基にさらに研究を重ねることが必要だ。

次に起こるヘイトクライムの予測

さて、憎悪の材料がわかった今、その材料を母集団の中から探し出し、ティッピングポイントをピンポイントで特定すれば、誰が次のヘイトクライム犯になるのかを予測できるのではないだろうか？　いや、残念ながら、そう簡単にはいかないのだ。科学者であっても、他の人々と同様、何についても一〇〇%の確信を抱くことはできない。憎悪を研究する科学者たちは、その懸命の努力にもかかわらず、様々な発見方法をもってしても「現実」を測定して真に表現することはできない。憎悪研究が生み出す結果は、現実の近似値である。つまり現実世界の不完全な描写にすぎず、その結果には常にある程度の誤差や不確実性がつきまとう。基本的な事実として、因果関係（「この現象は、これら一連の出来事の直接の結果である」ということ）を証明しようとする憎悪の科学は、たとえどのようなものであれ、決して完璧になることはない。

次のヘイトクライムやその加害者を予測する能力は、憎悪に関する科学の質のばらつきによっても妨げられる。質の高い研究、そこそこの質の研究、質の低い研究を見分けるのが難しいときには、矛盾したメッセージを手にすることになる。たとえば、赤ワインを飲むと心臓の健康が増進するという研究結果を報じる記事を読んでワイングラスに手を伸ばしたのに、数カ月後には、何も違いはもたらさないという別の記事を読んでワイングラスから手を引いた、というような経験がないだろうか？　こうしたことにはイライラさせられるし、このような矛盾した報告は、科学に対する社会の信頼を損なう可能性がある。

この二つの情報から見えてこないのは、異なる結果をもたらした差異だ。研究デザインは同じだったのか？　研究対象は比較可能なものだったのか？　二つの研究は同じ方法でアルコール摂取量を測定したのか、また、参加者全員が真実を語っていると確信できるのか。データの解析は同じ統計技術や技法を用いて行なわれたのか。これらは、結果に影響を与えかねない要因のほんの一例にすぎない。これらの要因の専門的な意味を知らなくても、最高品質の科学研究を行なうのがどれほど複雑なことであるか、おわかりいただけることと思う。

では、「なぜ標準化しないのか」と思われるかもしれない。これは、無機化学のような一部の分野では、憎悪の研究を含む他の分野より簡単だ。自然界に存在する元素とその相互作用については、すべてとは言わないまでも大部分がわかっているので、それらを研究する方法は比較的標準化されている（ただし、時間の経過とともに新たな方法が開発されることはある）。一方、特定の行動を引き起こす要因は、すべて判明しているわけではなく（すべて判明するということ自体がありえないのだが）、目が回るほど多い条件の下でどのように相互作用するかについては、さらに不明だ。つまり、憎しみに満ちた暴力のような行動をもたらす要因を研究する方法は大きく異なり、ときには矛盾する結果を生み出しかねない。

とはいえ、本書で報告した研究結果を無視すべきだと言っているのではない。本書に記載した研究は、発表された時点で最先端のものであり、その多くはのちに新たな研究対象者を用い、より優れた分析手順を用いて行なわれた研究により再現・検証されている。偏見の潜在連合テスト（IAT）、偏見の統合脅威理論（ITT）、存在脅威管理理論（TMT）、偏見を減らすための接触の役割などの、多くの研究が蓄積されている分野については、強力な「メタ解析」が行なわれている。メタ解析とは「累積科学」の一形態で、世界中から集められた質の高い研究を俯瞰《ふかん》して総合的な結論を出すものだ。本書では、憎悪を理解する理論の有用性について決定的な答えに近いものを提供するために、メタ解析が入手可能な場合には、それを記載するようにしてきた。

とはいえ、ある一連の要因が行動を予測するのに役立つという科学的な結果が出たとしても、それが必ずしもすべての人に当てはまるとは限らない。おそらくは大部分の人には当てはまるだろうが、「外れ値」の人も必ず存在する。統計学で言う外れ値とは、大多数の中で目立つ人や測定値を意味する。こうした人や値は、数も少なく、頻繁には存在しないことから異常値とみなされ、分析に支障をきたさないようにデータから除外されることが多い。これには賛否両論がある。なぜなら、このような人たちや値は理論的に興味深いものであることがあるからだ。しかし、排除する前にそれを解明する努力がなされる場合があっても、結局はごみ箱に入れられてしまうことがほとんどだ。

あなたも外れ値かもしれない。そして一般的なルールが適用できない何かを備えている可能性がある。あなたは統合脅威理論が示唆するような方法では脅威に反応しないかもしれないし、あなたのおばあさんも、存在脅威管理理論が示唆するように、自らの死が避けられないことを思い出したときに（失礼）自分とは異なる人に意地悪をするように反応する、などというようなことはしないかもしれない。

周期表の元素に比べると、人間はそれより理解が進んでおらず、予測するのも難しい。二つの元素を組み合わせて化合物を作ったときに何が起こるかは、二つの要素を組み合わせて人間の行動を生み出したときに起こることより、ずっと自信をもって言うことができる。一方、一人の人間の特定の行動を確信のもとに予測するには、考慮すべきことがあまりにも多いうえ、人間自体とその生活環境にはあまりにも多くのばらつきがある。

次の例について考えてみよう。人種関係が険悪なアメリカ南部の小さな町で、白人の両親のもとに子供が生まれる。その子をビリーと呼ぶことにしよう。ビリーは健康な子で、異なる人種の顔を認識したり、脅威と思われるものに反応したりするときに、学習したとおりに働く典型的な脳を備えている。だがビリーは生まれてからの五年間、虐待に満ちた家庭環境、劣悪な子育て、栄養不良のなかで育つ。父親は黒人に対してネガティブなステレオタイプを抱いており、家庭内で差別的な言葉を頻繁に使っている。結局ビリーの両親は離婚し、父親のアルコール依存症と、ビリーを身体的に傷つけることを含む家庭内暴力の前歴から、母親が完全な親権を得る。母親は仕事を求めて転々とし、ビリーの教育は寸断される。また、母親は他の男たちと虐待をはらむ関係に陥り、そのうちの一人とは別の子供をもうける。母親が仕事と薬物乱用の問題を抱えるなか、ビリーは自分と妹の世話に追われる。ビリーと妹に対して、痛みやトラウマに対処する技術を教えたり、「人生はきっと良くなるよ」と安心させてくれたりする人は誰もいない。彼は心を閉ざし、自己本位になってゆく。

思春期初期にさしかかったビリーに、長年の虐待とネグレクトの結果として、行動の変化が生じる。もしそのときにビリーの脳をスキャンしていれば、ＰＴＳＤによるものに似た構造的変化が見られただろう。彼は日常的に不安を抱えており、脅威に過敏で、普通の人のように人生の浮き沈みに対処することができない。感情的にも肉体的にも傷つきやすいビリーは、気にかけてくれる人を探し、同じような人たちが集まるグループをオンラインで見つける。グループのリーダーは、自分たちの動機は宗教だと言っていたが、それは狡猾な隠れ蓑だった。ネット上で白人至上主義のプロパガンダにさらされたビリーは共感を抱き、他の「新兵」たちとオフラインで会うようになる。やがてビリーは、自分が必要とされ、大切にされていると生まれて初めて感じるようになり、グループの神聖な価値観を自分のものとして取り入れることによって、自らのアイデンティティがグループのものと融合してゆく。そんななか、ビリーの地元にある白人至上主義のシンボルを公共の場から撤去するという決定が下され、そうした価値観が脅かされる。彼のグループは抗議集会の開催を予定する。集会当日、ビリーと友人は地元に住む黒人から言葉の暴力を受ける。さて、ここでビリーが暴力的になり、ヘイトクライムを起こす可能性はどのくらいになるだろうか？　九〇％？　六〇％？　それとも二〇％？

あなたは高い値を予想するかもしれないし、結局それが正しかったということにもなるかもしれない。だが、ビリーが何をするかを知る確実な方法はない。なぜなら、ビリーは人を憎むようになる基本的材料の大部分を備えているにもかかわらず、科学者がまだ発見していない、あるいは今後も発見できないかもしれない未知の要素や相互作用も宿しているからだ。そう考えると、ビリーとは正反対の幼少期を過ごした人が、重大なヘイトクライムを犯す可能性だってあると言うこともできるだろう。可能性は低いかもしれないが、よく探せばそのような例は必ず見つかる。

ジョゼフ・ポール・フランクリンは科学者が同定した要因を数多く備えていたが、デイヴィッド・コープランドは、まったくないとは言わずとも、ほとんど備えていなかったように見受けられる。だが二人とも恐ろしいヘイトクライムを犯した。個人の行動の予測は、未知として知られていることと未知であることすらわかっていないことが混在する不正確な科学であるという現実から逃れることはできない。これこそ、警察や刑事司法における予測技術の使用が多くの議論を呼んでいる理由だ。予測技術は、次の犯罪がどこで誰によって行なわれるかを教えてくれるほど個人レベルでの精度は高くない。予測が行なわれたとしても、五分五分の当て推量と変わらないことが多く、不当な結果を招く可能性がある。

だとすれば、次にシナゴーグで起こる極右による大量殺人を予測することや、投獄されたＩＳＩＳのテロ攻撃者が完全に更生するかどうかを予測するといった希望は捨てるべきなのだろうか？　予測は実践者にとっては聖杯のように思われがちだが、行動科学者は記述や説明のほうを好む。といっても、行動科学者が行動の原因の解明をやめた、というわけではない。行動科学者は原因の解明に依然として高い関心を寄せているし、キャリア全体をその解明に捧げる者もいる。ただ、説明的な因果モデルは、特定の個人について良い予測ができるとは限らないのだ。その理由は、行動科学者は集団を対象に研究を行なっていることにある。科学者は通常、母集団から抽出されたサンプルを研究対象にしている。これらのサンプルは何百人、ときには何千人もの人々からなり、他の全員の平均を代表するとみなされている。しかし残念なことに、平均値は、ヘイトクライムやテロ攻撃のような稀な行動の予測にはほとんど役に立たない。

平均値を用いるとすれば、一〇〇〇人を無作為に抽出し、ある程度の確実性をもって、そのうちの一人がヘイトクライムを犯す可能性が高いと言うことができるだろう。次に、ヘイトクライムは一五歳から二四歳までの白人男性が犯す可能性が最も高いという科学的な証拠に基づいてこれを絞り込むと、五〇人程度にまで絞られる。さらに科学的に考えて、我々が探している人物は、幼少期のトラウマからくる未解決の問題を抱えていて、オンラインまたはオフラインで極右的なものに関わっている可能性があるとする。すると、五人くらいにまで絞ることができるかもしれない。最後に、このヘイトクライムが起こるタイミングについて考慮し、テロ事件のようなトリガーイベントの後に起こる可能性が高いと考えることができる。

では、この五人をどうすべきだろうか？　ヘイトクライムを防ぐために終身拘留するのか？　トリガーとなる出来事が起きた直後に拘留し、その後釈放するのか？　誰も拘束せずに、トリガーイベントの前後で彼らを注意深く監視するのか？　それとも、何もしないで放っておくのか？　この五人がほんとうにヘイトクライムの予備軍であると、どれほどの確信を持って言えるだろう？　統計的に言えば、予備軍がこの五人のなかにいる確率は、五分五分より高いかもしれないが、それでも確信はできない。統計的に見てヘイトクライムを犯さないだろうと思われる四人を含むこの五人の権利は、ヘイトクライムの被害者になる確率の高い一人の権利に勝るのだろうか。科学には常に不確実性がつきまとうため、この五人の権利、ひいては、たとえ「リスクがある」というレッテルを貼られている人であっても法廷で陪審員に有罪とされない限り、その権利を侵害することは決して正当化されない。

「平均」が役に立つのは、大多数の人に効果のある介入策を策定するときだ。憎しみに満ちた行動を引き起こしたり防いだりする材料のいくつかが特定できれば、一般の人が、自分の中の偏見のような憎悪の「芽」を摘んだり、マイクロアグレッションのような行動に対処したりして、それらが害をもたらしたり悪辣な行為に発展するのを防ぐのに役立つ。より大きなスケールについて言えば、政策立案者は、刑事司法、教育、住宅、社会福祉、医療に変化をもたらすことによって、集団のレベルで憎悪の材料に対処することができる。ヘイトクライム犯の手にかかって今苦しんでいる被害者やその家族にとっては慰めにならないかもしれないが、個人の変化や政策に影響をもたらす科学には、将来のヘイトクライムや人々が被害者になることを防ぐ力があり、その効力はすでに発揮されている。

憎悪をなくすための七つのステップ

モハメド・サラーは、二〇一七年六月にクラブ史上最高額となる四二〇〇万ユーロの移籍金でリヴァプールFCと長期契約を結んだ。彼はプレミアリーグに所属する五百数十人の選手の中に約五〇人いるイスラム教徒の一人で、デビューシーズンに三二ゴールを挙げ、その年のヨーロッパにおける最多ゴールの記録を更新した。移籍直後には、優れたパフォーマンスが評価されてファン投票による月間最優秀選手賞を受賞し、二〇一八年には、PFA年間最優秀選手賞〔二〇二二年にも受賞〕とプレミアリーグ・ゴールデンブーツ賞（最多得点賞）を受賞した〔二〇一九年、二〇二二年にも受賞〕。

サラーはピッチ上で、サジダ（アッラーにひれ伏す姿勢）によってゴールを祝う。また、一一〇〇万人以上のフォロワーがいるソーシャルメディアに、断食などのイスラム教の習慣に関する写真を投稿したり、モスク襲撃事件のあとではゴールを祝うことを控えたりして、イスラム教への関心を喚起している。サラーの健闘に感謝して、ファンはイスラム教へのポジティブな感情を込めた応援チャントを歌うようになった。

彼がもう何点か取ってくれたら、私もイスラム教徒になる。
彼があなたにふさわしいなら、私にとってもふさわしい。
モスクの中で座ること。私がやりたいのは、まさにそれ！

サラーがリヴァプールＦＣに加わったのは、二〇一七年にイスラム過激派によるテロ事件が相次いで発生し、英国の警察記録によるイスラム教徒に対するヘイトクライム件数が過去最高に達した数カ月後のことだった。当時、英国全体に比べて民族多様性のレベルが低かったリヴァプールは、ヘイトクライムの発生件数が多い警察エリアの上位五位に入っていた。だが、数カ月もたたないうちに、サラーの行動は、ファンのイスラム教に対する認識に良い影響を与えるようになったのである。さらには、この「サラー効果」がリヴァプールの街にも波及しているという証拠も増えていた。スタンフォード大学の調査によると、サラーが加入した後のマージーサイド郡におけるヘイトクライム発生率は、サラーがリヴァプールＦＣに加入しなかった場合に想定された発生率と比較して、一六％も低かったという。このサラー効果はネット上にも広がり、リヴァプールＦＣのファンが投稿する反イスラム教徒のツイート数は五〇％減少した。一方、他の地域やファン層におけるヘイトクライムやツイートの発生率は、サラーの加入後も横ばい、またはは増加しており、イスラム教徒に対する寛容さへの影響は局所的なものであることが示された。[*2(4)]

サラー効果には様々な要因があったと思われるが、最も顕著だったのは、彼が自分の宗教的なアイデンティティを表現したことだろう。それは多くのリヴァプールFCファンにとっては新しい情報で、イスラム教に対する態度を軟化させる効果があったと思われる。ゴールを決めた後にひれ伏して祈る姿や、彼の妻がヘッドスカーフをかぶって試合を観戦する姿、娘に聖地メッカ（マッカ）の名前をつけるなど、サラーは世界で最も有名なイスラム教徒サッカー選手の一人になった。また、宗教に関するメッセージを頻繁に発信していることから、彼が〝例外〟だとみなされる可能性は低く、イスラム教は脅威的で英国の価値観とは相反するものだというネガティブなステレオタイプを打ち消し、他のイスラム教徒を人間味ある人々として感じさせるのに役立っている。

　サラー効果は、マイノリティのアイデンティティをポジティブに表現すれば、偏見や憎しみが減らせることを示している。憎悪は必然的なものではないという希望を抱くには、イスラム教への賛美が響き渡るアンフィールドのスタンドを見ればいい。

　ゴードン・オルポートは、偏見にまみれた純然たる偏狭者を除き、ほとんどの人は偏見を抱くときに良心の呵責《かしやく》を感じ、日常的に偏見を抑制しているということを認識した最初の心理学者の一人だった。[5]
二〇世紀後半には、様々な社会運動（公民権運動、女性解放運動、同性愛者の権利運動など）に促され

＊2　「サラー効果」は、リヴァプールFCとマージーサイド郡にのみ当てはまるものだった。実のところ、（とりわけツイッター上での）イスラム教徒に対する排斥的な感情は、サラーの活躍が直接の引き金となって、他の地域や他チームのファン層で高まっていた。対戦相手のサッカーチームのファンが表現する人種差別は、マイノリティに対する悪質な問題として今も消えていない。このパターンはサッカーに限ったことではない。サラーのゴールにより自分のチームが負けたケースのように、「他者」に関する経験がネガティブなものになると、態度や行動が悪化してしまうことがある。

て規範や法律が変化するにつれ、人々は文化的に形成された偏見に対して気まずく感じるようになり、それを抑える度合いも増した。他者についてのネガティブなステレオタイプの見解を口に出すことは社会的に容認されなくなり、場合によっては差別的な行動をとると罪に問われるようにもなった。こうして偏見は、二一世紀に入ってから抑制がきくようになったとはいえ、なくなったわけではない[6]。ほとんど規制のないソーシャルメディアの大量利用とポピュリズムの世界的な台頭は規範をむしばみ、一部の者が偏見の表明を正当化することを助長している[7]。

これまで私たちは、偏見を憎悪に駆りたてる脳、心理、社会、テクノロジーの欠陥について見てきた。こうした力の影響を受けない人は誰一人としていない。自分に対するそれらの力の影響と他者に対する自分の行動を認識する責任は、私たち全員にある。

これから紹介するのは、自分の偏見（その多くが無意識のものだ）が差別と憎悪に満ちた行動に変わるのを防ぐ一連のステップだ。そのなかには、実践的なものもあれば、そうでないものもある。

1　誤報であると認識する

脳の中にしまわれている人間の脅威探知機は、身の安全を守るために進化してきたもので、私たちを現在まで連綿と生き延びさせるために優れた仕事をしてきてくれた。だが、今や時代遅れのものとなり、先進国に住むほとんどの人（つまり、ベア・グリルス〔英国陸軍特殊部隊ＳＡＳ出身の冒険家〕のように自らを危険にさらすことにスリルを感じる者以外の人）にとっては目的に合わなくなっている。特定の状況下で作動する様々な生物学的プロセスや、ネガティブなステレオタイプの学習と相まって、脅威がほとんど存在しない場合、あるいはまったく存在しない場合にも、非常警報が作動してしまうことがあるのだ。自分とは異なる人が誤報の引き金になると、その結果の行動は、偏見や憎しみという形をとることがある。この脅威検知メカニズムを再配線するには、意識的な努力がかなり必要だ。

その努力は、実行制御領域である前頭前野から始まる。前頭前野には、脅威（脅威ではない場合も含む）の真の姿を認識したときに、扁桃体が誘発する非常警報を抑制する役割がある。誤報を見分けるのが上手くなればなるほど、非常警報を素早く抑制して偏見に満ちた反応を回避できるようになる。その鍵は、私たちの古いメカニズムが、その反応から利益を得ようとしている者たちに乗っ取られたとき、そのことに気づけるかどうかにかかっている。

ロバーズケイヴ実験（第5章）について考えてみよう。シェリフは、少年たちのグループ間の関係を意図的に操作して脅威の感覚を作り出した。対立するアイデンティティを奨励し、競争を促すために資源を不足させ、偽の破壊行為を仕掛けたのだ。それを合図に、少年たちの脅威探知機は作動し、攻撃が始まった。政治家やメディアは、世界中の疑うことを知らない人々に対して、自分たちのロバーズケイヴ実験をしかけている。〝ネイティブ〟たちは、〝アウトサイダー〟たちが自分たちの国民性や、仕事、医療、住居、学校などの資源を脅かしていると告げられる。シェリフの実験の少年たちのように不用意だった場合には、人々はそれに反応して恐怖を抱き、よくてもポピュリストのリーダーに投票するか、最悪の場合には街頭に繰り出して、突きつけられた脅威を暴力で排除しようとするだろう。

イーグルスとラトラーズは、脅威の認識が取り除かれたときに、お互いの差異を乗り越えた。すでに見てきたように、シェリフはそれ以前の実験で、仲のよかったパイソンズとパンサーズに脅威の感覚を植え付けることができなかった。なぜなら、この二つのグループは、実験が始まる前から知り合っていたからだ。

政治家やメディアから、「自分たちとは違う人たちのせいで人生が損われている」と告げられたときには、彼らの動機を常に疑い、誤情報や偽情報を見つけたら、自分の脳内で発令された非常警報を解除することが必要だ。

2　異なる他者に対する自分の予断を疑う

私たちの脳は多くのことについて素晴らしい仕事をするが、いくつかの重要な分野についてはその限りではない。脳は世の中にあるすべての情報を処理することができないため、近道をしようとする。それが意見や態度、行動に影響を与える。これらの近道は、ステレオタイプという形で、他者（特に見知らぬ人）を捉える方法に影響を及ぼす。子供の頃に学習したステレオタイプは特に修正が難しい。幼い脳は疑問を抱くことなく、それらを受け入れてしまっているからだ[8]。

そうしたステレオタイプの一部がもたらす結果には、比較的無害なものもある。たとえば、ドイツ人は効率的で時間管理に長《た》けているというステレオタイプを抱く雇用者は、ドイツ人の求職者を優先的に雇うだろう。英国人はみな我慢して感情を抑えるというステレオタイプを抱いている人は、苦境に陥っているときに平気を装う英国人を見て、同情心を抱くかもしれない。だが、中には有害な結果をもたらすものもある。たとえば、ユダヤ人は貪欲で不正直で強欲だというステレオタイプを抱いている人は、彼らが迫害されても共感を抱かないだろう。黒人は怠け者だと思い込んでいる雇用主は、黒人従業員に要求度の低い地味な職務しか与えず、彼らの昇進を妨げてしまう。同性愛者は性的に乱れているから病気になっても当然だと考える官僚は、エイズが流行しても国家非常事態宣言の要請を迅速に行わない。

偏見やステレオタイプは文化を通して教え込まれ、広められるもので、人々の集団脅威反応メカニズムを糧にすることがある。家族や友人も含め、新聞、テレビ、書籍、インターネットなどの文化を伝える媒体は、しばしば粗雑に一般化した他者に対する印象を生み出してしまう。これらのステレオタイプは、後に判断や行動に必要なときに取り出すことができるように、脳の中でコード化されて保存される[9]。だが、ステレオタイプは文化に基づくものである以上、私たちはその影響の奴隷になる必要はない。行動しようとする瞬間にステレオタイプが伝えるものに抵抗して行動修正を行ない、偏見のない結果を手にすることは可能だ[10]。

脅威に基づく偏見に恐怖を制御する扁桃体が関与しているのとは異なり、ステレオタイプは主に、それよりずっと修正に前向きな脳の異なる領域と関連している(11)。研究室の実験では、ステレオタイプを打ち消す情報を繰り返し与えると、被験者の認識を変えることができる。それでも、被験者が再び古いステレオタイプを助長する文化に戻ると、そのような描写に抵抗する努力をしなければ、また元に戻ってしまうことがある。これに打ち克つには、研究室を超える場所、すなわち、家庭や新聞、テレビ、スポーツの場などでポジティブなステレオタイプを広めていくことが必要だ。

先に挙げたモハメド・サラーの例のように、著名な文化人がネガティブなステレオタイプの打破効果を示す例はたくさんある。だが、その成功の程度は様々で、どれだけタブロイド紙のネガティブな報道を避け、クリーンな印象を保てるかにかかっていることが多い。スキャンダルは、たとえ些細なものであっても、問題となっている集団に対する古臭いネガティブなステレオタイプを助長してしまう場合がある。サラーは二〇一八年半ばに、運転中に携帯電話を使用したというネガティブな記事が報道され、二〇一九年後半には、負傷によりピッチ上でのパフォーマンスが低下した。こうした打撃は、ヘイトクライムやイスラム教徒に対する態度に及ぼす「サラー効果」に悪影響を与えかねない。

それにひきかえ、テレビや映画で有名人が演じる架空の役柄の影響は、もっとコントロールしやすい。フィクションの中で様々なアイデンティティをよりポジティブかつステレオタイプにならないように描けば、人々の寛容さを促進することができる。私は『スター・トレック』の大ファンで、リブート版の続編『スター・トレック BEYOND』でジョン・チョウ演じるスールーはゲイだという設定が明らかになったときには胸が躍った。だが映画を見た後、スールーと彼の夫のキスがファイナルカットで削除されていたことを知ってがっかりした。おそらくは、国内外で興行収入が低下することを恐れたためだったのだろう。同性同士の関係は正常なものであるという包摂的なメッセージを広めることは大手映画会社の唯一の目的ではないため、チケットの売れ残りを心配してのカットであれ、クリエイティブな理由でのカットであれ、それは致し方のない決断ではある。でも、私が経営者なら、数十万ドルを諦めて数百万人にメッセージを伝えることは、寛容性を高められるという最終的な配当にじゅうぶん値することだと思うだろう。

これは科学的にも裏付けられている。大ヒットしたシットコム『ふたりは友達？ ウィル＆グレイス』、や『エレンの部屋』以来、ゲイのキャラクターやパーソナリティたちの姿（その多くがステレオタイプに反する特徴を示していた）が、家庭内で見られるようになった。視聴者へのインパクトは概ね肯定的なもので、多くの人がスクリーンの内外で同性愛者を受け入れるようになり、同性愛者に対する偏見が減ったと報告している。[12] この効果は、視聴者が架空の〝マイノリティ〟の登場人物と認知的・感情的に結びつくと、他のアイデンティティにも及ぶ。[13] とりわけ、登場人物が差別を経験する場面では、視聴者が彼らの視点に立って共感を抱くようになる。[14] その一方で、メディアにこうした力があるということは、ネガティブなステレオタイプの怠惰な描写をした場合には、視聴者に偏見を改めて抱かせてしまうことを意味する。[14]

有名人やハリウッドの脚本家たちに、私たちの代わりにすべての仕事をしてもらうことはできない。私たちはみな自由な考えの持ち主であり、〝カルチャーマシン〟が繰り出すものに抵抗することができる。人や集団について自動的に粗雑な思い込みをしていると感じたとき、それに常に異議を唱えるのは私たちに課せられた義務だ。直感はある種の状況では役に立つが、自分とは異なる人々についての判断に使われると、差別につながる可能性がある。私たちは、決して人を第一印象で判断してはならないし、自分が間違っていることを証明するチャンスを相手に与えることも必要だ。それでも、ステレオタイプに異議を唱える習慣を真に定着させるためには、もう少し助けがいる。自分とは異なる人々と直接触れ合うことが必要だ。

3 自分と異なる人と接触する機会を避けない

いざというときに頼りになる最も親しい友人たちの顔を思い浮かべてみよう。次に、近所の人たちや、喫茶店やパブなどでよく出合う人たちを思い浮かべてみてほしい。次に、職場の同僚や大学の同級生など、公的な場で共に過ごす人たちを思い浮かべてみよう。最後に、これらの人々の肌の色、ジェンダー、性的指向、宗教、年齢、身体的・精神的な障害の有無などについて思いをはせてみてほしい。

おそらくは、最も多様性に乏しいのは最も親しい人たちのグループで、最も多様性に富むのは職場、大学、またはそれに準ずる場所にいる人たちではないだろうか。このパターンが、『チアーズ』、『セックス・アンド・ザ・シティ』、『フレンズ』などの大ヒット作を含め、欧米で最も人気のあるテレビ番組で繰り返されているのは意外なことではない。[*3] それは私たちの経験を表しているのだ。危機に陥ったときに頼りになる人は自分と同じ特徴を数多く備えているという事実は、一般的に誰を信頼するかということに影響を与える。そしてそのことは、友人、知人、同僚といった広い範囲の人々について下す人生の様々な決定を左右する可能性がある。

二〇世紀初頭、異人種を混在させるとどうなるか、ということについては意見が分かれていた。一部の学者が、教室などで対等な立場にある人種間の接触が増えると、不安や緊張、はては暴力までが生じるという仮説を立てる一方で、寛容と尊敬の念が生まれると主張した学者もいた。[15] この問題に対処するために立てられたのが「集団間接触理論」である。この理論は、偏見を減らす最適な接触のための重要な条件を四つ示した。

＊3 最近のシットコムでは、この方式から離れて、親しい友人の輪の中に複数の対照的なアイデンティティを盛り込むものもある。

(i) 接触という文脈においては、両者が対等な地位にあらねばならない。この状況は、職場や教育の場では自然に生じる。たとえば、対等な地位にある白人と黒人の従業員や学生が、共同作業をすることを求められる場合などがこれに当たる。
(ii) 両者は、共同プロジェクトに取り組むといった、共通の目標を持たねばならない。
(iii) この目標を遂行することにおいて、両者は個々に作業を行なうのではなく、オープンに協力せねばならない。
(iv) そのペアリングは、両者が尊敬する上司や先生などの権威ある人物によって承認または支持されなければならない。[16]

これらの条件が一つ、あるいは複数欠けているからといって、接触しても偏見が減らないというわけではない。ただし、効果が弱くなったり、効果が出るまでに時間がかかったり、効果が長続きしなかったりする可能性がある。

初期の研究に、米国の住宅プロジェクトでこの理論を検証したものがある。当時、一九四九年に制定された連邦住宅法のもと、米国の都市におけるスラム街を一掃するために、公共住宅の建設が急ピッチで進められていた。この取り組みは一部の人々から、貧しい地域を一掃するだけでなく、住宅の人種分離を解消する機会にもなるとみなされたが、当時の科学者の間では居住地の分離撤廃に関する意見が分かれていたため、賛否両論を呼ぶことになった。初期の実験では良い結果が得られていたが、それが実際の住宅地で再現されるという保証はなかったのだ。しかし、人種を分離した公営住宅を大量に建設するようなことは、連邦政府が「黒人専用」・「白人専用」の団地や地域を推奨しているかのような印象を与え、かえって多文化関係を悪化させることになりかねなかった。

のちに、最初の大規模社会工学実験とみなされることになるニューアークの低家賃公営住宅プロジェクトでは、黒人と白人の居住者を別々のブロックに割り当て、その居住者たちの経験を、ニューヨーク市にある人種分離されていない類似の二ブロックと比較した。その結果、分離されていなかった地区の白人主婦は、分離された地区の白人主婦に比べて、黒人の隣人との付き合いが良好で、彼らを高く評価するようになったと報告した。この研究結果が発表されたのち、「人種、宗教、肌の色にかかわらず、必要に応じて住宅を提供する」という方針が打ち出され、ニューアークの人種分離公営住宅は廃止されて、八つの住宅プロジェクトすべてで白人と黒人の住民が混在するようになった。少数の住民はこの政策に不満を訴えたが、科学的根拠とともに説明を受けるとすぐに引き下がった[17]。

だが、その一〇年後、白人の郊外への流出が生じ、ニューアークの街は黒人が大半を占めるようになる。白人の流出とともに政治的な影響力も薄れ、失業率や犯罪が増加した。一九六七年には、黒人男性が白人警官にひどく殴打された事件をきっかけにニューアークで人種暴動が勃発し、二六人が命を落としている。そのうち二四人は現地の住民だった。人種関係が悪化したのは、一九六〇年代後半の経済的・社会的な影響により、人種分離撤廃の動きが損なわれたためだと思われる。かつては住宅プロジェクトの人口に比例して行なわれていた警察の取り締まりは過剰なものになり、警官のほぼ全員が白人だった。

もしニューアーク警察がもっと多くの黒人警官を雇用し昇進させていたとしたら、人種関係はここまで急速に悪化しなかったのではないだろうか？　集団間接触理論は、その可能性を示唆している。雇用の場における積極的な接触は偏見を減らし、職場内外の関係改善を促すからだ。ある初期の研究では、フィラデルフィア警察で黒人警官と一緒に働いた白人警官は、将来黒人警官と組むことや、黒人の上官から命令を受けることに対する態度を軟化させたという結果が得られている[18]。

こうした結果は、他の職場でも再現されている。一九六〇年代にアメリカ南部で行なわれた先駆的な研究では、二〇日間にわたって、人種差別的な態度をとる白人女性の事務員を黒人のパートナーと働かせた。実験参加者には同等の地位にある者を選び、オフィスでの作業には目標の共有、協力、権威者による承認が確保されるように配慮された。最も人種差別的な考えを抱いていた白人女性は、当初、黒人の同僚に対して、接触を避けたり、質問を無視したり、会話から除外したりするなどのネガティブな態度を示した。しかし、研究期間が終わるころには、ほぼすべての白人女性が黒人の同僚と好ましい経験をもったと報告し（好感度と能力で評価）、将来の仕事でも再び共に働くことに同意したのだった。[19]

また、レクリエーションの場でも、接触により若者の偏見を減らすことができる。最近再現されたロバーズケイヴ実験では、キャンプに参加した若者を、白人だけのグループと、人種が混在したグループのいずれかに無作為に割り振った。三週間の滞在中、各グループはグループ間の接触が最適になるような条件下でサバイバル技術の訓練を受けた。このキャンプの一カ月後、人種混合グループの一〇代の白人の若者が報告した黒人に対する偏見的な態度の割合は、白人のみのグループに割り振られた一〇代の若者に比べて低かった。[20]

接触は、直接行なうのが最も効果的だ。つまり、個人が集まって、できれば先に述べた最適な条件下で接触する必要がある。それができない場合は、間接的な接触でも偏見を減らすことができるが、その場合、効果は低くなる。[21] サラー効果は間接的な接触の一例だ。サラーとリヴァプールFCのファンは、大会で優勝するという目標を共有していたし、サラーはファンが信頼する権威者の代表であるクラブの経営陣やコーチから支持されていた。そして彼は約束を果たすことに成功し、すべての人にポジティブな経験をもたらした。だが、ファンが彼と直接時間を過ごす機会はほとんどなかった。

一九五〇年代以降、様々なアイデンティティにおける集団間接触理論を検証するため、三八カ国で合計二五万人以上を対象として五〇〇件を超える研究が行なわれてきた。その結論は、適切な条件下で行なわれるポジティブな接触は、偏見や憎しみを減らすというものである。[22] 接触はとりわけ同性愛嫌悪者の偏見を減らすのに効果があるようで、次に身体的障害、人種、精神的障害、年齢に基づく偏見と続いている。変化が最も現れやすいのは子供と大学生で、最も現れにくいのは大人だ。年齢にかかわりなく、男性と女性における大きな差異はない。五〇年以上にわたって行なわれた研究のうち、偏見を減らす接触の効果が最も大きく現れたのはレクリエーションの場を対象にした研究で、次いで職場、教育、居住地における研究と続いた。ポジティブな接触は、極右主義を信奉する人を含め、最も偏見を抱きやすい人にも効果があることが示されている[23]。

これらの研究は、人々を一定期間一緒にして、仲良くなるかどうかを調べたものだった。しかし、これらの人々が接触したときに何を行なうかは、研究室における実験の場でよく規定されているのとは異なり、必ずしも明確に規定されていたわけではない。職場、学校、サマーキャンプ、団地などで数週間にわたって行なわれた会話では、個人的な話を伝えあったり、共感を得たり、集団間の類似性を示したりしていた。白人と黒人、異性愛者と同性愛者、若者と高齢者などの参加者は、共通の問題や展望について学び、思い込んでいるだけのことが多い文化の壁を取り除いた。また、実験参加者が行なった作業では、協力することを余儀なくされたため、「他者」の能力や知性に対する信頼感が高まった。科学者たちは、異なる集団間の接触は、親しみや好感を育み、ステレオタイプを打ち消して脅威の認識を取り除くことにより不確実性や不安を軽減するため効果が生じると結論づけている[24]。

答えの出ていない疑問点の一つは、接触後に生じた偏見の低下がどのくらい持続するかということだ。偏見の低減に取り組んでいる政策立案者たちは、介入後の接触の効果は――とりわけ参加者が集団間の接触の少ない日常生活に戻った場合には――急速に失われるのではないかという懸念を抱いている[25]。過去一〇年以内に行なわれた研究では、集団間のポジティブな接触が多い地域に住むと、住民の偏見が減ることが判明している[26]。コミュニティ全体の寛容な態度は個人レベルにまで伝わり、人々は他の人の行動に影響を受けて、自らの集団間接触によるポジティブな効果をさらに高める。たとえ直接的な接触がなくても、こうした地域に住む人々が報告する偏見のレベルは低い。

住む場所は重要な要素だ。だが、単に多様性に富む地域であるだけでは不十分で、住民の多様性に意味のあるポジティブな接触が伴うことが必要だ。黒人が五〇%、白人が五〇%の地域を策定しても、両方のコミュニティが定期的な交流に消極的であれば意味がない。ポジティブな交流がある多様性に富む地域は、時間が経つうちに外集団に対する脅威の感覚を打ち消すことができる。二〇年にわたる一〇〇カ国分のデータによると、ある地域に宗教や人種の異なる住民が流入した場合、最初は慣れないこともあるが、最大で八年以内、場合によってはもっと早く（四～六年）、ポジティブな接触によって全員の間に信頼感が生まれ、自己申告される生活の質（人生の満足度、幸福感、健康）への悪影響は解消されるという。世界中の人間は、多文化主義に適応し、それを美徳とすることができる。だがこのプロセスは、多様性に反対することで利益を得ようとする者たちによって頓挫させられることがある。政治家やメディアが、集団間の違いを強調して捏造した移民排斥を促すような話を広めると、人間の脅威のメカニズムが作動し、良好な統合を遅らせるだけでなく、停止させてしまうことさえあるのだ[27]。

この膨大な研究結果から得られた明確な教訓は、自分と異なる人々とできる限り交わることの必要性だ。実際に家を出て異なる人々と交わるというのは、多くの人にとって、この文章を読むよりずっと難しいだろう。多様性に富んだ地域や職場に身を置いていない人にとってはなおさらだ。だからこそ、自分とは異なる人と交わる機会が訪れたら、それを逃さず、経験を活用することに努めなければならない。将来の世代の心をオープンで寛容なものにするために、自分の子供たちに同じことをさせるのも必要だ。それは早ければ早いほどいい。とりわけ高校生になる前に交わらせよう[28]。

最初に接触する際に、間違ったことをしたり言ったりしてしまうのではないかと少々不安になるのは、誰にでもあることだ。みな、自分と異なる人々と交わるときには、ちょっとした間違いを犯す。たとえば、家でパーティを開いたときに正しい種類の料理を用意するのを忘れてしまったり、近所の人宛てのクリスマスカードで名前のスペルを間違えたり、誰かの人生や行動について無神経な質問をしてしまったり、ステレオタイプの典型的な推測をしてしまうようなことがあるかもしれない。これらの中でも、偏見を持っていると思われないようにしようとするストレスや不安が原因で起こりかねない最悪の過ちは、「マイクロアグレッション」と呼ばれるものだ（第1章を参照されたい）。相手に不快感を与えたと思ったら謝ろう。それはとても大事なことだ。

4 「他者」の立場に立って考える時間を持つ

テレビでステレオタイプに反したキャラクターを見たり、自分とは異なる人たちと一緒に過ごしたりすると、自分以外の誰かであることがどんなことなのかを少しは知ることができる。これは自ら日常的に行なうべきことで、偏見や差別を日常的に経験している人々に共感を抱くべきことを、メディアや有名人に教えてもらう必要はない。

刑事司法機関が実施している「修復的司法プログラム」は、被害者とヘイトクライム加害者を一堂に会させて共感を促す試みだ[29]。研究室の実験では、他者の視点や経験を想像する演習を行なうことで、心理学者が「脱カテゴリー化」と呼ぶ現象が促進されることがわかっている。これは、「他者」を別の集団の一員としてではなく、個人として認識するようになることを意味する。場合によっては、他者を「再カテゴリー化」したり、「交差カテゴリー化」したりすることもある。つまり、他者を個人としてだけでなく、自分が所属する集団の一員として見るようになるのだ。いわば、「出身集団は違うけれども、同じチームの一員だ」と考えるようなものである[30]。これらの三つのプロセスは、ネガティブなステレオタイプを打破し、最終的に偏見を減らすのに役立つ。

新聞やネット、テレビなどで他人の苦境を表現している場面に出合ったら、自分がその人物だと想像してみる癖をつけよう。その人と立場を交換したいだろうか？　そう思わないとしたら、なぜなのか？　自分はその人よりどのような点で恵まれているか、そしてそれはなぜか？　その人との共通点は何か？

その人の目標や動機は何だったのか？ その人が障害に直面したとき、どのように感じていただろうか？ その人が喪失や痛みに耐えていたとき、どのような感じがしていただろうか？ 他者のことを真剣に考えれば、自分の特権に気がつき、その人の中に自分を、自分の中にその人を見ることができるようになる。

5 分断を招く出来事に惑わされない

景気後退、論議を呼ぶ選挙、注目を集める裁判、テロ事件などには共通点がある。それは、分裂させる力と同時に、団結させる力も持っていることだ。危機的な状況下では、本能的に身を縮めて自分たちと同じような人たちを守ろうとするが、ときにはそれを外集団の犠牲のもとに行なおうとすることがある。これは、雇用や医療などの資源についてと同様に、世界観などの「神聖な価値観」についても当てはまる。

分断を招く出来事が生じたとき、私たちは、その中心となっているとみなされる集団が本当に問題なのかどうかを自問しなければならない。どう感じ、どう行動するかを決める前に、糾弾している側の動機を疑い、様々な立場の人の意見を聞くことが必要だ。

そうした努力をした結果得たものがたとえどのようなものだったとしても、義憤という安直な反応に訴えることは、何としても避けなければならない。義憤はカタルシスをもたらしはするが、長続きせず、長期的にはより多くの痛みと不幸をもたらすからだ。そうする代わりに、道徳的な浄化に基づく、より健全な行動に焦点を当てよう。分裂を招くような出来事が自分の心に深く根差している価値観や生き方を揺るがしていると感じたら、ポジティブな行動をとって、自分の信念をさらに強化しよう。たとえば、友人や家族に会ったり、慈善団体に寄付をしたり、ボランティア活動をしたりすればいい。そうしたことによる短期的、中期的、そして長期的な利益は、私たち自身だけでなく、同じ価値観を共有する人たちにももたらされる。

6　フィルターバブルを破壊する

インターネットは世界中に広がっているにもかかわらず、私たちがオンラインで誰かに接触したり、視点に触れたりする機会は、オフラインの世界に比べて少ないかもしれない。ネット上のフィルターバブルが私たちの態度に大きな影響を与えるかどうかについての科学的な結論はまだ出ていないものの、私たちの多くは、自分の好みに合わない集団や情報を積極的に避けているか、アルゴリズムによって遠ざけられていると考えてよいだろう。

私たちはオンラインで、自分に似た人や、自分がすでに考えていることや信じていることを補強するようなニュースを積極的に探す。そしてそれがアルゴリズムに情報を与え、アルゴリズムが私たちの便宜を図ってそのプロセスを自動化している。ソーシャルメディアの大手企業は、ユーザーのフィードにおいて、その人の傾向を強化しようとする情報をそれに対抗する情報によって調整する手段の模索を始めた。このような方法で問題に取り組むことは、かえって既存の視点を固定化させかねないという初期の証拠はあるものの[31]、この現象を意識するだけで、オンライン上の人や情報に関わる際に、もっと慎重になる人が出てくるかもしれない。もちろん、ネット上のバブルの中で居心地よく過ごしている人たちは、その泡を自ら壊そうとは思わないだろう。そのため、バブルの住人が恐怖で後ずさりしないような方法でその人たちのためにバブルを壊すのは、外部の人たちにかかっているのかもしれない。

7　私たち全員が憎悪行為の第一対応者になる

憎悪を目にしたときには、それに挑まなければならない。偏見や憎しみを目撃した人についての限られた調査によると、被害者を助けたり、加害者を諌《いさ》めたりするために、その場で実際に何かをする人は半数にも満たないという。[32] ヘイトクライムの「第一対応者」になるには、いくつか前提がある。まず重要なのは、引き起こされた行為が憎悪に基づくものだと認識することだ。動機が定かではない場合は、被害者の意見を求めると、どのような手段をとるべきかについて貴重な情報が得られる。それができない場合、あるいはそうすることが安全ではない場合には、その行為が起きた背景に目を向けるといい。テロ事件、注目を集めた裁判、政治活動など、分裂を招くような出来事が最近起きていたら、そのことを考慮しよう。そのあとで、可能な対応策のコストとベネフィットについて吟味することができる。

身の安全確保は最重要事項だ。その場しのぎの偏見に満ちたジョークのように個人的なリスクが低い場合は、安全に介入して異議を唱えることができる。だが、危害を被る危険性が高い場合には、警察や、安全に対処するための訓練を受けた他の権威のある人を呼ぼう。目撃した憎悪行為がオンラインの場合は、通報するか、憎悪を沈静化させる「対抗的な語り（カウンターナラティブ）」を使うことができるが、その際には、さらに憎悪をエスカレートさせないように、攻撃的な言葉や乱暴な言葉は避けることが肝心だ。オンラインのカウンタースピーチは、グループで行なうと最も効果的にヘイトスピーチを減らすことができる。そのため、許容できる行動規範を強化するために、他の人も誘って行なうのは良いアイデアだ。

憎悪に満ちた行動をとる人に対し、その場で自らの行動について考えさせる方法については、心理学者により研究室で効果が実証されている手段がいくつかある。[33] それらには、専門家の意見を活用して、相手の偏見に満ちた主張や言葉のあやを暴く、[34] 相手に自分の言葉や行動を正当化させたあと、その主張や信念の矛盾点を指摘する、[35] 被害者を傷つけたことについて、相手の罪悪感や恥といった強い感情に訴える、[36] 被害者の視点に立たせて共感を導き出す、などが含まれる。

私たちの祖先は、固い絆で結ばれた小さな集団を形成して暮らしていた。肉食の野生動物、異常気象、病気、競合する他の部族の存在といった過酷な現実に対処するためには、超敏感な脅威検知能力が必要で、このような逆境の中で生まれた部族内の絆は非常に強靭なものだった。私たちの脳はこのような環境下で何十万年もかけて発達してきたことを考えれば、今日、私たちが「脅威」に弱いことを示す科学的な証拠に反応するよりも早く、外敵に作られた「脅威」に反応してしまうのは意外なことではない。

七つのステップは、通常、徐々に身についてゆくものだ。私たちの多くには、偏見や憎悪を表現したくないという内的な動機があるものの、他の集団に対する自分の凝り固まった見方に挑むことは簡単ではない。また、自分自身をじっくりと見つめ直して、自分の持っている考え方が偏っているかもしれないという結論に達するのも居心地の良いものではない。中には、偏見があまりにも深く埋め込まれていて、それを見ることができない、あるいは見たくないために、その結論に達するのが不可能な人もいるだろう。人によっては、他人の洞察力が必要になる場合もある。

偏見に満ちた態度をとることに努力を注ぐ人は、そのことに気づいたり認めたりするかどうかにかかわらず、七つのステップを支える科学を受け入れることはできないだろう。だからといって、偏見を表す人にこれらのステップが効かないわけではない。そうした人たちに直接働きかけるのは難しいかもしれないが、彼らとて、人々の態度に多大な間接的影響を与えることが判明している進歩的な文化の潮流やリベラルなメディアなどの影響を受けずにはいられないからだ。憎しみに満ちた視点に直接挑む手段は怒りや拒絶反応を引き起こしてしまうため、最も頑固なヘイターに対処する際には、進歩的な文化やリベラルなメディア、および他のより繊細な説得方法を活用することが推奨されている。[17]

科学的研究によると、これら七つのステップのすべてまたは一部を活用すれば、前向きな人々の偏見や憎しみの表現は減らすことができると示唆されている。社会における組織的な偏見に対処するための、これより実用性に欠けるより広範なステップは、組織や政府によってのみ実行可能なものであり、その具体化について語り検討するには、一から別の本を書くことが必要になる。とはいえ、言うまでもなく、そうしたステップも憎悪行為をなくす取り組みを策定し、それらを社会に組み込むためには必要不可欠なものだ。

二〇年間の研究でわかった攻撃者（と私）の特徴

私はヘイトクライムの被害者になったことで、加害者の動機を探る二〇年の旅に出ることになった。当初は、脳の配線や心理的な要素の違いといった、彼らと私を隔てている何か根本的なものが見つかるかもしれないという甘い期待を抱いていた。探していたのは、なぜ彼らが憎悪行為に夢中になり、私はそうではないのかを教えてくれるはずの具体的なものだった。当時、もしそのような発見、つまり、人を憎悪行為に駆り立てる明確な区分のようなものが発見できていたら、さぞかし慰められたことだろう。だがその旅は、自分には加害者たちとの共通点が認めたくないほど存在することを明らかにしたのだった。

私が発見したのは、加害者と私は、粗雑なカテゴリーを使って見知らぬ人の認識を行なわせ、自分と似たような人々を好ませる神経学的・心理学的特性を共有しているということだった。彼らと私を隔てていた要因は、それに比べると本質的なものではない。彼らの生い立ちは、子供の頃に経験した出来事も含めて、おそらく私とは異なったものだったろう。彼らが見たり聞いたり読んだりするものの中には、私が避けてきたものや手に入れられないものもあったと思われる。また、それぞれの住む地域が抱えている問題は異なり、地域が生み出すスケープゴートも異なるものだったかもしれない。しかし、このような違いがあるにもかかわらず、もし私が加害者と一緒に過ごすことになれば、それぞれの核となる特徴以外に多くの共通点を見出すことができると確信している。

あの三人の男たちに憎しみに満ちた行動をとらせた要因は不変のものではない。異なる人生を送り、本書で見てきたような様々な促進剤にさらされることがもっと少なかったら、私を襲った男たちはヘイトクライムの道から逸《そ》れていただろう。あの日、ヘイトクライムを犯すことを選ぶ代わりに、ただ通り過ぎていたはずだ。自分自身にレンズを向けると、もし促進剤の上にさらなる促進剤が重なるような状況に陥っていたら、私もヘイトクライムを研究する代わりに、ヘイトクライムを犯していたかもしれないと思う。条件が揃った状況下であれば、私も同じような不寛容と偏見に満ちた行為を行なう可能性があるという事実を受け入れるのは、未だに簡単なことではない。

あなたは、この本を手に取ることで、人間の最悪の行動に対する好奇心を示した。脳、生物学、心理学、個人的な経験、テクノロジー、サブカルチャーや幅広い文化への埋没は複雑に絡み合って、あなたの世の中の見方、他人との接し方を形作っている。これらの要素を認識し、それらがどのように組み合わさり、自分にどのような影響を与えているかを知るのは、他人に対する判断がネガティブな行動として現れる前に自分の判断を問う鍵となる。人間の行動を「遠くから」理解したいという好奇心を、ご自身に向けてみてはいかがだろう。そしてもし、鏡の向こうからあなたを見つめる人が自分の想像と違っていたとしたら、あなたはどうするだろうか？

謝辞

　本書は、多くの人からその知性、エネルギー、寛大さを寄せられたおかげで世に出ることができた。この場を借りて謝意が表せることを嬉しく思う。私にチャンスを与えてくれたアンウェン・フーソンには、一生恩義を感じ続けるだろう。あなたの思慮と導きは、アイデアの種を実体のあるものにしてくれた。ローラ・ハッサンには、フェイバー社を本書の居場所にしてくれたことに感謝している。犯罪捜査のように緻密かつ繊細な編集をしてくれたエレノア・リーズ、構成について鋭い指摘をしてくれたトム・ブロムリー、モー・ハフィーズ、フレッド・ベイティにも感謝したい。フェイバー社の他のメンバー、ローワン・コープ、フィービー・ウィリアムズ、ジョセフィン・サルヴェルダ、リジー・ビショップ、および権利担当チームにも謝意を表する。ＯＣＷスタジオのジェレイント・グリフィスには、素晴らしいデザインとアートワークを提供してくれたことに御礼申し上げる。

　また、長年の間一緒に仕事をする機会のあった研究者たちにも謝意を表したい。ジャスミン・トレジャ、セファ・オザルプ、アーロン・カレン、アミール・ジャヴィッド、ハン・リュー、ヴィヴェク・ロイ＝チョードリー、貴重な洞察をありがとう。とりわけ、本書に掲載したグラフの多くを作成してくれたセファには、さらなる感謝を捧げたい。また、長年にわたって私の思考を形作ってくれた多くの刺激的な同僚と仕事ができたことを幸運に思っている。ピート・バーナップ、スティーヴン・スタンリー、アレックス・サザランド、ルーク・スローン、マイク・レヴィ、マイク・マグワイア、レズリー・ノークス、ポール・アトキンソン、サラ・デラモント、ありがとう。貴重な時間を割き、本書に記載した概念について話を聞かせてくれた次の学者や医師の方々にも謝意を表する。デイヴィッド・ガッド、ジョー・デュミット、デイヴィッド・アモディオ、ジェイ・ヴァン・バヴェル、ポール・ジャナシ、カースティ・ペンライス、ジョン・ドーラン。とりわけザーゴル・モラディには、時間を割き、忍耐力を行使し、洞察を授けてくれたことに感謝している。

私をサポートしてくれた家族や友人にも感謝を捧げたい。父さん、母さん、ジョディ、ガレス、リース、ナン、バンプス、ジョアン、セリ、マーガレット、グレアム、メガン、アレックス、アナベル、マックス、アンドリュー、クリス・A、クリス・C、デイミアン、リー、ブレディン、ガレス、ロビン、マーク、ありがとう。また、ミアのことも忘れていない。長い執筆期間中、彼女と一緒にいられたことは大きな慰めになった。

本研究は、「英国研究・イノベーション機構」の「経済社会研究会議」の財政支援なしには不可能だった。サマンサ・バリントン＝マクレガーとブルース・ジャクソンにはとくに感謝している。

最後に、私の夫であり親友でもあるディーンに特別の感謝を捧げたい。

訳者あとがき

世界を震撼《しんかん》させるテロ事件、人種・国籍・セクシュアリティ・宗教などの背景が異なるマイノリティの人々に対するヘイトクライム、ソーシャルメディアに蔓延するヘイトスピーチ。それらに共通するのは憎悪《ヘイト》だ。人はなぜ憎しみを抱くのか。それは生得的なものなのか。どうすればそれに対処できるのか。英国ウェールズ、カーディフ大学の犯罪学教授マシュー・ウィリアムズは、長年この問題に取り組んできた。その集大成が、二〇二一年に英国フェイバー・アンド・フェイバー社から刊行された *The Science of Hate: How prejudice becomes hate and what we can do to stop it* である。本書はその全訳だ。

ヘイトクライム研究の世界的権威として知られるウィリアムズ教授は、リアルタイムでオンライン上のヘイトスピーチや憎悪行為を監視し、その調査分析結果を市民権団体、英国・米国の政府機関、大手テック企業などに提供する「ヘイトラボ」の創設者かつ所長を務めている。いわば、行動する学者だ。彼はまた同性愛者でもある。そもそも、この探索の旅の発端となったのは個人的な事件だったという。一九九〇年代末にゲイバーの外で三人の黒人男性に憎悪ゲームの標的にされ、身体的暴力を加えられて中傷を浴びせられたこの一件は、著者にとって、その後の進路を変えさせるほど衝撃的なものだった。自らのアイデンティティに加えられる攻撃はことさら陰湿で、頭から離れなくなる。ヘイトクライム犯は自分とは異なる特殊な人物だとみなしたかった著者は、加害者と自分を区別するもの、加害者にのみ備わる特質を見つけようとした。そうして至った結論は、憎悪の根底には偏見があり、偏見はあらゆる人に備わっていること、そして人によっては、それが様々な要因によってある時点で憎悪に変わり、過激な行動をもたらすことになるというものだった。そのティッピングポイントを探るため、著者は人類の歴史を遡り、世界の警察事情を調べ、脳内検査の実験台になり、様々な分野の膨大な研究知見を突き合わせ、人工知能を精査し、憎悪行為を阻止するための具体的な取り組みの提案を行なう。

本書には、具体的な事例が満載されており、ああ、あの事件、あの出来事か、と思い当たる方も多いだろう。なかでも、前半の早い時点で取り上げられている相模原障害者施設殺傷事件は、いかに世界に衝撃を与えた事件であったかが推し量られる。本書ではまた、日本に在住する民族的マイノリティの人々に対する差別が指摘されており、ヘイトスピーチに対する川崎市の取り組みについても触れられている。川崎市では、二〇二〇年七月に、全国初となる罰則付き禁止条例が全面施行された。これは、二〇一六年六月に施行された「本邦外出身者に対する不当な差別的言動の解消に向けた取組の推進に関する法律」（平成二八年法律第六八号、略称「ヘイトスピーチ解消法」など）を一歩推し進めたものだ。同法は罰則規定のない理念法である。

二〇二一年八月に京都府宇治市伊勢田町ウトロ地区（在日コリアン集住地区）で起きた放火事件も記憶に新しい（被告は同年七月にも、愛知県名古屋市中村区の在日本大韓民国民団愛知県地方本部や名古屋韓国学校の建物の一部に放火している）。二〇二二年八月三〇日に行われたこの事件の裁判では、民族差別事件に対して日本の刑事裁判所が初めてヘイトクライムであることを実質的に認定するという画期的な判決が下された。その一方で、「「差別」や「ヘイトクライム」という用語は使われておらず、社会に対し、ヘイトクライムに対する警告を強く発するには至っていない」と東京弁護士会会長の伊井和彦氏は「国に緊急のヘイトクライム対策を求める会長声明」（二〇二二年一〇月一三日付、https://www.toben.or.jp/message/pdf/20221013seimei.pdf）の中で綴《つづ》っている。

オンライン上の誹謗中傷については、二〇二〇年五月に木村花氏がＳＮＳ上の激烈な攻撃を受けて命を絶った事件が大きな反響を呼んだ。この痛ましい事件を受けて、二〇二二年六月に「刑法等の一部を改正する法律」（令和四年法律第六七号）が成立し、侮辱罪の法定刑の引上げに係る規定が同年七月に施行されて、侮辱罪の法定刑が「拘留又は科料」から「一年以下の懲役若しくは禁錮若しくは三〇万円以下の罰金又は拘留若しくは科料」に引き上げられた。侮辱罪とは、「事実を摘示しなくても、公然と人を侮辱」（刑法二三一条）する犯罪で、オンライン上、オフライン上にかかわらず適用される。インターネット上の誹謗中傷の書き込みにより成立する可能性のある主な罪は他にもあるが、これら刑事上の罪に問われる以外にも、民事上の損害賠償請求をされる可能性がある。とはいえ、こうした罪を問うには、煩雑な手続きが必要になるだけでなく、そもそもどこに通報したらよいのかさえ定かではない。少しずつ改善の方向に進みつつはあるものの、本書を読むと、日本ではヘイトクライムやヘイトスピーチに対する対策がまだまだ手薄であることを痛感させられる。

折しも日本の国会は、性的マイノリティの人々に対する〝理解を深めること〟が目的の議員立法「LGBT理解増進法案」（いわゆる「LGBT法」）の提出をめぐって揺れている。「理解増進」とは、なんとも奇妙なネーミングだ。なぜ、差別が存在することを認めて「差別禁止」と素直に表現できないのだろうか。このLGBT法についても選択的夫婦別姓制度についても、反対しているのはほぼ同じ人々であるように見受けられる。そうした人々はセンティメンタルで身勝手な偽りの〝伝統的家族像〟を描き、実情を知らないにもかかわらず、思い込みだけで自らの意見をごり押ししているように思えてならない。日本をこれ以上ガラパゴス化させないため、オープンになって見識を広め、自らの偏見と向き合ってほしいものだ。

それでも、日本はまだマシなのかもしれない。ロシアでは二〇二二年一一月二三日に、本書でも触れられた「同性愛宣伝禁止法」の改正（悪）案が可決され、映画や書籍なども規制対象に含まれることになった。村上春樹氏の小説も読めなくなる可能性があるという。ロイター通信社の取材を受けたロシアに拠点を置くＬＧＢＴ支援団体「Vykhod」のクセニア・ミハイロワ氏は、改正案が事実上「国家はＬＧＢＴへの暴力に反対しないとしている」ため、ＬＧＢＴの人々に対する攻撃の「津波」が起こるだろうと語っている（https://www.bbc.com/japanese/63751986）。

著者は、もし生い立ちや状況が違っていたら、自分も加害者の側に立っていたかもしれないという。これは、自らヘイトクライムを経験し、その後二〇数年にわたり自分自身と社会の問題として向き合ってきた著者の言葉として、非常に重みがある。被害者を救済し、これ以上の悲劇を阻止することはもちろんだが、加害者についてもモンスターではない温かみのある人間として捉え、どこで誤ったのかを考える寛容な姿勢こそが、今求められているものなのかもしれない。

最後にこの場をお借りして、本書をご紹介くださり、ファクトチェックをはじめ、入念で的確な編集作業を手掛けてくださった河出書房新社編集部の渡辺和貴氏に深謝いたします。

二〇二三年冬

中里京子

索引

（太字イタリックのページ番号は、傍注の該当ページを指す）

さ行

た行

な行

ま行

や行

ら行

わ行

英数字

原注

はじめに

(1) N. Elias, *The Civilizing Process*, Oxford: Blackwell, 1994.〔ノルベルト・エリアス『文明化の過程』(上・下)、赤井慧爾・中村元保・吉田正勝訳、法政大学出版局、2010年〕

(2) S. Pinker, *The Better Angels of our Nature*, New York: Viking, 2011.〔スティーブン・ピンカー『暴力の人類史』、幾島幸子・塩原通緒訳、青土社、2015年〕

(3) Information Commissioner's Office, 'ICO Investigation into Use of Personal Information and Political Influence', London: Information Commissioner's Office, 2020.

(4) Institute for Strategic Dialogue, 'Far-Right Exploitation of Covid-19', London: ISD, 2020; S. Parkin, '"A Threat to Health Is Being Weaponised": Inside the Fight against Online Hate Crime', *Guardian*, 2 May 2020; K. Paul, 'Facebook Reports Spike in Takedowns of Hate Speech', Reuters, 12 May 2020.

(5) EU vs Disinfo, 'EEAS Special Report Update: Short Assessment of Narratives and Disinformation around the Covid-19/Coronavirus Pandemic', 24 April 2020, euvsdisinfo.eu/eeas-special-report-update-2-22-april; C. Miller, 'White Supremacists See Coronavirus as an Opportunity', Southern Poverty Law Center, 26 March 2020.

第1章　憎むとはどういうことか

(1) A. D. S. Burch, 'He Became a Hate Crime Victim. She Became a Widow', *New York Times*, 8 July 2017.

(2) 'Olathe, Kansas, Shooting Suspect "Said He Killed Iranians"', BBC News, 28 February 2017.

(3) Burch, 'He Has Become a Hate Crime Victim'.

(4) 'Olathe, Kansas, Shooting Suspect "Said He Killed Iranians"'.

(5) Burch, 'He Has Become a Hate Crime Victim'.

(6) US Department of Justice, 'Kansas Man Pleads Guilty to Hate Crime and Firearm Offenses in Shooting of Two Indian Nationals and Third Man at a Bar', Press Release 18-657, 21 May 2018.

(7) 'Remarks by President Trump in Joint Address to Congress', 28 February 2017, https://www.whitehouse.gov/briefings-statements/remarks-president-trump-joint-address-congress/

(8) S. Karri and E. Barry, 'At a Funeral Pyre in India, Anger over a Shooting in Kansas', *New York Times*, 28 February 2017.

(9) A. Fischer et al., 'Why We Hate', *Emotion Review* 10 (2018), 309–20.

(10) G. W. Allport, *The Nature of Prejudice*, Reading, MA: Addison Wesley, 1954.〔G・W・オルポート『偏見の心理』、原谷達夫・野村昭訳、培風館、1968年〕

(11) T. Leader, B. Mullen and D. Rice, 'Complexity and Valence in Ethnophaulisms and Exclusion of Ethnic Out-groups: What Puts the "Hate" into Hate Speech?', *Journal of Personality and Social Psychology* 96 (2009), 170–82.

(12) Human Rights Watch, '#Outlawed: The Love That Dare Not Speak Its Name', 2019, features.hrw.org/features/features/lgbt_laws

(13) M. Patria, 'Russia's Largest Gay Nightclub Strives to Be a Haven Despite Horrific Attacks', ABC News, 12 February 2014.

(14) G. W. Allport, *The Nature of Prejudice.*

(15) M. Habib et al., *Forced Migration of Rohingya: The Untold Experience*, Ontario: Ontario International Development Agency, 2018.

(16) S. L. Gaertner and J. F. Dovidio, 'The Aversive Form of Racism', in *Prejudice, Discrimination, and Racism*, ed. J. F. Dovidio and S. L. Gaertner, San Diego: Academic Press, 1986; W. G. Stephan and C. W. Stephan, 'An Integrated Threat Theory of Prejudice', in *Reducing Prejudice and Discrimination*, ed. S. Oskamp, Mahwah, NJ: Erlbaum, 2000.

(17) E. Halperin, 'Group-Based Hatred in Intractable Conflict in Israel', *Journal of Conflict Resolution* 52 (2008), 713–36.

(18) J. M. Nichols, 'Here's What Happens When Two Men Hold Hands While Walking the Streets of Russia', *HuffPost*, 14 July 2015.

(19) M. K. Lavers, 'Gunmen Open Fire at Moscow Gay Nightclub', *Washington Blade*, 18 November 2013.

(20) Patria, 'Russia's Largest Gay Nightclub Strives to Be a Haven'.

(21) E. Gaufman, *Security Threats and Public Perception: Digital Russia and the Ukraine Crisis*, Cham, Switzerland: Palgrave Macmillan, 2017; A. Toor, 'Russia's New Neo-Nazi Sport: Terrorizing Gay Youth Online', *The Verge*, 7 August 2013.

(22) Patria, 'Russia's Largest Gay Nightclub Strives to Be a Haven'.

(23) D. M. Mackie, T. Devos and E. R. Smith, 'Intergroup Emotions: Explaining Offensive Action Tendencies in an Intergroup Context', *Journal of Personality and Social Psychology* 79 (2000), 602–16.

(24) Halperin, 'Group-Based Hatred in Intractable Conflict in Israel'.

(25) D. Webber et al., 'The Road to Extremism: Field and Experimental Evidence That Significance Loss-Induced Need for Closure Fosters Radicalization', *Journal of Personality and Social Psychology* 114 (2017), 270–85.

(26) R. F. Pettigrew and L. R. Tropp, 'A Meta-Analytic Test of Intergroup Contact Theory', *Journal of Personality and Social Psychology* 90 (2006), 751–83.

(27) M. Rich, 'After Mass Knife Attack in Japan, Disabled Victims Are Still in the Shadows', *New York Times*, 9 September 2016.

(28) 'Murder in Facilities for Persons with Disabilities: There Were Many Signs [Translation]', *Okinawa Times*, editorial, 27 July 2016.

(29) M. Yamaguchi, 'Worker at Japan Care Home Sentenced to Hang for Mass Killing', ABC News, 16 March 2020.

(30) H. Fein, *Accounting for Genocide*, Chicago, IL: University of Chicago Press, 1984.

(31) J. McDevitt, J. Levin and S. Bennett, 'Hate Crime Offenders: An Expanded Typology', *Journal of Social Issues* 58 (2002), 303–17.

(32) R. D. King and G. M. Sutton, 'High Times for Hate Crimes: Explaining the Temporal Clustering of Hate Motivated Offending', *Criminology* 51 (2014), 871–94.

(33) E. Hanes and S. Machin, 'Hate Crime in the Wake of Terror Attacks: Evidence from 7/7 and 9/11', *Journal of Contemporary Criminal Justice* 30 (2014), 247–67.

(34) J. W. Messerschmidt, *Crime as Structured Action*, London: Sage, 1997; B. Perry, *In the Name of Hate*, London: Routledge, 2002.

第２章　ヘイトクライムの発生件数

(1)　'Mpithi v. S (A830/2014) [2015] ZAGPPHC 535 (26 June 2015)', High Court of South Africa, 2015.

(2)　'South Africa Killing of Lesbian Nogwaza "a Hate Crime"', BBC News, 3 May 2011.

(3)　匿名の信書。

(4)　'R v. Herbert & Ors', England and Wales Court of Appeal, 2008.

(5)　D. Arudou, *Embedded Racism: Japan's Visible Minorities and Racial Discrimination*, London: Lexington Books, 2015.

(6)　M. Walters, A. Owusu-Bempah and S. Wiedlitzka, 'Hate Crime and the "Justice Gap": The Case for Law Reform', *Criminal Law Review* 12 (2018), 961–86.

(7)　'United States of America, Plaintiff-Appellee v. Jon Bartlett, et al.,' United States Court of Appeals for the Seventh Circuit; 'USA v. Bartlett, Spengler, and Masarik', 2009.

(8)　M. Desmond, A. V. Papochristos and D. S. Kirk, 'Police Violence and Citizen Crime Reporting in the Black Community', *American Sociological Review* 81 (2016), 857–76.

(9)　T. Cohen, 'Obama: "Trayvon Martin Could Have Been Me."', CNN, 19 July 2013.

(10)　G. Edwards and S. Rushin, 'The Effect of President Trump's Election on Hate Crimes', SSRN, 18 January 2018; R. D. King and G. M. Sutton, 'High Times for Hate Crimes: Explaining the Temporal Clustering of Hate Motivated Offending', *Criminology* 51 (2014), 871–94.

(11)　S. Pinker, *Enlightenment Now: The Case for Reason, Science, Humanism, and Progress*, New York: Viking, 2018.〔スティーブン・ピンカー『21世紀の啓蒙――理性、科学、ヒューマニズム、進歩』（上・下）、橘明美・坂田雪子訳、草思社、2019年〕

第３章　脳と憎悪

(1)　H. Damasio et al., 'The Return of Phineas Gage: Clues About the Brain from the Skull of a Famous Patient', *Science* 264 (1994), Issue 5162, 1102–5.

(2)　D. G. V. Mitchell et al., 'Instrumental Learning and Relearning in Individuals with Psychopathy and in Patients with Lesions Involving the Amygdala or Orbitofrontal Cortex', *Neuropsychology* 20 (2006), 280–9.

(3)　G. Orellana et al., 'Psychosis-Related Matricide Associated with a Lesion of the Ventromedial Prefrontal Cortex', *Journal of the American Academy of Psychiatry and the Law* 41 (2013), 401–6.

(4)　Mitchell et al., 'Instrumental Learning and Relearning in Individuals with Psychopathy'.

(5)　G. M. Lavergne, *A Sniper in the Tower*, Denton, Texas: University of North Texas Press, 1997.

(6)　S. Fink, 'Las Vegas Gunman's Brain Exam Only Deepens Mystery of His Actions', *New York Times*, 9 February 2018.

(7)　H. Tajfel, 'Experiments in Intergroup Discrimination', *Scientific American* 223 (1970), 96–102.

(8)　A. G. Greenwald et al., 'Measuring Individual Differences in Implicit Cognition: The Implicit Association Test', *Journal of Personality and Social Psychology* 74 (1998), 1464–80.

(9)　ibid.

(10)　A. G. Greenwald et al., 'Understanding and Using the Implicit Association Test: III. Metaanalysis of Predictive Validity', *Journal of Personality and Social Psychology* 97 (2009), 17–41.

(11)　A. Maass et al., 'Language Use in Intergroup Contexts: The Linguistic Intergroup Bias', *Journal of Personality and Social Psychology* 57 (1989), 981–93.

(12)　D. M. Amodio, 'The Social Neuroscience of Intergroup Relations', *European Review of Social Psychology* 19

(2008), 1-54; D. M. Amodio, E. Harmon-Jones and P. G. Devine, 'Individual Differences in the Activation and Control of Affective Race Bias as Assessed by Startle Eyeblink Responses and Self-Report', *Journal of Personality and Social Psychology* 84 (2003), 738 - 53; D. M. Amodio, 'The Neuroscience of Prejudice and Stereotyping', *Nature Reviews Neuroscience* 15 (2014), 670 - 82; A. M. Chekroud et al., 'A Review of Neuroimaging Studies of Race- Related Prejudice: Does Amygdala Response Reflect Threat ?', *Frontiers in Human Neuroscience* 8 (2014), 179; A. J. Hart et al., 'Differential Response in the Human Amygdala to Racial Outgroup Versus Ingroup Face Stimuli', *Neuroreport* 11 (2000), 2351 - 5; J. T. Kubota, M. R. Banaji and E. A. Phelps, 'The Neuroscience of Race', *Nature Neuroscience* 15 (2012), 940 - 8; E. Phelps et al., 'Performance on Indirect Measures of Race Evaluation Predicts Amygdala Activation', *Journal of Cognitive Neuroscience* 12 (2000), 729-38.

(13) L. W. Swanson and G. D. Petrovich, 'What Is the Amygdala ?', *Trends in Neurosciences* 21 (1988), 323-31.

(14) ibid.

(15) Phelps et al., 'Performance on Indirect Measures of Race Evaluation Predicts Amygdala Activation'.

(16) R. M. Sapolsky, *Behave: The Biology of Humans at Our Best and Worst*, New York: Penguin Press, 2017.

(17) W. A. Cunningham et al., 'Separable Neural Components in the Processing of Black and White Faces', *Psychological Science* 15 (2004), 806-13.

(18) Amodio, 'The Neuroscience of Prejudice and Stereotyping'.

(19) R. Z. Goldstein and N. D. Volkow, 'Dysfunction of the Prefrontal Cortex in Addiction: Neuroimaging Findings and Clinical Implications', *National Review of Neuroscience* 12 (2012), 652-69.

(20) His Honour Judge Keith Cutler CBE Assistant Coroner, 'Inquest into the Death of Mark Duggan', 2014.

(21) J. Correll, G. R. Urland and T. A. Ito, 'Event-Related Potentials and the Decision to Shoot: The Role of Threat Perception and Cognitive Control', *Journal of Experimental Social Psychology* 42 (2006), 120-8.

(22) Y. Mekawi and K. Bresin, 'Is the Evidence from Racial Bias Shooting Task Studies a Smoking Gun ? Results from a Meta-Analysis', *Journal of Experimental Social Psychology* 61 (2015), 120-30.

(23) J. Correll et al., 'The Police Officer's Dilemma: Using Ethnicity to Disambiguate Potentially Threatening Individuals', *Journal of Personality and Social Psychology* 83 (2002), 1314-29.

(24) C. Forbes et al., 'Negative Stereotype Activation Alters Interaction between Neural Correlates of Arousal, Inhibition and Cognitive Control', *Social Cognitive and Affective Neuroscience* 7 (2011), 771.

(25) Sapolsky, *Behave*.

(26) R. G. Parsons and K. J. Ressler, 'Implications of Memory Modulation for Post-Traumatic Stress and Fear Disorders', *Nature Neuroscience* 16 (2013), 146-53.

(27) I. Blair et al., 'Imagining Stereotypes Away: The Moderation of Implicit Stereotypes through Mental Imagery', *Journal of Personality and Social Psychology* 81 (2001), 828.

(28) Phelps et al., 'Performance on Indirect Measures of Race Evaluation Predicts Amygdala Activation'.

(29) E. H. Telzer et al., 'Amygdala Sensitivity to Race Is Not Present in Childhood but Emerges in Adolescence.', *Journal of Cognitive Neuroscience* 25 (2013), 234-44.

(30) J. Cloutier, T. Li and J. Correll, 'The Impact of Childhood Experience on Amygdala Response to Perceptually Familiar Black and White Faces', *Journal of Cognitive Neuroscience* 26 (2014), 1992-2004.

(31) M. D. Lieberman et al., 'An fMRI Investigation of Race-Related Amygdala Activity in African American and Caucasian American Individuals', *Nature Neuroscience* 8 (2005), 720-2.

(32) J. J. Van Bavel, D. J. Packer and W. A. Cunningham, 'The Neural Substrates of In-group Bias: A Functional Magnetic Resonance Imaging Investigation', *Psychological Science* 11 (2008), 1131-9.

(33) L. Q. Uddin et al., 'Structure and Function of the Human Insula', *Journal of Clinical Neurophysiology* 34 (2017), 300-6.

(34)　V. Menon, 'Salience Network', *Brain Mapping* 2 (2015), 597–611.

(35)　M. L. Rosen et al., 'Salience Network Response to Changes in Emotional Expressions of Others Is Heightened During Early Adolescence: Relevance for Social Functioning', *Developmental Science* 21 (2018).

(36)　Y. Liu et al., 'Neural Basis of Disgust Perception in Racial Prejudice', *Human Brain Mapping* 36 (2015), 5275–86.

(37)　M. Rhodes, 'Naïve Theories of Social Groups', *Child Development* 83 (2012), 1900–16.

(38)　P. Molenberghs et al., 'Increased Moral Sensitivity for Outgroup Perpetrators Harming Ingroup Members', *Cerebral Cortex* 26 (2016), 225–33.

(39)　D. L. Oswald, 'Understanding Anti-Arab Reactions Post-9/11: The Role of Threats, Social Categories, and Personal Ideologies', *Journal of Applied Social Psychology* 35 (2005), 1775–99.

(40)　X. Xu et al., 'Do You Feel My Pain? Racial Group Membership Modulates Empathic Neural Responses', *Journal of Neuroscience* 29 (2009), 8525–9.

(41)　L. S. Contreras-Huerta et al., 'Racial Bias in Neural Empathic Responses to Pain', *PLoS One* 8 (2013); R. T. Azevedo et al., 'Their Pain Is Not Our Pain: Brain and Autonomic Correlates of Empathic Resonance with the Pain of Same and Different Race Individuals', *Human Brain Mapping* 34 (2013), 3168–81.

(42)　M. T. Richins et al., 'Empathic Responses Are Reduced to Competitive but Not Non-Competitive Outgroups', *Social Neuroscience* 14 (2018), 345–58.

(43)　Sapolsky, *Behave*.

(44)　L. T. Harris and S. T. Fiske, 'Dehumanizing the Lowest of the Low: Neuro-Imaging Responses to Extreme Outgroups', *Psychological Science* 17 (2006), 847–53.

(45)　S. Fiske et al., 'A Model of (Often Mixed) Stereotype Content: Competence and Warmth Respectively Follow from Perceived Status and Competition', *Journal of Personality and Social Psychology* 82 (2002), 878.

(46)　J. Ronquillo et al., 'The Effects of Skin Tone on Race-Related Amygdala Activity: An fMRI Investigation', *Social Cognitive and Affective Neuroscience* 2 (2007), 39 – 44; Lieberman et al., 'An fMRI Investigation of Race-Related Amygdala Activity'; J. A. Richeson et al., 'An fMRI Investigation of the Impact of Interracial Contact on Executive Function', *Nature Neuroscience* 6 (2003), 1323–8.

(47)　D. Grossman, *On Killing: The Psychological Cost of Learning to Kill in War and Society*, New York: Back Bay Books, 1996〔デーヴ・グロスマン『戦争における「人殺し」の心理学』（ちくま学芸文庫）、安原和見訳、筑摩書房、2004年〕; S. L. A. Marshall, *Men against Fire: The Problem of Battle Command*, Norman, OK: University of Oklahoma Press, 2000.

(48)　Van Bavel, Packer and Cunningham, 'The Neural Substrates of In-group Bias'.

(49)　Kubota, Banaji and Phelps, 'The Neuroscience of Race'.

(50)　J. C. Brigham and R. S. Malpass, 'The Role of Experience and Contact in the Recognition of Faces of Own- and Other-Race Persons', *Journal of Social Issues* 41 (1985), 139–55.

(51)　S. Pinker, *The Blank Slate*, New York: Viking, 2002 / 2016.〔スティーブン・ピンカー『人間の本性を考える――心は「空白の石版」か』（上・中・下）、山下篤子訳、日本放送出版協会、2004年〕

第4章　私の脳と憎悪

(1)　A. Berger, 'Magnetic Resonance Imaging', *British Medical Journal* 324 (2002), no. 7328, 35.

(2)　M. Proudfoot et al., 'Magnetoencephalography', *Practical Neurology* 14 (2014), 336–43.

(3)　C. D. Navarrete et al., 'Fear Extinction to an Outgroup Face: The Role of Target Gender', *Psychological Science* 20 (2009), 155 – 8; J. K. Maner et al., 'Functional Projection: How Fundamental Social Motives Can Bias

Interpersonal Perception', *Journal of Personality and Social Psychology* 88 (2005), 63-78.
(4) P. Molenberghs et al., 'Increased Moral Sensitivity for Outgroup Perpetrators Harming Ingroup Members', *Cerebral Cortex* 26 (2016), 225-33.
(5) C. Bennett, M. Miller and G. Wolford, 'Neural Correlates of Interspecies Perspective Taking in the Post-Mortem Atlantic Salmon: An Argument for Multiple Comparisons Correction', *NeuroImage* 47 (2009).
(6) E. Vul et al., 'Puzzlingly High Correlations in fMRI Studies of Emotion, Personality, and Social Cognition', *Perspectives on Psychological Science* 4 (2009), 274-90.
(7) R. Q. Quiroga et al., 'Invariant Visual Representation by Single Neurons in the Human Brain', *Nature* 435 (2005), 1102-7.
(8) J. Dumit, *Picturing Personhood: Brain Scans and Biomedical Identity*, Princeton, NJ: Princeton University Press, 2004.
(9) N. Rose, 'Reading the Human Brain: How the Mind Became Legible', *Body and Society* 22 (2016), 140-77.

第5章　集団脅威と憎悪

(1) 'R v. James and Norley', Bristol Crown Court, 2013.
(2) D. McCallum, 'Multi-Agency Learning Review Following the Murder of Bijan Ebrahimi', Bristol: Safer Bristol Partnership, 2017; K. Quarmby, *Scapegoat: Why Are We Failing Disabled People?*, London: Portobello Books, 2011.
(3) 'R v. James and Norley'.
(4) McCallum, 'Multi-Agency Learning Review'.
(5) H. Blalock, 'Economic Discrimination and Negro Increase', *American Sociological Review* 21 (1956), 548-88; H. Blumer, 'Race Prejudice as a Sense of Group Position', *Pacific Sociological Review* 1 (1958), 3-7.
(6) L. Quillian, 'Prejudice as a Response to Perceived Group Threat: Population Composition and Anti-Immigrant and Racial Prejudice in Europe', *American Sociological Review* 60 (1995), 586-611; B. M. Riek, E. W. Mania and S. L. Gaertner, 'Intergroup Threat and Outgroup Attitudes: A Meta-Analytic Review', *Personality and Social Psychology Review* 10 (2006), 336-53.
(7) S. L. Neuberg and M. Schaller, 'An Evolutionary Threat-Management Approach to Prejudices', *Current Opinion in Psychology* 7 (2016), 1-5.
(8) C. K. W. De Dreu et al., 'Oxytocin Promotes Human Ethnocentrism', *Proceedings of the National Academy of Sciences* 108 (2011), 1262-6.
(9) R. M. Sapolsky, *Behave: The Biology of Humans at Our Best and Worst*, New York: Penguin Press, 2017.
(10) De Dreu et al., 'Oxytocin Promotes Human Ethnocentrism'.
(11) C. H. Declerck, C. Boone and T. Kiyonari, 'Oxytocin and Cooperation under Conditions of Uncertainty: The Modulating Role of Incentives and Social Information', *Hormones and Behavior* 57 (2010), 368-74.
(12) C. K. W. De Dreu et al., 'The Neuropeptide Oxytocin Regulates Parochial Altruism in Intergroup Conflict among Humans', *Science* 328 (5984) (2010), 1408-11.
(13) H. Zhang et al., 'Oxytocin Promotes Coordinated Out-group Attack during Intergroup Conflict in Humans', *eLife* 8 (2019), 1-19.
(14) J. Holt-Lunstad et al., 'Influence of a "Warm Touch" Support Enhancement Intervention among Married Couples on Ambulatory Blood Pressure, Oxytocin, Alpha Amylase, and Cortisol', *Psychosomatic Medicine* 70 (2008), 976-85; V. Morhenn et al., 'Monetary Sacrifice among Strangers Is Mediated by Endogenous Oxytocin Release after Physical Contact', *Evolution and Human Behavior* 29 (2008), 375-83; G.-J. Pepping and E. J. Timmermans, 'Oxytocin and the Biopsychology of Performance in Team Sports', *Scientific World Journal* (2012),

1–10.

(15) M. Gilead and N. Liberman, 'We Take Care of Our Own: Caregiving Salience Increases Out-group Bias in Response to Out-group Threat', *Psychological Science* 25 (2014), 1380–7.

(16) M. Sherif et al., *The Robbers Cave Experiment: Intergroup Conflict and Cooperation*, PA: Harper & Row Publishers, 1988; G. Perry, *The Lost Boys: Inside Muzafer Sherif's Robbers Cave Experiment*, Melbourne and London: Scribe, 2018.

(17) W. G. Stephan and C. W. Stephan, 'An Integrated Threat Theory of Prejudice', in *Reducing Prejudice and Discrimination*, ed. S. Oskamp, Mahwah, NJ: Erlbaum, 2000.

(18) Quillian, 'Prejudice as a Response to Perceived Group Threat'.

(19) House of Commons Home Affairs Select Committee, 'Asylum Accommodation: Twelfth Report of Session 2016–17', 2017.

(20) Office for National Statistics, 'International Immigration and the Labour Market', Newport: ONS, 2017.

(21) A. Nandi et al., 'The Prevalence and Persistence of Ethnic and Racial Harassment and Its Impact on Health: A Longitudinal Analysis', Colchester: University of Essex, 2017.

(22) G. D. Suttles, *The Social Construction of Communities*, Chicago: University of Chicago Press, 1972.

(23) D. P. Green, D. Z. Strolovitch and J. S. Wong, 'Defended Neighborhoods, Integration, and Racially Motivated Crime', *American Journal of Sociology* 104 (1998), 372 – 403; C. J. Lyons, 'Community (Dis)Organization and Racially Motivated Crime', *American Journal of Sociology* 113 (2007), 815–63.

(24) D. F. Clive, 'Islamophobia in Contemporary Britain: The Evidence of the Opinion Polls, 1988–2006', *Islam and Christian Muslim Relations* 18 (2007), 447–77.

(25) L. McLaren and M. Johnson, 'Resources, Group Conflict and Symbols: Explaining Anti-Immigration Hostility in Britain', *Political Studies* 55 (2007), 709–32.

(26) D. G. Myers and G. D. Bishop, 'Discussion Effects on Racial Attitudes', *Science* 169 (3947) (1970), 778–9.

(27) P. Connolly, Alan Smith and Berni Kelly, 'Too Young to Notice: The Cultural and Political Awareness of 3–6 Year Olds in Northern Ireland', Belfast: Northern Ireland Community Relations Council, 2002.

(28) P. Hartmann and C. Husband, *Racism and the Mass Media*, London: HarperCollins, 1974.

(29) UCLA College of Social Sciences, 'Hollywood Diversity Report 2020: Part 1: Film', Los Angeles: CA: UCLA, 2020; UCLA College of Social Sciences, 'Hollywood Diversity Report 2020: Part 2: TV', Los Angeles: CA: UCLA, 2020.

(30) T. E. Ford et al., 'More Than "Just a Joke": The Prejudice-Releasing Function of Sexist Humor', *Personality and Social Psychology Bulletin* 34 (2008), 159–70.

(31) T. E. Ford, 'Effects of Sexist Humor on Tolerance of Sexist Events', *Personality and Social Psychology Bulletin* 26 (2000), 1094 – 1107; T. E. Ford et al., 'Not All Groups Are Equal: Differential Vulnerability of Social Groups to the Prejudice-Releasing Effects of Disparagement Humor', *Group Processes and Intergroup Relations* 17 (2014), 178–99.

(32) J. M. Bonds-Raacke et al., 'Remembering Gay/Lesbian Media Characters: Can Ellen and Will Improve Attitudes toward Homosexuals?', *Journal of Homosexuality* 53 (2007), 19–34; J. P. Calzo and L. M. Ward, 'Media Exposure and Viewers' Attitudes toward Homosexuality: Evidence for Mainstreaming or Resonance?', *Journal of Broadcasting and Electronic Media* 53 (2009), 280–99; T. T. Lee and G. R. Hicks, 'An Analysis of Factors Affecting Attitudes toward Same-Sex Marriage: Do the Media Matter?', *Journal of Homosexuality* 58 (2011), 1391–408; M. Ortiz and J. Harwood, 'A Social Cognitive Theory Approach to the Effects of Mediated Intergroup Contact on Intergroup Attitudes', *Journal of Broadcasting and Electronic Media* 51 (2007), 615–31.

(33) B. McLaughlin et al., 'Stereotyped Identification: How Identifying with Fictional Latina Characters Increases

Acceptance and Stereotyping', *Mass Communication and Society* 21 (2018), 585–605.
(34) M. Endrich, 'A Window to the World: The Long-Term Effect of Television on Hate Crime', in ILE Working Paper Series, No. 33, University of Hamburg, 2020.
(35) L. Little, 'Joe Biden Says "Will and Grace" Helped Change Public Opinion on Gay Rights', *Wall Street Journal*, 7 May 2012.

第6章　トラウマ、コンテインメント、憎悪

(1) D. Gadd and B. Dixon, *Losing the Race*, London: Karnac, 2011.
(2) S. Farrall et al., 'The Role of Radical Economic Restructuring in Truancy from School and Engagement in Crime', *British Journal of Criminology* (2019), 118–40; S. Farrall and C. Hay, *The Legacy of Thatcherism: Exploring and Theorising the Long-Term Consequences of Thatcherite Social and Economic Policies*, Oxford: Oxford University Press, 2014; S. Farrall and W. Jennings, 'Policy Feedback and the Criminal Justice Agenda: An Analysis of the Economy, Crime Rates, Politics and Public Opinion in Post-War Britain', *Contemporary British History* 26 (2012), 467–88; W. Jennings et al., 'The Economy, Crime and Time: An Analysis of Recorded Property Crime in England & Wales 1961–2006', *International Journal of Law, Crime and Justice* 40 (2012), 192–210.
(3) Gadd and Dixon, *Losing the Race*; D. Gadd, 'Racial Hatred and Unmourned Loss', *Sociological Research Online* 15 (2010); B. Dixon, D. Gadd and T. Jefferson, 'Context and Motive in the Perpetuation of Racial Harassment and Violence in North Staffordshire', Colchester, Essex: UK Data Archive, 2004.
(4) Gadd, 'Racial Hatred and Unmourned Loss'.
(5) Gadd and Dixon, *Losing the Race.*
(6) Gadd, 'Racial Hatred and Unmourned Loss'; Gadd and Dixon, *Losing the Race.*
(7) Gadd and Dixon, *Losing the Race.*
(8) H. Segal, 'A Psycho-Analytic Approach to the Treatment of Schizophrenia', in *The Work of Hanna Segal*, ed. H. Segal, New York: Jason Aronson, 1975, 131–6.
(9) T. Adorno et al., *The Authoritarian Personality*, New York: Harper and Row, 1950〔T・W・アドルノ『権威主義的パーソナリティ』、田中義久・矢沢修次郎・小林修一訳、青木書店、1980年〕; J. Sidanius and F. Pratto, *Social Dominance: An Intergroup Theory of Social Hierarchy and Oppression*, Cambridge: Cambridge University Press, 1999.
(10) M. Rustin, 'Psychoanalysis, Racism and Anti-Racism', in *Identity: A Reader*, ed. P. Du Gay, J. Evans and P. Redman, London: Sage, 2000, 183–201.
(11) B. Perry, *In the Name of Hate*, London: Routledge, 2002.
(12) E. Fromm, *The Anatomy of Human Destructiveness*, New York: Holt, 1973.〔エーリッヒ・フロム『破壊――人間性の解剖』、作田啓一・佐野哲郎訳、紀伊國屋書店、2001年〕
(13) J. W. Messerschmidt, *Crime as Structured Action*, London: Sage, 1997.
(14) A. Pike et al., 'Uneven Growth: Tackling City Decline', Joseph Rowntree Foundation, 2016.
(15) Gadd and Dixon, *Losing the Race.*
(16) Dixon, Gadd and Jefferson, 'Context and Motive in the Perpetuation of Racial Harassment and Violence in North Staffordshire'.
(17) L. Ray, D. Smith and L. Wastell, 'Shame, Rage and Racist Violence', *British Journal of Criminology* 44 (2004), 350–68.
(18) T. Jett, 'Interview with a Serial Killer: Joseph Paul Franklin', *Times Free Press*, 19 November 2013.
(19) J. R. Gaines, 'On the Trail of a Murderous Sniper Suspect: The Tangled Life of Joseph Paul Franklin', *People*

(1980); J. Rosewood and D. Walker, *Joseph Paul Franklin: The True Story of the Racist Killer*, Wiq Media, 2016.

(20) 'Joseph Franklin, White Supremacist Serial Killer, Executed', BBC News, 20 November 2013.

(21) G. McLagan and N. Lowes, *Killer on the Streets*, London: John Blake Publishing, 2003.

(22) B. O'Mahoney, *Hateland*, London: Mainstream Publishing, 2005.

(23) N. Hopkins and S. Hall, 'Festering Hate That Turned Quiet Son into a Murderer', *Guardian*, 1 July 2000.

(24) K. Jang et al., 'Heritability of the Big Five Personality Dimensions and Their Facets: A Twin Study', *Journal of Personality* 64 (1999), 577–92; K. Krueger et al., 'The Heritability of Personality Is Not Always 50%: Gene-Environment Interactions and Correlations between Personality and Parenting', *Journal of Personality* 76 (2008), 1485–521.

(25) C. G. Sibley and J. Duckitt, 'Personality and Prejudice: A Meta-Analysis and Theoretical Review', *Personality and Social Psychology Review* 12 (2008), 248–79.

(26) O. P. John and S. Srivastava, 'The Big-Five Trait Taxonomy: History, Measurement, and Theoretical Perspectives', in *Handbook of Personality: Theory and Research*, ed. L. A. Pervin and O. P. John, New York: Guilford Press, 1999, 102–38.

(27) B. Altemeyer, *Right-Wing Authoritarianism*, Winnipeg, Canada: University of Manitoba Press, 1981; B. Altemeyer, *The Authoritarian Specter*, Harvard, MA: Harvard University Press, 1996; Sidanius and Pratto, *Social Dominance*.

(28) S. Lupien et al., 'Effects of Stress Throughout the Lifespan on the Brain, Behaviour and Cognition', *Nature Reviews Neuroscience* 10 (2009), 434–5.

(29) Sapolsky, *Behave*.

(30) V. Carrion et al., 'Stress Predicts Brain Changes in Children: A Pilot Longitudinal Study on Youth Stress, Posttraumatic Stress Disorder, and the Hippocampus', *Pediatrics* 119 (2007), 509–16.

(31) Sapolsky, *Behave*.

(32) S. Taylor et al., 'Biobehavioral Responses to Stress in Females: Tend-and-Befriend, Not Fight-or-Flight', *Psychological Review* 107 (2000), 411–29.

(33) Sapolsky, *Behave*.

(34) L. P. Solursh, 'Combat Addiction: Overview of Implications in Symptom Maintenance and Treatment Planning', *Journal of Traumatic Stress* 2 (1989), 451–60; J. J. Collins and S. L. Bailey, 'Relationship of Mood Disorders to Violence', *Journal of Nervous and Mental Disease* 178 (1990), 44–51.

(35) D. Terry, 'Joseph Franklin, Prolific Racist Serial Killer, Is Executed', Southern Poverty Law Center, 2013.

第７章　トリガーイベントと憎悪行為の増減

(1) M. Ojito, *Hunting Season: Immigration and Murder in an All-American Town*, Boston: Beacon Press, 2014.

(2) Southern Poverty Law Center, 'Climate of Fear: Latino Immigrants in Suffolk County, N.Y.', Montgomery, Alabama: Southern Poverty Law Center, 2009.

(3) C. Buckley, ''Teenagers' Violent "Sport" Led to Killing on Long Island, Officials Say', *New York Times*, 20 November 2008.

(4) T. Kaplan, 'Surge in Anti-Gay Hate Crime Cases', *Mercury News*, 15 March 2009.

(5) J. Newton and H. Weinstein, ''Three Suspects Seized in Beating of Truck Driver During Riot', *Los Angeles Times*, 13 May 1992.

(6) R. Kopetman and G. Krikorian, 'Mob Did Not Take Time to Ask Their Victim His Views', *Los Angeles Times*, 3 May 1993.

(7) R. D. King and G. M. Sutton, 'High Times for Hate Crimes: Explaining the Temporal Clustering of Hate Motivated Offending', *Criminology* 51 (2014), 871–94.

(8) I. Disha, J. C. Cavendish and R. D. King, 'Historical Events and Spaces of Hate: Hate Crimes against Arabs and Muslims in Post-9/11 America', *Social Problems* 58 (2011), 21–46.

(9) King and Sutton, 'High Times for Hate Crimes'.

(10) G. Edwards and S. Rushin, 'The Effect of President Trump's Election on Hate Crimes', SSRN, 18 January 2018.

(11) D. J. Hopkins and S. Washington, 'The Rise of Trump, the Fall of Prejudice? Tracking White Americans' Racial Attitudes 2008–2018 Via a Panel Survey', *Public Opinion Quarterly* 84 (2020).

(12) L. Bursztyn, G. Egorov and S. Fiorin, 'From Extreme to Mainstream: How Social Norms Unravel', in Working Paper 23415, Cambridge, Massachusetts: National Bureau of Economic Research, 2017.

(13) E. Hanes and S. Machin, 'Hate Crime in the Wake of Terror Attacks: Evidence from 7/7 and 9/11', *Journal of Contemporary Criminal Justice* 30 (2014), 247–67.

(14) R. Ivandic, T. Kirchmaier and S. Machin, 'Jihadi Attacks, Media and Local Hate Crime', Centre for Economic Performance Discussion Paper 1615, London: London School of Economics and Political Science, 2019.

(15) E. M. Kearns et al., 'Why Do Some Terrorist Attacks Receive More Media Attention Than Others?', *Justice Quarterly* 36 (2017), 985–1022.

(16) B. Vidgen, 'Tweeting Islamophobia', University of Oxford, 2019.

(17) J. Legewie, 'Terrorist Events and Attitudes toward Immigrants: A Natural Experiment', *American Journal of Sociology* 118 (2013), 1199–245.

(18) Vidgen, 'Tweeting Islamophobia'.

(19) B. Vidgen et al., 'Trajectories of Islamophobic Hate Amongst Far Right Actors on Twitter', preprint (2019), ArXiv: 1910.05794.

(20) J. Legewie, 'Racial Profiling and Use of Force in Police Stops: How Local Events Trigger Periods of Increased Discrimination', *American Journal of Sociology* 122 (2016), 379–424.

(21) H. Ibish, 'Report on Hate Crimes and Discrimination Against Arab Americans: The Post-September 11 Backlash, September 11, 2001 – October 11, 2002', Washington, DC: American-Arab Anti-Discrimination Committee, 2003.

(22) L. J. Skitka et al., 'Political Tolerance and Coming to Psychological Closure Following the September 11, 2001, Terrorist Attacks: An Integrative Approach', *Personality and Social Psychology Bulletin* 30 (2004), 743–56.

(23) P. E. Tetlock et al., 'The Psychology of the Unthinkable: Taboo Trade-Offs, Forbidden Base Rates, and Heretical Counterfactuals', *Journal of Personality and Social Psychology* 78 (2000), 853–70.

(24) G. S. Morgan et al., 'The Expulsion from Disneyland: The Social Psychological Impact of 9/11', *American Psychologist* 66 (2011), 447–54.

(25) C. Zhong and K. Liljenquist, 'Washing Away Your Sins: Threatened Morality and Physical Cleansing', *Science* 313 (5792) (2006), 1451–2.

(26) M. Douglas, *Purity and Danger*, New York: Routledge, 1984. 〔メアリ・ダグラス『汚穢と禁忌』、塚本利明訳、思潮社、1995年〕

(27) H. McGregor et al., 'Terror Management and Aggression: Evidence That Mortality Salience Motivates Aggression against Worldview Threatening Others', *Journal of Personality and Social Psychology* 74 (1988), 590–605.

(28) J. Greenberg, T. Pyszczynski and S. Solomon, 'The Causes and Consequences of a Need for Self-Esteem: A Terror Management Theory', in *Public Self and Private Self*, ed. R. F. Baumeister, New York: Springer-Verlag,

1986, 189–212.

(29) A. Rosenblatt et al., 'Evidence for Terror Management Theory I: The Effects of Mortality Salience on Reactions to Those Who Violate or Uphold Cultural Values', *Journal of Personality and Social Psychology* 57 (1984), 681–90.

(30) J. Greenberg et al., 'Terror Management Theory and Research: How the Desire for Death Transcendence Drives Our Strivings for Meaning and Significance', in *Advances in Motivation Science*, Vol. 1, ed. Andrew Elliot, New York: Elsevier, 2014.

(31) M. J. Landau et al., 'Deliver Us from Evil: The Effects of Mortality Salience and Reminders of 9/11 on Support for President George W. Bush', *Personality and Social Psychology Bulletin* 30 (2004), 1136–50.

(32) ibid.

(33) F. Cohen et al., 'Fatal Attraction: The Effects of Mortality Salience on Evaluations of Charismatic, Task-Oriented, and Relationship-Oriented Leaders', *Psychological Science* 15 (2004), 846–51; Landau et al., 'Deliver Us from Evil'.

(34) F. Cohen et al., 'Evidence for a Role of Death Thought in American Attitudes toward Symbols of Islam', *Journal of Experimental Social Psychology* 49 (2012), 189–94.

(35) ibid.

(36) A. Newheiser et al., 'Social-Psychological Aspects of Religion and Prejudice: Evidence from Survey and Experimental Research', in *Religion, Intolerance, and Conflict: A Scientific and Conceptual Investigation*, ed. S. Clarke, R. Powell and J. Savulescu, Oxford: Oxford University Press, 2013.

(37) Greenberg et al., 'Terror Management Theory and Research'.

(38) B. Burke, A. Martens and E. Faucher, 'Two Decades of Terror Management Theory: A Meta-Analysis of Mortality Salience Research', *Personality and Social Psychological Review* 14 (2010), 155–95.

第８章　憎悪を生み出す過激派のカルチャー

(1) N. Parveen, 'Small Part of Manchester That Has Been Home to Sixteen Jihadis', *Guardian*, 25 February 2017.

(2) G. LaFree et al., 'Correlates of Violent Political Extremism in the United States', *Criminology* 56 (2018), 233–68.

(3) L. G. Calhoun and R. G. Tedeschi, *Handbook of Posttraumatic Growth*, Mahwah, NJ: Erlbaum, 2006.〔Calhoun & Tedeschi『心的外傷後成長ハンドブック——耐え難い体験が人の心にもたらすもの』、宅香菜子・清水研監訳、医学書院、2014年〕; C. L. Park and V. S. Helgeson, 'Introduction to the Special Section: Growth Following Highly Stressful Life Events — Current Status and Future Directions', *Journal of Consulting and Clinical Psychology* 74 (2006), 791–6.

(4) D. R. Rovenpor et al., 'Intergroup Conflict Self-Perpetuates Via Meaning: Exposure to Intergroup Conflict Increases Meaning and Fuels a Desire for Further Conflict', *Journal of Personality and Social Psychology* 116 (2019), 119–40.

(5) E. Bakker, 'Jihadi Terrorists in Europe, Their Characteristics and the Circumstances in Which They Joined the Jihad: An Exploratory Study', Clingendael Security Paper, The Hague: Clingendael Institute, 2006; R. Pape, *Dying to Win: The Strategic Logic of Suicide Terrorism*, New York: Random House, 2005; M. Sageman, *Understanding Terror Networks*, Philadelphia: University of Pennsylvania Press, 2004.

(6) M. Crenshaw, 'The Psychology of Terrorism: An Agenda for the 21st Century', *Political Psychology* 21 (2000), 405–20; J. M. Post, 'Terrorist Psycho-Logic: Terrorist Behavior as a Product of Psychological Forces', in *Origins of Terrorism: Psychologies, Ideologies, Theologies, States of Mind*, ed. W. Reich, Cambridge: Cambridge University Press,

1998, 25–40; Pape, *Dying to Win*; A. Silke, 'Cheshire-Cat Logic: The Recurring Theme of Terrorist Abnormality in Psychological Research', *Psychology, Crime and Law* 4 (1998), 51–69.

(7) M. King and D. M. Taylor, 'The Radicalization of Homegrown Jihadists: A Review of Theoretical Models and Social Psychological Evidence', *Terrorism and Political Violence* 23 (2011), 602–22; A. W. Kruglanski et al., 'The Psychology of Radicalization and Deradicalization: How Significance Quest Impacts Violent Extremism', *Advances in Political Psychology* 35 (2014), 69 – 93; C. McCauley and S. Moskalenko, 'Mechanisms of Political Radicalization: Pathways toward Terrorism', *Terrorism and Political Violence* 20 (2008), 415–33.

(8) A. W. Kruglanski et al., 'Terrorism – A (Self) Love Story: Redirecting the Significance Quest Can End Violence', *American Psychologist* 68 (2013), 559–75.

(9) J. J. Arnett, *Emerging Adulthood: The Winding Road from the Late Teens through the Twenties*, Oxford: Oxford University Press, 2004.

(10) C. Carlsson et al., 'A Life-Course Analysis of Engagement in Violent Extremist Groups', *British Journal of Criminology* 60 (2019), 74–92.

(11) J. Monahan, 'The Individual Risk Assessment of Terrorism: Recent Developments', in *The Handbook of the Criminology of Terrorism*, ed. G. LaFree and J. D. Freilich, West Sussex: John Wiley & Sons, 2017, 520–34.

(12) Carlsson et al., 'A Life-Course Analysis of Engagement in Violent Extremist Groups'.

(13) D. Matza, *Delinquency and Drift*, New Brunswick, NJ: Transaction Publishers, 1964.〔デイヴィド・マッツァ『漂流する少年——現代の少年非行論』、非行理論研究会訳、成文堂、1986年〕

(14) ibid.

(15) ibid.

(16) C. Pretus et al., 'Neural and Behavioral Correlates of Sacred Values and Vulnerability to Violent Extremism', *Frontiers in Psychology* 9 (2018).

(17) D. Webber et al., 'The Road to Extremism: Field and Experimental Evidence That Significance Loss-Induced Need for Closure Fosters Radicalization', *Journal of Personality and Social Psychology* 114 (2017), 270–85.

(18) K. Jasko et al., 'Social Context Moderates the Effects of Quest for Significance on Violent Extremism', *Journal of Personality and Social Psychology* 118 (2019), 1165–87.

(19) Sageman, *Understanding Terror Networks*.

(20) R. Agnew, 'A General Strain Theory of Terrorism', *Theoretical Criminology* 14 (2010), 131–53.

(21) ibid.

(22) E. Simien, 'Race, Gender, and Linked Fate', *Journal of Black Studies* 35 (2005), 529–50.

(23) S. Pfattheicher et al., 'Compassion Magnifies Third-Party Punishment', *Journal of Personality and Social Psychology* 117 (2019), 124–41.

(24) J. Ginges et al., 'Thinking from God's Perspective Decreases Biased Valuation of the Life of a Nonbeliever', *Proceedings of the National Academy of Sciences* 113 (2016), 316–19.

(25) B. Bushman et al., 'When God Sanctions Killing: Effect of Scriptural Violence on Aggression', *Psychological Science* 18 (2007), 204–7.

(26) ibid.

(27) S. Atran et al., 'For Cause and Comrade: Devoted Actors and Willingness to Fight', *Cliodynamics* 5 (2014), 41–57.

(28) S. Atran and Á. Gómez, 'What Motivates Devoted Actors to Extreme Sacrifice, Identity Fusion, or Sacred Values?', *Behavioral and Brain Sciences* 41 (2018).

(29) Atran et al., 'For Cause and Comrade'.

(30) N. Hamid et al., 'Neuroimaging "Will to Fight" for Sacred Values: An Empirical Case Study with Supporters

of an Al Qaeda Associate', *Royal Society Open Science* 6 (2019).

(31) ibid.

(32) H. Whitehouse, 'Dying for the Group: Towards a General Theory of Extreme Self-Sacrifice', *Behavioral and Brain Sciences* 41 (2018).

(33) E. Durkheim, *Les Formes élémentaires de la vie religieuse* [*The Elementary Forms of Religious Life*], Paris: Alcan, 1912; L. Festinger, *A Theory of Cognitive Dissonance*, Redwood City, CA: Stanford University Press, 1962.〔フェスティンガー『認知的不協和の理論——社会心理学序説』、末永俊郎監訳、誠信書房、1965年〕。

(34) F. J. P. Poole, 'The Ritual Forging of Identity: Aspects of Person and Self in Bimin-Kuskusmin Male Initiation', in *Rituals of Manhood: Male Initiation in Papua New Guinea*, ed. G. H. Herdt, Berkeley, CA: University of California Press, 1982; H. Whitehouse, 'Rites of Terror: Emotion, Metaphor, and Memory in Melanesian Initiation Cults', *Journal of the Royal Anthropological Institute* 2 (1996), 703–15.

(35) F. Barth, *Ritual and Knowledge among the Baktaman of New Guinea*, New Haven: Yale University Press, 1975.

(36) Festinger, *A Theory of Cognitive Dissonance*.

(37) J. A. Bulbulia and R. Sosis, 'Signalling Theory and the Evolution of Religious Cooperation', *Religion* 4 (2011), 363–88; A. Cimino, 'The Evolution of Hazing: Motivational Mechanisms and the Abuse of Newcomers', *Journal of Cognition and Culture* 11 (2011), 241–67; J. Henrich, 'The Evolution of Costly Displays, Cooperation and Religion: Credibility Enhancing Displays and Their Implications for Cultural Evolution', *Evolution and Human Behavior* 30 (2009), 244–60.

(38) Whitehouse, 'Rites of Terror'.

(39) H. Whitehouse, *Inside the Cult: Religious Innovation and Transmission in Papua New Guinea*, Oxford: Oxford University Press, 1995.

(40) D. Xygalatas et al., 'Extreme Rituals Promote Prosociality', *Psychological Science* 24 (2013), 1602–5.

(41) B. Winegard and R. O. Deaner, 'The Evolutionary Significance of Red Sox Nation: Sport Fandom as a By-product of Coalitional Psychology', *Evolutionary Psychology* 8 (2010), 432–46.

(42) M. Newson et al., 'Brazil's Football Warriors: Social Bonding and Inter-Group Violence', *Evolution and Human Behavior* 39 (2018), 675–83.

(43) H. Whitehouse et al., 'The Evolution of Extreme Cooperation Via Shared Dysphoric Experiences', *Nature: Scientific Reports* 7 (2017).

(44) Whitehouse, 'Dying for the Group'.

(45) H. Whitehouse et al., 'Brothers in arms: Libyan revolutionaries bond like family', *Proceedings of the National Academy of Sciences*, 111: 50 (2014), 17783–5.

(46) Atran and Gómez, 'What Motivates Devoted Actors to Extreme Sacrifice'.

(47) J. E. Lane et al., 'A Potential Explanation for Self-Radicalisation', *Behavioral and Brain Sciences* 41 (2018), 1–62.

(48) J. Cassidy and P. R. Shaver (eds), *Handbook of Attachment: Theory, Research, and Clinical Applications*, 2nd edition, London: Guilford Press, 2010.

(49) Kruglanski et al., 'The Psychology of Radicalization and Deradicalization'.

(50) S. Moskalenko and C. McCauley, 'The Psychology of Lone-Wolf Terrorism', *Counselling Psychology Quarterly* 24 (2011), 115–26; C. D. Batson et al., 'Anger at Unfairness: Is It Moral Outrage?', *European Journal of Social Psychology* 37 (2007), 1272–85.

(51) A. Möller-Leimkühler, 'Why Is Terrorism a Man's Business?', *CNS Spectrums* 23 (2018), 119–28.

第9章　ボットと荒らしの台頭

(1) J. Weizenbaum, 'ELIZA – A Computer Program for the Study of Natural Language Communication between Man and Machine', *Communications of the ACM* 9 (1966), 36–45.

(2) 'Microsoft Opens AI Framework to Other Firms', *China Daily*, 22 August 2019.

(3) G. King, J. Pan and M. E. Roberts, 'How the Chinese Government Fabricates Social Media Posts for Strategic Distraction, Not Engaged Argument', *American Political Science Review* 111 (2017), 484–501.

(4) N. Newman et al., 'Reuters Institute Digital News Report 2020', Oxford: Reuters Institute, 2020.

(5) Ofcom, 'News Consumption in the UK', London: Ofcom, 2020.

(6) J. Nicas, 'How YouTube Drives People to the Internet's Darkest Corners', *Wall Street Journal*, 7 February 2018.

(7) C. Goodrow, 'You Know What's Cool? A Billion Hours', 2017, YouTube, googleblog.com/2017/02/you-know-whats-cool-billion-hours.html

(8) B. Rieder, A. Matamoros-Fernández and O. Coromina, 'From Ranking Algorithms to "Ranking Cultures": Investigating the Modulation of Visibility in YouTube Search Results', *Convergence* 24 (2018), 50–68.

(9) M. Del Vicario et al., 'The Spreading of Misinformation Online', *Proceedings of the National Academy of Sciences* 113 (2016), 554–9; C. R. Sunstein, *#Republic: Divided Democracy in the Age of Social Media*, Princeton, NJ: Princeton University Press, 2017.〔キャス・サンスティーン『#リパブリック――インターネットは民主主義になにをもたらすのか』、伊達尚美訳、勁草書房、2018年〕

(10) W. J. Brady et al., 'Emotion Shapes the Diffusion of Moralized Content in Social Networks', *Proceedings of the National Academy of Sciences* 114 (2017), 7313–18.

(11) C. A. Bail et al., 'Exposure to Opposing Views on Social Media Can Increase Political Polarization', *Proceedings of the National Academy of Sciences* 115 (2018), 9216–21.

(12) J. Angwin, M. Varner and A. Tobin, 'Facebook Enabled Advertisers to Reach "Jew Haters"', ProPublica, 14 September 2017.

(13) J. Angwin and T. Parris, 'Facebook Lets Advertisers Exclude Users by Race', ProPublica, 28 October 2016.

(14) S. Stephens-Davidowitz, *Everybody Lies*, New York: HarperCollins, 2017.〔セス・スティーヴンズ＝ダヴィドウィッツ『誰もが嘘をついている――ビッグデータ分析が暴く人間のヤバい本性』、酒井泰介訳、光文社、2018年〕

(15) 'Autocomplete Policies', Google.com, 2020, support.google.com/web- search/answer/7368877?hl=en

(16) J. Kuczmarski, 'Reducing Gender Bias in Google Translate', Google Blog, 2018, blog.google/products/translate/reducing-gender-bias-google-translate

(17) J. Zou and L. Schiebinger, 'AI Can Be Sexist and Racist – It's Time to Make It Fair', *Nature* 559 (2018), 324–6.

(18) A. Caliskan, J. J. Bryson and A. Narayanan, 'Semantics Derived Automatically from Language Corpora Contain Human-Like Biases', *Cognitive Science* 356 (2017), 183–6.

(19) J. Hawdon, A. Oksanen and P. Räsänen, 'Exposure to Online Hate in Four Nations: A Cross-National Consideration', *Deviant Behavior* 38 (2017), 254–66.

(20) M. Kaakinen et al., 'How Does Social Capital Associate with Being a Victim of Online Hate?', *Policy and Internet* 10 (2018), 302–23.

(21) M. Kaakinen et al., 'Social Capital and Online Hate Production: A Four Country Survey', *Crime, Law and Social Change* 69 (2018), 25–39.

(22) Ofcom, 'Children and Parents: Media Use and Attitudes: Annex 1', London: Ofcom, 2019.

(23) M. L. Williams and P. Burnap, 'Cyberhate on Social Media in the Aftermath of Woolwich: A Case Study in

Computational Criminology and Big Data', *British Journal of Criminology* 56 (2016), 211–38.

(24) Demos, 'Anti-Islamic Content on Twitter', London: Demos, 2017, demos.co.uk/project/anti-islamic-content-on-twitter

(25) Crest, 'Russian Influence and Interference Measures Following the 2017 UK Terrorist Attacks', Lancaster: Centre for Research and Evidence on Security Threats, 2017.

(26) L. Leets, 'Experiencing Hate Speech: Perceptions and Responses to Anti-Semitism and Anti-Gay Speech', *Journal of Social Issues* 58 (2002), 341–61.

(27) J. P. Crowley, 'Expressive Writing to Cope with Hate Speech: Assessing Psychobiological Stress Recovery and Forgiveness Promotion for Lesbian, Gay, Bisexual, or Queer Victims of Hate Speech', *Human Communication Research* 40 (2013), 238–61.

(28) UK Safer Internet Centre, 'Creating a Better Internet for All: Young People's Experiences of Online Empowerment and Online Hate', London: UK Safer Internet Centre, 2016.

(29) T. Keipi et al., 'Exposure to Online Hate Material and Subjective Well-being: A Comparative Study of American and Finnish Youth', *Online Information Review* 42 (2018), 2–15.

(30) J. Butler, *Excitable Speech: A Politics of the Performative*, London: Routledge, 1997.〔ジュディス・バトラー『触発する言葉：言語・権力・行為体』（岩波人文書セレクション）、竹村和子訳、岩波書店、2015年〕

(31) I. Awan and I. Zempi, '"I Will Blow Your Face Off" – Virtual and Physical World Anti-Muslim Hate Crime', *British Journal of Criminology* 57 (2017), 362–80.

(32) M. L. Williams et al., 'Hate in the Machine: Anti-Black and Anti-Muslim Social Media Posts as Predictors of Offline Racially and Religiously Aggravated Crime', *British Journal of Criminology* 60 (2019), 93–117.

(33) M. L. Williams, 'Online Hate Speech Report', London: HateLab and Mishcon de Reya, 2019.

(34) Council of Europe, 'Chart of Signatures and Ratifications of Treaty 189: Additional Protocol to the Convention on Cybercrime, Concerning the Criminalisation of Acts of a Racist and Xenophobic Nature Committed through Computer Systems', 2020.

(35) European Commission, 'Code of Conduct on Countering Illegal Hate Speech Online', 2016.

(36) N. F. Johnson et al., 'Hidden Resilience and Adaptive Dynamics of the Global Online Hate Ecology', *Nature* 573 (2019), 261–5.

第10章　言葉と行動による憎悪行為

(1) Factbase, 'Donald Trump Speaks to the Press before Marine One Departure', 26 April 2019, factba.se/transcript/donald-trump-press-gaggle-marine-one-departure-april-26-2019

(2) J. Heim, 'Recounting a Day of Rage, Hate, Violence and Death', *Washington Post*, 14 August 2017.

(3) M. Bray, *Antifa: The Anti-Fascist Handbook*, Brooklyn, NY: Melville House Publishing, 2017.

(4) H. Wallace, 'Why We Should #Unitetheright', 2017, www.occidentaldissent.com/2017/08/04/why-we-should-unitetheright

(5) J. Daniels, 'The Algorithmic Rise of the "Alt-Right"', *Contexts* 17 (2018), 60–5.

(6) J. Davey and J. Ebner, 'The Fringe Insurgency', London: Institute for Strategic Dialogue, 2017.

(7) J. Albright, 'The #Election2016 Micro-Propaganda Machine', 2016, medium.com/@d1gi/the-election2016-micro-propaganda-machine-383449cc1fba

(8) A. Hern, 'Facebook Protects Far-Right Activists Even after Rule Breaches', *Guardian*, 16 July 2018.

(9) L. Dearden, 'Neo-Nazi Groups Allowed to Stay on Facebook Because They "Do Not Violate Community

Standards"', *Independent*, 24 March 2019.

(10) R. Ford, '80,000 Responses on Neo-Nazi Web Forum from the UK', *The Times*, 15 May 2019.

(11) H. Beirich, and W. Via, *Generation Identity: International White Nationalist Movement Spreading on Twitter and YouTube*, Global Project Against Hate and Extremism, 2020.

(12) Hope Not Hate, 'State of Hate 2019', www.hopenothate.org.uk/2019/02/17/state-hate-2019/

(13) R. Epstein and R. Robertson, 'The Search Engine Manipulation Effect (SEME) and Its Possible Impact on the Outcomes of Elections', *Proceedings of the National Academy of Sciences* 112 (2015), 4512–21.

(14) Albright, 'The #Election2016 Micro-Propaganda Machine'.

(15) S. C. Matz et al., 'Psychological Targeting as an Effective Approach to Digital Mass Persuasion', *Proceedings of the National Academy of Sciences* 114 (2017), 12714–19.

(16) M. Barbaro, '"The Daily" Transcript: Interview with Former White Nationalist Derek Black', *New York Times*, 22 August 2017.

(17) D. Duke, 'White Revolution and the Internet', 1998.

(18) N. Gleicher, 'Removing Coordinated Inauthentic Behavior from the UK and Romania', Facebook, 2019, about.fb.com/news/2019/03/removing-cib-uk-and-romania

(19) Avaaz, 'Far Right Networks of Deception', 2019, secure.avaaz.org/campaign/en/disinfo_network_report

(20) B. Vidgen, 'Tweeting Islamophobia', University of Oxford, 2019.

(21) D. Peddell et al., 'Influences and Vulnerabilities in Radicalised Lone Actor Terrorists: UK Practitioner Perspectives', *International Journal of Police Science and Management* 18 (2016), 63–76.

(22) Davey and Ebner, 'The Fringe Insurgency'.

(23) K. Müller and C. Schwarz, 'Fanning the Flames of Hate: Social Media and Hate Crime', *Journal of the European Economic Association* (2020).

(24) K. Müller and C. Schwarz, 'From Hashtag to Hate Crime: Twitter and Anti-Minority Sentiment', University of Warwick, 2018.

(25) N. M. Anspach, 'Trumping the Equality Norm? Presidential Tweets and Revealed Racial Attitudes', *New Media and Society*, 2020.

(26) B. Newman et al., 'The Trump Effect: An Experimental Investigation of the Emboldening Effect of Racially Inflammatory Elite Communication', *British Journal of Political Science*, 2020, 1–22.

(27) H. Cheung, Z. Feng and B. Deng, 'Coronavirus: What Attacks on Asians Reveal About American Identity', BBC News, 27 May 2020; C. P. Hong, 'The Slur I Never Expected to Hear in 2020', *New York Times*, 16 April 2020.

(28) C. Choi, 'In Six Weeks, STOP AAPI HATE Receives over 1700 Incident Reports of Verbal Harassment, Shunning and Physical Assaults', STOP AAPI HATE Reporting Center, 13 May 2020.

(29) Home Affairs Committee, 'Oral Evidence: Home Office Preparedness for Covid-19 (Coronavirus), Hc 232', London: House of Commons, 2020.

(30) Human Rights Watch, 'Covid-19 Fueling Anti-Asian Racism and Xenophobia Worldwide', 12 May 2020, www.hrw.org/news/2020/05/12/covid-19-fueling-anti-asian-racism-and-xenophobia-worldwide

(31) Institute for Strategic Dialogue, 'Far-Right Exploitation of Covid-19', London: ISD, 2020.

(32) Institute for Strategic Dialogue, 'Covid-19 Disinformation Briefing No. 2', London: ISD, 2020.

(33) A. Goldman, 'Man Suspected of Planning Attack on Missouri Hospital Is Killed, Officials Say', *New York Times*, 25 March 2020.

(34) Institute for Strategic Dialogue, 'Covid-19 Disinformation Briefing No. 2'.

(35) M. L. Williams et al., 'Hate in the Machine: Anti-Black and Anti-Muslim Social Media Posts as Predictors of

Offline Racially and Religiously Aggravated Crime', *British Journal of Criminology* 60 (2019), 93–117.

(36) S. Stecklow, 'Hatebook: Inside Facebook's Myanmar Operation', Reuters, 15 August 2018.

(37) 'The Country Where Facebook Posts Whipped up Hate', BBC Trending, 12 September 2018.

(38) S. Nebehay, 'U.N. Calls for Myanmar Generals to Be Tried for Genocide, Blames Facebook for Incitement', Reuters, 27 August 2018.

(39) Institute for Economics and Peace, 'Global Terrorism Index 2019: Measuring the Impact of Terrorism, November 2019', Sydney, 2019.

第11章　偏見が憎悪に変わるティッピングポイント

(1) M. Grodzins, *The Metropolitan Area as a Racial Problem*, Pittsburgh: University of Pittsburgh Press, 1958.

(2) D. Card, 'Tipping and the Dynamics of Segregation', *Quarterly Journal of Economics* 123 (2008), 177–218.

(3) M. Gladwell, *The Tipping Point: How Little Things Can Make a Big Difference*, New York: Little, Brown, 2000.〔マルコム・グラッドウェル『ティッピングポイント――いかにして「小さな変化」が「大きな変化」を生み出すか』、高橋啓訳、飛鳥新社、2000年〕

(4) A. Alrababa'h et al., 'Can Exposure to Celebrities Reduce Prejudice? The Effect of Mohamed Salah on Islamophobic Behaviors and Attitudes', IPL Working Paper Series, 2019.

(5) G. W. Allport, *The Nature of Prejudice*, Reading, MA: Addison Wesley, 1954.〔G・W・オルポート『偏見の心理』、原谷達夫・野村昭訳、培風館、1968年〕

(6) S. L. Gaertner and J. F. Dovidio, *Reducing Intergroup Bias: The Common Ingroup Identity Model*, Philadelphia, PA: Psychology Press, 2000.

(7) C. S. Crandall et al., 'Social Norms and the Expression and Suppression of Prejudice: The Struggle for Internalization', *Journal of Personality and Social Psychology* 82 (2002), 359–78.

(8) D. M. Amodio, E. Harmon-Jones and P. G. Devine, 'Individual Differences in the Activation and Control of Affective Race Bias as Assessed by Startle Eyeblink Responses and Self-Report', *Journal of Personality and Social Psychology* 84 (2003), 738–53.

(9) J. P. Mitchell et al., 'Neural Correlates of Stereotype Application', *Journal of Cognitive Neuroscience* 21 (2009), 594–604.

(10) A. R. Aron, T. W. Robbins and R. A. Poldrack, 'Inhibition and the Right Inferior Frontal Cortex', *Trends in Cognitive Sciences* 8 (2004), 170–7.

(11) K. Kawakami et al., 'Just Say No (to Stereotyping): Effects of Training on the Negation of Stereotypic Associations on Stereotype Activation', *Journal of Personality and Social Psychology* 78 (2000), 871–88.

(12) J. M. Bonds-Raacke et al., 'Remembering Gay/Lesbian Media Characters: Can Ellen and Will Improve Attitudes toward Homosexuals?', *Journal of Homosexuality* 53 (2007), 19–34; J. P. Calzo and L. M. Ward, 'Media Exposure and Viewers' Attitudes toward Homosexuality: Evidence for Mainstreaming or Resonance?', *Journal of Broadcasting and Electronic Media* 53 (2009), 280–99; T. T. Lee and G. R. Hicks, 'An Analysis of Factors Affecting Attitudes toward Same-Sex Marriage: Do the Media Matter?', *Journal of Homosexuality* 58 (2011), 1391–408; M. Ortiz and J. Harwood, 'A Social Cognitive Theory Approach to the Effects of Mediated Intergroup Contact on Intergroup Attitudes', *Journal of Broadcasting and Electronic Media* 51 (2007), 615–31.

(13) B. McLaughlin et al., 'Stereotyped Identification: How Identifying with Fictional Latina Characters Increases Acceptance and Stereotyping', *Mass Communication and Society* 21 (2018), 585–605.

(14) S. Ramasubramanian, 'Television Viewing, Racial Attitudes, and Policy Preferences: Exploring the Role of Social Identity and Intergroup Emotions in Influencing Support for Affirmative Action', *Communication Mono-*

graphs 77 (2010), 102–20.
(15) P. E. Baker, *Negro-White Adjustment*, New York: Association Press, 1934; H. A. Lett, *Techniques for Achieving Interracial Cooperation*, Proceedings of the Institute on Race Relations and Community Organization, Chicago: University of Chicago and the American Council on Race Relations, 1945.
(16) Allport, *The Nature of Prejudice*.
(17) M. Deutsch and M. Collins, *Interracial Housing: A Psychological Evaluation of a Social Experiment*, Minneapolis: University of Minnesota Press, 1951.
(18) W. M. Kephart, *Racial Factors and Urban Law Enforcement*, Philadelphia: University of Pennsylvania Press, 1957.
(19) S. W. Cook, 'The Effect of Unintended Interracial Contact upon Racial Interaction and Attitude Change', Project No. 5–1320. Final Report, Washington, DC: US Department of Health, Education, and Welfare, 1971.
(20) D. P. Green and J. S. Wong, 'Tolerance and the Contact Hypothesis: A Field Experiment', in *The Political Psychology of Democratic Citizenship*, ed. E. Borgida, C. M. Federico and J. L. Sullivan, Oxford: Oxford University Press, 2008.
(21) A. Eller, D. Abrams and A. Gomez, 'When the Direct Route Is Blocked: The Extended Contact Pathway to Improving Intergroup Relations', *International Journal of Intercultural Relations* 36 (2012), 637–46; R. Wölfer et al., 'Indirect Contact Predicts Direct Contact: Longitudinal Evidence and the Mediating Role of Intergroup Anxiety', *Journal of Personality and Social Psychology* 116 (2019), 277.
(22) R. Brown and J. Paterson, 'Indirect Contact and Prejudice Reduction: Limits and Possibilities', *Current Opinion in Psychology* 11 (2016), 20–4; E. L. Paluck, S. A. Green and D. P. Green, 'The Contact Hypothesis Re-Evaluated', *Behavioural Public Policy* 3 (2018), 129–58; R. F. Pettigrew and L. R. Tropp, 'A Meta-Analytic Test of Intergroup Contact Theory', *Journal of Personality and Social Psychology* 90 (2006), 751–83.
(23) N. S. Kteily et al., 'Predisposed to Prejudice but Responsive to Intergroup Contact? Testing the Unique Benefits of Intergroup Contact across Different Types of Individual Differences', *Group Processes and Intergroup Relations* 22 (2019), 3–25.
(24) Pettigrew and Tropp, 'A Meta-Analytic Test of Intergroup Contact Theory'.
(25) Paluck, Green and Green, 'The Contact Hypothesis Re-Evaluated'.
(26) O. Christ et al, 'Contextual Effect of Positive Intergroup Contact on Outgroup Prejudice', *Proceedings of the National Academy of Sciences* 111 (2014), 3996–4000.
(27) M. R. Ramos et al., 'Humans Adapt to Social Diversity over Time', *Proceedings of the National Academy of Sciences* 116 (2019), 12244–9.
(28) J. Cloutier, T. Li and J. Correll, 'The Impact of Childhood Experience on Amygdala Response to Perceptually Familiar Black and White Faces', *Journal of Cognitive Neuroscience* 26 (2014), 1992–2004.
(29) M. Walters and C. Hoyle, 'Exploring the Everyday World of Hate Victimization through Community Mediation', *International Review of Victimology* 18 (2012), 7–24.
(30) A. Bettencourt et al., 'Cooperation and the Reduction of Intergroup Bias: The Role of Reward Structure and Social Orientation', *Journal of Experimental Social Psychology* 284 (1992), 301–19; Gaertner and Dovidio, *Reducing Intergroup Bias*; A. Marcus-Newhall et al., 'Cross-Cutting Category Membership with Role Assignment: A Means of Reducing Intergroup Bias', *British Journal of Social Psychology* 32 (1993), 125–46.
(31) C. A. Bail et al., 'Exposure to Opposing Views on Social Media Can Increase Political Polarization', *Proceedings of the National Academy of Sciences* 115 (2018), 9216–21.
(32) V. L. Banyard, 'Measurement and Correlates of Prosocial Bystander Behavior: The Case of Interpersonal Violence', *Violence and Victims* 23 (2008), 83–97; L. Hyers, 'Resisting Prejudice Every Day: Exploring Women's

Assertive Responses to Anti-Black Racism, Anti-Semitism, Heterosexism, and Sexism', *Sex Roles* 56 (2007), 1-12; L. Hyers, 'Alternatives to Silence in Face-to-Face Encounters with Everyday Heterosexism: Activism on the Interpersonal Front', *Journal of Homosexuality* 57 (2010), 539-65.

(33) J. H. Kuklinski and N. L. Hurley, 'It's a Matter of Interpretation', in *Political Persuasion and Attitude Change*, ed. D. C. Mutz, R. Brody and P. Sniderman, Ann Arbor: Michigan University Press, 1996, 125-44.

(34) M. Dobbs and W. D. Crano, 'Outgroup Accountability in the Minimal Group Paradigm: Implications for Aversive Discrimination and Social Identity Theory', *Personality and Social Psychology Bulletin* 27 (2001), 355-64; M. J. Monteith, 'Self-Regulation of Prejudiced Responses: Implications for Progress in Prejudice-Reduction Efforts', *Journal of Personality and Social Psychology* 65 (1993), 469-85.

(35) C. D. Batson, *The Altruism Question: Toward a Social-Psychological Answer*, Hillsdale, NJ: Erlbaum, 1991.

(36) Bettencourt et al., 'Cooperation and the Reduction of Intergroup Bias'; Gaertner and Dovidio, *Reducing Intergroup Bias*; Marcus-Newhall et al., 'Cross-Cutting Category Membership with Role Assignment'.

(37) M. J. Monteith and G. L. Walters, 'Egalitarianism, Moral Obligation, and Prejudice-Related Personal Standards', *Personality and Social Psychology Bulletin* 24 (1998), 186-99; E. A. Plant and P. G. Devine, 'Responses to Other-Imposed Pro-Black Pressure: Acceptance or Backlash?', *Journal of Experimental Social Psychology* 37 (2001), 486-501.

マシュー・ウィリアムズ（Matthew Williams）
英国カーディフ大学の犯罪学教授。ヘイトスピーチやヘイトクライムの研究の第一人者として知られている。その成果はBBCドキュメンタリー、『ガーディアン』紙、『タイムズ』紙、『サイエンティフィック・アメリカン』誌、『ニュー・サイエンティスト』誌などの多数の著名メディアで紹介されており、英国政府、Twitter、Googleなどに助言を行っている。また、データサイエンスの手法で調査・対策に取り組む「HateLab」の所長を務めている。

中里京子（なかざと・きょうこ）
翻訳家。訳書に、デイミアン・トンプソン『依存症ビジネス』（ダイヤモンド社）、アレクサンダー・トドロフ『第一印象の科学』（みすず書房）、レベッカ・スクルート『ヒーラ細胞の数奇な運命』（河出書房新社）、ダニエル・E・リーバーマン『運動の神話』（早川書房）など多数。

憎悪《ぞうお》の科学《かがく》
——偏見《へんけん》が暴力《ぼうりょく》に変《か》わるとき

2023年3月20日　初版印刷
2023年3月30日　初版発行

著　者　マシュー・ウィリアムズ
訳　者　中里京子
装　幀　大倉真一郎
発行者　小野寺優
発行所　株式会社河出書房新社
〒151-0051　東京都渋谷区千駄ヶ谷2-32-2
電話03-3404-1201［営業］　03-3404-8611［編集］
https://www.kawade.co.jp/
組　版　株式会社創都
印　刷　三松堂株式会社
製　本　小泉製本株式会社
Printed in Japan
ISBN978-4-309-23127-3